REVISTA DE DIREITO MERCANTIL
industrial, econômico e financeiro

158

Publicação do
Instituto Brasileiro de Direito Comercial Comparado
e Biblioteca Tullio Ascarelli
do Departamento de Direito Comercial
da Faculdade de Direito da Universidade de São Paulo

Ano L (Nova Série)
abril-junho/2011

MALHEIROS
EDITORES

REVISTA DE DIREITO MERCANTIL
industrial, econômico e financeiro

Nova Série – Ano L– n. 158 – abril-junho/2011

REVISTA DE DIREITO MERCANTIL
publicação trimestral de
MALHEIROS EDITORES LTDA.
Rua Paes de Araújo, 29, conjunto 171
CEP 04531-940
São Paulo, SP – Brasil
Tel. (11) 3078-7205
Fax: (11) 3168-5495

Diretor Responsável: Álvaro Malheiros
Diretora: Suzana Fleury Malheiros

Assinaturas e comercialização:
CATAVENTO
DISTRIBUIDORA DE LIVROS S/A
Rua Conselheiro Ramalho, 928
CEP 01325-000
São Paulo, SP – Brasil
Tel. (11) 3289-0811
Fax: (11) 3251-3756

Supervisão Gráfica: Vânia Lúcia Amato
Composição: *Scripta*

SUMÁRIO

DOUTRINA

EARNINGS MANAGEMENT AND CORPORATE GOVERNANCE: LEGAL AND REGULATORY IMPLICATIONS 7
– ALEXSANDRO BROEDEL LOPES

ATUALIDADES

OS COSTUMES MERCANTIS E O SEU ASSENTAMENTO PELA JUCESP 27
– MÁRCIO FERRO CATAPANI

A RESPONSABILIDADE LIMITADA DO QUOTISTA ÚNICO: UMA ANÁLISE CRÍTICA DA LEI DE N. 12.441/2011 59
– GUSTAVO HENRIQUE DE ALMEIDA

A QUESTÃO DAS RESERVAS ESTATUTÁRIAS E AS IDIOSSINCRASIAS DO MERCADO DE AÇÕES BRASILEIRO 67
– BRUNO ROBERT

ANOTAÇÕES SOBRE A EXCLUSÃO DE SÓCIOS POR FALTA GRAVE NO REGIME DO CÓDIGO CIVIL 111
– MARCELO VIEIRA VON ADAMEK

A PRESERVAÇÃO DA EMPRESA COMO PRESSUPOSTO PARA DESCONSTITUIÇÃO DA PENHORA EM EXECUÇÃO FISCAL CONTRA O FALIDO 135
– GUSTAVO HENRIQUE DE ALMEIDA

BRAZIL'S SURVIVAL OF THE 2008 GLOBAL FINANCIAL CRISIS: WERE WE THAT GOOD? 149
– HAROLDO MALHEIROS DUCLERC VERÇOSA

PROPRIEDADE TERRITORIAL URBANA – TRIBUTAÇÃO – VALORAÇÃO – ESTADO E MUNICÍPIO DE SÃO PAULO 156
– JOSÉ ANDRÉ BERETTA FILHO

ESPAÇO DISCENTE

DA INOCUIDADE DE UM NOVO CÓDIGO COMERCIAL 179
– BRUNO MARQUES BENSAL

A RECONSIDERAÇÃO DA PERSONALIDADE JURÍDICA NOS CONTRATOS MERCANTIS DE COLABORAÇÃO 189
– ANDRÉIA CRISTINA BEZERRA E LEONARDO NETTO PARENTONI

PERSPECTIVAS PARA A DISCIPLINA DA COMPANHIA ABERTA: PRINCIPAIS DESAFIOS NO DIREITO SOCIETÁRIO BRASILEIRO 211
– JOÃO PEDRO SCALZILLI, LAURA AMARAL PATELLA, LUÍS ANDRÉ N. DE MOURA AZEVEDO, LUIS FELIPE SPINELLI e RODRIGO TELLECHEA

JURISPRUDÊNCIA COMENTADA

RESPONSABILIDADE DAS SOCIEDADES CORRETORAS EM PREJUÍZOS NO MERCADO SECUNDÁRIO DE VALORES MOBILIÁRIOS 243
– LUIZ EDUARDO MARTINS FERREIRA, LUCIANA SIMÕES REBELLO HORTA e FABIANO DE MELO FERREIRA

PARECERES

DEVER DE LEALDADE DO ACIONISTA CONTROLADOR POR OCASIÃO DA ALIENAÇÃO DO CONTROLE – DEVER DE MAXIMIZAÇÃO DO VALOR DAS AÇÕES DOS ACIONISTAS NÃO CONTROLADORES – INTERPRETAÇÃO DE ESTATUTO DE COMPANHIA ABERTA – POSSIBILIDADE DE CUMULAÇÃO DE OPAs 251
– ERASMO VALLADÃO FRANÇA

CONTABILIZAÇÃO DE DEBÊNTURES PERPÉTUAS COM PARTICIPAÇÃO NOS LUCROS. O "CASO TEC TOY" 267
– ELISEU MARTINS e ALEXSANDRO BROEDEL LOPES

COLABORAM NESTE NÚMERO

ALEXSANDRO BROEDEL LOPES

Diretor da Comissão de Valores Mobiliários (CVM). Professor Titular de Contabilidade da Faculdade de Economia, Administração e Contabilidade da USP (FEA-USP). Professor Convidado da Faculdade de Direito da USP (FDUSP). Professor Visitante da *London School of Economics*. Membro do *IFRS Advisory Council* e do *Education Advisory Group* do IASB. Bacharel, Doutor e Livre-Docente em Controladoria e Contabilidade pela USP. PhD em *Accounting and Finance* pela *Manchester Business School*.

ANDRÉIA CRISTINA BEZERRA

Doutoranda em Direito Comercial pela Faculdade de Direito da USP. LL.M. em Direito Societário pelo Instituto Brasileiro de Mercado de Capitais – IBMEC (Insper). Advogada e Professora em São Paulo.

BRUNO MARQUES BENSAL

Graduando pela Faculdade de Direito da Universidade de São Paulo. Pesquisador na área de Direito Comercial em São Paulo.

BRUNO ROBERT

Bacharel, Mestre e Doutorando pela Faculdade de Direito da Universidade de São Paulo. Pós-Graduado em Economia pela Faculdade de Economia da Fundação Getúlio Vargas. LL.M. em *Securities and Financial Regulation* pela *Georgetown University*. Trabalhou como Coordenador no Colegiado da Comissão de Valores Mobiliários – CVM e como Advogado no Departamento de Regulação Internacional da *Securities and Exchange Commission* – SEC, em Washington, DC. É Advogado em São Paulo.

ELISEU MARTINS

Professor Emérito e ex-Diretor da Faculdade de Economia, Administração e Contabilidade da USP. Bacharel, Doutor e Livre-Docente pela FEA-USP. Possui diversos Cursos de Pós-Graduação nos EEUU e na França. Ex-Diretor da Comissão de Valores Mobiliários. Ex-Diretor de Fiscalização do Banco Central do Brasil. Foi representante do Brasil junto a ONU para assuntos de Contabilidade e Divulgação de Informações.

ERASMO VALLADÃO FRANÇA

Professor Doutor do Departamento de Direito Comercial da Faculdade de Direito da USP. Doutor e Mestre em Direito Comercial pela Faculdade de Direito da USP. Advogado em São Paulo.

FABIANO DE MELO FERREIRA

Responsável pela área de Mercado de Capitais do escritório Albino Advogados Associados, juntamente com LUIZ EDUARDO MARTINS FERREIRA e LUCIANA SIMÕES REBELLO HORTA.

GUSTAVO HENRIQUE DE ALMEIDA

Mestre em Direito Empresarial. Advogado.

HAROLDO MALHEIROS DUCLERC VERÇOSA

Mestre, Doutor e Livre-Docente em Direito Comercial pela USP. Professor de Direito Comercial da USP. Membro do Centro de Mediação e Arbitragem da Câmara do Comércio Brasil-Canadá. Consultor.

João Pedro Scalzilli
Doutorando em Direito Comercial pela USP. Mestre em Direito Privado pela UFRGS. Advogado.

José André Beretta Filho
Advogado em São Paulo.

Laura Amaral Patella
Doutoranda em Direito Comercial pela USP. Advogada.

Leonardo Netto Parentoni
Doutorando em Direito Comercial pela USP. Mestre em Direito Empresarial pela UFMG. Especialista em Direito Processual Civil pela UnB. Procurador Federal – AGU. Professor.

Luciana Simões Rebello Horta
Responsável pela área de Mercado de Capitais do escritório Albino Advogados Associados, juntamente com Luiz Eduardo Martins Ferreira e Fabiano de Melo Ferreira.

Luís André N. de Moura Azevedo
Doutorando em Direito Comercial pela USP. Advogado.

Luis Felipe Spinelli
Doutorando em Direito Comercial pela USP. Mestre em Direito Privado pela UFRGS. Advogado.

Luiz Eduardo Martins Ferreira
Responsável pela área de Mercado de Capitais do escritório Albino Advogados Associados, juntamente com Luciana Simões Rebello Horta e Fabiano de Melo Ferreira.

Marcelo Vieira von Adamek
Doutor e Mestre em Direito Comercial pela Faculdade de Direito da Universidade de São Paulo – USP. Pós-Graduado pelo IBRE/EASP-FGV. Conselheiro da Associação dos Advogados de São Paulo. Advogado em São Paulo.

Márcio Ferro Catapani
Doutor em Direito Comercial pela Faculdade de Direito da Universidade de São Paulo – USP. Juiz Federal em São Paulo.

Rodrigo Tellechea
Doutorando em Direito Comercial pela USP. Advogado.

Doutrina

EARNINGS MANAGEMENT AND CORPORATE GOVERNANCE: LEGAL AND REGULATORY IMPLICATIONS

ALEXSANDRO BROEDEL LOPES[1]

1. Introduction. 2. Corporate Governance and Firm Behavior. 3. Corporate Governance and Financial Accounting. 4. Earnings Management. 5. Earnings Management Techniques and Procedures. 6. Legal and Regulatory Implications. 7. Conclusions. References.

1. Introduction

This paper intends to place earnings management in the broad context of corporate governance literature and to provide some insights into its legal and regulatory implications. Corporate scandals related to manipulation and fraud of accounting reports are now abundant with billions of dollars in monetary value. Beyond the obvious impact on debtholders, shareholders and others these acts of accounting malfeasance have a broader and potentially more serious implication as they corrupt the trust on the well functioning of financial markets. Financial markets trade claims on future cash flows which depend on a large variety of risks and contingencies. Investors in equity and debt securities are in fact buying a promise on future paybacks and consequently rely heavily on contractual agreements based on public financial information to direct their decisions. If investors start to doubt on the reliability of financial reports they will place a higher discount factor on future cash flows and consequently depreciate current prices or will, at the limit, not even trade. Thus the distrust on financial reports may potentially have a larger and negative impact on the functioning of financial markets.

To understand the earnings management phenomenon a multidisciplinary approach is needed. It is the case because managers do not use accounting techniques to distort financial reports for the sake of doing it. Managers of public companies operate in a complex network of incentives which are related to the financial position of their companies, the corporate governance environment, legal and regulatory enforcement, likelihood of civil prosecu-

1. Acknowledgements: this work is partially inspired in my PhD dissertation completed at the Manchester Business School. I would like to thank Miles Gietzmann, Mary Barth, Bill Beaver, Jim Ohlson, Mark Lang, Steven Young, Norman Strong, Thomas Schleicher, Ryan LaFond, Rodrigo Verdi, Gilad Livne, Greg Miller, Thomas Lechner, Steve Goldberg, Eliseu Martins, Andrew Stark and seminar participants at the London School of Economics, University of Massachusetts, Cass Business School and the 2008 Meeting of the American Accounting Association for very useful comments on earlier drafts of this work. No opinions or views presented in this work reflect official positions or views of the Securities and Exchange Commission of Brazil or any other organization.

tion among other factors. Thus, despite the fact that earnings management is performed using accounting techniques it is not solely an accounting phenomenon. It is involved in a more complex series of relations and institutional arrangements. This interdisciplinary nature makes the study of earnings management a challenge even for seasoned researchers. It demands an obvious knowledge of financial accounting and auditing coupled with a good understanding of corporate governance and financial economics and a more than cursory knowledge of securities regulation and law enforcement.

Given this scenario this work intends to achieve two related purposes: (*i*) to provide a general but technically rigorous overview of earnings management and its relation to corporate governance and financial markets in order to allow readers to (*ii*) understand the legal and regulatory implications of the topic. This discussion is not intended at least primarily to accountants and financial economists but rather to lawyers and enforcement agents who demand a better understanding of earnings management to pursue their activities.

The rest of the paper is organized as follows: section 2 discusses corporate governance and firm behavior and lays the main motives for earnings manipulation; section 3 places financial accounting in the context of corporate governance arrangements; section 4 introduces the literature on earnings management while section 5 discusses the main techniques used to perform it; section 6 discusses the implications of earnings management in the legal and regulatory arena; section 7 concludes the paper.

2. Corporate Governance and Firm Behavior

The importance of corporate governance is enormous and can be verified by the considerable growth in the empirical literature on the topic. Researchers from accounting, economics, finance, management and law have investigated the relation between corporate governance and several firm characteristics. Since the seminal work of Berle and Means (1932), the importance of the governance mechanisms used by firms to discipline the separation of ownership from control has been recognized. In recent years this topic has also received significant attention from practitioners[2] and regulators (the Sarbanes-Oxley Act in the US and the Cadbury Report (1992) in the UK being only two examples of major initiatives taken worldwide) following recent governance and accounting scandals (Stiglitz, 2003; Barca and Brecht, 2002; Hellwig, 2000; Holmstrom and Kaplan, 2003). This suggests that the current control mechanisms in place in most organizations are not delivering the expected results (Coffee, 1999; Bebchuk, 2004; Barclay and Holderness, 1989; Jensen, 1989). This point was made earlier by Blair (1995). In the academic literature, especially after the nineties, the availability of international databases allowed researchers to investigate empirically the relation between corporate governance – especially investor protection – and firm behavior and the level of capital market development (La Porta *et al.*, 1997; 1998; 2000; 2002). Shleifer and Vishny (1997), Becht *et al.* (2002), Michaud and Magaran (2006) and Denis (2005) provide important reviews of this extensive literature, and Hermalin (2005) discusses trends in the study of corporate governance. Faccio and Lang (2002) discuss the ownership structure of European corporations and Rajan and Zingales (2003) provide an interesting view on the relation among corporate governance, investor protection and financial development. Tirole

2. The classical book by Burrough and Helyar (1990) displays the proxy contests of the eighties and it's not directly related to the current debate on corporate governance.

(2001) discusses the research agenda on corporate governance and points to important topics for future research. There are also important textbooks in the field like Bolton and Dewatripoint (2005) that provide a comprehensive analytical coverage of the topic focusing on contracts while Tirole (2005) provides an exhaustive discussion of corporate finance using an agency theory framework.

Research in this area can be divided into two broad categories. The first, in the tradition of La Porta *et al.* (1997; 2000; 2002), try to relate the level of investor protection and other institutional variables on the level of capital market development and its impact on firms' behavior. The second, best represented by Gompers *et al.* (2003), tries to discover the relation between firm-level corporate governance arrangements and firm behavior. Works in the tradition of La Porta *et al.* (2000) have made a seminal contribution to finance and economics by empirically showing the relation between capital market development and the level of investor protection provided by each country's legal and institutional environment. These authors have shown that in countries were investors are not adequately protected, capital markets are anemic and firms have to rely on insider deals to finance their operations. An insider finance model will prevail in these countries, with firms relying on special relationships with banks and the government to access capital. These authors also relate the level of capital market development to the legal tradition. Common law countries are more likely to develop strong public credit and equity markets with dispersed ownership structures. In contrast, code law countries are more likely to present insider finance models with almost no public equity and credit markets. This line of enquiry has established that institutional variables like investor protection and legal tradition have a pervasive effect on the actions taken by firms to finance their activities.

Given the importance of institutional variables, other researchers (Karolyi, 2005; Doidge *et al.*, 2006, 2007; Doidge, 2004) have tried to explain the trade-off faced by firms immersed in environments were investors are not adequately protected. Firms in these countries will find it very difficult to raise capital to finance growth opportunities. These firms face a trade-off because they can commit to superior levels of investor protection in order to attract foreign capital. However, controlling shareholders lose private benefits of control, which are supposedly very high in environments where investors are not well protected. Controlling shareholders face the loss of private benefits of control in order to have access to foreign capital to finance existing growth opportunities. Based on this argument, Karolyi (2005) argues that firms that issue ADRs in the United States – a form of legal binding according to Coffee (1999) – are the ones with larger growth opportunities at home and with relatively lower levels of investor expropriation. For the controlling shareholders of these firms, it is more advantageous and less costly to find money to finance profitable projects. These authors contribute to a vibrant literature on the effects of private benefits of control and cross-listing on firm behavior (Doidge *et al.* 2006, 2005, 2004, 2007; Doidge, 2004) along with Dyck and Zingales, 2004 and Palepu *et al.*, 2002). Doidge *et al.* (2007) argue that country-level corporate governance variables are the most significant ones in shaping the performance of firms and managerial behavior. They argue and provide empirical evidence that country-level variables have a larger impact on firms' valuations than firm-level variables

The second tradition in this literature tries to understand the impact of firm-level variables on the behavior of firms, including firm performance, valuation, cost of capital and returns (Agrawal and Knoeber, 1996). Gompers *et al.* (2003) – the classic paper in the field – created a G-Score and related it to firm valuation. However, recent evidence (Cremers and Nair, 2005; Core *et al.*, 2006) demonstrates that the results of Gompers *et al.* (2003) are statistically weak. Larcker *et al.* (2007) reviews this literature and concludes that "*the empirical research examining the association between typical measures of corporate governance and various accounting and economic outcomes has not produced a consistent set of results*". These authors discuss the validity of the typical corporate governance metrics used in the literature as the reason for the lack of association between firm-level governance and economic and accounting outputs. Another possible justification for these results is that all firms contained in the samples used in these papers are from the US, where investors receive a superior level of investor protection. Thus, supposedly firm-level arrangements will not be significant in the US because the institutional environment already protects investors well.

Some recent research gives support to this alternative idea. Black *et al.* (2006a, b) provide empirical evidence that firm-level corporate governance attributes do play an important role for a sample of Korean firms. Haniffa and Hudaib (2006) find similar results for a sample of companies from Taiwan. Lara *et al.* (2007) also find similar evidence in Spain. However, most important for this thesis are the results presented by Chong and López-de-Silanes (2007), who report a strong association between firm-level governance and firms' performance across Latin America. They argue that firm-specific variables are likely to be relatively more relevant in countries where investors receive less protection from the legal and institutional environments.

Given the novelty of this research (most of the papers have been published in the last five years), it is premature to reach conclusions about the relative importance of firm-level *versus* country-level corporate governance attributes in shaping the economic outcomes of modern corporations.

3. Corporate Governance and Financial Accounting

The literature on the relation between corporate governance and financial accounting also has grown significantly in recent years (Imhoff, 2003). Accounting scandals like Enron and Worldcom have brought significant attention to accounting manipulation and its causes (Mulford and Comiskey, 2002; Stiglitz, 2003). Bushman and Smith (2001) review this literature up to the nineties, focusing on the use of accounting numbers in executive compensation. They recognize, however, as Sloan (2001) pointed out, that the use of accounting numbers in compensation arrangements is marginal. A more recent vein in this literature investigates the relationship between corporate governance and the properties of accounting reports. Nobes (1998) classifies accounting systems based on the financing model and cultural inheritance but with no empirical evidence on such a relation (Wallace and Gernon, 1991, also provide a qualitative discussion of accounting systems). He argues that countries with common law legal traditions and strong equity markets present accounting reports designed to inform external users, so these reports are more informative. Alternatively, countries with code law legal traditions and weak equity markets present financial statements more focused on meeting regulatory needs. This general classification, however, is not based on empirical evidence. Bushman and Smith (2003) provide an illustrative discussion of the interactions between corporate governance and financial accounting. More recent research (Cheng, 2004; Graham *et al.*, 2005) provide evidence that managers can destroy firm value in order to sustain earnings performance and to keep their remuneration. This evidence increases the importance of studies which relate accounting reports and their corporate governance use.

In a seminal work, Ball *et al.* (2000b) related conditional conservatism (Basu,

1997) with countries' legal tradition and found that firms located in common law countries with developed equity and credit markets present more conservative earnings than firms located in code law countries. They argued that the demand for conservative (used as a proxy for quality) accounting is higher in common law countries and managers have incentives to provide informative accounting reports. Ball *et al.* (2000b) provided clear and indisputable evidence that the actual properties of published accounting reports depend on managers' incentives to provide informative numbers and not on regulations and standards alone. Ali and Hwang (2000) went in the same direction, analyzing firms from 16 countries and finding evidence that earnings are more informative in countries where (*i*) financing is provided through public equity markets as opposed to insider transactions, (*ii*) accounting standards are dictated by private sector bodies, (*iii*) the state participation in the economy is low, (*iv*) tax rules do not have a huge influence on accounting reports, and (*v*) more is spent on external auditing. Ali and Hwang's (2000) result generally confirm those presented by Ball *et al.* (2000b) regarding the determinants of the informativeness of earnings. Barton and Wayne (2004) provide an interesting discussion of the quality of accounting reports in an unregulated US environment.

Ball *et al.* (2003) investigated the conditional conservatism of earnings for a sample of firms from four East Asian countries. Their research design allows direct examination of the effect of codes and regulations over the actual incentives managers have to provide informative reports because all these countries share the Anglo-Saxon common law tradition but do not have developed equity and credit markets. Their result shows that firms in these countries present the same level of conditional conservatism previously found in code law countries. Their result provides additional evidence that informativeness depends on incentives and not on accounting standards. Expanding this line of research, Ball and Shivakumar (2005) examined conservatism in two samples of British public and private firms that are exposed to the same set of regulations and auditing standards but face different incentives. Their result shows that British public firms present a higher level of conservatism than their private counterparts despite being exposed to the same set of rules and regulations. There is also reported evidence (Ball and Shivakumar, 2006) that financial reporting at the time of IPOs is consistent with the tendency for listed firms reporting to be more conservative than previously as private firms, consistent with the results in Ball and Shivakumar (2005). They show that the evidence presented by Teoh *et al.* (1998 a, b) in support of the alternative hypothesis, that IPO firms opportunistically inflate earnings to influence the IPO price, is unreliable.

Bushman and Piotroski (2006) extend Ball *et al.* (2000b; 2003) and Pope and Walker (1999) by taking into account a variety of other country level institutions beyond legal tradition to explain conservatism. Bushman and Piotroski (2006) show that investor protections embodied in corporate law and the efficiency and impartiality of the judicial system play a significant role in creating incentives for timely loss recognition. Firms in countries with strong investor protection and superior judicial systems present more conservative accounting numbers. They also analyze the channels through which institutions influence conservatism, such as executive compensation, securities litigation and debt covenants. They also innovate by including political economy determinants like the state participation in the economy. Bushman and Piotroski (2006) also follow Holthausen (2003) by taking a quantitative approach to classify countries.

These recent papers contribute to prior research on cross-country determinants of financial reporting like Alford *et al.* (1993), Ali and Hwang (2000), Francis *et al.* (2003), Guenther and Young (2000) and Land and Lang (2002), Bandyopadhyay *et al.* (1994), Chan and Seow (1996), Davis-Friday and Rivera (2000), Hope (2003), Huijguen and Lubberink (2003), Joos and Lang (1994) and Lang *et al.* (2004). Meek and Thomas (2004) provide a comprehensive review of market-based international accounting research. Other authors have taken a similar approach, investigating the impact of legal institutions, incentives and enforcement on earnings management, such as Leuz *et al.* (2003), and Burgstahler *et al.* (2006). There is also a similar vein in the literature concerned about the impact of institutions and incentives on disclosure, like Raonic *et al.* (2004), Jaggi and Low (2000) and Bushman *et al.* (2004). Collins and DeAngelo (1990) provide an important contribution to this literature by investigating the relation between market's response to earnings announcements and proxy contests (DeAngelo, 1988).

This body of evidence confirms the hypothesis that the actual properties of published accounting reports depend on the economic incentives managers have to publish such informative numbers. It seems that an informative accounting report is an equilibrium outcome that depends on the demand for high-quality information. However, these papers treat accounting incentives at the macro and institutional level. They assume all firms immersed in a given country have the same incentives to provide informative reports and consequently produce results that reflect the average firm. Holthausen (2003) pointed out this limitation and calls for research dealing with firm-level incentives to provide informative reports. As the financial economics literature on corporate governance has shown (Karolyi, 2005), some firms immersed in very poor institutional environments have the incentives to opt out and try access external sources of funds. These firms, presumably, will have the incentive to provide informative accounting reports to facilitate monitoring by boards, audit committees and external auditors. Arguably, the importance of firm-level incentives will be relatively higher in countries with poor investor protection (Chong and López-de-Silanes, 2007).

There is also a significant body of research which addresses the impact of firm-specific corporate governance attributes – predominantly board characteristics – on the quality of earnings and earnings management for samples of firms from developed countries (especially the US and UK). Klein (2002) and Vafeas (2005) investigate the impact of board composition and audit committee attributes on earnings management and the quality of earnings respectively. Yu (2005) relates earnings management, analyst coverage and board composition and concludes that firms with stronger internal governance manage earnings less. Ali *et al.* (2007) find that family firms face lower agency conflicts and consequently report higher quality earnings and make better financial disclosures. DeFond *et al.* (2007) finds that annual earnings announcements are more informative in countries with higher quality accounting earnings or better enforced insider trading laws. Kanangaretnam *et al.* (2007) also find that firms with higher levels of corporate governance have lower information asymmetry around quarterly earnings announcements. Sivaramakrishnan and Yu (2007) report that earnings quality is higher for firms with less serious residual agency problems. They relate more informative accounting to the adequacy, not the strength, of corporate governance. Ahmed and Duellman (2007) find that firms with stronger boards present more conservative accounting earnings using three measures of conservatism. Lobo and Zhou (2001) also find a significant relation between disclosure quality and earnings management. Laux and Laux (2006) and Peasnell *et al.* (2005) report that boards influence earnings management. LaFond *et al.* (2007) examine the relation between earnings smoothing and governance and find that firms with greater levels of discretionary smoothing experience lower liquidity, lower trading volume and higher bid-ask spreads. They also find that discretionary smoothing is related to less strict governance measures. Beasley (1996) investigates the relation between board of directors composition and financial statement fraud. Park and Shin (2004) examine the relation between board composition and financial statement fraud in Canada. More recently Sivaramakrishnan and Yu (2008) relate governance with earnings quality. Beekes *et al.* (2004) show the relation between board composition and timeliness. Agrawal and Chadha (2005) discuss the relation between corporate governance and accounting scandals. Bartov *et al.* (2001) discusses the relation between audit qualifications and discretionary accruals as a proxy for earnings quality in the same direction of the Becker *et al.* (1998) paper. Chtourou *et al.* (2007) also discuss the relation between earnings management and corporate governance.

A large number of works investigate the relation between cross-listing and financial reporting. Lang *et al.* (2006) find that cross-listed firms exhibit lower earnings management activity than their purely domestically listed counterparts. However, these firms manage earnings more than their American peers. This result suggests that cross-listing alone does not make financial statements of non-US firms comparable to American firms' reports. Khanna *et al.* (2003), Ashbaugh and Davis-Friday (2001) examine the disclosure practices of foreign firms listed on American stock exchanges and find increased financial disclosure. Ashbaugh and Olsson (2002) examine the valuation properties of accounting numbers prepared under IAS and US-GAAP. Lang *et al.* (2003a, b) investigate the impact of cross-listing on the information environment on which firms are immersed and on the quality of their earnings.

In a recent paper, however, Larcker *et al.* (2007) criticize the literature that attempts to relate corporate governance to accounting outputs. They mention the absence of a clear and consistent set of associations between firm-level governance and accounting. This problem can be caused, as mentioned before, by the fact that most studies in this area are performed with firms from the US and UK, where the institutional level of investor protection is already high. Presumably, the importance of firm-level incentives and corporate governance arrangements will be higher for firms immersed in poor institutional environments (Holthausen, 2003 and Chong and López-de-Silanes, 2007).

Recently, a relatively small body of research has investigated the relationship between corporate governance and financial reporting in emerging markets, where supposedly firm-level governance is relatively more relevant than macro arrangements. Fan and Wong (2002) partially address this question by examining the relation between informativeness and the ownership structure of firms in seven East Asian countries. They find a negative relation between ownership concentration and timeliness, which is consistent with two alternative explanations. First, concentrated ownership creates agency problems between controlling shareholders and outside investors, causing controlling shareholders to report earnings for self-interested purposes. Second, concentrated ownership may prevent leakage of proprietary information. In the same sense, Chen *et al.* (2007) investigate the relationship between firm-specific corporate governance attributes (especially board characteristics like independence and financial expertise) and discretionary accruals in Taiwan. Their results show that the independence of members, financial expertise of independent directors and voluntary formation of independent directorships are associated with lower earnings management. Other studies have investigated similar questions in other emerging markets, such as Claessens *et al.* (2000), Kim and Yi (2006) and Lee and Liao (2004), Firth *et al.* (2007). The evidence is even sparser in Latin America and Mexico, the work of Machuga and Teitel (2007) being a notable exception. This body of research is generally consistent with the notion that firm-level arrangements do have an important influence on the properties of published accounting reports.

4. Earnings Management

Earnings management is intrinsically related to earnings quality. Earnings management is defined by Schipper (1989) as a deliberate intervention in the financial accounting process in order to provide (usually for managers[3]) some private gain. Burgsthaler and Dichev (1997) show how earnings are managed to avoid earnings decreases and losses as an example of one motivation affecting manager's behavior. Leuz *et al.* (2003) argue that earnings management arises to mislead some stakeholders or to influence contractual outcomes, such as covenants, or tax returns.

Dechow and Schrand (2004) relate earnings quality to three desirable features of earnings: (*i*) to reflect current performance, (*ii*) to be useful for predicting future performance and (*iii*) to accurately annuitize intrinsic firm value. Considering this paradigm, earnings management clearly decreases earnings quality (Dechow and Schrand, 2004). Earnings management can be implemented by manipulating real transactions or accruals. Some authors have focused on real transactions manipulations (Hand, 1989; Bartov, 1993; Dechow and Sloan, 1991) but the main focus of the earnings management literature has been on accrual manipulations. However, accrual manipulations are difficult to measure from outside the firm. In this context several metrics for earnings management based on aggregate accruals have been proposed by the literature. Healy (1985) and DeAngelo (1986) apply total accruals and first-differences in total accruals as proxies for management discretion over earnings. Jones (1991) designed a model that relaxes the assumption of constant nondiscretionary accruals and estimates the discretionary accruals as the residuals of a time series regression between total accruals and changes in revenues and PP&E. Dechow *et al.* (1995) modify the Jones Model by including the change in accounts receivable in the accruals model and found better empirical results than previous models. The main criticism of these models is that they do not control for growth as accruals may not move one for one with sales and PP&E (Dechow and Schrand, 2004).

This literature points into the direction that earnings management is an undesired feature of accounting numbers and that its occurrence should be detected. Earnings management impacts negatively the usefulness of accounting numbers as inputs into corporate governance arrangements. If earnings are manipulated, outsiders will have to use other tools to monitor managers. Credible reported earnings are essential to monitor performance and consequentially to be used in contractual arrangements between managers and firm's stakeholders. However, managers may have incentives to manipulate earnings in order to hide poor performance, to pay fewer taxes, to expropriate minority shareholders and so on. A recent vein of the literature has being concerned with detecting the incentives behind earnings management practices. Leuz *et al.* (2003) show

3. This view assumes that the major conflict of interest is between shareholders and managers. Sometimes, as it's the case in Brazil, the major conflict can be between controlling shareholders and minority shareholders. This clearly changes the incentives managers have to manipulate earnings.

that earnings management is higher where investors are protected less. This result is consistent with other studies which investigate related properties of accounting numbers like conservatism and timeliness (Ball *et al.*, 2000b). This research has suggested that the actual degree of informativeness in accounting reports depends on the incentives managers face to produce it and not on the standards and regulations *per se* (Ball *et al.*, 2003). Researchers have shown (Leuz and Wusteman, 2004) that firms located in countries where the insider financing model (credit oriented financial systems) predominates do not have the incentives to produce informative accounting numbers while firms located in countries where the outsider financial model dominates (developed public debt and equity markets) produce relevant accounting reports to inform a dispersed base of shareholders.

However, some firms located in countries where the insider model predominates may have the incentives to try to opt out of their country's poor financial system to access external financial markets to fund their existing projects (Holthausen, 2003). Motives for cross-listing vary with geography and firm's sector and technology (Pagano *et al.*, 2002), but it usually involves access to more liquid capital markets and new business opportunities. These firms may have to abide to strict corporate governance rules and disclosure requirements in order to have access to international capital. Cross-listing in the American Stock Exchanges has been the major option for foreign firms trying to raise capital abroad. These firms have to comply with the American rules for listing which includes reconciling their financial statements to US GAAP – this requirement opened an important research vein trying to investigate the impact of cross-listing on the properties of accounting numbers (Bradshaw and Miller, 2004; Lang *et al.*, 2006 are good examples). Thus, an interesting phenomenon happened: firms from countries with credit oriented financial systems and poor investor protection with, supposedly, strong incentives to manipulate earnings and poor local oversight, have to prepare financial statements under rules designed for firms located in a outsider financial model country with more strict rules for preparation and disclosure of accounting reports. This situation leads to a natural question: what happens to earnings management when firms from credit oriented, poor investor protection countries with significant incentives to manipulate earnings and poor oversight from local authorities do list in a country with huge public markets for equity and debt, superior protection to investors and significant requirements on disclosure and financial statement preparation? Which set of factors dominate? The local, less rigorous, supervisory environment or the external superior governance model? Does cross-listing change the properties of accounting numbers prepared under the local GAAP?

To answer these questions Lang *et al.* (2006) show that foreign firms listed in the US present higher levels of earnings management than comparable American firms. They compare earnings management metrics built on statements prepared under US GAAP for American and foreign firms. Their results corroborate the argument presented by Siegel (2005) which states that cross-listing in the US does not provide the expected "legal bonding" but only a "reputational bonding" because the American authorities – specially the SEC – do not have the will or the resources to enforce their requirements on foreign firms. Lang *et al.* (2006) results, however, are not based on reports prepared under local GAAP. Their result is based on accounting numbers adjusted to US GAAP and cannot shed light over the impact of cross-listing on the earnings management practices of foreign firms using their local GAAP. To answer this question it is necessary to examine the earnings management metrics measured under local GAAP of foreign firms listed in the US Exchanges from countries where managers face strong incentives to manage earnings. Brazilian firms represent an interesting setting to investigate this question.

Previous research has shown that countries' institutional differences (especially legal origin – common *vs.* code law) systematically influence firms' reporting behavior, in addition to accounting standards (Ball *et al.*, 2000b; Ali and Hwang, 2000; Leuz *et al.*, 2003; Ball *et al.*, 2003; Leuz 2003a; Ball and Shivakumar, 2005; Bradshaw and Miller, 2004; and Burgstahler *et al.*, 2006). However, these papers treat firms homogeneously within countries and do not consider within-country differences in firms' attributes. My work is based on the notion that firm-level incentives do play a significant role in shaping the properties of accounting reports. Holthausen's (2003) comments on Ball *et al.* (2003) illustrate this point in detail. Managers of firms that try to opt out of their country's financial reporting regime and raise external finance need to reduce agency costs. If they believe their firms have better future economic prospects than, say, the average of the market, they may find it profitable to disclose information about their superior performance and to pledge themselves to better governance systems in order to reduce agency costs and facilitate contracting with external parties. These firms have strong incentives to provide informative accounting reports that will help outsiders assess their economic performance, which is unobservable. Thus I expect to see a close link between firm-level governance arrangements and informative accounting reports, which, I suppose, act as complements.

An important sub-theme of the literature on corporate governance and accounting quality is the possibility that firms in countries with relatively weak corporate governance regimes can achieve improved accounting quality either by cross-listing or by adopting the accounting standards of a stricter regime. Lang *et al.* (2003a and 2003b) show that cross-listing improves a firm's information environment and reduces its cost of capital. They show, however, that this improvement is not enough to bring the quality of the accounting reports of cross-listed firms to the same level of their US counterparts, suggesting that other factors beyond accounting standards play a role in shaping the properties of accounting reports. Other authors (for instance, Siegel, 2005) argue that cross-listing has little *de facto* impact on firms' actions because American regulators have little power to enforce their rules abroad. These results suggest that it may be interesting to investigate the impact of cross-listing and firm-specific attributes on the properties of accounting reports.

5. Earnings Management Techniques and Procedures

Initially it is necessary to differentiate earnings management and fraud. Earnings management is a deliberate action to interfere in the neutral process of producing financial accounting numbers with the intent of obtaining some private gain within the boundaries of generally accepted accounting principles (GAAP). Thus, earnings management differs from fraud which is a clear and undisputable violation of accounting rules or even theft. Usually is not so easy to split earnings management from fraud in actual cases when both can occur concurrently. This separation is only possible with a profound knowledge of the limits and grey areas in accounting standards.

Earnings management can be divided in three main categories reflecting it motivations: (*i*) earnings smoothing, (*ii*) earnings target and (*iii*) big bath accounting. Earnings smoothing is the use of accounting discretion to reduce volatility in earnings. The idea is present an earnings figure which is stable and preferably growing at an steady rate. Recent research (Loomis, 1999) has shown that investors pay a premium on firms which present stable earnings. There are several possible explanations for this phenomenon. The first is that investors can be mislead and believe that firms with smoothed earnings are less risky than their counterparts because managers have superior information and this kind of practice is hard to be detected especially when accounting estimates (*e.g.*, provisions for bad debts) are used. Managers also like smoothed earnings because they do not have to outperform in the future. Assume for instance a company which presents in the current period an abnormal performance over its past behavior. Analyst and external users will likely expect this current performance to be repeated in the future which can cause an enormous pressure on managers. Managers will favor the use of provisions in order to save this good performance into the future – just as an example. Equity analysts also dislike earnings volatility because it makes earnings per share harder to predict. As it is normally said the earnings management game is not only on the person who misguides but also on the ones who are misguided.

Earnings targeting is generally related to an attempt to avoid a breach of a contract or a general expectation related to the accounting figure – it can also be related to the book value of equity instead of earnings. Managers can manage earnings to avoid covenant violations like debt to equity ratios or financial expenses over EBITDA. Covenant violations are extremely expense to be renegotiated which creates a genuine motive to manage earnings. Analyst's expectation is also another source of a target. No company likes to fail expected earnings per share thresholds. Big bath accounting is the excessive pessimism on accounting estimates around certain company events. Generally a new CEO likes to account for all possible provisions and recognize all liabilities (no matter how unlikely they are). All bad news are given at a single point in time keeping the good news for the future – yes, some sort of Machiavelian accounting. Big bath is the deliberate distortion of accounting reports for the worst which can also be associated with company events when the controlling shareholder has the incentive to reduce stock prices in order to damage minority shareholders and maybe buy them out of the company in the future. It is interesting to note that not all earnings management activity is intended to improve the financial position.

Earnings management can be performed using pure accounting techniques (*e.g.*, changing a depreciation rate or a provision), real transactions (e.g. delaying the selling of property plant and equipment to postpone earnings) or a mix of the two approaches. The techniques actually used depend on the incentives and restrictions managers face. In countries with strong public equity and debt markets where companies rely heavily on external sources of funds to finance their operations experience has shown that techniques to improve revenues are the main source of manipulation followed by the recording of fictitious assets and understatement of liabilities. These techniques are used because companies face pressures to present earnings in accordance to expectations also because revenues are not taxed directly as it is the case in Brazil. In other countries like Brazil where accounting reports have been usually liked to tax reports (prior to IFRS adoption) and revenues are taxed the cases of revenue misrepresentation are relatively less frequent.

Creative managers have used a myriad of techniques to improve revenues. A very common technique is called "channel tuning" in the accounting jargon. It basically involves the dispatch of products to intermediaries who can return the products which have not been sold. According to revenue recognition rules these transactions could not be recorded as revenues. Companies however create subsidiaries and other special purpose companies with the sole intent of sending inventory for future resale but record the sales immediately after the dispatch. Sometimes the inventory end up never been sold and the recognized revenue figure is completely fictitious. Another technique commonly used is the accounting of advancement from customers as revenues instead of liabilities. The recent financial crises uncover the practice of many financial institutions of selling receivables with full commitment of buying them back in the future as revenues (Repo 105 type of transactions). These transactions could not have been accounted in this fashion because the seller has not transferred the main risks and benefits of the receivables.

The transaction quoted above as a Repo 105 is one of a kind which illustrates a frequent problem associated with earnings management. Transactions like these can be legally but not economically considered as a sale. It is the essence over form principle in GAAP. Some transactions have the appearance of being fair but are not from a economically point of view. As financial statements have to reflect the true and fair view of the company's position these transactions have to be uncover. This however demands very specialized legal and accounting expertise which is not available always at the right time on the part of auditors and regulators. The complexity of financial instruments – especially derivatives – has been instrumental to earnings management activities performed in recent years.

Another topic of increasing importance is the misrepresentation of liabilities. Some companies try to avoid to present liabilities in their balance sheets especially when they are related to provisions for legal disputes. Misrepresentation of liabilities is serious because it has an enormous potential to mislead equity and debtholders. Investors may buy securities issued by firms with worst financial positions than their accounts present.

Experience has shown that earnings management activity has assumed different forms over the years depending on economic conditions, legal and institutional environments. Generally earnings manipulation assumes new forms and takes advantage of the general public lack of knowledge about financial accounting and complex financial structures. It is therefore imperative that regulators, investors, auditors, board and audit committee members as well as other interested parties be up to date with financial and accounting innovations in order to reduce the insider's informational advantage.

6. Legal and Regulatory Implications

The corruption of corporate reports' integrity has several legal and regulatory implications. It is natural to start with the lack of confidence in financial statements which add a great degree of uncertainty over contracts written on accounting numbers. Covenants, dividend payments, executive remuneration, public tariffs, taxes and all other kind of outputs which depend on accounting variables will have their reliability questioned. This problem may cause the use of other variables in corporate contracts which will be relatively more expensive than the use of public accounting data. Thus, earnings management can be an important transaction cost of companies. On the other side low integrity financial reports may increase the likelihood of litigation. Several scenarios may exist but the threat of class actions and actions originated from minority investors over corporate officers misbehavior is just one example. Auditors also may be challenged in court related to their behavior (or lack of) in detecting and exposing accounting problems.

Fraudulent reports are not exposed around the time the misrepresentations are actually performed. Generally there is a time lag between malfeasances and their detection by auditors or regulators. During this time several corporate actions based on accounting reports are performed (*e.g.*, dividend payments). What happen when the problems are exposed to the general public? There is considerable debate (at least in

Brazil) about the meaning of fraudulent reports which are approved by the Board and receive clear auditing opinions.

The distinction between earnings management and fraud is not easily detected in the real world. This problem also raises several questions about the administrative, civil and criminal responsibilities of the officers, directors, and auditors involved. This grey area naturally leads to incentives to misbehavior. Corporate officers under pressure to deliver good performance may choose to manipulate earnings under the impression that they will not be easily detected and when detected will not be successfully prosecuted. This kind of behavior may indicate that officers believe that this kind of misbehavior pays off.

Earnings management is also a nightmare for regulators. They have to invest scarce resources in order to train people and develop systems to prevent, detect and punish earnings manipulators. These resources would be better employed in other activities more associated with the development of equity and debt markets. It is hard to find hard evidence and proofs of earnings management to be used in litigations which cause regulators to spend valuable resources to make their cases.

7. Conclusions

This paper attempts to present a brief discussion of the corporate governance environment in which modern corporations are immersed and its relation to earnings management. It also provides some insights into the legal and regulatory implications of earnings management. The exposition intends to shed some light on the subject with an especial emphasis in a legal audience which is not familiar with earnings management and its idiosyncrasies.

References

AGRAWAL, A., CHADHA, S. (2005). "Corporate governance and accounting scandals". *Journal of Law and Economics*, forthcoming.

AGRAWAL, A., KNOEBER, C. R. (1996). "Firm performance and mechanisms to control agency problems between managers and shareholders". *Journal of Financial & Quantitative Analysis* 31, 353-377.

AHMED, A., DUELLMAN, S. (2007). "Accounting conservatism and board of directors characteristics: an empirical analysis". *Journal of Accounting and Economics*, forthcoming.

ALFORD, A., JONES, J., LEFTWICH, R., ZMIJEWSKI, M. (1993). "The relative informativeness of accounting disclosures in different countries". *Journal of Accounting Research* 31, Supplement, 183-223.

ALI, A., CHEN, T., RADHAKRISHNAN, S. (2007). "Corporate disclosure by family firms". *Journal of Accounting and Economics* 44, 238-286.

ALI, Ashiq, HWANG, L. (2000). "Country-Specific factors related to financial reporting and the value relevance of accounting data". *Journal of Accounting Research* 38 (1), 1-25.

ASHBAUGH, H., OLSSON, P. (2002). "An exploratory study of the valuation properties of cross-listed firms' IAS and US GAAP earnings and book values". *The Accounting Review* 77 (1), 99-123.

ASHBAUGH, H., DAVIS-FRIDAY, P. (2001). "Voluntary disclosure, regulation, and non-US firms mergers & acquisitions". Working Paper.

BALL, R., KOTHARI, S. P., ROBIN, A. (2000b). "The effect of institutional factors on the properties of accounting earnings". *Journal of Accounting and Economics* 29, 1-51.

BALL, R., ROBIN, A., WU, J. (2003). "Incentives *versus* standards: properties of accounting income in four East Asian Countries". *Journal of Accounting and Economics* 32, 1-38.

BALL, R., SHIVAKUMAR, L. (2005). "Earnings Quality in UK Private Firms". *Journal of Accounting and Economics* 33, 66-98.

BALL, R., SHIVAKUMAR, L. (2006). "Earnings quality at initial public offerings".

Working Paper, London Business School and University of Chicago.

BANDYOPADHYAY, S. P., HANNA, J. D., RICHARDSON, G. (1994). "Capital market effects of US-Canada GAAP differences". *Journal of Accounting Research* 32 (2), 262-277.

BARCA, F., BRECHT, M. (2002). *The Control of Corporate Europe*. Oxford University Press.

BARCLAY, M., HOLDERNESS, C. (1989). "Private benefits from control of public corporations". *Journal of Financial Economics* 25, 371-395.

BARTON, J., WAYNE, G. (2004). "Investor protection under unregulated financial reporting". *Journal of Accounting and Economics* 38, 65-116

BARTOV, E. (1993). "The timing of asset sales and earnings manipulation". *The Accounting Review* 68, 840–855.

BARTOV, E., GUL, F. A., TSUI, J. S. L. (2001). "Discretionary-accruals models and audit qualifications". *Journal of Accounting and Economics* 30, 421–452.

BASU, S. (1997). "The conservatism principle and the asymmetric timeliness of earnings". *Journal of Accounting and Economics* 24 (1), 3-37.

BEASLEY, M. S. (1996). "An empirical analysis of the relation between the board of directors composition and financial statement fraud". *The Accounting Review* 71, 443-465.

BEBCHUK, L. (2004). *Pay Without Performance: the Unfulfilled Promise of Executive Compensation*. Cambridge, MA, Harvard University Press.

BECHT, M., BOLTON, P., ROELL, A. (2002). "Corporate governance and control", in *Handbook of the Economics of Finance* (ed. G. Constantinides, M. Harris, and R. Stulz). Amsterdam, North-Holland.

BECKER, C. L., DEFOND, M., JIAMBALVO, J., SUBRAMAYAM, K. R. (1998). "The effect of audit quality on earnings management". *Contemporary Accounting Research* 15, 1-24.

BEEKES, W., POPE, P., YOUNG, S. (2004). "The link between earnings timeliness, earnings conservatism and board composition: evidence from the UK". *Corporate Governance: an International Review 12* (1), 47-59.

BERLE, A., MEANS, G. (1932). *The Modern Corporation and Private Property*. Chicago, Commerce Clearing House.

BLACK, B. S., JANG, H., KIM, W. (2006a). "Does corporate governance predict firms' market values? Evidence from Korea". *Journal of Law, Economics and Organizations* 22 (2), 366-413

BLACK, B. S., JANG, H., KIM, W. (2006b). "Predicting firms' corporate governance choices: evidence from Korea". *Journal of Corporate Finance* 12 (3), 660-691.

BLAIR, M. (1995). *Ownership and Control: Rethinking Corporate Governance for the Twenty-First Century*. Washington, D.C., Brookings Institution.

BOLTON, P., DEWATRIPONT, M. (2005). *Contract Theory*. Cambridge, Massachusetts, The MIT Press.

BRADSHAW, M., MILLER, G. (2004). "Will harmonizing accounting standards really harmonize accounting? Evidence from non-US Firms adopting US GAAP". Working Paper, Harvard University.

BURGSTAHLER, D., DICHEV, I. (1997). "Earnings management to avoid earnings decreases and losses". *Journal of accounting and Economics* 24, 99-129.

BURGSTAHLER, D., HAIL, L., LEUZ, C. (2006). "The importance of reporting incentives: earnings management in european private firms and public firms". *The Accounting Review* 81 (5), 983-1.016.

BUSHMAN, R., SMITH, A. (2003). "Transparency, financial accounting information and corporate governance". *Federal Reserve Bank of New York Economic Policy Review*. April.

BUSHMAN, R., SMITH, A. (2001). "Financial accounting information and corporate governance". *Journal of Accounting and Economics* 32, 237-333.

BUSHMAN, R., PIOTROSKI, J. (2006). "Financial reporting incentives for conservative accounting: the influence of legal and political institutions". *Journal of Accounting and Economics* 42, 107-148.

BUSHMAN, R., PIOTROSKI, J., SMITH A. J. (2004). "What determines corporate transparency?". *Journal of Accounting Research* 42 (2), 207-252.

CADBURY REPORT (1992). *The Financial Aspects of Corporate Governance*. Burgess Science Press.

CHAN, K. C., SEOW G. S. (1996). "The Association Between Stock Returns and Foreign GAAP Earnings *versus* Earnings Adjusted to US. GAAP". *Journal of Accounting and Economics* 21, 139-158.

CHEN, K. Y., ELDER, R. J., HSIEH, Y. (2007). "Corporate governance and earnings management: the implications of corporate governance best-practices principles for Taiwanese listed companies". Working Paper presented at the 2006. *Journal of Contemporary Accounting and Economics Symposium*.

CHENG, S. (2004). "R&D expenditures and CEO compensation". *The Accounting Review* 79, 305-328.

CHONG, A., LÓPEZ-DE-SILANES, F. (2007). *Investor Protection and Corporate Governance – Firm Evidence across Latin America*. Stanford University Press and International Development Bank, 2007.

CHTOUROU, S. M., BEDARD, J., CORTEAU, L. (2007). "Corporate governance and earnings management". Working Paper.

CLAESSENS, S., DJANKOV, S., LANG, L. (2000). "The separation of ownership and control in East Asian corporations". *Journal of Financial Economics* 58, 81-112.

COFFEE, J. (1999). "The future as history: the prospects for global convergence in corporate governance and its implications". *Northwestern University Law Review* 93, 641-708.

COLLINS, D. W., DEANGELO, L. (1990). "Accounting information and corporate governance: Market and analyst reactions to earnings of firms engaged in proxy contests". *Journal of Accounting and Economics* 13, 213–247.

CORE, J. E., GUAY, W. R., RUSTICUS, T. (2006). "Does weak governance cause weak stock returns? An examination of firm operating performance and investors' expectations". *Journal of Finance* 61, 1-33.

CREMERS, K. J. M., NAIR, V. B. (2005). "Governance mechanisms and equity prices". *The Journal of Finance* 55 (6), 75-87.

DAVIS-FRIDAY, P., RIVERA, J. (2000). "Inflation accounting and 20-F disclosures: evidence from Mexico". *Accounting Horizons* 14 (2), 27-34.

DEANGELO, L. E. (1988). "Managerial competition, information costs, and corporate governance: the use of accounting performance measures in proxy contests". *Journal of Accounting and Economics* 10, 3-36.

DEANGELO, L. E. (1986). "Accounting numbers as market valuation substitutes: a study of management buyouts of public stockholders". *The Accounting Review* 61, 400-420.

DECHOW, P. M., SCHRAND, C. M. (2004). *Earnings Quality*. The Research Foundation of CFA Institute.

DECHOW, P. M., SLOAN, R. G. (1991). "Executive incentives and the horizon problem: an empirical investigation". *Journal of Accounting and Economics* 14, 51-89.

DECHOW, P. M., SLOAN, R. G., SWEENY, A. P. (1995). "Detecting earnings management". *The Accounting Review* 70, 193-225.

DEFOND, M., HUNG, M., TREZEVANT, R. (2007). "Investor protection and the information content of annual earnings announcements: international evidence". *Journal of Accounting and Economics* 43, 37-67.

DENIS, D. K. (2005). "Twenty-five years of corporate governance research... and counting". *Review of Financial Economics* 10, 1-191.

DOIDGE, C. (2004). "U.S. cross-listings and the private benefits of control: evidence from dual class firms". *Journal of Financial Economics* 72 (3), 519-553.

DOIDGE, C., KAROLYI, G. A., LINS, K. V., MILLER, D. P., STULZ, R. M. (2006). "Private benefits of control, ownership and the cross-listing decision". Unpublished

Working Paper, Toronto, Rotman School of Management, University of Toronto.

DOIDGE, C., KAROLYI, G., STULZ, R. M. (2005). "The Valuation premium for non-US stocks listed in US markets". Unpublished Working Paper, Toronto, Rotman School of Management, University of Toronto.

DOIDGE, C., KAROLYI, G., STULZ, R. M. (2004). Why are firms listed in the US worth more? Journal of Financial Economics 71, 205-238.

DOIDGE, C., KAROLYI, G., STULZ, R. (2007). "Why do countries matter so much for corporate governance?. *Journal of Financial Economics* 86, 1-39.

DYCK, A., ZINGALES, L. (2004). "Private benefits of control: an international comparison". *Journal of Finance* 59, 537-600.

FACCIO, M., LANG, L. (2002). "The ultimate ownership of Western European corporations". *Journal of Financial Economics* 65, 365-395.

FAN, J. P. H., WONG, T. J. (2002). "Corporate ownership structure and the informativeness of accounting earnings in East Asia". *Journal of Accounting and Economics* 33, 401-425.

FIRTH, M., FUNG, P. M. Y., RUI, O. M. (2007). "Ownership, two-tier board structure, and the informativeness of earnings – Evidence from China". *Journal of Accounting and Public Policy* 26(4), 463-496

FRANCIS, J., KHURANA, I., PEREIRA, R. (2003). "Investor protection laws, accounting and auditing around the world". *Asia-Pacific Journal of Accounting and Economics* 10, 1-30.

GOMPERS, P., ISHI, J., METRICK, A. (2003). "Corporate governance and equity prices". *Quarterly Journal of Economics* 118-107.

GRAHAM, J. R., HARVEY, C., RAJGOPAL, S. (2005). "The economic implications of corporate financial reporting". *Journal of Accounting and Economics* 40, 3-73.

GUENTHER, D., YOUNG, D. (2000). "The association between financial accounting measures and real economic activity: a multinational study". *Journal of Accounting and Economics* 29, 53-72.

HAND, J. R. M. (1989). "Did firms undertake debt-equity swaps for an accounting paper profit or true financial gain?". *The Accounting Review* 64, 587-623.

HANIFFA, R., HUDAIB, M. (2006). "Corporate governance structure and performance of Malaysian listed companies". *Journal of Business, Finance and Accounting* 33 (7-8), 1.034-1.062.

HEALY, P. M. (1985). "The effect of bonus schemes on accounting decisions". *Journal of Accounting and Economics* 7, 85-107.

HELLWIG, M. (2000). "On the economics and politics of corporate finance and corporate control". In *Corporate Governance: Theoretical and Empirical Perspectives* (ed. X. Vives), Chapter 3, 95-134. Cambridge University Press.

HERMALIN, B. (2005). "Trends in corporate governance". *The Journal of Finance* 60(5), 2.351-2.384.

HOLMSTROM, B., KAPLAN, S. (2003). "The state of US corporate governance: what's right and what's wrong". *Journal of Applied Corporate Finance* 15 (3), 8-20.

HOPE, O. (2003). "Disclosure practices, enforcement of accounting standards, and analysts' forecast accuracy: and international study". *Journal of Accounting Research* 41 (2), 235-272.

HOUTHAULSEN, R. W. (2003). "Testing the relative power of accounting standards versus incentives and other institutional features to influence the outcome of financial reporting in an international setting". *Journal of Accounting and Economics* 36, 271-283.

HUIJGUEN, C., LUBBERINK, M. (2003). "Earnings conservatism, litigation and contracting: the case of cross-listed firms". Working Paper, University of Groninger and Lancaster University.

IMHOFF, E. A. (2003). "Accounting quality, auditing and corporate governance". Working Paper.

JAGGI, B., LOW, P. (2000). "Impact of culture, market forces, and legal system on financial disclosures". *The International Journal of Accounting* 35 (4), 495-519.

JENSEN, M. (1989). "The eclipse of the public corporation". *Harvard Business Review* 67, 61-74.

JONES, J. (1991). "Earnings management during import relief investigations". *Journal of Accounting Research* 29, 193-228.

JOOS, P., LANG, M. (1994). "The Effects of accounting diversity: evidence from the European Union". *Journal of Accounting Research* 32. Supplement, 141-161.

KANANGARETNAM, K., LOBO, G. J., WHALEN, D. J. (2007). "Does corporate governance reduce information asymmetry around quarterly earnings announcements?". *Journal of Accounting and Public Policy* 26, 497-522.

KAROLYI, G. A. (2005). "The world of cross-listing and the cross-listings of the world: challenging conventional wisdom". Unpublished Working Paper, Fisher College of Business, Ohio State University, Columbus, OH.

KHANNA, T., PALEPU, K., SRINIVASAN, S. (2003). "Disclosure practices of family firms interacting with US markets". Working Paper, Harvard Business School.

KIM, J., YI, C. H. (2006). "Ownership structure, business group affiliation, listing status, and earnings management: evidence from Korea". *Contemporary Accounting Research* 23, 427-464.

KLEIN, A. (2002). "Audit committee, board of director characteristics, and earnings management". *Journal of Accounting and Economics* 33, 375–400.

LA PORTA, R., LÓPEZ-DE-SILANES, F., SHLEIFER, A. (1997). VISHNY, R. "Legal determinants of external finance". *Journal of Finance* 52 (3), 1.131-1.150.

LA PORTA, R., LÓPEZ-DE-SILANES, F., SHLEIFER, A. (2000). "Agency problems and dividend policies around the world". *Journal of Finance* 55, 1-33.

LA PORTA, R., LÓPEZ-DE-SILANES, F., SHLEIFER, A., VISHNY, R. (1998). "Law and finance". *Journal of Political Economy* 106, 1.113-1.155.

LA PORTA, R., LÓPEZ-DE-SILANES, F., SHLEIFER, A., VISHNY, R. (2002). "Investor protection and corporate valuation". *Journal of Finance* 57 (3), 1.147-1.170.

LAFOND, R., LANG, M., ASBAUGH, H. (2007). "Earnings smoothing, governance and liquidity: international evidence". Working Paper, Massachusetts Institute of Technology.

LAND, J., LANG, M. (2002). "Empirical evidence on the evolution of international earnings". *The Accounting Review* 77. Supplement, 115-133.

LANG, M., LINS, K., MILLER, D. (2003a). "ADRs, analysts and accuracy: do ADRs improve a firm's information environment and lower its cost of capital?". *Journal of Accounting Research 41* (2), 317-345.

LANG, M., RAEDY, J., YETMAN, M. (2003b). "How representative are firms that are cross-listed in the United States? An analysis of accounting quality". *Journal of Accounting Research* 41 (2), 363-386.

LANG, M., LINS, K. V., MILLER, D. P. (2004). "Concentrated control, analyst following and valuation: do analysts matter most when investors are protected least?". *Journal of Accounting Research* 42, 589-623.

LANG, M., RAEDY, J. S., WILSON, W. M. (2006). "Earnings management and cross listing: are reconciled earnings comparable to US earnings?". *Journal of Accounting and Economics* 42, 263-284.

LARA, J. M. G., OSMA, B. G., PENALVA, F. (2007). "Board of directors' characteristics and conditional conservatism: Spanish evidence". *European Accounting Review*, forthcoming.

LARCKER, D. F., RICHARDSON, S. A., TUNA, I. (2007). "Corporate governance, accounting outcomes, and organizational performance". *The Accounting Review* 82 (4), 963-1.008.

LAUX, C., LAUX, V. (2006). "Board committees, CEO compensation and earnings management". Working Paper, Goethe University.

LEE, J., LIAO, Y. (2004). "Board of director's characteristics and earnings management: evidence from the effect of family-controlling on Taiwan corporations". *Taiwan Accounting Review* 5 (1), 1-39.

LEUZ, C. (2003a). "IAS *versus* U.S.-GAAP: Information asymmetry-based evidence from Germany's New Market". *Journal of Accounting Research* 41, 445-472.

LEUZ, C., OBERHOLZER-GEE, F. (2003). "Corporate transparency and political connections". Working Paper, Wharton School, University of Pennsylvania.

LEUZ, C., NANDA, D., WYSOCKI, P. D. (2003). "Earnings management and investor protection: an international comparison". *Journal of Financial Economics* 69, 505-527.

LOBO, G. J., ZHOU, J. (2001). "Disclosure quality and earnings management". Working Paper, Syracuse University.

LOOMIS, C. J. "Lies, dammed lies, and managed earnings: the crackdown is here". *Fortune* (August 2):75-92.

MACHUGA, S., TEITEL, K. (2007). "The effects of the mexican corporate governance code on quality of earnings and its components". *Journal of International Accounting Research* 6 (1), 37-55.

MEEK, G. K., THOMAS, W. B. (2004). "A review of market-based international accounting research". *Journal of International Accounting Research* 3 (1).

MICHAUD, D. W., MAGARAN, K. A. (2006). "Recent technical papers on corporate governance". Working Paper.

MULFORD, C. W., COMISKEY, E. E. (2002). *The Financial Numbers Game: Detecting Creative Accounting Practices*. John Wiley & Sons, Inc.

NOBES, C. (1998). "Towards a general model of the reasons for international differences in financial reporting". *Abacus*, September 34 (2), 162-187.

PAGANO, M., ROELL, A. A., ZECHNER, J. (2002). "The geography of equity listing: why do companies list abroad?". *The Journal of Finance* 57 (6):2.651-2.693.

PALEPU, K., KHANNA, T., KOGAN, J. (2002). "Globalization and similarities in corporate governance". Working Paper, Negotiation, Organization and Markets at Harvard University.

PARK, Y., SHIN, H. (2004). "Board composition and earnings management in Canada". *Journal of Corporate Finance* 10 (3), 431-457.

PEASNELL, K., POPE, P. F., YOUNG, S. (2005). "Board monitoring and earnings management: do outside directors influence abnormal accruals?". *Journal of Business, Finance & Accounting* 32, 1.311-1.346.

POPE, P. F., WALKER, M. (1999). "International differences in the timeliness, conservatism, and classification of earnings". *Journal of Accounting Research* 37. Supplement, 53–87.

RAJAN, R. G., ZINGALES, L. (2003). *Saving Capitalism from the Capitalists*. Princeton University Press.

RAONIC, I., MCLEAY, S., ASIMAKOPOULOS (2004). "The timeliness of income recognition by European companies: an analysis of institutional and market complexity". *Journal of Business Finance and Accounting* 31 (1-2), 115-148.

SCHIPPER, K. (1989). "Earnings management". *Accounting Horizons* 3, 91-102.

SHLEIFER, A., VISHNY, R. (1997). "A survey of corporate governance". *Journal of Finance* 52 (2), 737-783.

SIEGEL, J. (2005). "Can foreign firms bond themselves effectively by renting US securities laws?". *Journal of Financial Economics* 75, 319-359.

SIVARAMAKRISHNAN, K. S., YU, C. (2008). "On the association between corporate governance and earnings quality". Paper presented at the 2008 meeting of the Financial Accounting and Reporting Section of the American Accounting Association, Phoenix, AZ.

SLOAN, R. (2001). "Financial accounting and corporate governance: a discussion". *Journal of Accounting and Economics* 32, 335-347.

STIGLITZ, J. E. (2003). *The Roaring Nineties: a New History of the World's Most Prosperous Decade*. Open Market Edition – W. W. Norton & Company, Inc.

TEOH, S., WELCH, I., WONG, T. (1998a). "Earnings management and the long run underperformance of seasoned equity offerings". *Journal of Financial Economics* 50, 53-100.

TEOH, S., WELCH, I., WONG, T. (1998b). "Earnings management and the subsequent market performance of initial public offerings". *Journal of Finance* 53, 1.935-1.974.

TIROLE, J. (2001). "Corporate governance". *Econometrica* 69(1), 1-35.

TIROLE, J. (2005). *The Theory of Corporate Finance*. Princeton, New Jersey, Princeton University Press.

VAFEAS, N. (2005). "Audit committees, boards, and the quality of reported earnings". *Contemporary Accounting Research* 22 (4), 1.093-122.

WALLACE, R. S. O., GERNON, H. (1991). "Frameworks of international comparative financial reporting". *Journal of Accounting Literature* 10, 209-226.

YU, F. (2005). *Essays on Governance and Earnings Management*. PhD Dissertation. The University of Chicago, Chicago IL.

Atualidades

OS COSTUMES MERCANTIS E O SEU ASSENTAMENTO PELA JUCESP[1]

Márcio Ferro Catapani

1. As fontes do Direito Comercial – Papel próprio dos usos e costumes mercantis. 2. A prova dos usos e costumes mercantis: 2.1 Usos normativos e usos interpretativos; 2.2 A função das Juntas Comerciais. 3. Assentamentos existentes na Junta Comercial do Estado de São Paulo ("Jucesp"). 4. Análise de alguns regimes consuetudinários assentados pela Jucesp: 4.1 Da capitalização de juros em contas-correntes; 4.2 Do comércio de café na praça de Santos; 4.3 Dos negócios de bolsa e dos assuntos bancários; 4.4 Dos vários ramos. 5. O "desuso" dos assentamentos. Bibliografia.

1. As fontes do Direito Comercial – Papel próprio dos usos e costumes mercantis

O Direito Comercial se distingue dos demais ramos do Direito em virtude da existência de princípios jurídicos peculiares. Tais princípios advêm tanto do desenvolvimento histórico desse ramo jurídico quanto da própria lógica negocial e da deontologia subjacentes às relações travadas entre comerciantes,[2] que demandam um regramento jurídico dotado de normas e dinâmica particulares.[3]

Nesse contexto, e por essa razão, as fontes do Direito Comercial possuem uma

1. A elaboração do presente artigo somente foi possível graças à colaboração de Thiago Diniz Secaf e Flavia Regina Britto, cuja ajuda permitiu encontrar dados sobre os assentamentos existentes na Jucesp e documentos constantes dos processos nos quais foram aprovados tais assentamentos, bem como às sugestões da Professora Dra. Paula Andréa Forgioni, aos quais agradeço.

2. Comerciantes, mercadores, empresários ou que nome se lhes dê ao longo do desenvolvimento desse ramo do Direito. Por óbvio, tais princípios, tanto quanto as relações econômicas a que eles se aplicam, evoluíram com o tempo desde o surgimento do Direito Comercial.

3. De acordo com Ascarelli, "a explicação da autonomia do direito comercial não está apenas em peculiaridades técnicas necessariamente inerentes à matéria por ele regulada, mas na peculiaridade dos seus princípios jurídicos, acolhidos de início em um âmbito limitado (o comércio e, especialmente, o comércio transmarino e bancário), sucessivamente em um âmbito mais vasto, com a progressiva 'comercialização' do direito das obrigações em relação ao fato de terem-se progressivamente apresentado em toda a economia, à vista da sucessiva extensão de determinadas técnicas de produção, exigências econômicas antes peculiares apenas a alguns ramos da atividade econômica" (*Problemas das Sociedades Anônimas e Direito Comparado*, 1ª reed., pp. 146-147). Note-se que Ascarelli reconhece o caráter histórico da distinção entre Direito Civil e Direito Comercial, mas o faz por meio da análise da evolução histórica da abrangência dos princípios aplicáveis ao último, em sua qualidade de direito especial.

Carlos Maximiliano assim se manifesta: "Não preside à exegese das leis comerciais critério inteiramente igual ao adotado para as leis civis. A própria índole das relações mercantis, a prevalência dos objetivos econômicos, a maior variabilidade de operações e ampla despreocupação de fórmulas; enfim a liberdade de contratar e a rapidez de assumir compromissos e realizar transações imprimem peculiar ductilidade ao ramo do Direito Privado mais intimamente ligado à atividade dos homens de negócios, e forçam-no a um constante apelo aos usos e costumes (...)" (*Hermenêutica e Aplicação do Direito*, 9ª ed., 2ª tir., p. 316).

forma também peculiar de se estruturarem. É corrente a afirmação de que, nesse ramo, os usos e costumes[4] exercem um papel de maior relevo que em outros, mesmo nos sistemas jurídicos de Direito Continental.[5] A própria dinâmica da formação do Direito Comercial, como direito especial,[6] decorreu da adoção generalizada de costumes próprios e diversos daqueles aplicáveis às relações jurídicas em geral.[7]

O *iter* percorrido para a consolidação de um costume comercial inicia-se com a utilização de uma cláusula em contratos celebrados entre as partes. Verificada pelo mercado a utilidade daquela cláusula, passa ela a constar da grande maioria dos contratos celebrados na praça em que surgiu.[8] Aos poucos, em virtude do intercâmbio não só de bens, mas também de conhecimentos e técnicas entre os comerciantes, a norma se espraia para outros ramos da atividade econômica e para outras praças.[9]

Paula Forgioni, por sua vez, verifica a existência de vértices comuns no sistema de Direito Comercial, como a tutela do crédito, a busca por segurança e previsibilidade, a importância do erro como forma de viabilizar o diferencial competitivo e o respeito à autonomia privada e ao *pacta sund servanda* ("A interpretação dos negócios empresariais no novo Código Civil brasileiro", *Revista de Direito Mercantil, Industrial, Econômico e Financeiro* 130/10-17). São os vértices em questão que geram as necessidades do Direito Comercial e a peculiar forma pela qual esse ramo do Direito harmoniza e reconhece suas fontes.

4. A doutrina costuma diferenciar os termos usos e costumes. Nesse sentido, Waldemar Ferreira leciona que usos são atos ou fatos reiterada e continuamente praticados e costumes as normas jurídicas deles (usos) oriundas, que afinal passaram a regê-los. Contudo, assevera o mesmo autor, no Código Comercial ambos os termos possuem o mesmo significado, igual a prática ou estilo (*Tratado de Direito Comercial*, vol. 1, pp. 426-428). Em virtude dessa utilização dos termos como sinônimos pela legislação, neste trabalho os tomaremos como equivalentes.

5. Vivante leciona que os usos, no âmbito do Direito Comercial, assumem grande relevo diante (i) da existência de institutos não regulados pela lei e (ii) quando há lei que trata apenas dos aspectos gerais dos institutos. Ademais, a importância dos usos se estende quanto mais o código se torna incompleto, por ser imóvel. Com efeito, as necessidades advindas da prática das transações comerciais demandam uma agilidade maior que as normas de origem exclusivamente legislativa podem fornecer (*Trattato di Diritto Commerciale*, vol. 1, "I Commercianti", 3ª ed., pp. 64-65).

6. Sobre a conceituação do Direito Comercial como direito especial, v. Ascarelli, ob. cit., pp. 145-152. Segundo Ascarelli, "a função do direito comercial, no desenvolvimento histórico dos direitos de base romanista desde o séc. XII, quanto à elaboração de novos princípios e novos institutos, pode ser aproximada à função que é peculiar dos direitos especiais. Estes preenchem o papel de elaborar, em relação a hipóteses peculiares, princípios que, sucessivamente, vêm a ser de aplicação geral. Sob este aspecto, a função histórica do direito comercial pode ser aproximada à do *jus honorarium* e da *equity*" (idem, p. 152).

7. Cfr. Francesco Galgano, *Storia del Diritto Commerciale*, *passim*, e Levin Goldschmidt, *Storia Universale del Diritto Commerciale*, trad. de Vittorio Pouchain e Antonio Scialoja, pp. 102-106.

8. Lisa Bernstein, ao analisar as condições para a formação do mercado de negociação de diamantes brutos e lapidados em Nova Iorque, conclui que um conjunto forte e organizado de normas costumeiras, muitas vezes afastando inclusive a aplicação de preceitos legais, ocorre em mercados nos quais um pequeno número de agentes, bastante homogêneos entre si, atua. Nesses casos, a existência de valores como a reputação dos agentes e o baixo custo de disseminação de informações acerca dessa reputação tornam desnecessário e mesmo indesejável o recurso ao sistema de direito estatal ("Opting out of the legal system: extralegal contractual relations in the diamond industry", in *Journal of Legal Studies*, Chicago, vol. XXI, University of Chicago, jan./1992, *passim*). Outrossim, a criação e institucionalização de associações, ligas ou bolsas de comerciantes também concorre para disseminar mais facilmente tanto os laços de reputação como as normas utilizadas pelo grupo, assegurando-lhes uma aplicação (*enforcement*) independente de atuação do Estado.

9. Sobre a tendência de generalização dos costumes que facilitam o fluxo das relações mercantis, ou, em outros termos, não lhe geram estorvos, assim se manifesta José Ferreira Borges: "Nem outra coisa podia acontecer, porquanto, se o Comércio é uma coisa idêntica e geral, se importa trocas e crédito, deve ter e alcançar os mesmos efeitos em toda a parte: se em algum local acha estorvos desiste e foge dali: é logo necessário que a prática senão encontre com a prática, e que os efeitos que se esperam alcançar no porto do destino, ou de escala, sejam idênticos aos efeitos que se alcançariam em

Em um determinado momento não detectável no tempo, a classe dos comerciantes passa a considerar aquela norma como necessária e implícita nos contratos. Por fim, acaba por ser reconhecida pela jurisprudência e, em boa parte dos casos, pela própria lei.[10-11] Assim, de acordo com a precisa observação de Escarra, "os usos, quanto à sua formação, nascem como uma prática individual expressa, e terminam como uma regra coletiva tácita".[12]

Portanto, existe uma seleção natural dos costumes, os quais somente se impõem quando consistem em regras que efetivamente contribuem para o bom fluxo das relações mercantis.[13] Nesse sentido, Vivante afirma que os costumes "são normas de direito constituídas mediante a observância dos mercados, de onde advém sua legitimidade".[14] Em termos mais modernos, pode-se dizer que os costumes assumem uma função de reduzir custos de transação no mercado.[15-16] E se, porventura, uma determinada norma consuetudinária não cumprir adequadamente essa função, é excluída do sistema,[17] deixando de ser utilizada pelos agentes econômicos, que a abandonam.[18] A norma, na linguagem de

idênticas circunstâncias no porto de partida. Daqui vem, que sem identidade de usos comerciais não pode dar-se comércio: estes usos repetidos farão logo lei consuetudinária nascida da necessidade e da natureza da coisa" (*Das Fontes, Especialidade, e Excelência da Administração Comercial segundo o Código Comercial Português*, p. 3). Salientamos que, para facilitar a leitura e compreensão, todos os textos antigos, neste trabalho, tiveram a sua ortografia atualizada.

10. Acerca do processo de formação dos usos comerciais, v. Vivante, ob. cit., p. 65; Leone Bolaffio, *Il Codice di Commercio Commentato*, vol. 1, "Leggi ed Usi Commerciali, Atti di Commercio, dei Commercianti, dei Libri di Commercio", pp. 52-55; e Jean Escarra, *Cours de Droit Commercial*, p. 42.

11. Nesse sentido, *v.g.*, a Lei n. 4.726/1965, em seu art. 4º, V, dispunha competir ao Departamento Nacional do Registro do Comércio "propor ou sugerir aos poderes públicos competentes a conversão em lei dos usos e práticas mercantis de caráter nacional".

12. Ob. cit., p. 42.

13. Ou, no linguajar de Ferreira Borges, não causam estorvo ao comércio, sob pena de que os negócios fujam dos locais onde se lhes dificulta a prática (v. nota 9 supra). Aliás, é interessante observar que as lições de Ferreira Borges e do Visconde de Cairu (José da Silva Lisboa, *Princípios de Direito Mercantil e Leis de Marinha*, edição fac-similar, *passim*) já declaravam expressamente que somente as práticas úteis ao comércio poderiam sobreviver e, em prisma diverso, os costumes adotados pelos comerciantes eram justamente aqueles que tornavam mais céleres e menos custosas as transações comerciais. Obviamente, o embasamento teórico que lhes animava era bastante tímido, advindo suas conclusões de uma análise quase que exclusivamente empírica bastante acurada.

14. Ob. cit., pp. 65-66.

15. No dizer de Bolaffio, "no antagonismo dos interesses das partes, o uso representa a fórmula conciliadora, o regramento natural da relação determinado pela prática. Quando generalizada, aplica-se essa regra, porque isso corresponde às exigências comerciais e representa uma composição equitativa" (ob. cit., p. 54). Ainda segundo Bolaffio, os costumes são facilmente reconhecidos de forma imediata por todos, o que se coaduna com a rapidez com a qual os negócios estão afeitos. Existe uma uniformidade e constância de pactos que fazem com que a cláusula se transforme em regra jurídica. Nesse sentido, a observância constante e uniforme da prática a faz entrar para as exigências dos negócios (segurança e estabilidade dos mesmos, garantia do crédito, etc.) nas previsões dos contratantes (ob. cit., pp. 56-84).

16. Na análise de Lisa Bernstein, baseada em análises de fundo indutivo, "normas extralegais superam regras legais em um determinado mercado apenas quando os participantes desse mercado acham que as primeiras atuam no próprio interesse desses mesmos agentes. Para sobreviver, o regime privado (não estatal) deve ser superior, em uma escala de Pareto, ao regime legal estabelecido" (ob. cit., p. 117). Em suma, se as normas costumeiras não trouxerem um aumento na eficiência de um dado mercado, são abandonadas ou sequer são adotadas, contentando-se os agentes com o regramento legal de caráter genérico. Ademais, a autora ainda assevera que "a magnitude de custos de transação pré-contratuais incorridos na formação de contratos não baseados no sistema legal estatal irá depender de quão comuns tais contratos são no mercado relevante" (ob. cit., p. 133).

17. E sequer vem a integrar esse sistema, se a sua inutilidade for verificada desde o princípio.

18. A adoção ou não de uma regra pelos agentes econômicos não é a única forma de seleção das normas consuetudinárias. Com efeito, papel relevante, nesse tocante, cabe à jurisprudência, ao im-

Vivante, perde sua legitimidade, tendendo a desaparecer e não mais ser vista como subentendida e vinculante nas relações comerciais.

No mesmo sentido é a lição de Hayek, para quem as normas atuam na geração e transmissão de conhecimento, sendo selecionadas de acordo com a sua eficiência na efetivação dessa função.[19] Assim, para esse autor, o capitalismo surge como uma ordem espontânea dada pelo aperfeiçoamento advindo das transações interindividuais realizadas no mercado. E a seleção das instituições e normas não deve se dar por critérios de moralidade predeterminados, mas pelo mecanismo natural do mercado,[20] que escolhe as mais eficientes.[21]

por a observância do interesse público. Diversas regras passam a ser observadas porque interessam a determinados agentes, atuantes em um determinado mercado, mas podem ser perversas para a comunidade ou para outro grupo específico de agentes econômicos. Nesse sentido, a lição de Ferreira Borges: "Os usos particulares do Comércio de cada praça, que com uma pompa banal os comerciantes rotineiros tanto gabam, e tão ferrenhamente intentam sustentar, esses usos, digo, se são contrários e repugnantes à lei geral, são abusos, corruptela, ignorância. Os estilos comerciais sem razão suficiente da sua procedência são fatos de rotina, mas não resultados da experiência filosófica e da observação razoada" (ob. cit., p. 3).

Cabe, assim, ao Poder Judiciário verificar em que medida pretensas normas consuetudinárias são facilitadoras de relações econômicas, devendo ser reconhecidas como integrantes do sistema jurídico, ou, pelo contrário, servem apenas ao interesse de um grupo ou categoria, produzindo efeitos perversos para a coletividade, caso em que não devem ser reconhecidas e a sua aplicação há de ser negada.

19. Sobre a seleção natural das normas, assim leciona Hayek: "(...) a sociedade só pode existir se, mediante um processo de seleção, tiverem evoluído normas que levam os indivíduos a se comportar de maneira a tornar possível a vida social" (*Direito, Legislação e Liberdade*, vol. 1, "Normas e Ordem", trad. de Anna Maria Capovilla *et alii*, p. 46). De acordo com a visão desse autor, essa evolução deve dar-se espontaneamente, ou seja, pela prática dos agentes particulares e pela atuação da jurisprudência, servindo a lei tão somente para corrigir desvios nessa evolução natural ou acelerar um processo que, de outra forma, ocorreria de modo sobremaneira lento. Assim, o ordenamento espontâneo tem precedência sobre o imposto, entre outros motivos, porque pode adaptar-se melhor a um grande número de casos não antevistos pelos elaboradores do ordenamento imposto. Com efeito, Hayek assevera que cada agente isoladamente detém uma parcela de informação necessária para o desenvolvimento das normas, mas não todas as informações possíveis, o que torna os sistemas impostos ou centralizados necessariamente incompletos. Segundo John Gray, analisando o pensamento de Hayek: "A concepção de Hayek das instituições sociais como veículos para a geração e disseminação de conhecimento na verdade representa uma das mudanças de paradigma mais importantes que o seu trabalho trouxe na área da teoria social – uma mudança da crítica e análise das instituições sociais com base em princípios de moralidade escolhidos para um exame dessas instituições em termos da sua capacidade de gerar, transmitir e usar conhecimento (incluindo conhecimento tácito). Um aspecto dessa mudança é a asserção de Hayek de que a evolução da cultura pode ela mesma ser eficazmente investigada em termos da competição entre diferentes tradições ou práticas, com uma seleção natural entre elas ocorrendo, a qual pode ser ao menos parcialmente explicada pela sua eficiência relativa como portadoras ou incorporadoras de conhecimento" (*Hayek on Liberty*, 3ª ed., p. 41).

20. Sobre a seleção, no mercado, das normas relacionadas ao intercâmbio, assim assevera Hayek: "Numa sociedade moderna, baseada no intercâmbio, uma das principais regularidades do comportamento individual resultará da semelhança em que a maioria dos indivíduos se encontra ao trabalhar para auferir uma renda; o que significa que, normalmente, preferirão um retorno maior por seus esforços a um menor e, com frequência, farão maior esforço em determinada direção caso as perspectivas de retorno melhorem. Esta norma será seguida com frequência suficiente para conferir a essa sociedade certo tipo de ordem. Mas, ainda que a maioria das pessoas observe essa norma, o caráter resultante da ordem permanecerá muito indefinido, e essa observância por si só certamente não bastaria para lhe conferir um caráter benéfico; é preciso que as pessoas observem também certas normas convencionais, isto é, normas que não decorrem simplesmente de suas aspirações e de sua percepção de relações de causa e efeito, mas que são prescritivas, dizendo-lhes o que devem ou não fazer" (ob. cit., vol. 1, p. 47).

21. O afastamento do critério de moralidade, bem como de outros não baseados na eficiência das normas, não nos parece adequado. Cabe justamente ao Estado, por meio das atividades de cada um dos seus poderes, afastar aquelas normas que, apesar de eficientes se analisadas sob um determinado pris-

Destarte, os costumes constituem uma fonte viva e sempre adaptável de normas jurídicas.[22] De fato, os costumes não são absorvidos pelo sistema jurídico como um produto acabado e estático, mas estão em contínua modificação e tendem a se adaptar constantemente às exigências sociais ou econômicas, sendo, por isso, relativamente fluidos.[23]

Essa é, efetivamente, a grande utilidade dos costumes: permitir que o sistema jurídico atenda aos novos reclamos que lhe são apresentados, em permanente evolução.[24] Se as normas legisladas somente podem se adaptar a esses novos reclamos aos saltos, ou seja, por meio de fatos normativos pontualmente marcados no tempo, os costumes são criados de maneira constante e fluida, sendo a substituição[25] dos costumes antigos por novos feita de modo quase imperceptível, no âmbito mercantil, pela prática diuturna dos comerciantes.

Por outro lado, essa capacidade de constante adaptação dos costumes acarreta sua principal debilidade: uma norma consuetudinária gera menos segurança e previsibilidade nas relações econômicas que outra de origem legislativa.[26] A lei é dotada

ma, contrariam os interesses da coletividade, quer porque prejudicam excessivamente um dado grupo, porque lesionam um interesse não dotado de um titular específico com força para protegê-lo ou porque geram efeitos autodestrutíveis do mercado. Assim, o Legislativo e o Executivo, ao elaborarem normas de caráter abstrato, e o Judiciário e o Executivo, ao decidirem conflitos de interesses que lhes são submetidos, não devem se basear exclusivamente na eficiência alocativa das normas ditada e verificada pelo mercado. A função do Estado nessa seleção dos costumes será analisada com mais vagar adiante. Contudo, resta valiosa a contribuição de Hayek, na medida em que vislumbra que uma ordem espontânea surge das relações travadas entre particulares, o que permite bem explicar o surgimento contínuo e descentralizado dos costumes.

22. Waldemar Ferreira, citando Bolaffio, aduz que os costumes, fonte viva, "são a lei comercial a elaborar-se perenemente" (ob. cit., p. 429).

23. Em sentido contrário, Bobbio considera que os costumes são assumidos pelo ordenamento jurídico de forma estática e final, *in verbis*: "Típico exemplo de *recepção*, e, portanto, de *fonte reconhecida*, é o *costume* nos ordenamentos estatais modernos, onde a fonte direta e superior é a Lei. Quando o legislador se atém expressamente ao costume numa situação particular ou se atém expressamente ou tacitamente aos costumes nas matérias não reguladas pela Lei (é o caso do assim chamado *consuetudo praeter legem*, ou seja, do costume além da lei), ele acolhe normas jurídicas já feitas, e enriquece o ordenamento jurídico em bloco com um conjunto, que pode ser também considerável, de normas produzidas em outros ordenamentos, e talvez em tempos anteriores à própria constituição do ordenamento estatal" (*Teoria do Ordenamento Jurídico*, trad. de Maria Celeste Cordeiro Leite dos Santos, 7ª ed., pp. 38-39) (grifos no original). No entanto, parece-nos mais adequada a formulação kelseniana, pela qual os costumes atuam de maneira dinâmica, revogando (e sendo revogados) continuamente por leis e outros costumes mais novos (*Teoria Pura do Direito*, trad. de João Baptista Machado, 4ª ed., pp. 250-252).

24. Note-se, contudo, que o caminho de evolução não é sempre linear nem dotado de ritmo uniforme. Ademais, muitas vezes uma prática costumeira já não é a mais eficaz na redução de custos de transação ou, de uma forma geral, na otimização da alocação dos recursos de um dado agente econômico, mas continua a ser utilizada em virtude da inércia (ou, no dizer de Ferreira Borges, são "fatos de rotina" – v. nota 18 supra). Isso ocorre seja porque se trata de norma ou modo de operar ao qual o agente já está acostumado, o que evitaria os eventuais custos (com potenciais insucessos agregados) de uma mudança de padrão, ou pelo desconhecimento de outras possíveis normas que pudessem melhor regular seus interesses. Contudo, a livre concorrência entre os agentes de mercado atua de forma a corrigir (ainda que, ressalte-se, não de maneira perfeita e imediata) a força da inércia, uma vez que os agentes que aderirem a uma nova regra – que irá gerar no futuro um determinado costume mais adaptado à nova realidade econômica – tendem a obter uma maximização de resultados se a regra em tela for realmente mais eficaz na regulação de seus interesses. Nesse contexto, os demais agentes tendem ou a optar pela adoção da nova regra, alimentando o mecanismo gerador do costume, ou a assumir custos comparativos maiores, com desvantagem competitiva, chegando até a uma possível eliminação sua do mercado, quando tais custos forem consideravelmente altos.

25. No mais das vezes, não se trata de mera substituição, mas sim de uma adaptação, com a criação de novas normas dotadas de maior simplicidade ou complexidade, conforme a necessidade.

26. Sobre a necessidade de segurança e previsibilidade, assim leciona Paula Forgioni: "Eis outra mola propulsora do direito comercial: quanto maior

de um maior grau de estabilidade e, por consistir em um texto escrito, a par das possibilidades interpretativas que ocasiona, traz em si um leque menor de resultados normativos possíveis. O costume, tanto pela sua constante elaboração, quanto pelo caráter eminentemente disperso de sua criação,[27] gera uma miríade de resultados normativos possíveis e passíveis de aplicação, trazendo em si uma certa insegurança, que, ademais, é ínsita a seu elemento adaptativo e corretivo.[28]

Outrossim, no que diz respeito à relação entre costume e lei, a doutrina tradicionalmente classifica os primeiros em *secundum legem* (conformes às disposições legais), *praeter legem* (que regulam matéria sobre a qual não existe disposição legal) e *contra legem* (contrários às disposições legais). Tradicionalmente, nega-se a possibilidade de existência ou de reconhecimento pela ordem jurídica estatal de costumes *contra legem*,[29] com vistas a garantir a segurança jurídica e a soberania do Estado na elaboração do ordenamento jurídico. Contudo, como bem ressalta Tércio Sampaio Ferraz Júnior,[30] a análise cuidadosa da doutrina e da jurisprudência demonstra que certas vezes os costumes são reconhecidos mesmo que contrariem disposição expressa de lei. É o caso, por exemplo, no Brasil, da admissão dos cheques ditos "pré-datados".[31]

O recurso direto e expresso aos costumes pelas decisões judiciais ou administra-

o grau de segurança e de previsibilidade jurídicas proporcionadas pelo sistema, mais azeitado o fluxo de relações econômicas. A relação entre segurança, previsibilidade e funcionamento do sistema, explicadas por Weber e base do pensamento de juristas modernos, é razão determinante da própria gênese do direito comercial" (ob. cit., p. 12).

Ainda sobre o mesmo tema, a lição de Hayek: "Vivendo como membros de uma sociedade e dependendo, para a satisfação da maior parte de nossas necessidades, de várias formas de cooperação com os demais, necessitamos claramente, para alcançar nossos objetivos, que as expectativas referentes às ações dos demais – nas quais se baseiam nossos planos – correspondam àquilo que eles realmente farão" (ob. cit., vol. 1, pp. 36-37). A previsibilidade, contudo, não se confunde com a certeza de determinado resultado. Nesse sentido, uma vez mais citamos Hayek: "Normas de conduta justa que se aplicam a todos os membros da sociedade só se podem referir a algumas, não a todas as condições em que estes atuam. Em consequência, podem assegurar a todos os indivíduos apenas condições favoráveis ao bom êxito, e não a certeza de determinado resultado" (ob. cit., vol. 2, pp. 149-150).

27. Ou descentralizado, na linguagem de Kelsen (ob. cit., pp. 254-255). No dizer de Tércio Sampaio Ferraz Júnior, "isso nos conduz a um segundo grupo de fontes [além das leis], de objetividade menor, posto que a formulação de suas normas exige um procedimento difuso, que não se reduz a um ato básico, como é a promulgação. Um costume, por exemplo, não se promulga: ele cria-se, forma-se, impõe-se sem que nesse processo possamos localizar um ato sancionador" (*Introdução ao Estudo do Direito*, 4ª ed., p. 241).

28. Acerca da análise, pelo juiz, de qual dos resultados normativos possíveis deve ser escolhido, assim se manifesta Hayek: "Um juiz do direito consuetudinário deve atentar sobretudo para as expectativas que as partes de uma transação teriam sensatamente formado, com base nas práticas gerais sobre as quais assenta a ordem de ações vigente. Ao decidir quais das expectativas teriam sido sensatas nesse sentido, o juiz pode levar em conta somente as práticas (costumes ou normas) que de fato podiam determinar as expectativas das partes e os fatos que estas presumivelmente conheceriam" (ob. cit., vol. 1, p. 100). A explicação do autor parece-nos sensata somente se se considerar que, entre os elementos que as partes devem ponderar para criar suas expectativas, estão a moral e a possibilidade de criação de externalidades negativas, que devem ser evitadas ou, ao menos, compensadas.

29. V., *v.g.*, Vivante, ob. cit., p. 72 e Ferreira, ob. cit., pp. 432-433.

30. Ob. cit., p. 242.

31. Na mesma seara, é travada na jurisprudência pátria discussão sobre a possibilidade de apresentação para aceite, protesto e execução de duplicatas virtuais, ou seja, por indicação, sem a exibição do respectivo título. Sobre o tema, cf. TJSP: ACiv n. 7.153.517-6, 15ª Câmara de Direito Privado, rel. Desembargador Souza José, j. 11.9.2007, v.u.; ACiv n. 7.179.001-3, 15ª Câmara de Direito Privado, rel. Desembargador Souza José, j. 11.12.2007, v.u.; e ACiv n. 118.055-4/0-00, 9ª Câmara de Direito Privado, rel. Desembargador Aldo Magalhães, j. 14.12.1999, v.u. Note-se que o parágrafo único do art. 8º da Lei n. 9.492/1997 permite o envio, para protesto, apenas das indicações das duplicatas mercantis, mas não afasta a exigência da apresentação do título para a execução.

tivas é bastante pequeno. Tal se dá, em primeiro lugar, porque com a incorporação dos costumes às práticas sociais e sua institucionalização surge a pressuposição de possíveis sanções aplicadas pela autoridade, mas, principalmente, de sanções difusas aplicadas pelos demais agentes econômicos em caso de descumprimento ou inobservância.[32-33] Os próprios agentes que criam o costume naturalmente fazem com que a regra derivada do mesmo seja cumprida. Assim, a eficácia natural dos costumes é tendencialmente maior que a da lei, ou, em outros termos, o recurso à autoridade para a sua aplicação tende a ser menos necessário.[34] Em segundo lugar, grande parte das vezes em que uma norma consuetudinária é aplicada em uma decisão judicial ou administrativa, não existe menção expressa à sua origem, por ser de mais difícil comprovação e, sob o ângulo da autoridade, legitimação. Destarte, a aplicação da norma consuetudinária costuma vir associada à utilização de cláusulas gerais ou conceitos abertos ou indeterminados, como boa-fé,[35] legítima expectativa ou função social.[36-37]

32. Leciona Tércio Sampaio Ferraz Júnior: "Do ângulo sociológico, uma hipótese explicativa [para a obrigatoriedade dos costumes] poderia ser apresentada, recorrendo-se à noção de institucionalização. A *opinio necessitatis* tem algo a ver com o consenso social. Não se trata, porém, de uma relação direta, isto é, *opinio necessitatis* como manifestação expressa de adesão, pois, muitas vezes, como observamos, o consenso explícito gera controvérsia e esgota rapidamente seu potencial (ver, por exemplo, o efeito contraditório das pesquisas de opinião pública em véspera de eleição). A convicção da obrigatoriedade tem antes fundamento numa *expectativa* de consenso, melhor dito, na *suposição* bem-sucedida de que todos concordam, o que pressupõe, na verdade, uma capacidade social limitada para conceder atenção a tudo o que ocorre. É isto que explica o engajamento pelo silêncio. Nesse sentido, a institucionalização é um mecanismo social que permite avaliar com sucesso a expectativa geral. Nesse aspecto, porém, a institucionalização é um *processo* cujo resultado é visivelmente *fictício* e, por isso, muito sensível à comunicação dos fatos. Instituições, assim, não são ideias puras, que pairam sobre a realidade, como o 'espírito do povo', nem são substâncias reais, algo que subsiste como coisa, mas processos que se verificam enquanto atuam e não deixam rastro quando param de funcionar. Quem tem uma expectativa contra a instituição carrega o peso de uma presumida evidência contra si. Por isso, tem que arriscar suas iniciativas e desdobrar-se em justificação, pois suas expectativas surgem como inesperadas, não lhe bastando o engajamento dos outros pelo silêncio. A convicção geral da obrigatoriedade, a *opinio necessitatis*, tem fundamento na institucionalização assim entendida. Ela repousa nesse silêncio que presumidamente se rompe quando se quebra um uso reiterado" (ob. cit., p. 242) (grifos no original).

33. Os comportamentos repetidos acarretam uma maior possibilidade de cálculo dos comportamentos futuros esperados. Na dicção de Paula Forgioni: "A regularidade, a reiteração de certos comportamentos, permite um cálculo sobre o futuro" (ob. cit., p. 12).

34. Analisando o mercado de diamantes brutos e lapidados em Nova Iorque, Lisa Bernstein verifica que em setores bastante fechados, dotados de um pequeno número de agentes homogêneos entre si, o descumprimento de contratos e mesmo o recurso ao Poder Judiciário são bastante baixos, em virtude dos danos à reputação do agente envolvido em tais fatos. Assim, as normas, ainda que extralegais, tendem a ser cumpridas pelos agentes de tais mercados (ob. cit., pp. 138-143).

35. É o que se vê em julgado do TJSP, acerca da possibilidade de indenização do distribuidor em caso de cessação do contrato de distribuição. A par de se tratar uma espécie de contrato regida por normas consuetudinárias, o julgado não faz menção à aplicação de tais normas, buscando a solução do caso nos *topoi* da boa-fé objetiva e da função social do contrato (TJSP, ACiv n. 7.029.588-8, 23ª Câmara de Direito Privado, rel. Desembargador Rizatto Nunes, j. 5.3.2008, m.v.).

36. Leciona Stewart Macaulay: "costumes são muitas vezes vagos e qualificados por exceções imprecisas. Na melhor das hipóteses, um costume desse tipo pode influenciar uma decisão judicial, mas não decidir o caso" ("The Real and the Paper Deal: Empirical Pictures of Relationships, Complexity and the Urge for Transparent Simple Rules", in David Campbell, Hugh Collins e John Wightman (orgs.), *Implicit Dimensions of the Contract*, p. 66).

37. Exceção ocorreu, *v.g.*, em julgado proferido pelo TJSP, no qual se discutia se um banco poderia ter inserido em cadastro de restrição de crédito o nome do antigo sócio-gerente de uma sociedade. Com efeito, quando da contração da dívida que gerou a inclusão do cadastro, o sócio já havia se retirado da sociedade, mas não havia prova nos autos de que tal fato fora comunicado ao banco. Consta do voto do relator:

Em virtude de sua formação difusa ou descentralizada, assume grande importância a questão a respeito da prova dos usos e costumes, à qual passamos a nos dedicar. Nesse sentido, deve-se frisar que, mesmo que o costume não venha a ser aplicado de forma expressa pelos tribunais e autoridades administrativas, a sua prova é essencial para a formação da convicção do julgador e para a correta aplicação das cláusulas gerais e conceitos abertos acima mencionados.

2. A prova dos usos e costumes mercantis

O costume, tanto quanto a lei, como normas jurídicas que são, preexistem à sua aplicação pelos órgãos competentes. Nesse sentido, a lição de Kelsen:

"A questão de saber se existe o fato de um costume criador de Direito somente pode ser decidida pelo órgão aplicador do Direito. (...) A posição em que os órgãos aplicadores do Direito, especialmente os tribunais, se encontram perante as normas do Direito consuetudinário, em nada difere daquela em que se encontram perante as normas legisladas. Com efeito, precisamente como o órgão que tem de aplicar uma norma criada por via consuetudinária precisa determinar o fato do costume, quer dizer, precisa decidir a questão de saber se uma norma a aplicar foi de fato criada por via consuetudinária, também o órgão que tem de aplicar uma norma criada por via legislativa tem de verificar o fato legislativo, isto é, tem de decidir a questão de saber se uma norma que vai aplicar foi criada por via legislativa. Esta questão pode ser mais fácil de decidir e, por isso, vir menos claramente à consciência destes órgãos do que a questão de saber se uma norma surgiu por via consuetudinária, especialmente quando as leis são publicadas numa folha oficial."[38]

Justamente por essa maior necessidade de trabalho consciente do órgão aplicador na descoberta do "fato do costume", o sistema jurídico, em especial o Direito Processual, estabelecem normas acerca da prova do direito consuetudinário.[39]

Inicialmente, Vivante faz advertência de que "os usos não devem ser provados como os fatos, porque não são fatos".[40] Justamente por isso, segundo esse mesmo autor, o juiz que conhecer o uso deve aplicá-lo, mesmo que não tenha sido alegado pelas partes, porque ele é uma fonte de direito.[41] Em acréscimo, Vivante ainda asse-

"Porém, a boa-fé contratual, o dever de lealdade e cooperação que presidem a relação contratual, exigia que o autor fizesse comunicação direta ao requerido.

"Foge aos usos comerciais exigir que o banco, a cada operação, tivesse que confirmar se os representantes da empresa ainda continuavam sócios, se não teria ocorrido alguma alteração societária.

"(...).

"Não se pode, pois, exigir do réu uma providência que destoa totalmente dos usos comerciais, um comportamento que supera o dever geral de cautela. Não há, pois, conduta culposa" (TJSP, ACiv n. 158.637-4/0-00, 3ª Câmara de Direito Privado, rel. Desembargador Enéas Costa Garcia, j. 13.5.2005, v.u.).

Com efeito, nesse caso, o Tribunal expressamente conjugou a utilização dos usos mercantis e com a boa-fé e o dever geral de cautela para justificar sua decisão.

38. Ob. cit., pp. 253-254.

39. No Direito pátrio, a matéria vem hoje regulada, particularmente, pelo art. 337 do Código de Processo Civil brasileiro, *in verbis*: "Art. 337. A parte, que alegar direito municipal, estadual, estrangeiro ou consuetudinário, provar-lhe-á o teor e a vigência, se assim o determinar o juiz".

40. Ob. cit., p. 77, fazendo-se exceção aos usos interpretativos, que serão melhor analisados adiante.

41. Nesse sentido, Vivante já reconhecia a possibilidade de iniciativa probatória dos costumes pelo próprio juiz, mecanismo que, à época (fins do séc. XIX), no que tange a fatos, era inadmissível ante o sistema processual italiano vigente. Com efeito, afirmava Vivante que "se o juiz não conhece o uso, pode recorrer diretamente às câmaras de comércio, aos cônsules ou a qualquer outra fonte digna de fé, ou determinar que a parte que alega o uso prove-o – como se faz com o direito estrangeiro" (ob. cit., p. 79).

vera que o costume pode ser alegado em qualquer estágio da demanda, porque se trata de matéria de direito – mesmo que a tentativa de produzir a prova já tenha anteriormente falhado.[42]

Ademais, deve-se ter em conta, como expressamente determina a vigente legislação brasileira,[43] que deve ser provada, além da existência do costume, sua vigência (art. 337 do Código de Processo Civil brasileiro), o que claramente diferencia sua prova daquela atinente a meros fatos jurídicos.

Vivante, outrossim, arrola os seguintes meios a serem utilizados para provar a existência, teor e vigência de um costume:[44] (i) precedentes, inclusive de tribunais estrangeiros e de cônsules, quanto aos usos aplicáveis naqueles locais; (ii) doutrina; (iii) pareceres das câmaras de comércio; (iv) coletâneas oficiais de usos de uma praça;[45] (v) contratos e documentos estranhos à disputa; e (vi) testemunho de comerciantes do ramo.

42. Idem, pp. 77-83.

43. A questão referente à prova dos costumes é preocupação tradicional na doutrina brasileira. Com efeito, em 1924, Manoel Aureliano de Gusmão já fazia referência às especificidades desse tipo de prova, inserindo-a como prova de direito ao lado daquela que diz respeito à legislação estrangeira. Com base em Eduardo Espínola, assim lecionava Gusmão: "Quanto à prova do direito consuetudinário, são estes os princípios dominantes na teoria moderna: 1º. O juiz, por sua qualidade própria, deve aplicar o costume, ainda que sem a alegação e sem a prova fornecida pela parte a quem aproveita; 2º. Na falta de conhecimento suficiente, pode exigir a prova da parte que o invoca; 3º. A parte, sem esperar o convite do juiz, pode alegar o costume que lhe parecer aplicável e propor-se a provar, tanto a sua existência, como o seu conteúdo" (*Processo Civil e Comercial. Prova*, vol. 2, pp. 74-75).

44. Ob. cit., pp. 77-83.

45. Em 1865, Correa Telles já se manifestava no seguinte sentido: "Seria de grande preço mandar o Governo compilar os costumes legítimos, e separá-los das corruptelas, e abusos, com os quais inocentemente os pode qualquer confundir" (*Commentário Crítico à Lei da Boa Razão em Data de 18 de Agosto de 1769*, p. 91).

2.1 Usos normativos e usos interpretativos

Apesar da inexistência de uma diferenciação terminológica na linguagem corrente, e mesmo da ocorrência de alguma confusão em parte da doutrina, deve-se diferenciar a existência de dois tipos bastante próprios de costumes comerciais: os costumes normativos e os interpretativos.[46]

Com efeito, alguns costumes consistem em normas que dirigem as relações entre os comerciantes, e constituem, destarte, o direito objetivo de um dado sistema jurídico. Entretanto, há outros costumes que atuam apenas fornecendo elementos para auxiliar na interpretação de um contrato;[47] seu âmbito de aplicação reduz-se à determinação de qual o conteúdo preciso de uma ou algumas cláusulas contratuais identificadas, não constituindo uma regra prévia a ser obedecida pelas partes.[48]

46. A terminologia utilizada neste trabalho é encontrada em Vivante (ob. cit., pp. 83-86). Escarra, por sua vez, refere-se a usos de fato para denominar aquilo que ora chamamos de costumes interpretativos e a usos de direito, aludindo aos costumes que denominamos normativos (ob. cit., p. 44).

47. Em alguns casos, o termo *costume* também é utilizado para se referir ao relacionamento relativamente duradouro entre partes não baseado em contrato escrito (*v.g.*, TJSP, ACiv n. 144.447-4/5-00, 10ª Câmara de Direito Privado, rel. Desembargador João Carlos Saletti, j. 31.8.2004, v.u.). No entanto, nessa hipótese não se trata especificamente nem de um costume normativo, porque não há uma prática uniforme adotada entre os comerciantes (a não ser que essa prática seja justamente a inexistência de contrato escrito), nem costume interpretativo, visto que não se trata, em primeiro plano, de buscar o alcance e conteúdo de determinadas cláusulas, mas de provar a própria existência do contrato (e, apenas por via de consequência, suas cláusulas).

48. Nesse sentido, o ensinamento de Carlos Maximiliano: "Exerce o *costume* duas funções: a de Direito Subsidiário, para completar o Direito Escrito e lhe preencher as *lacunas*; e a de elemento de Hermenêutica, auxiliar da exegese. (...) Como elemento de Hermenêutica, o *costume* não é aproveitado por *obrigação*; fica o seu emprego, neste particular, ao critério do aplicador do Direito, como aconte-

Sobre os costumes interpretativos, assim leciona Cairu: "Havendo dúvida sobre a inteligência, e força de um Contrato Mercantil, deve-se interpretar a mente dos contraentes segundo o uso, ou Estatuto da Praça, e Lugar em que se fez o mesmo contrato; e bem assim o juízo dos Comerciantes costumados a praticar essa espécie de negócio, ainda que aliás as palavras do trato, ou escrito diversamente signifiquem: pois sempre a boa-fé, e o estilo mercantil é que deve prevalecer, e reger, e não o estreito significado dos termos, e menos ainda as inteligências cavilosas, e contrárias ao verdadeiro espírito do Contrato".[49]

É justamente a esses costumes que se referia o revogado art. 131 do Código Comercial brasileiro, que possuía a seguinte redação:

"Art. 131. Sendo necessário interpretar as cláusulas do contrato, a interpretação, além das regras sobreditas, será regulada sobre as seguintes bases:

"1 – a inteligência simples e adequada, que for mais conforme à boa-fé, e ao verdadeiro espírito e natureza do contrato, deverá sempre prevalecer à rigorosa e restrita significação das palavras;

"2 – as cláusulas duvidosas serão entendidas pelas que o não forem, e que as partes tiverem admitido; e as antecedentes e subsequentes, que estiverem em harmonia, explicarão as ambíguas;

"3 – o fato dos contraentes posterior ao contrato, que tiver relação com o objeto principal, será a melhor explicação da vontade que as partes tiverem no ato da celebração do mesmo contrato;

"4 – o uso e prática geralmente observada no comércio nos casos da mesma natureza, e especialmente o costume do lugar onde o contrato deva ter execução, prevalecerá a qualquer inteligência em contrário que se pretenda dar às palavras;

"5 – nos casos duvidosos, que não possam resolver-se segundo as bases estabelecidas, decidir-se-á em favor do devedor."

Essas regras interpretativas arraigaram-se no Direito Comercial pátrio. Justamente por essa razão, o projeto de Código Comercial de Inglês de Souza repetia o teor desse dispositivo em seu art. 715.[50]

Entretanto, o vigente Código Civil brasileiro revogou o artigo em tela do Código Comercial de 1850, mas não pôs em seu lugar outra norma minuciosa acerca da interpretação dos contratos. Por conseguinte, a matéria encontra-se tratada de forma esparsa – e, pode-se até dizer, incompleta – em alguns dispositivos do novo Código. De qualquer forma, a interpretação dos contratos mercantis, hoje, deve seguir alguns princípios cardeais, como a boa-fé objetiva, a obediência à intenção das partes (ou à sua vontade objetiva) e a função social do contrato, além do recurso aos costumes.[51]

Segundo Vivante, os costumes interpretativos diferem dos usos legislativos porque: (i) podem contrariar a lei (a não ser que seja de ordem pública), e não precisam ser observados publicamente de modo uniforme ou constante; (ii) somente podem ser aplicados quando o juiz concluir que as partes queriam adotá-lo; e (iii) o erro sobre a sua existência ou efeitos deve ser tido como erro de fato. Outrossim, os costumes interpretativos obedecem às regras probatórias aplicáveis aos fatos, e não ao direito.[52]

Entretanto, neste trabalho, ocupar-nos-emos primordialmente dos costumes

ce, aliás, com os demais fatores do trabalho interpretativo" (ob. cit., pp. 189-190) (grifos no original).

49. Ob. cit., p. 540.

50. Projeto de Código Comercial, vol. 2, Rio de Janeiro, Imprensa Nacional, 1912, p. 225.

51. Cfr. Paula Forgioni, ob. cit., pp. 26-37. Como ressalta essa autora, o novo Código silencia acerca da interpretação de cláusulas contraditórias, devendo-se ainda hoje recorrer às regras que foram positivadas em 1850 como pertencentes aos princípios gerais do Direito, em especial do Direito Comercial (idem, p. 37).

52. Ob. cit., pp. 83-86.

normativos, em sua qualidade de norma jurídica de caráter geral e abstrato.

2.2 *A função das Juntas Comerciais*

No que tange à prova dos costumes mercantis, tanto a doutrina quanto a lei conferem um importante papel às Juntas Comerciais. Com efeito, sobre a matéria, no âmbito normativo, o Regulamento n. 737, baixado por Decreto Imperial de 25 de novembro de 1850, já dispunha que cabia aos Tribunais do Comércio[53] realizar o assento dos costumes mercantis ou, na inexistência de tais assentos, expedir atestados sobre os mesmos.[54]

Essa competência material foi mantida na República, pelo Decreto n. 596, de 19 de julho de 1890,[55] que reorganizou as Juntas Comerciais na nova ordem política vigente.[56] Posteriormente, a atribuição das Juntas Comerciais para a realização dos assentamentos dos usos e práticas mercantis continuou a ser expressa nos diplomas que regularam o registro de comércio ou de empresas, quais sejam a Lei n. 4.726, de 13 de julho de 1965,[57] e a Lei n. 8.934, de 18 de novembro de 1994,[58] hoje vigente.

Doutrinariamente, a justificativa de tal competência das Juntas Comerciais advém do fato de que seus vogais e funcionários possuem experiência técnica nas questões mercantis, sendo aptos a verificar a existência dos costumes, bem como sua conformidade com a legislação vigente e com a boa-fé e as necessidades da atividade econômica. Assim, incumbe primariamente aos próprios comerciantes, ou a seus representantes, por meio das Juntas Comerciais, a verificação da existência, do teor e da vigência dos costumes.[59]

53. Que foram substituídos pelas Juntas Comerciais pelo Decreto Imperial n. 6.384, de 30.11.1876.

54. A matéria era regulada pela Seção X do Regulamento, que assim dispunha:

"Seção X – Da Prova dos Usos Comerciais e do Costume em Geral (...).

"Art. 216. A prova dos usos comerciais dos países estrangeiros (arts. 424 e 673, § 3º do Código e 3º do Regulamento) deve consistir: § 1º. Em certidão extraída da Secretaria do Tribunal do Comércio, se do livro competente constar algum assento do mesmo tribunal sobre o uso alegado. § 2º. Em algum ato autêntico do país ao qual se refere o uso, competentemente legalizado pelo Cônsul brasileiro.

"Art. 217. Contra o assento do Tribunal só é admissível algum ato autêntico do país ao qual se refere o uso: ilide-se também a prova do ato autêntico, provando-se que ele não é autêntico conforme a lei do país em o qual foi passado.

"Art. 218. Nos casos que, conforme o Código (arts. 154, 169, 176, 186, 201, 291 e outros), são regulados pelos usos comerciais das Praças do Brasil, devem esses usos ser provados ou por assento do Tribunal do Comércio, tomado conforme o respectivo regimento ou em falta de assento por um atestado do mesmo Tribunal sobre informação da Praça.

"Art. 219. Quando sobre o uso alegado houver assento do Tribunal, a certidão respectiva basta para prová-lo, e contra ele é inadmissível qualquer contestação que não seja sobre a identidade do caso; contra o atestado é admissível qualquer prova.

"Art. 220. Não se considera como uso comercial o costume que houver em alguma Província em que não há Praça de Comércio, e neste caso regerão os usos da Praça vizinha.

"Art. 221. Nos casos que o Código manda que sejam regulados pelo costume geral (art. 234 e outros), será este provado por qualquer gênero de prova.

"Art. 222. O Juiz ou Tribunal que julgarem provado algum uso comercial, remeterão cópia da sentença ou decisão ao Tribunal do Comércio."

55. O § 6º do art. 12 do Decreto n. 596/1890 tinha a seguinte redação: "Art. 12. Compete às Juntas Comerciais: (...). § 6º. Tomar assentos sobre as práticas e usos comerciais do seu distrito (Decreto n. 738 de 1850, arts. 11, 24, 25 e 26)".

56. Com o advento da Constituição republicana de 1891, a competência para a organização das Juntas Comerciais passou aos Estados, uma vez que não incluída expressamente entre as atribuições da autoridade central. Contudo, até que tal competência fosse exercida, uma norma federal, qual seja o já citado Decreto n. 596/1890, regeu a matéria.

57. Que tratava da matéria em seu art. 10, *in verbis*: "Art. 10. Incumbem às Junta Comerciais: (...); II – o assentamento dos usos e práticas mercantis".

58. Cujo art. 8º assim dispõe: "Art. 8º. Às Juntas Comerciais incumbe: (...); VI – o assentamento dos usos e práticas mercantis".

59. Vivante menciona as coletâneas realizadas pelos tribunais do comércio como forma de prova dos costumes mercantis (v. nota 44 supra). Ademais, o próprio surgimento do Direito Comercial, como direito especial formado de modo consuetudinário, somente foi possível diante da realização de compi-

Segundo Waldemar Ferreira, ao realizar os assentamentos dos costumes as Juntas exercem ofício normativo, revelando normas jurídicas.[60] Contudo, em arguta observação, Vivante aduz que as coletâneas (ou, na terminologia brasileira, os assentamentos) sempre admitem provas em contrário, pois podem ter sido influenciadas por um ramo,[61] baseadas em outros fatos ou informações insuficientes, ou ter sido superadas por novos usos.[62]

O art. 47, § 17, do Decreto n. 9.264, de 28 de dezembro de 1911, transferiu a competência para a efetivação dos assentamentos, no Distrito Federal, à Junta de Corretores de Mercadorias e de Navios do Distrito Federal. E, demonstrando a importância com que essa atividade era vista, assim indagou Carvalho de Mendonça: "a que papel ficou reduzida a Junta Comercial do Distrito Federal tendo perdido uma de suas principais atribuições?".[63]

2.2.1 Do procedimento para a realização dos assentamentos

No período anterior a 1850, aplicava-se no Brasil, com relação aos costumes, a legislação herdada de Portugal. Em especial, a Lei da Boa Razão, de 1769, que assim dispunha em seu § 14:

"Declaro que os Estilos da Corte devem ser somente os que se acharem estabelecidos, e aprovados pelos sobreditos Assentos da Casa de Suplicação e que o cos-

lações de normas costumeiras pelos próprios comerciantes, por meio das corporações ou dos tribunais do comércio, cujo conteúdo foi posteriormente trabalhado por juristas. Nesse sentido, leciona Waldemar Ferreira: "Caracterizavam-se as normas do Direito Consuetudinário por sua ausência de critério científico. Agrupadas em repertórios orais de costumes gerais ou locais, transmitidos no espaço e no tempo por força da tradição, não constituíam sistema disciplinado pelos princípios gerais do Direito. Resultava disso a mobilidade das leis, que os estatutos corporativos procuravam estabilizar, pelo muito de uniforme e universal, que nelas havia. Foi tal possível somente quando ele passou a ser escrito e consolidado pelos arestos dos tribunais. Sistematizá-lo, porém, tinha que ser, e foi, tarefa de jurisconsultos. Estes, e a frase é de F. Beslay, completaram, pela ciência, a obra que os comerciantes começaram pela experiência" (ob. cit., p. 57).

60. Ob. cit., p. 429.

61. Nesse tocante, Vivante demonstra clara e precisamente o germe das preocupações hoje existentes sobre a influência de *lobbies* na elaboração de normas e a captura de agentes políticos. Verifique-se, por exemplo, a seguinte observação constante do relatório datado de 3.7.1963, do presidente da comissão designada pela Jucesp para elaboração de compilação dos usos e costumes sobre bolsas de valores na praça de São Paulo, cujo edital para consulta pública foi publicado no *DOE* de 23.10.1963: "Ante a dificuldade, pela falta de verba, de uma colaboração mais estreita entre a Junta Comercial e as entidades representativas do comércio, da indústria, do setor bancário, dos institutos consultivos e dos comerciantes mais notáveis das praças do Estado, acolhemos a assistência técnica da Bolsa Oficial de Valores do Estado de São Paulo, que, prontamente, ofereceu a sua colaboração, objetivando as normas usuais sobre a prática existente, não reguladas por lei". Em virtude da audiência de apenas uma das partes interessadas nos costumes a serem assentados, o então advogado do Estado Oscar Barreto Filho, em parecer, concordou com a Procuradoria da Jucesp acerca da necessidade de oitiva de outros agentes econômicos, em obediência ao rito legal, nos seguintes termos: "Mister se faz atender à preceituação legal, constante do Decreto n. 596, de 1890, como do próprio regulamento da Junta, que se dê ampla publicidade as práticas e usos e serem registrados, não só através da imprensa, como mediante consulta direta às pessoas ou entidades interessadas. Ora, essa providência não foi adotada com relação aos três novos itens, ultimamente incluídos no projeto, por proposta da Bolsa de Valores. Ademais, como sobre o assunto somente se pronunciaram os corretores, convém também seja ouvida a outra parte interessada, a saber, os clientes. Isto pode se fazer mediante ofícios de consultas às entidades de classe do comércio, da indústria, dos bancos, dos advogados, dos economistas e dos contabilistas" (ambos os documentos citados constam de processos de assentamentos de costumes mercantis e não foram publicados, tendo sido obtidos na Jucesp). Outro caso interessante diz respeito a um assentamento de usos sobre o comércio de café na praça de Santos, publicado no *DOE* de 31.3.1940, pp. 13-14, no qual a Jucesp simplesmente dá por verdadeiros os costumes constantes de uma compilação realizada pela Associação Comercial de Santos.

62. Ob. cit., pp. 77-83.

63. *Tratado de Direito Comercial Brasileiro*, vol. 5, t. 1, 3ª ed., p. 91.

tume deve ser somente o que a mesma Lei qualifica nas palavras – longamente usado, e tal, que por direito se deva guardar – cujas palavras mando que sejam entendidas no sentido de concorrerem copulativamente a favor do costume, de que se tratar, os três essenciais requisitos: de ser conforme às boas razões, que deixo determinado que constituam o espírito de Minhas leis: de não ser a elas contrário em coisa alguma: e de ser tão antigo, que exceda o tempo de cem anos".[64]

Desde 1850, o legislador pátrio preocupa-se com a forma pela qual serão constatados os costumes cujo assentamento se pretende realizar. Desde então, o procedimento para tanto sofreu algumas alterações, mas manteve um padrão básico: observando as práticas do local e os casos que lhe são apresentados, os agentes públicos devem verificar a existência de um dado uso. Posteriormente, fazem publicar um edital ou convite contendo os costumes apurados, para manifestação da comunidade de comerciantes do local. Vencido o prazo do edital e apreciadas as considerações que lhes forem apresentadas, o costume é efetivamente assentado.

Dois traços são característicos e constantes nas normas procedimentais que se sucederam desde 1850: a colaboração dos comerciantes, tanto na etapa inicial de verificação de um costume[65] quanto após a publicação do edital, e a consulta pública, na qual qualquer interessado pode se manifestar e participar do processo de assentamento.

Na maior parte das vezes, esses assentamentos eram precedidos de estudos ou de verificações e registros realizados pelas associações comerciais locais ou outras entidades de classe.[66] Muitas vezes, ademais, eram realizadas compilações de costumes por essas próprias entidades,[67] que não chegavam a se tornar assentamen-

64. Telles, ob. cit., pp. 88-89. Correa Telles ainda esclarece a diferença entre estilos e costumes, existente na Lei em tela, nos seguintes termos: "Parece que o estilo não difere do costume, senão no objeto: este respeita ao modo de julgar, aquele ao modo de ordenar o processo. O estilo é relativo à prática do direito; o costume é uma parte do mesmo direito" (ob. cit., p. 89). Ademais, o autor ainda esclarece que, com base nas Ordenações Filipinas, antes do advento da Lei da Boa Razão, discutia-se o prazo necessário para que um costume se tornasse obrigatório: 10, 30 ou 40 anos (ob. cit., pp. 90-91).

65. Nesse tocante, no que tange aos usos sobre o comércio de café, na praça de Santos, cujo assentamento foi publicado no *DOE* de 13.6.1964, o então advogado do Estado Oscar Barreto Filho menciona que "resultou o anteprojeto de trabalho realizado pela Associação Comercial de Santos, a qual, para isso, solicitou a apresentação de sugestões, por circular dirigida às firmas da praça santista. (...) Participou desse trabalho, inclusive a Bolsa Oficial de Café e Mercadorias de Santos" (documento não publicado constante de processo de assentamento mercantil, obtido na Jucesp). Ademais, no relatório do assentamento de costumes sobre assuntos bancários, na praça de São Paulo, que foi publicado no *DOE* de 8.5.1965 (Caderno do Poder Executivo, Parte 1, p. 4), consta que da elaboração dessa compilação participaram 32 entidades, entre as quais a OAB, a Ordem dos Economistas de São Paulo, o Sindicato dos Bancos do Estado de São Paulo, o Banco do Estado de São Paulo S/A, o Banco do Brasil S/A, o Banco Federal de Crédito S/A, o Banco Federal Itaú S/A (que atuou especialmente como assistente técnico da comissão de membros da Jucesp), a Caixa Econômica do Estado de São Paulo, a FIESP, a Associação Comercial do Estado de São Paulo e a Bolsa Oficial de Valores de São Paulo, em quadro bastante representativo de todos os interessados.

66. *V.g.*, Carvalho de Mendonça discorre sobre a importância da atuação da Associação Comercial de Santos ao coligir regras concernentes ao mercado de café (*Tratado de Direito Comercial Brasileiro*, vol. 5, t. 1, pp. 31-32, nota 4, e 105). Outrossim, a própria Jucesp reconhece essa importância, como se verifica do relatório da comissão que elaborou o assentamento sobre o comércio de café aprovado em 19.2.1964: "acolhemos a assistência técnica da Associação Comercial de Santos, que, prontamente, deu sua valiosa colaboração, consolidando as normas usuais no comércio de café, não reguladas por lei" (documento não publicado constante de processo de assentamento mercantil, obtido na Jucesp).

67. Para uma análise empírica da função das associações comerciais setoriais na formação de costumes comerciais (em especial no que tange ao mercado de diamantes brutos e lapidados em Nova Iorque), v. Lisa Bernstein, ob. cit., pp. 119-121 e 143-145.

tos reconhecidos pelas Juntas Comerciais, mas influenciavam os negócios efetuados pelos seus respectivos associados e pelo mercado em geral.[68]

A matéria em tela foi regulada, em especial, pelos seguintes diplomas:

(i) Decreto n. 738, de 25 de novembro de 1850;[69]

(ii) Decreto n. 596/1890;[70]

68. A título de exemplo, verifique-se relatório feito pela Diretoria do Centro de Comércio e Indústria de São Paulo: "não existindo na praça usos e costumes registrados pela Junta Comercial e que digam respeito ao comércio de cereais, para atender a solicitação da Associação Comercial de Santos, foi-nos preciso proceder a um inquérito entre os comerciantes desse ramo e conseguimos apurar que o feijão e o milho, quando destinados à exportação, são acondicionados em sacos de 60 quilos (bruto); quando procedentes do interior, o peso é de 75 quilos, por saca ou 100 litros; que geralmente as vendas são efetuadas a dinheiro à vista, contra a entrega da mercadoria, não havendo, também, desconto em São Paulo, o que não acontece no Rio, por isso que lá se concede ao comprador um abatimento de 10% uma vez chegada a mercadoria ao seu armazém e lá conferida (...)" (Carvalho de Mendonça, *Tratado de Direito Comercial Brasileiro*, vol. 5, t. 1, p. 104).

69. "Art. 11. Quando a votação resolver negócio, cujo objeto esteja compreendido em algum dos casos designados nos artigos 22 e 26, depois de se ter procedido às diligências nos mesmos Artigos determinadas, se lavrará assento da decisão que se tomar em um livro privativamente destinado para esse fim; expendendo-se nele em termos breves e claros as razões em que a mesma decisão se fundar; e havendo votos dissidentes, deles se fará menção.

"Estes assentos serão assinados por todos os Membros do Tribunal, que em casos tais deverá achar-se completo, e pelo Desembargador Fiscal; assinando este em ultimo lugar, com a seguinte declaração – Fui presente – e do seu parecer se fará menção no corpo do assento.

"(...).

"Art. 24. Os Tribunais do Comércio são obrigados a empregar os meios convenientes a fim de obterem um conhecimento exato das práticas e usos comerciais admitidos nas Praças, portos e mais lugares de comércio do seu distrito, em todos os casos mandados guardar pelo Código Comercial: ouvindo os corretores e comerciantes mais notáveis, não só das mesmas Praças, portos e lugares, mas até os da Praça da Capital da Província, e procedendo às mais averiguações que julgarem convenientes.

"Nas Praças, portos e mais lugares do comércio das Províncias onde não houver Tribunal do Comércio, será a referida diligência praticada pelo Tribunal do Comércio da Capital do Império.

"Art. 25. Só podem ser admitidas como usos mandados guardar pelo Código Comercial, as práticas comerciais a favor das quais concorrerem cumulativamente os dois seguintes requisitos essenciais: 1º. serem conformes aos sãos princípios da boa-fé e máximas comerciais, e geralmente praticadas entre os comerciantes do lugar onde se acharem estabelecidas; 2º. não serem contrárias a alguma disposição do Código Comercial, ou Lei depois dele publicada.

"Art. 26. Logo que um Tribunal tiver coligido os usos comerciais do seu distrito, os fará publicar por um ou mais jornais do lugar da sua residência, convidando as pessoas do comércio para que façam sobre eles as observações que se lhes oferecerem, dentro do prazo de seis meses: e terminado este, declarará por verdadeiros usos comerciais aqueles a favor dos quais concorrerem os dois requisitos essenciais prescritos no Artigo antecedente, formulando-os em regras gerais (art. 11).

"Depois da primeira declaração, nenhum uso comercial será admitido em Juízo, se, além de reunir os dois sobreditos requisitos essenciais, não for tão antigo que exceda o tempo de cinquenta anos.

"Art. 27. O Tribunal da Capital do Império, logo que obtiver a coleção dos usos comerciais de todo o Império, consultará sobre eles a opinião dos Tribunais do Comércio das Províncias, e formando a final um relatório de todo este processo, proporá ao Governo os usos comerciais, que, no seu entender, convirá generalizar a todo o Império."

Note-se que a restrição expressa no segundo parágrafo do art. 26, de que depois de declarado um costume outro sobre a mesma matéria só poderia ser aplicado se lhe fosse provada a existência por, pelo menos, cinquenta anos, claramente engessava a evolução dos usos mercantis. Por essa razão, a restrição, provavelmente inspirada na Lei da Boa Razão, não mais constou nos diplomas posteriores. Aliás, em alguns casos, como o de negócios com café, a Jucesp realizou, no correr do séc. XX, sucessivos assentamentos, em intervalos relativamente curtos de tempo, como se verá adiante. Ademais, a Lei n. 4.726/1965, em seu art. 51, passou a prever que os assentamentos seriam revistos a cada 5 anos. Esta última disposição está repetida no art. 88 do Decreto n. 1.800/1996, apesar de tal competência não ser atualmente exercida, de modo efetivo, pelas Juntas Comerciais.

70. "Art. 30. Depois de haverem coligido as práticas e usos comerciais admitidos nas praças, portos e mais lugares de comércio do seu distrito, nos casos em que os manda guardar o Código Comercial, ouvindo os corretores e comerciantes mais notáveis, e procedendo às averiguações que julgarem conve-

(iii) Decreto n. 9.264/1911[71] e, posteriormente, Decreto n. 20.881, de 30 de dezembro de 1931,[72] no que tange à Junta de Corretores de Mercadorias e Navios do Distrito Federal;

nientes, as Juntas os farão publicar na folha oficial com um convite a todos os interessados e pessoas competentes, para que façam sobre eles as observações que se lhes oferecerem dentro do prazo de três meses; e terminado este, declararão verdadeiros os usos comerciais em favor dos quais concorrerem os dois seguintes requisitos: 1º. Serem conformes aos são princípios de boa-fé e máximas comerciais, e geralmente praticados entre os comerciantes do lugar; 2º. Não serem contrários a alguma disposição do Código Comercial ou lei depois dele publicada.

"Art. 31. A Junta deverá estar completa para a decisão de que trata o artigo antecedente, e desta se lavrará assento em livro para esse fim privativamente destinado com exposição dos seus fundamentos, e declaração dos votos divergentes.

"Art. 32. Os assentos, assinados por todos os membros da Junta e publicados na folha oficial, terão três meses depois da publicação força obrigatória para a decisão das questões que se suscitarem sobre os usos comerciais a que se referirem, enquanto não forem revogados por lei.

"Art. 33. A Junta da Capital Federal, obtendo a coleção dos usos comerciais de toda a República, proporá ao Ministério da Justiça os que convenha estabelecer por lei geral, afim de serem submetidos ao Congresso, si assim resolver o Governo."

71. "Art. 48. A fixação de praxes e usos comerciais poderá ser efetuada por iniciativa da Junta dos Corretores ou mediante requerimento da parte. § 1º. Para que possa a Junta dos Corretores promover a legalização de praxe e de usos comerciais, de acordo com o que for requerido torna-se necessário que não sejam eles contrários a alguma disposição de lei. § 2º. Quando a legalização da praxe e dos usos comerciais for feita mediante requerimento da parte, por conta desta correrá a respectiva despesa.

"Art. 49. Para que possa a Junta dos Corretores tomar assento sobre praxes e usos comerciais faz-se preciso: 1º. proceder a averiguações especiais, ouvindo 10 ou mais das principais empresas ou firmas comerciais ou industriais que tenham relação direta com a espécie em causa; 2º. aprovação, em sessão especial da Junta, da redação dos fundamentos, justificativos da adoção respectiva; 3º. publicação do ato da Junta no Diário 0ficial, por três vezes, mediando um mês entre a segunda e a terceira publicação; 4º. afixação desses documentos na secretaria da Junta dos Corretores e no salão da Bolsa de Mercadorias; 5º. aprovação da assembleia geral dos corretores, especialmente convocada em cuja ata serão declarados os votos vencidos e a justificação destes, se os houver; 6º. aprovação do ministro da Agricultura, Industria e Comércio; 7º. transcrição, em livro próprio, da resolução, que tomará o numero de ordem, e bem assim das atas supra referidas e da aprovação do ministro da Agricultura, Industria e Comércio; 8º. publicação no Diário Oficial e afixação na secretaria da Junta dos Corretores e no salão da Bolsa da resolução adotada, aprovada e transcrita, com o seu numero de ordem e a data da transcrição.

"§ 1º. A praxe e os usos comerciais adotados com o preenchimento de todas as formalidades do presente artigo ficam sendo considerados como resultantes de assento da Junta dos Corretores e tornam-se obrigatórios desde a data da transcrição.

"§ 2º. Os assentos assim tomados provam-se por certidão passada pela secretaria da Junta dos Corretores, com a indicação da data da transcrição."

72. "Art. 6º. A fixação de praxes e usos comerciais poderá ser efetuada por iniciativa da Junta dos Corretores ou mediante requerimento de interessado.

"Art. 7º Para que possa a Junta dos Corretores adotar oficialmente praxes e usos comerciais, torna-se necessário que não sejam contrários a qualquer disposição de lei e tenham sido satisfeitas as exigências enumeradas nos itens seguintes: a) inquérito em que serão ouvidos dez ou mais empresas ou firmas industriais ou comerciais diretamente interessadas no ramo em causa; b) aprovação, em sessão especial da Junta, dos fundamentos justificativos da resolução a adotar; c) publicação no *Diário Oficial*, por três dias consecutivos, da ata da sessão em que foi discutida a resolução; d) afixarão desses documentos na Secretaria da Junta e no salão da Bolsa de Mercadorias; e) aprovação em assembleia geral dos corretores, especialmente convocada, de cuja ata constem os votos vencidos e a Justificação destes, se os houver; f) aprovação do Ministro do Trabalho, Indústria e Comércio; g) transcrição, em livros próprios, da resolução, que tomará número de ordem, e bem assim das atas supra referidas e da aprovação; h) publicação, no *Diário Oficial*, e afixação, na Secretaria da Junta e no salão da Bolsa, da resolução a adotar, quando aprovada e transcrita, com o seu número de ordem e a data da transcrição.

"§ 1º. As praxes e os usos comerciais adotados com as formalidades do presente artigo tornam-se obrigatórias desde a data da transcrição e a prova respectiva será feita mediante certidão passada pela Secretaria da Junta dos Corretores, com a indicação da data da transcrição.

"§ 2º. Quando a legalização da praxe e dos usos comerciais se fizer a requerimento de interessado, por conta deste correrá a respectiva despesa.

(iv) Lei n. 4.726/1965;[73] e

(v) Decreto n. 1.800, de 30 de janeiro de 1996,[74] que regulamenta a Lei n. 8.934/1994.

3. *Assentamentos existentes na Junta Comercial do Estado de São Paulo ("Jucesp")*

Em pesquisa realizada na Jucesp, verificamos que o número de assentamentos de usos e práticas comerciais não é muito grande,[75] havendo publicações definitivas no *Diário Oficial do Estado de São Paulo* (*DOE*)[76] sobre os seguintes temas:

"Art. 8º. Tratando-se de casos que, segundo o Código Comercial, são regulados pelos usos comerciais, devem estes ser provados pelos assentamentos feitos na junta dos Corredores, no termos do artigo anterior, ou na falta desse assentamento, por atestado da mesma Junta, expedido em virtude da resolução tomada em sessão especial. Parágrafo único. Para que possa a Junta dos Corretores passar atestados a respeito de praxes e usos comerciais são necessárias informações pelo menos de cinco empresas ou firmas comerciais ou industrias que tenham relação direta com a espécie em causa, previamente consultadas, mediante questionário formulado pelo síndico.

"Art. 9º. Contra o assento, regularmente feito na forma do art. 7º, suas alíneas e parágrafos, é inadmissível qualquer contestação que não seja sobre a identidade do caso; contra o atestado, porem, é admissível qualquer prova."

73. "Art. 50. Incumbe, exclusivamente, às Juntas Comerciais, o assentamento dos usos e práticas mercantis. § 1º. Só podem ser objeto de assentamento na Junta os usos e práticas mercantis que não incidam nas proibições estatuídas no art. 38 desta Lei. § 2º. O assentamento de que trata este artigo será feito pela Junta, *ex-officio*, por provocação da Procuradoria ou de qualquer entidade de classe comercial interessada na matéria. § 3º. É indispensável, para que se assente o uso ou prática mercantil, que a respeito se pronunciem, previamente, no prazo de 90 dias, as associações de classe e as Bolsas competentes da respectiva praça e que se publique na imprensa convite a todos os interessados para se manifestarem sobre o assunto no mesmo prazo. § 4º. Executadas as diligências previstas no parágrafo anterior, a Junta decidirá se é verdadeiro e registrável o uso ou prática mercantil em sessão a que se compareçam, no mínimo, dois terços dos respectivos vogais dependendo da respectiva aprovação de voto de pelo menos, metade mais um dos vogais presentes. § 5º. Proferida a decisão, assentar-se-á o uso ou prática mercantil em livro especial, com a devida justificação, efetuando-se a respectiva publicação no órgão oficial da sede da Junta. § 6º. Somente 3 meses após a publicação tornar-se-á obrigatório, quando for o caso, o uso ou prática mercantil.

"Art. 51. Quinquenalmente as Juntas processarão à revisão e publicação da coleção dos usos e práticas mercantis assentes na forma do artigo anterior."

74. "SEÇÃO XI – Do Assentamento dos Usos ou Práticas Mercantis (...).

"Art. 87. O assentamento de usos ou práticas mercantis é efetuado pela Junta Comercial. § 1º. Os usos ou práticas mercantis devem ser devidamente coligidos e assentados em livro próprio, pela Junta Comercial, *ex officio*, por provocação da Procuradoria ou de entidade de classe interessada. § 2º. Verificada, pela Procuradoria, a inexistência de disposição legal contrária ao uso ou prática mercantil a ser assentada, o Presidente da Junta Comercial solicitará o pronunciamento escrito das entidades diretamente interessadas, que deverão manifestar-se dentro do prazo de noventa dias, e fará publicar convite a todos os interessados para que se manifestem no mesmo prazo. § 3º. Executadas as diligências previstas no parágrafo anterior, a Junta Comercial decidirá se é verdadeiro e registrável o uso ou prática mercantil, em sessão a que compareçam, no mínimo, dois terços dos respectivos vogais, dependendo a respectiva aprovação do voto de, pelo menos, metade mais um dos Vogais presentes. § 4º. Proferida a decisão, anotar-se-á o uso ou prática mercantil em livro especial, com a devida justificação, efetuando-se a respectiva publicação no órgão oficial da União, do Estado ou do Distrito Federal, conforme a sede da Junta Comercial.

"Art. 88. Quinquenalmente, as Juntas Comerciais processarão a revisão e publicação da coleção dos usos ou práticas mercantis assentados na forma do artigo anterior."

75. É impossível afirmar que a pesquisa realizada tenha encontrado todos os assentamentos de usos e práticas comerciais existentes na Jucesp. Por um lado, pelo que verificamos, esses assentamentos não eram realizados em livros próprios, mas constavam dos livros gerais em que eram registrados documentos na Jucesp. Assim, não existe uma fonte de pesquisa única e segura. Por outro lado, parece-nos que há bastante tempo esses assentamentos deixaram de ser realizados – o último de que tivemos notícia data de 4.5.1965 –, o que fez com que maiores (e mais precisos) dados se perdessem. Contudo, os resultados da pesquisa realizada mostraram-se consistentes, não havendo referência nos documentos encontrados ou na bibliografia consultada a outros assentamentos além dos ora mencionados.

76. A imprensa oficial do Estado de São Paulo colocou à disposição para consulta, em seu *site* na

(i) comissários e comitentes mercantis, praça de Santos – aprovado em sessão de 16 de junho de 1899 e publicado no *DOE* de 24 de junho de 1899, p. 1.392;

(ii) capitalização de juros em contas-correntes bancárias, praça de São Paulo – aprovado em sessão de 9 de agosto de 1901 e publicado no *DOE* de 13 de agosto de 1901, p. 2.060;

(iii) café, praça de Santos – aprovado em sessão de 16 de julho de 1907 e publicado no *DOE* de 18 de julho de 1907, p. 2.029;

(iv) cheques, praça de São Paulo – aprovado em sessão de 9 de agosto de 1927 e publicado no *DOE* de 18 de setembro de 1927, pp. 6.934-6.939;

(v) negócios de algodão em pluma e caroço de algodão, praça de São Paulo – aprovado em sessão de 14 de julho de 1939 e publicado no *DOE* de 25 de novembro de 1939, pp. 23-26;

(vi) café, praça de Santos – aprovado em sessão de 20 de março de 1940 e publicado no *DOE* de 31 de março de 1940, pp. 13-14;

(vii) bolsa de valores, praça de São Paulo – aprovado em sessão de 19 de julho de 1940 e publicado no *DOE* de 11 de agosto de 1940, p. 13;

(viii) caixa de liquidação e bolsa de mercadorias, praça de São Paulo – aprovado em sessão de 19 de julho de 1940 e publicado no *DOE* de 11 de agosto de 1940, pp. 13-15;

(ix) vários ramos, praça de São Paulo – aprovado em sessão de 19 de julho de 1940 e publicado no *DOE* de 27 de agosto de 1940, pp. 13-17;[77]

(x) vários ramos, praça de São Paulo – aprovado em sessão de 19 de junho de 1942 e publicado no *DOE* de 16 de julho de 1942, pp. 16-19;

(xi) café, praça de Santos – aprovado em sessão de 26 de junho;

(xii) café, praça de Santos – aprovado em sessão de 19 de fevereiro de 1964 e publicado no *DOE* de 13 de junho de 1964, pp. 6-8; e

(xiii) assuntos bancários, praça de São Paulo – aprovado em sessão de 4 de maio de 1965 e publicado no *DOE* de 8 de maio de 1965, pp. 4-6.

Ademais, encontramos documentos referentes a três assentamentos cujo procedimento foi iniciado, mas que não teriam chegado a ser efetivados,[78] sobre os seguintes assuntos:

(i) bolsa de valores – propostas publicadas no *DOE* de 5 de dezembro de 1962, p. 5, e de 23 de outubro de 1963, pp. 6-7. O processo foi suspenso, por decisão da Jucesp em sessão de 4 de maio de 1965, em virtude de tramitar no Congresso Nacional projeto de lei sobre a matéria;

(ii) negócios com algodão em pluma na bolsa de mercadorias – proposta publicada no *DOE* de 27 de novembro de 1965, pp. 6-8; e

(iii) café em todas as praças – proposta publicada no *DOE* de 18 de março de 1966, pp. 5-6.

4. Análise de alguns regimes consuetudinários assentados pela Jucesp

Passaremos, agora, a tecer breves considerações sobre algumas das normas consuetudinárias assentadas pela Jucesp,

Internet (*www.imesp.com.br*), todas as edições do *DOE* desde a sua criação, em maio de 1891.

77. O grande número de assentamentos efetivados em 1940 deve-se a um esforço nesse sentido por ocasião da comemoração do cinquentenário da criação da Jucesp.

78. Com relação a esses assentamentos, em pesquisa efetuada na Jucesp, verificamos a existência das respectivas propostas, bem como a anotação de que os mesmos ainda não teriam sido concluídos. Contudo, tendo em vista a ausência de sistematização dos registros do órgão sobre a matéria, não é possível afirmar, com certeza, qual foi o real fim dos processos em questão.

buscando inseri-las no panorama normativa da época.

4.1 Da capitalização de juros em contas-correntes

Sobre a possibilidade e periodicidade da capitalização de juros em caso de empréstimos bancários, na praça de São Paulo, foi assentado pela Jucesp, em sessão de 9 de agosto de 1901, o seguinte uso:

"São os usos e práticas comerciais verificados nesta praça de S. Paulo, entre as instituições bancárias que a Junta tomou por assento, os seguintes:

"Serem as contas dos correntistas encerradas semestralmente, isto é, em 30 de junho e 31 de dezembro, não havendo acordo em contrário, caso em que vigorará este, sendo os juros capitalizados nesses prazos."

Anteriormente, assentamento datado de 16 de junho de 1899, assim dispunha sobre as relações entre comitentes e comissários na praça de Santos:

"São usos e práticas comerciais verificados na praça de Santos entre comissários e comitentes – e que ora são tomados por assento, os seguintes:

"É costume observado na praça de Santos renovar anualmente as contas-correntes relativas a transações que de ordinário se realizam entre comissários e comitentes.

"É costume observado na praça de Santos contar juros à razão de 12% ao ano relativamente a todas as quantias que por adiantamento são fornecidas pelos comissários a seus comitentes.

"É costume observado na praça de Santos acumular anualmente aos saldos líquidos em conta-corrente juros que porventura se houverem vencido pelas quantias fornecidas de conformidade com essas contas.

"É costume observado na praça de Santos contar juros vencidos e acumulados aos saldos que anualmente são liquidados em conta-corrente."

De plano, é possível verificar-se que, no primeiro caso, a regra é a capitalização semestral dos juros, e, no segundo, a periodicidade da capitalização é anual.

A tradição do direito brasileiro, herdada das Ordenações Filipinas, era da proibição genérica da capitalização de juros. Nesse sentido, o Visconde de Cairu, ao escrever em 1808, já aduzia que a questão referente à proibição da usura restava apenas como mero debate acadêmico, já tendo sido superada na prática, uma vez que o próprio Estado português, bem como muitas ordens religiosas, além dos comerciantes em geral, adotavam como rotineira a cobrança de juros pelos empréstimos concedidos.[79] No entanto, quanto ao anatocismo, segundo Cairu, "em nenhum caso se admite a usura sobre a usura, fazendo-se dos juros vencidos um novo capital para se perceberem juros dele".[80]

Posteriormente, o Código Comercial brasileiro, de 1850, assim passou a dispor:

"Art. 253. É proibido contar juros de juros; esta proibição não compreende a acumulação de juros vencidos aos saldos liquidados em conta-corrente de ano a ano.

"Depois que em juízo se intenta ação contra o devedor, não pode ter lugar a acumulação de capital e juros.

"Art. 254. Não serão admissíveis em juízo contas de capital com juros, em que

79. Ob. cit., pp. 571-577.

80. Idem, p. 574. As considerações de Cairu são desenvolvidas com base no disposto no § 1º do Título LXVII do Livro IV das Ordenações Filipinas, então vigentes. Entretanto, o parágrafo mencionado pelo autor referia-se a uma proibição ampla da usura (que seria excepcionada em alguns casos nos parágrafos posteriores), *in verbis*: "Nenhuma pessoa, de qualquer estado e condição que seja, dê ou receba dinheiro, prata, ouro, ou qualquer outra quantidade pesada, medida, ou contada à usura, por que possa haver ou dar alguma vantagem, assim pela via de empréstimo, como de qualquer outro contrato, de qualquer qualidade, natureza e condição que seja, e de qualquer nome que possa ser chamado".

estes senão acharem reciprocamente lançados sobre as parcelas do débito e crédito das mesmas contas."

A doutrina pátria, ao interpretar o art. 253 do Código Comercial brasileiro, considerava que a proibição alcançava tão somente a capitalização que não houvesse sido convencionada. Nesse sentido, lecionava Carvalho de Mendonça:

"A acumulação de juros vencidos ao capital para se tornarem igualmente com este produtores de juros, ou a capitalização de juros com o fim de vencer juros, a que se chama de *anatocismo*, não é permitida:

"a) sem expressa estipulação; e

"b) depois que, em juízo, o credor intenta ação contra o devedor, ainda que fosse estipulada"[81] (grifo no original).

Ademais, ainda segundo Carvalho de Mendonça, o prazo de um ano para a capitalização dos juros podia ser alterado, em especial reduzido, por convenção das partes, *in verbis*: "O mesmo Código, no art. 253, permite a acumulação de juros vencidos aos saldos liquidados em conta-corrente de ano a ano. As palavras deste art. 253 'em conta-corrente de ano a ano', pondera Teixeira de Freitas, não são taxativas. Pode, conseguintemente, ser estipulado período mais breve para a capitalização de juros".[82]

Percebe-se, destarte, que admitida a capitalização de juros, mesmo em prazo inferior a um ano, os costumes passaram a atuar de forma acentuada em cada ramo da atividade econômica, fixando os prazos que lhe eram peculiares. Assim, no âmbito das contas-corrente bancárias, na praça de São Paulo, a capitalização dava-se semestralmente, em 30 de junho e 31 de dezembro de cada ano. O mesmo não acontecia nas contas-correntes mantidas entre comissários e comitentes na praça de Santos, nas quais a regra consuetudinária era a capitalização anual.

4.2 Do comércio de café na praça de Santos

É despiciendo frisar a importância do comércio cafeeiro para a economia brasileira, entre a segunda metade do séc. XIX e a primeira metade do séc. XX. Surgiu, assim, em torno desse comércio, um conjunto altamente especializado e bastante ativo de agentes econômicos, que desenvolveram uma complexa cadeia negocial

81. *Tratado de Direito Comercial Brasileiro*, vol. 6, t. 1, 3ª ed., p. 288. O autor acrescenta: "O Cód. Comercial, no art. 253, dispõe: 'é proibido contar juros de juros'. Daí a grande controvérsia sobre, se em matéria comercial (em matéria civil, a Lei de 24 de outubro de 1832 solvera a questão) era proibido o anatocismo, isto é, os juros produzidos pelos juros de um capital, ou a capitalização de juros para produzir novos juros. Teixeira de Freitas na nota 21 ao art. 361, opinava que aquele art. 253 não reprovava o anatocismo; vedava 'unicamente que se contassem juros de juros, quando assim não se tivesse estipulado. A concepção deste art. 253 sobre acumulações de juros em *contas-correntes* não é propriamente uma exceção, é o reconhecimento da estipulação de juros de juros, efeito implícito do *contrato de conta-corrente*'.

"Com admirável clareza expõe o Dr. Edmundo Lins: 'o que o Cód. Comercial diz é que é proibido contar juros de juros; não diz, porém, que seja proibido convencionar ou estipular juros de juros. O que o Cód. Comercial proíbe é que, não tendo havido estipulação de juros, estes sejam contados, como se daria com os juros da mora regular ou da irregular'. Neste sentido sempre julgou o Tribunal da Relação de Minas (...)" (idem, nota 1) (grifos no original).

Reafirmando esse entendimento, o projeto de Código Comercial de Inglês de Souza trazia o seguinte dispositivo: "Art. 916. Sem convenção expressa não se podem acumular juros. Intentada a ação contra o devedor, não pode mais ter lugar a acumulação" (ob. cit., p. 261).

82. *Tratado de Direito Comercial Brasileiro*, vol. 6, t. 2, p. 376. O autor cita, ainda acórdão do TJSP, datado de 20 de agosto de 1895, com o seguinte teor: "sendo certos os estilos da praça sobre a capitalização anual de juros em conta-corrente e admitida e capitalização por semestres pela casa comercial do autor, o que não é vedado fazer, sendo disso cientificado o réu, que recebeu contas e não reclamou" (idem, nota 4). É interessante notar que esse acórdão, lavrado cerca de 6 anos antes do assentamento de 9.8.1901, expressa entendimento completamente diverso, ao menos no trecho transcrito por Carvalho de Mendonça, ao dizer que o uso da praça de São Paulo era a capitalização anual, e não semestral.

para permitir o rápido e seguro escoamento da produção nacional, em especial pelo porto de Santos. Com a consolidação dessa rede de agentes e relações econômicas, surgiram costumes locais peculiares, que asseguravam o bom fluxo das transações.

Nesse sentido, manifestou-se em relatório final, datado de 8 de abril de 1963, o presidente da comissão nomeada pela Jucesp para atualizar o assentamento sobre os costumes referentes ao comércio do café na praça de Santos, Kamel Miguel Nahas:

"Os negócios de café, de imenso vulto, criaram em Santos a necessidade imperiosa de um mecanismo comercial *sui generis* de rápido e eficiente controle das operações, e inteira liberdade de movimentos, sendo como é o CAFÉ mercadoria de consumo quase mundial e que depende, no seu valor, da maior ou menor proximidade dos grandes estoques em relação aos outros consumidores, de modo que a oferta e a procura, com certa segurança, são reguladas pela resistência e receptividade dos intermediários ou dos produtores. Com estes característicos determinados pelo predomínio dos negócios de café, gênero que nas circunstâncias citadas se tornou valor de franco jogo de bolsa, era natural que surgissem ao lado das regras de direito comercial outros tantos usos e costumes especialíssimos para garantia das transações, de um lado, e possibilidades delas, de outro, dado que as formas contratuais previstas nas leis exigiam tempo impossível de ser perdido para a realização dos negócios de café.

"Um fenômeno interessante, original de todos os centros comerciais do mundo, principalmente quando portos de embarque, pode ser observado e verificado na atualidade na praça de Santos: a reação instintiva do organismo comercial, contra as infrações aos seus interesses legítimos e, ao mesmo tempo, a adoção de práticas nacionais que facilitam o livre desembaraço de suas operações comerciais."[83]

83. Documento não publicado constante de processo de assentamento mercantil, obtido na Jucesp.

É interessante verificar, no texto acima, sob a ótica da construção de Vivante, a observância do mercado como elemento legitimador das normas consuetudinárias. Ou, em uma perspectiva teórica mais moderna, a função dos costumes como redutores de custos de transação e garantidores de rapidez e segurança nas relações comerciais, especialmente em um mercado altamente especializado e dotado de significativo grau de institucionalização.

Tendo em vista as condições acima descritas, bem como o também já mencionado destaque do comércio de café na economia nacional, entende-se facilmente porque esse tema foi o que mereceu o maior número de assentamentos de costumes levados a cabo pela Jucesp.

O primeiro assentamento feito pela Jucesp, já transcrito acima, data de 16 de junho de 1899 e trata das relações entre comitentes e comissários, na praça de Santos, em especial no que diz respeito à contabilização de juros em contas-correntes. Por certo, sua aplicação não estava restrita ao mercado cafeeiro, mas este era o mais relevante em Santos à época, respondendo por boa parte das exportações brasileiras.

Posteriormente, em sessão de 16 de julho de 1907, foi determinado assentamento versando especificamente sobre o comércio de café na praça de Santos, cujos artigos tinham o seguinte teor:

"Primeiro – As vendas de café e outros gêneros de exportação serão feitas a 30 dias de prazo, e o pagamento das respectivas faturas será efetuado no fim deste prazo ou antes, na proporção das mercadorias entregues.

"Segundo – As mesmas faturas ficam sujeitas ao desconto de 6 % ao ano, em caso de pagamento antecipado.

"Terceiro – A fatura cujo vencimento recair em dia feriado por lei, reputa-se vencida no dia útil antecedente e, neste caso considera-se indevido qualquer desconto de juros, salvo sobre as quantias pagas antecipadamente.

"Quarto – Sobre o bruto das contas de vendas cabe ao comissário a comissão de 3%.

"Quinto – O café será vendido em sacos novos de superior aniagem, fornecidos pelo comissário e pelo mesmo faturados a 1$700 Réis cada um.

"Sexto – Os comissários farão o reensaque do café por tipos, não atendendo à proveniência, mas somente à qualidade.

"Sétimo – Em consequência, as reclassificações dos comitentes serão decididas pelas amostras tiradas por ocasião do recebimento do café, as quais serão conservadas até o vencimento das respectivas contas de venda.

"Oitavo – Os comissários são responsáveis pela solvabilidade e pontualidade dos compradores, com os quais contrataram.

"Nono – Nos negócios a termo, prevalece a data da fatura do vendedor, quando a entrega deste for julgada boa; e, ao contrário, prevalece a data da decisão, quando a reclamação do comprador for julgada procedente.

"Décimo – Nas contas de venda de café, omitir-se-á o nome do comprador.

"Décimo primeiro – Os comissários cobrarão dos comitentes, sob a denominação comum de 'carretos' não só estas despesas, como as de ensaque, reensaque, repeso, mudanças e corretagem, à razão de 7 a 10 Réis por quilograma, segundo as circunstâncias de tempo ou da localização dos respectivos armazéns.

"Décimo segundo – Os adiantamentos feitos pelos comissários aos comitentes serão liquidados com remessas de café à consignação, e não com dinheiro.

"Décimo terceiro – O selo dos recibos, quer fixos, quer proporcional, será pago por quem recebe."

Novos assentamentos sobre a negociação de café na praça de Santos foram aprovados pela Jucesp nas sessões de 20 de março de 1940, 26 de junho de 1956 e 19 de fevereiro de 1964. Uma outra compilação de costumes sobre o comércio de café em todas as praças, à exceção de Santos, teve o seu projeto aprovado em sessão de 18 de março de 1966, mas não chegou a ser finalizada.

Com o passar do tempo, as práticas negociais aplicáveis ao mercado cafeeiro foram se tornando mais complexas, o que acarretou um aumento significativo no número e na complexidade das normas costumeiras verificadas pela Jucesp. Com efeito, no que tange ao aspecto quantitativo, o assentamento realizado em 16 de julho de 1907, acima transcrito, possuía 13 artigos. Já em 19 de fevereiro de 1964, o assentamento efetivado possuía 78 artigos.[84]

No que concerne ao caráter qualitativo, as normas constantes do assentamento de 16 de julho de 1907 eram bastante mais simples. Por exemplo, esse assentamento trazia apenas um artigo, o 5º, tratando da embalagem do café. Em 19 de fevereiro de 1964, foram aprovados 7 artigos, do 63 ao 69, que cuidavam exclusivamente da sacaria. Por outro lado, ainda a título de exemplo, a questão atinente aos deveres do vendedor, no primeiro desses assentamentos, era tratada de maneira meramente indireta, e passa a ser bastante explicitada no último, que contém os seguintes dispositivos:

84. A proposta de assentamento publicado no *DOE* de 18.3.1966 trazia apenas 33 artigos, mas dizia respeito ao comércio de café em todas as praças, à exceção de Santos. Isso se justifica pelo fato de que era justamente em Santos, porto de embarque, o centro das negociações cafeeiras, que se travavam as negociações mais complexas e em maior número, com a existência de costumes mais explícitos e arraigados. Por outro lado, o assentamento datado de 26.6.1956 possuía 89 artigos, alguns dos quais, contudo, foram extirpados do assentamento de 19.2. 1964, por serem *contra legem* ou dizerem respeito a matérias já reguladas por lei. Contudo, verifica-se uma clara discrepância em termos de números de artigos entre os assentamentos do fim do séc. XIX e início do séc. XX e aqueles efetivados em meados do séc. XX.

"Da responsabilidade do vendedor quanto às despesas que oneram o café

"Art. 59. O vendedor é sempre responsável dentro de 30 dias do prazo da fatura pela conservação, armazenamento, seguro, etc., do café vendido.

"Art. 60. No caso de haver uma firma comprado à outra firma uma fatura de café de diversas qualidades, em vários lotes, e achando-se entre eles um ou mais que seja preciso retirar e estejam colocados por detrás dos lotes pertencentes à mesma fatura, ainda não vencida, as despesas com a respectiva mudança devem ficar a cargo da firma vendedora.

"Art. 61. Antes do vencimento da fatura, todas as despesas do café nos armazéns gerais correm por conta do entregador, inclusive a do empilhamento; nas entregas de café já depositado nos armazéns gerais para efeito da liquidação do negócio, as despesas de repeso e sacaria correrão igualmente por conta do entregador, não, porém, as de reempilhamento, que passam, desde esse momento, ao interesse do recebedor.

"Art. 62. O entregador é obrigado a pagar as despesas de armazenagem e seguro do primeiro mês, nos armazéns gerais, quando fizer a entrega do café vendido a termo em contrato garantido, ainda que a entrega seja feita no último dia da fatura."

No que diz respeito ao conteúdo das regras constantes dos assentamentos, especificamente sobre o art. 5º daquele datado de 16 de julho de 1907, atinente ao ensaque do café e já transcrito acima, manifestou-se Carvalho de Mendonça:

"Não foi sem esforços que, na praça de Santos, se conseguiu adotar a exportação do café em sacos novos. A primeira deliberação a esse respeito foi tomada pela Associação Comercial de Santos em assembleia geral de 26 de novembro de 1886 (...).

"No convênio, aprovado pela assembleia geral da mesma Associação, realizada aos 7 de agosto de 1890, estipulou-se: 'Art. 8º. Todo café deve ser ensacado em sacos novos de aniagem superior, tendo o comprador o direito de recusar os que não estiverem nessas condições' (...).

"Surgiu, depois, a necessidade de fixação de um tipo especial de saco, destinado à exportação do café, em virtude das reclamações das Câmaras de Comércio de Londres, Hamburgo, Antuérpia, Trieste e Rotterdam, sobre a má qualidade e fraca resistência do então empregado, especialmente nas costuras finais, resultando daí o vazamento nos porões, e, portanto, as constantes faltas de peso."[85]

Verifica-se, destarte, que uma questão aparentemente banal – o ensaque do café –, tipicamente fora do objeto da rígida de regulação legal, foi apta a gerar um costume em um dado mercado. E tal não se deu por acaso, como bem ressalta Carvalho de Mendonça. Pelo contrário, adveio de uma necessidade comercial, em virtude das reclamações feitas por Câmaras de Comércio estrangeiras, de que, devido à má qualidade do ensaque, as mercadorias chegavam no porto de destino com peso inferior ao contratado (e embarcado). Esse caso tipicamente demonstra a função exercida pelos costumes como elemento de adaptação e facilitador das transações comerciais. Por certo, a regra em questão diminuiu os custos de transação entre os agentes do mercado cafeeiro – em especial comissário e comitentes – estabelecendo padrões prévios que permitiam satisfazer ao comprador e, por via de consequência, facilitar as vendas ou mesmo aumentar o valor agregado do produto.

Outra norma do já transcrito assentamento de 16 de julho de 1907 que merece comentário é o seu art. 13, que cuida da divisão do ônus pelo pagamento do selo dos recibos. Com efeito, em outros assentamentos também se encontram normas sobre a divisão do custo fiscal de determi-

85. *Tratado de Direito Comercial Brasileiro*, vol. 5, t. 1, pp. 31-32, nota 4.

nadas transações. Ainda que tais normas, de origem não estatal, não pudessem ser opostas diretamente ao Fisco, tinham o objetivo de esclarecer qual parte deveria arcar com o efetivo ônus financeiro do pagamento de tributos. Uma vez mais, o costume atuava como um redutor de custos de transação, permitindo a comissários e comitentes, vendedores e compradores realizar operações de forma mais rápida, em virtude do preestabelecimento da divisão dos encargos fiscais – os quais, por certo, influenciariam no preço da negociação e nas comissões a serem pagas.

Das poucas decisões judiciais que trazem a aplicação expressa de normas costumeiras, há duas, originárias do Supremo Tribunal Federal, que se baseiam em regras constantes dos assentamentos da Jucesp sobre o comércio do café e cuja transcrição parcial merece ora ser realizada.

No primeiro caso, a questão dizia respeito à aplicabilidade das normas constantes do Código Comercial brasileiro sobre o contrato de comissão à relação jurídica entre um comissário e um comitente, referentes à negociação de café na praça de Santos. Mais especificamente, discutia-se sobre o acerto de contas entre comissário e comitente, ao término de um relacionamento que perdurou por diversos anos. Do voto condutor, de lavra do Ministro Afrânio Costa, lê-se:

"Profundo conhecedor de nossos usos e costumes, da falta de contato íntimo entre os centros comerciais do Brasil, disseminados por um território imenso, e ainda sabedor que as regras peculiares ao comércio do café, divergem essencialmente da borracha, do cacau, do açúcar etc., o legislador comercial prudentemente permitiu que pelos usos e costumes se pudesse suprir as deficiências casuísticas.

"E o braço dessa prudência vai até a organização das sociedades mercantis (art. 291).

"E é a autoridade incontestável de Carvalho de Mendonça, fundada em sólida cultura e nos exercício intenso da profissão de advogado, com que teve um destaque invulgar, que serviu de alicerce ao julgado [recorrido] para caracterizar a singular situação defrontada:

"'A comissão de venda de cafés na praça de Santos apresenta um tipo curioso de operação mercantil, muito interessante e digno de ser estudado nas minúcias e nos diferentes prismas que oferece. Em primeiro lugar, a mercadoria nem sempre é vendida tal como é recebida em consignação pelo comissário. Este procede à liga dos cafés quando aconselhada pela conveniência da melhor colocação do gênero no mercado, e, portanto, em regra, a benefício do comitente, e faz o ensaque apropriado para a exportação. Este ensaque é negócio particular do comissário. Em segundo lugar, as vendas são sempre feitas a dinheiro com desconto de trinta dias contados da data da venda. Quer isso dizer que o comprador tem a faculdade de retirar a mercadoria dentro do prazo de trinta dias com a condição, porém, de pagá-la no ato da retirada, gozando o desconto convencionado caso retire antes desses trinta dias... Em terceiro lugar, o comissário, que, como dissemos, vende a dinheiro de contado, reserva-se o direito de entregar ao comitente o produto líquido da venda trinta dias depois da data da conta apresentada. Nesta conta, não faz a declaração do nome e domicílio do comprador, nem do prazo estipulado com o comprador, como exige o art. 177 do Cód. Comercial no caso de comissão' (*Trat. Dir. Com.*, vol. 8º, nota 4 ao n. 1.003, p. 292)

"'Os comissários de Santos não são aqueles modestos intermediários que o Cód. Comercial define no art. 165 e que se contentam com a simples comissão de 3% sobre o bruto das contas de venda. Eles são banqueiros e, nessa qualidade, abrem créditos em conta-corrente aos fazendeiros, cobrando-lhes juros de 12% sobre as quantias adiantadas a título de fornecimento...' (autor e ob. cit., idem, p. 293).

"Não houve assim qualquer infração ao art. 168, ao revés a situação foi resolvida dentro da compreensão que permitem essa e outras regras preceituadas no Cód. Comercial e dentro do sistema nele estabelecido" (STF, 2ª T., RE 14.465-SP, rel. Ministro Afrânio Costa, j. 2.6.1953, *DJ* 6.1. 1954, p. 126).

O segundo acórdão versa sobre a necessidade de o comitente receber ordens especiais para a alienação do bem que lhe fora entregue. Também foi relator o Ministro Afrânio Costa, que assim decidiu sobre o tema:

"Não houve violação de lei, como acentuou com clareza, que lhe é peculiar, o eminente ministro Orosimbo Nonato:

"'... não é de pura comissão mercantil que se cogita, senão de convenção complexa que abrangia até financiamento, admitindo, então, o uso da praça a venda objeto.'

"(...).

"As vendas se fizeram de acordo com a praxe seguida na praça de Santos, conforme rezam os documentos de fls. 63 a 67, todos assinados pelo réu. Em tais condições, independia a venda de consulta ao comitente, levando-se em conta que os cafés estavam financiados.[86] Assim também já se manifestou o E. Tribunal de Apelação do Estado (*Rev. Trib.* 141/164).

"(...).

"Trata-se assim de uma convenção *sui generis*, típica do comércio de café, que tem indiscutivelmente peculiaridades próprias, exigidas pela celeridade e necessidade de desobstruir espaço para que as mercadorias não permaneçam demasiadamente paralisadas.

"Os Usos e Costumes da Praça de Santos estabelecem regras supletivas para atender a tais necessidades desse comércio especializado que sofreria grandes embaraços se regulados, apenas por preceitos rígidos do Código. Permitindo convenções mistas, sua aplicação não importa violação dos preceitos invocados, reguladores de contratos não desfigurados pela vontade das partes e por elas utilizado" (STF, 2ª T., RE 12.878-SP, rel. Ministro Afrânio Costa, j. 29.12.1959, *DJ* 17.7.1961, p. 163).

Em ambos os casos, o Supremo Tribunal Federal afastou a aplicação das normas codificadas com relação à comissão, aplicando os usos assentados pela Jucesp, referentes ao comércio de café na praça de Santos. Nos dois julgados, a principal motivação para esse afastamento foi a peculiaridade de tais transações, em especial em virtude do financiamento concedido pelos comitentes aos comissários, o que descaracteriza a comissão tipificada por lei.

Outrossim, o Tribunal de Justiça do Estado de São Paulo, com fundamento no assentamento aprovado pela Jucesp em sessão de 20 de março de 1940, confirmou expressamente o costume corrente na praça de Santos, ao decidir que "sempre que o café esteja financiado pode o comissário vendê-lo independentemente de prévia consulta ao comitente".[87]

86. Sobre essa questão, assim dispunha o assentamento referente ao comércio de café na praça de Santos, aprovado em 26 de junho de 1956:

"Artigo 2º. O café financiado, salvo expressa convenção em contrário, garante o débito total do devedor para com o financiador, verificado em conta-corrente, ainda que proveniente de outras operações, e não apenas as parcelas referentes a determinado lote ou a determinada conta. Parágrafo único. A base para financiamento, em via de regra, é tomada em relação às operações em conjunto.

"(...).

"Artigo 28. Os comissários podem alienar as mercadorias e títulos retidos em garantia de débito do comitente, independentemente de autorização especial, para imputar imediatamente o valor apurado no pagamento do débito do mesmo comitente."

87. TJSP, ACiv n. 16.804, 2ª Câmara Civil, rel. Desembargador Frederico Roberto, j. 27.10.1942, m.v., *RT* 96/164.

4.3 Dos negócios de bolsa e dos assuntos bancários

Há assentamentos efetuados pela Jucesp que dizem respeito a negócios realizados na bolsa oficial de valores de São Paulo (datado de 19 de julho de 1940) e à caixa de liquidação e bolsa de mercadorias de São Paulo (um datado de 19 de julho de 1940, bem como, no que tange aos negócios de algodão em pluma e caroço de algodão na bolsa de mercadorias, outro datado de 14 de julho de 1939). Outrossim, também há projetos de assentamentos inconclusos sobre bolsa de valores (propostas publicadas no *DOE* de 5 de dezembro de 1962 e de 23 de outubro de 1963) e negócios com algodão em pluma na bolsa de mercadorias (proposta publicada no *DOE* de 27 de novembro de 1965).

Já no que diz respeito aos assuntos bancários, na praça de São Paulo, há o assentamento aprovado em sessão de 4 de maio de 1965 e outro aprovado em sessão de 9 de agosto de 1927, referente a cheques.[88] Por fim, não se pode olvidar o assentamento acerca da capitalização de juros em contas-correntes bancárias, na praça de São Paulo, aprovado em sessão de 9 de agosto de 1901 e já acima analisado.

Verifica-se, destarte, que as transações nos hoje denominados mercados financeiro e de capitais foram também objeto de atenção da Jucesp, acarretando um número considerável de assentamentos. Com efeito, é antigo o sentimento de que se trata de setores sensíveis da atividade econômica, nos quais a segurança jurídica é primordial para seu sucesso e desenvolvimento. Contudo, na época em que foram feitos os assentamentos (entre julho de 1940 e maio de 1965), as normas oficiais reguladoras desses mercados, no Brasil, eram poucas e bastante esparsas, permitindo que florescessem uma série de costumes sobre a matéria, com o intuito de tornar possíveis, mais seguros e mais ágeis os negócios realizados.

Nesse contexto, os costumes cumpriram um papel bastante peculiar, diferente daquele que normalmente se lhes reserva nos sistemas jurídicos atuais.[89] Não foram as normas consuetudinárias uma mera adaptação, especificação das normas existentes sobre uma determinada atividade econômica ou tipo de negócio. Elas cumpriram, primordialmente, a função de criar um ambiente jurídico (um marco normativo, para usar uma terminologia mais atual), diante de um ambiente de parcial anomia existente.

É importante notar que o Conselho Monetário Nacional e o Banco Central do Brasil, com competência normativa e executiva para a execução da política monetária pátria e o controle da atividade financeira, somente foram criados pela Lei n. 4.595, de 31 de dezembro de 1964, a chamada "lei da reforma bancária". Por outro lado, o mercado de capitais somente veio a ser adequadamente normatizado com a edição das Leis ns. 4.728, de 14 de julho de 1965, 6.385, de 7 de dezembro de 1976 (que criou a Comissão de Valores Mobiliários), e 6.404, de 15 de dezembro de 1976.

No âmbito jurisprudencial, o Supremo Tribunal Federal algumas vezes decidiu questões atinentes ao cheque visado, reconhecendo a validade e eficácia do assentamento levado a efeito pela Jucesp no dia 4 de maio de 1965. Nesse sentido, ao menos em dois casos[90] reconheceu que o emitente do cheque visado fica responsá-

88. Este último foi objeto de pareceres prévios de eminentes juristas da época, como Waldemar Ferreira, Otávio Mendes e Antão de Moraes, em especial diante de manifestação da Bolsa de Mercadorias no sentido de que o primeiro costume objeto desse assentamento seria *contra legem* (cf. Antão de Moraes, *Problemas e Negócios Jurídicos: Direito Comercial*, pp. 15-30).

89. À exceção dos assentamentos que versavam sobre os cheques, matéria já então objeto de regulação legal, ainda que insuficiente.

90. STF, Pleno, Bem no RE 30.125-RJ, rel. Ministro Victor Nunes, j. 16.2.1967, *DJ* 26.4.1967; e

vel pelo pagamento do respectivo valor, caso o banco sacado venha a falir antes de esgotado o prazo para apresentação do título. Em um terceiro caso, em que a aplicabilidade do assentamento foi mais explicitada, assim votou o relator, Ministro Hahnemamm Guimarães:

"Mas esta matéria não pode ser discutida nesta causa, porque, na praça de Santos se lavrou na Junta Comercial um assento, em virtude do qual se atribuiu ao 'visto' um efeito particular; aliás, o efeito mais moral, não se admitindo a revogação do cheque, em obséquio à boa-fé. Quem recebe um cheque visado, está certo de que o pagamento lhe será feito necessariamente. Foi o que ressaltou o Tribunal de Justiça, em vista de um assento lavrado na Junta Comercial de Santos. Aí não é possível ver ofensa de letra de lei, nem mesmo dissídio de arestos. É aplicação de um uso adotado na praça de Santos, em virtude de um assento na Junta Comercial. O Tribunal aplicou esse assento ao caso. Os costumes são fontes de direito, eles preenchem a lacuna da lei. A doutrina preponderante tem admitido esse uso. Inteiramente de acordo com o Sr. Ministro Rocha Lagoa, não vejo cabimento para o recurso extraordinário, porque não é possível ver ofensa da letra de lei, que é omissa, no caso. Também não há possibilidade de admitir dissídio de arestos a respeito da aplicação da lei. O Tribunal de Justiça, de acordo com a melhor doutrina, observou um uso da praça de Santos" (STF, 2ª T., RE 22.796-SP, rel. Ministro Hahnemamm Guimarães, j. 21.7.1953).[91]

4.4 Dos vários ramos

Dos assentamentos feitos pela Jucesp, dois não se restringiram a um ramo ou atividade únicos, mas abrangeu diversas áreas, trazendo algumas poucas disposições sobre cada uma delas. Assim, o assentamento aprovado na sessão de 19 de julho de 1940 veiculou normas costumei-

STF, Pleno, RE 57.717-SP, rel. Ministro Victor Nunes, j. 14.10.1966, *RTJ* 38.162.

91. A questão, bastante controversa à época, na doutrina e na jurisprudência, dizia respeito ao reconhecimento do cheque visado pelo ordenamento jurídico brasileiro. Com efeito, esse reconhecimento não tinha base legal, mas fazia parte do costume bancário das praças do Estado de São Paulo, tanto que foi objeto de assentamento. Os votos dos Ministros nesse recurso extraordinário revelam um amplo panorama acerca dessa discussão. Ressalte-se que, no trecho transcrito, há algumas imprecisões, como a menção à inexistente Junta Comercial de Santos, e aos costumes bancários da praça de Santos, sendo que, na verdade, os costumes em tela diziam respeito a todas as praças do Estado de São Paulo.

Por outro lado, sobre o cheque visado, o assentamento de 4.5.1965 trazia as seguintes normas:

"Artigo 1º. Os Bancos, ao visarem cheques, retiram no ato a respectiva provisão da conta-corrente do emitente, transferindo-a para uma conta específica de cheques visados. Em consequência, fica a provisão à disposição somente dos portadores legitimados, podendo achar-se dentre estes o próprio emitente. No ato do pagamento de tais cheques, os bancos apenas dão baixa na respectiva provisão anteriormente lançada na conta de cheques visados.

"Artigo 2º. Os bancos costumam fixar em 30 e 120 dias a validade dos cheques visados, respectivamente para a praça e para o país. O resgate de tais cheques, fora desses prazos, costuma sujeitar-se a aprovação especial do Banco sacado.

"Artigo 3º. O cheque visado apresentado em praça diferente daquela indicada no 'visto', mas no mesmo estabelecimento bancário, poderá ser pago, mas não obrigatoriamente.

"Artigo 4º. Opera-se o cancelamento do cheque visado quando for ele devolvido por inteiro e sem rasuras ao Banco sacado, acompanhado de solicitação expressa do emitente. Com base nesta o Banco reverterá para a conta-corrente do emitente o valor do cheque visado.

"Artigo 5º. Os bancos podem cancelar e restituir ao emitente o valor do cheque visado por este declarado extraviado, mediante abertura de um processo interno de cancelamento. O cancelamento se faz mediante estorno a crédito da conta-corrente do emitente e consequente baixa da respectiva provisão lançada na conta de cheques visados. No recibo passado pelo emitente, pela restituição do valor do cheque extraviado, assume ele, perante o Banco, a responsabilidade integral por eventual e futura apresentação do cheque.

"Artigo 6º. O cheque visado por Banco participante da Câmara de Compensação, costuma, sempre *pro solvendo*, servir para pagamento de títulos em carteiras bancárias."

ras sobre o comércio de fumos e cigarros; geladeiras e refrigeradores no atacado; guarda-chuvas, sombrinhas e bengalas; ladrilhos de cimento; laminação e siderurgia; lápis, canetas e outros objetos para escritório; louças; lustres; madeiras (esquadrias, artefatos de madeira, móveis, etc.); malas, bolsas, cintos e artefatos de couro; máquinas em geral; máquinas para a indústria de tecelagem; mármores e granitos; indústria e comércio de matérias-primas; metalurgia; minérios; óleos comestíveis; pianos; porcelanas, estatuetas e objetos para presentes; produtos farmacêuticos e perfumarias; produtos de laticínios (queijos e manteigas); produtos químicos; serralheria; tecidos de algodão, lã, seda, juta, lona, etc., e seus artefatos; tintas, óleos, vernizes e artigos para pintura; tipografia, litografia e indústria de papel; e vidros, espelhos e vitrais (planos), vidros e cristais para uso de mesa, adorno, iluminação, frascaria, etc.

O segundo desses assentamentos, datado de 19 de junho de 1942, trouxe normas consuetudinárias sobre o comércio de amianto; artefatos de arame; artefatos de fibra; artefatos de metal; câmaras de ar; escovas, espanadores, brochas e pincéis; fósforos; gado bovino; alfinetes e afins; móveis, cestas e artefatos de vime e junco; pneumáticos; rolhas metálicas; saltos de borracha; tintas para escrever e para carimbo; tintas para impressão; e vassouras de palha e cabelo.

A título de exemplo, transcrevemos as normas sobre o comércio de guarda-chuvas, sombrinhas e bengalas, e de máquinas em geral, constantes do primeiro assentamento mencionado:

"*Guarda-chuvas, sombrinhas e bengalas*

"Art. 1º. A mercadoria é vendida para entrega imediata, ou em época determinada, englobada ou parceladamente, conforme for combinado.

"Art. 2º. As vendas são feitas por unidade de objetos ou dúzias.

"Art. 3º. Para os negócios efetuados na capital, o preço é para a mercadoria posta na casa do vendedor; para o interior e demais praças as mercadorias são embarcadas CIF ou FOB, conforme for convencionado entre vendedor e comprador.

"Art. 4º. O imposto de consumo e outros semelhantes, diretos sobre a mercadoria, são incluídos no preço de venda.

"Art. 5º. Nos casos de vendas CIF os danos cobertos pelo vendedor são todos aqueles que normalmente possam ser segurados.

"Art. 6º. As vendas são feitas mediante apresentação de amostras, sendo as dúvidas relativas à espécie ou qualidade da mercadoria, dirimidas pelo confronto desta com a amostra.

"Art. 7º. As despesas de venda – comissão de vendedores ou corretores – são pagas pelo vendedor ou fabricante.

"Art. 8º. A percentagem usual para a comissão do vendedor ou corretor é de 5% a 10%, dependendo a sua fixação não só do importe da venda como também da espécie da mercadoria negociada.

"Art. 9º. O pagamento da comissão a que se refere o art. 8º é feito logo após ter o comprador pago o valor total da fatura.

"Art. 10. As mercadorias, uma vez recebidas, devem ser conferidas pelo comprador, cabendo-lhe o direito de exigir a substituição das peças que estiverem danificadas, defeituosas ou em desacordo com a amostra.

"Parágrafo único. A verificação dos danos, defeitos ou outras causas de reclamação do comprador, é feita pelo representante do vendedor ou fabricante, na casa ou armazém do comprador. Pode também ser feita pelos agentes da agentes da Companhia seguradora ou por peritos escolhidos de mútuo acordo entre comprador e vendedor.

"Art. 11. A venda das mercadorias é feita para pagamento à vista ou aos prazos de 60 a 154 dias.

"§ 1º. Nos casos de venda a prazo, este será contado do dia da entrega para as vendas da praça de São Paulo e do dia do embarque para as demais praças.

"§ 2º. Para as vendas à vista será concedido um desconto de 3%.

"§ 3º. Para vendas a prazo, sendo o pagamento efetuado com antecipação, o comprador tem direito a um desconto que varie de 5% a 10%, desde que o pagamento ocorra dentro de 45 dias da data da emissão da duplicata.

"Art. 12. Os casos omissos, quando couber, serão regulados pelas normas costumeiras de ordem geral, codificadas e assentadas pela Junta Comercial.

"*Máquinas em geral*

"Art. 1º. As vendas são feitas para entrega imediata ou em época determinada, englobada ou parceladamente, conforme for combinado.

"Art. 2º. Os negócios têm como base a unidade de objeto (máquina) ou a peça.

"Art. 3º. O valor da embalagem está incluído no preço da mercadoria, não concedendo o vendedor ao comprador nenhum crédito ou vantagem pela devolução da embalagem.

"Art. 4º. O preço é para a mercadoria posta na casa ou armazém do comprador, nas vendas nesta praça, e posta na fábrica ou embarcada, nas vendas fora desta praça.

"Art. 5º. O carreto para a estação ou local de despacho e o imposto de consumo, ou outros semelhantes, estão incluídos no preço da mercadoria.

"Art. 6º. Nas vendas CIF, são cobertos pelo vendedor os danos por extravio ou roubo da mercadoria, avarias totais, naufrágio e outros riscos.

"Art. 7º. As vendas não são feitas por amostras, porque as mercadorias têm tipos com denominação certa, constantes de catálogos.

"Art. 8º. A comissão dos corretores ou vendedores, que varia entre 5% a 15%, é paga pelo vendedor ou fabricante.

"Art. 9º. As mercadorias devem ser conferidas na casa do comprador, trocando-se as peças desde que haja defeitos de fabricação; a verificação destes é procedida por técnicos, pelos representantes do vendedor ou fabricante ou por outro meio idôneo.

"Art. 10. As condições de pagamento são:

"a) no ato da encomenda, concedendo o vendedor um desconto variável entre 4% a 15%;

"b) à vista ou no ato da entrega da entrega, com desconto de 10%;

"c) ou a prazo de 30 a 90 dias, contado do fim do mês, para as vendas nesta praça, e da data do despacho nas vendas para fora.

"§ 1º. Quando o pagamento é feito antes de vencido o prazo, o vendedor concede o desconto de 1% por mês de antecipação.

"§ 2º. Nas encomendas de certo vulto exige-se do comprador como confirmação do pedido, o pagamento de uma parte preço da mercadoria.

"Art. 11. Os casos omissos, quando couber, serão regulados pelas normas costumeiras de ordem geral, codificadas e assentadas pela Junta Comercial."

As normas existentes, de uma forma geral, versam sobre a forma de pagamento (à vista ou a prazo), os descontos concedidos em caso de pagamento antecipado, as unidades de venda (dúzia, quilo, etc.), as responsabilidades por certos custos, como o frete e a estocagem, e a divisão do ônus fiscal da operação.

A Junta de Corretores de Mercadorias e Navios do Distrito Federal realizou compilação de normas costumeiras[92] por volta de 1916. Nessa compilação, verifica-se que constam os mesmos temas que apare-

92. Com base na competência que lhe foi conferida pelo Decreto n. 9.264/1911, acima já mencionada.

cem naquelas já mencionadas, como se extrai do seguinte assentamento, referente ao comércio de açúcar:

"61. Açúcar.

"Unidade de venda: caixa, tina.

"Pagamento: 3% de desconto à vista; 2 e um quarto por cento de desconto em 30 dias; 90 dias sem desconto.

"O comprador paga a metade da primeira armazenagem."[93]

Entretanto, essa compilação da Junta de Corretores tinha um caráter mais amplo, trazendo inclusive normas gerais[94] de Direito Comercial, como se verifica de seu art. 1º, *in verbis*:

"Compra e venda

"1. Considera-se venda mercantil a operação resultante de um acordo em que uma das partes entrega ou promete entregar uma qualquer mercadoria e a outra recebe ou se compromete a recebê-la e pagar o preço convencionado no prazo e nas condições ajustadas por ocasião de ser efetuada a transação."

5. O "desuso" dos assentamentos

O último assentamento efetivado pela Jucesp de que temos notícia data de 4 de maio de 1965. Desde então, apesar de manter a competência para realizar o assentamento dos usos e práticas do comércio, a Junta Comercial paulista não mais o fez.[95]

Há alguns fatores, ainda que absolutamente não exaustivos, que explicam para esse "desuso" dos assentamentos.

O primeiro deles é o grande incremento na edição de atos normativos, em especial de cunho econômico, por órgãos da Administração Pública, direta ou indireta.[96] Com efeito, em virtude da crescente intervenção do Estado sobre a economia, como agente normativo,[97] os órgãos da Administração Pública tomaram para si a tarefa de regular as minúcias das relações econômicas privadas. E, nesse contexto, os costumes porventura criados (ou ainda em gestação) foram percebidos pelo ente normatizador e incorporados nas normas por ele baixadas. Assim, deixa de ser necessário que a Junta Comercial repita o que consta de normas baixadas por outros órgãos.[98] Ademais, a função de selecionar os

93. Essa compilação não foi objeto de publicação oficial por falta de verbas. Entretanto, Carvalho de Mendonça, em seu *Tratado*, transcreve-a integralmente (*Tratado de Direito Comercial Brasileiro*, vol. 5, t. 1, pp. 92-104).

94. No que, claramente, desborda as funções dos assentamentos de normas consuetudinárias, que, certamente, não se prestam a traduzir conceitos e regras gerais.

95. Apesar de o art. 88 do Decreto n. 1.800/1996 prever que, quinquenalmente, as Juntas Comerciais devem revisar e publicar a coleção dos usos ou práticas mercantis assentados.

96. Sobre as normas de Direito Comercial, assim pontua Paula Forgioni:

"O substrato do sistema de direito comercial é composto por dois tipos de normas, que acabam desaguando na disciplina da atuação das empresas:

"(i) aquelas originadas dos *próprios comerciantes* em sua prática, e que viabilizam a fluência das relações no mercado, sob a mesma força-motriz do nascimento do direito comercial, da nova *lex mercatoria* e dos *usos e costumes* comerciais;

"(ii) aquelas nascidas de autoridades exógenas aos comerciantes, que, sempre partindo da lógica empresarial (porque, senão, comprometeriam irremediavelmente o funcionamento do sistema), devem introduzir no jogo jurídico a proteção de interesses outros que não apenas aqueles dos mercadores" (ob. cit., pp. 17-18).

Assim, o crescimento dos atos administrativos normativos, em importância, número e abrangência, representa um incremento das normas exógenas sobre as endógenas. Contudo, é de se verificar que isso se dá, em parte, porque a adoção de um modelo de legalidade mais flexível (com maior atuação do Poder Executivo e menor do Legislativo) permite a incorporação mais rápida e técnica das normas endógenas pelo sistema de direito estatal.

97. Naquilo que Eros Grau denomina intervenção do Estado sobre o domínio econômico por direção (*A Ordem Econômica na Constituição de 1988 (Interpretação e Crítica)*, pp. 162-163).

98. Note-se, nesse tocante, que a função das Juntas Comerciais, ao efetuar os assentamentos, não é criar normas, mas apenas atestar a existência de normas consuetudinárias já existentes. Os demais órgãos, de uma maneira geral, ao editar atos administrativos normativos, inovam a ordem jurídica. E

costumes que estão de acordo com os ditames gerais da ordem jurídica, em especial com as normas cogentes, e não agridem o interesse de terceiros ou da coletividade, deixa de ser exercida primordialmente pelo Poder Judiciário e passa às mãos do Executivo. Este, por sua vez, influencia inclusive o mecanismo de "seleção natural" dos costumes e a sua gradativa formação.

Em virtude da grande quantidade de normas editadas e da celeridade em sua adoção, muitas vezes costumes ainda embrionários, que não foram ainda assumidos por todos os agentes econômicos que exercem uma determinada atividade, são-lhes impostos por uma norma de natureza administrativa. Por um lado, há uma maior rapidez na adoção e universalização de determinadas práticas que poderiam se tornar costumes, sendo que a sua positivação por regras de cunho administrativo confere um pouco mais de certeza acerca do panorama normativo. Por outro lado, o Estado chama para si a função típica do mercado (ao menos na concepção clássica do Direito Comercial) de avaliar até que ponto uma determinada prática facilita as transações comerciais, podendo haver equívocos de avaliação que deixam de se submeter ao mecanismo de seleção ditado pelos lucros e perdas dos agentes econômicos.[99] Ademais, certas práticas ainda não amadurecidas podem vir a causar o efeito contrário do desejado, ou seja, a dificultar o fluxo das relações econômicas, pois alguns de seus efeitos nocivos ainda não tinham se manifestado quando de sua adoção pelo Estado, ou estavam mascarados por circunstâncias diversas. Se a racionalidade dos agentes econômicos é limitada, não permitindo que todos eles imediatamente passem a se utilizar de uma determinada prática vantajosa para todo o mercado, a racionalidade do Estado (e de seus agentes) também o é, não existindo garantia de que as normas por ele editadas realmente facilitem o fluxo das relações econômicas.[100]

Outro motivo que contribuiu para o declínio dos assentamentos foi a falta de sua utilização, ao menos expressa, pelo Poder Judiciário. Com efeito, uma grande vantagem de um assentamento é tratar-se de prova pré-constituída da existência do costume. Entretanto, se as decisões judiciais, salvo raras exceções, não fazem referência aos costumes, os assentamentos perdem boa parte de sua valia.

Em certos setores, como o atinente à bolsa de valores, a expressa atribuição de competências autorregulatórias a algumas entidades torna desnecessário o assentamento dos costumes, na medida em que outras entidades, de caráter privado, passam a exercer função semelhante.

Ademais, ainda que não exista uma competência autorregulatória expressa, os agentes econômicos tendem a se contentar, no mais das vezes, com a edição, por determinadas entidades de natureza privada, de atos internos de orientação e uniformização, dirigidos especialmente a seus membros.[101] Essa forma de verificação de cos-

se o conteúdo desses atos for um costume, deixa ele de ser objeto de uma norma consuetudinária, para passar a fazer parte do direito de origem estatal.

99. Assim, o erro como forma de viabilizar o diferencial competitivo (cf. Forgioni, ob. cit., pp. 14-16) passa a ser relativamente desprezado, uniformizando-se as práticas de mercado de uma forma cogente.

100. Por tal razão, de acordo com a visão de Hayek, esse modo mais atual de produção de normas é indesejável, na medida em que privilegia uma ordem imposta em detrimento de uma espontânea. Sob a perspectiva desse autor, os agentes do mercado estão mais aptos a criar uma norma eficiente, pois detêm parcelas de conhecimento muito mais abrangentes que o órgão estatal (v. nota 19 supra).

101. É o caso, p. ex., da Associação Nacional dos Bancos de Investimento – ANBID, que edita códigos de autorregulação (como, *v.g.*, sobre ofertas públicas de distribuição e aquisição de valores mobiliários e sobre fundos de investimento), que são reconhecidos e adotados no mercado.

Outro caso interessante é o do setor sucroalcooleiro. Com a desregulamentação do setor, a partir da extinção do Instituto do Açúcar e do Álcool, os produtores agrícolas e industriais passaram a se reutumes tem a vantagem de não depender do Estado, geralmente mais lento, para a certificação de normas em constante modificação.

Isso não significa que as normas costumeiras perderam sua utilidade ou deixaram de existir. No entanto, os agentes econômicos e as respectivas associações de classe não mais sentem a necessidade de pugnar pela compilação dos costumes em assentamentos.

Bibliografia

ASCARELLI, Tullio. *Problemas das Sociedades Anônimas e Direito Comparado.* 1ª reed. Campinas, Bookseller, 2001.

BERNSTEIN, Lisa. "Opting out of the legal system: extralegal contractual relations in the diamond industry". In *Journal of Legal Studies.* vol. XXI. Chicago, University of Chicago, jan./1992, pp. 115-157.

BOBBIO, Norberto. *Teoria do Ordenamento Jurídico.* Trad. de Maria Celeste Cordeiro Leite dos Santos. 7ª ed. Brasília, UnB, 1996.

nir em associações, com o fim de estabelecer regras comuns para a negociação e formação de preço da cana-de-açúcar. É nesse contexto que foi criado, *v.g.*, o Conselho dos Produtores de Cana-de-Açúcar, Açúcar e Álcool do Estado de São Paulo ("Consecana-SP"), que editou um manual de instruções, contendo regras contratuais mínimas para os contratos de compra e venda e fornecimento de cana-de-açúcar, normas operacionais de determinação da qualidade da cana-de-açúcar, formação do preço e forma de pagamento da cana-de-açúcar (*Manual de Instruções*, 5ª ed., 2006). Note-se que tais questões eram justamente aquelas que, em geral, constavam dos assentamentos feitos pela Jucesp. Essas regras tendem a ser aceitas por todos os agentes daquele específico mercado (ou ao menos pela grande maioria destes), de modo a cristalizar determinadas práticas. Contudo, em geral, o recurso expresso em petições e decisões será feito ao próprio *Manual* e não aos costumes (a não ser como forma de corroborar uma tese apoiada no *Manual*), tendo em vista a consubstanciação deste em um documento escrito, dotado de uma certa estabilidade, com apoio na comunidade de comerciantes daquele determinado setor.

BOLAFFIO, Leone. *Il Codice di Commercio Commentato.* vol. 1, "Leggi ed Usi Commerciali, Atti di Commercio, dei Commercianti, dei Libri di Commercio". Turim, Unione Tipografico-Editrice Torinese, 1935.

BORGES, José Ferreira. *Das Fontes, Especialidade, e Excelência da Administração Comercial segundo o Código Comercial Português.* Porto, Typographia Commercial Portuense, 1835.

CARVALHO DE MENDONÇA, José Xavier. *Tratado de Direito Comercial Brasileiro.* vol. 5, t. 1, 3ª ed. Rio de Janeiro, Freitas Bastos, 1938.

_______. *Tratado de Direito Comercial Brasileiro.* vol. 6, ts. 1 e 2, 3ª ed. Rio de Janeiro, Freitas Bastos, 1939.

CONSELHO DOS PRODUTORES DE CANA-DE-AÇÚCAR, AÇÚCAR E ÁLCOOL DO ESTADO DE SÃO PAULO. *Manual de Instruções.* 5ª ed. Piracicaba, Consecana-SP, 2006.

ESCARRA, Jean. *Cours de Droit Commercial.* Paris, Librairie du Recuil Sirey, 1952.

FERRAZ JÚNIOR, Tércio Sampaio. *Introdução ao Estudo do Direito.* 4ª ed. São Paulo, Atlas, 2003.

FERREIRA, Waldemar. *Tratado de Direito Comercial.* vol. 1. São Paulo, Saraiva, 1960.

FORGIONI, Paula Andréa. "A interpretação dos negócios empresariais no novo Código Civil brasileiro". In *Revista de Direito Mercantil, Industrial, Econômico e Financeiro* 130/7-38, São Paulo, ano XLII, abr.-jun./2003, pp. 7-38.

GALGANO, Francesco. *Storia del Diritto Commerciale.* Bolonha, Società Editrice Il Mulino, 1976.

GOLDSCHMIDT, Levin. *Storia Universale del Diritto Commerciale.* Trad. de Vittorio Pouchain e Antonio Scialoja. Turim, Unione Tipografico-Editrice Torinese, 1913.

GRAU, Eros Roberto. *A Ordem Econômica na Constituição de 1988 (Interpretação e Crítica).* São Paulo, Ed. RT, 1990.

GRAY, John. *Hayek on Liberty*. 3ª ed. Nova Iorque, Routledge-USA, 1998.

GUSMÃO, Manoel Aureliano de. *Processo Civil e Comercial. Prova*. vol. 2. São Paulo, Saraiva, 1924.

HAYEK, Friedrich August Von. *Direito, Legislação e Liberdade*. vol. 1, "Normas e Ordem". Trad. de Anna Maria Capovilla *et alii*. São Paulo, Visão, 1985.

_____. *Direito, Legislação e Liberdade*. vol. 2, "A Miragem da Justiça Social". Trad. de Maria Luiza X. de A. Borges. São Paulo, Visão, 1985.

INGLÊS DE SOUZA, Herculano Marcos. *Projeto de Código Comercial*. vol. 2. Rio de Janeiro, Imprensa Nacional, 1912.

KELSEN, Hans. *Teoria Pura do Direito*. Trad. de João Baptista Machado. 4ª ed. São Paulo, Martins Fontes, 1994.

LISBOA, José da Silva – Visconde de Cairu. *Princípios de Direito Mercantil e Leis de Marinha*. Edição fac-similar. [s.l.], Serviço de Documentação do Ministério da Justiça, 1963.

MACAULAY, Stewart. "The Real and the Paper Deal: Empirical Pictures of Relationships, Complexity and the Urge for Transparent Simple Rules". In CAMPBELL, David, COLLINS, Hugh, e WIGHTMAN, John (orgs.). *Implicit Dimensions of the Contract*. Oxford, Hart Publishing, 2003.

MAXIMILIANO, Carlos. *Hermenêutica e Aplicação do Direito*. 9ª ed., 2ª tir. Rio de Janeiro, Forense, 1981.

MORAES, Antão de. *Problemas e Negócios Jurídicos: Direito Comercial*. São Paulo, Max Limonad, 1927.

TELLES, José Homem Correa. *Commentário Crítico à Lei da Boa Razão em Data de 18 de Agosto de 1769*. Lisboa, Armazém de Livros Borel, 1865.

VIVANTE, Cesare. *Trattato di Diritto Commerciale*. vol. 1, "I Commercianti". 3ª ed. Milão, Casa Editrice Dottor Francesco Villardi, [s.d.].

Atualidades

A RESPONSABILIDADE LIMITADA DO QUOTISTA ÚNICO: UMA ANÁLISE CRÍTICA DA LEI DE N. 12.441/2011

GUSTAVO HENRIQUE DE ALMEIDA

1. Introdução. 2. A roupagem jurídica da atividade empresarial. 3. O exercício da atividade empresária por meio da "sociedade unipessoal" e a sua responsabilidade. 4. A sociedade individual de responsabilidade limitada em outros ordenamentos jurídicos. 5. A superada ausência de previsão legislativa para a sociedade individual e para a limitação da responsabilidade do empresário individual no Brasil. 6. A Lei n. 12.441/2011 e seu objeto. 7. O âmbito de aplicação da lei: 7.1 Capital social integralizado; 7.2 Capital social mínimo; 7.3 O limite de utilização do novo instituto pela pessoa natural; 7.4 A limitação da responsabilidade da sociedade que for única titular do capital social do empresário individual de responsabilidade limitada. 8 Conclusões. 9 Referências.

1. Introdução

A Lei de n. 12.441/2011 inovou na ordem jurídica ao permitir que o empreendedor exerça individualmente a empresa, fazendo-o com limitação de sua responsabilidade ao capital social. Tal inovação atende aos anseios de grande parcela da sociedade e da comunidade jurídica, além de criar instituto jurídico no Brasil equivalente aos já existentes em outros ordenamentos desde longa data.

O produto do trabalho do legislador, o texto legal, em que pese criar um instituto desejado por parte da sociedade, não consiste em primor da técnica. Valendo-se de expressões equívocas, a Lei que promoveu uma alteração na redação do Código Civil é contraditória com as definições do próprio *Codex*.

Diante dessas confusas expressões e atecnias, torna-se necessário decompor o objeto e delimitar o alcance da norma em espeque para que se possa definir o âmbito de sua aplicação. Para tanto, torna-se necessária uma análise criteriosa dos dispositivos da Lei de n. 12.441/2011, precedida de uma sistematização histórica e conceitual acerca da limitação da responsabilidade no âmbito empresarial.

2. A roupagem jurídica da atividade empresarial

Escolher a roupagem jurídica por meio da qual se exercerá a atividade empresária é uma das primeiras decisões a serem tomadas por aqueles que pretendem explorar a empresa. Tal escolha passa por uma primeira fase, que consiste em decidir se o exercício da atividade será desenvolvido individualmente ou por meio de uma sociedade empresária.

Em verdade, diversos fatores devem ser levados em conta antes de se iniciar a empresa, tais como alocação de riscos, financiamentos para atividades e projetos – *project finance*, integralização do capital, dentre outros. A análise dos fatores depende, inclusive, do porte do empreendimento (Enei, 2007, p. 17).

Contudo, os dados demonstram que a preferência dos brasileiros consiste na exploração da atividade de forma individual, tornando os empresários individuais aqueles com o maior número de registros perante as Juntas Comerciais (Fernandes, 2007, p. 40).

Quanto às sociedades, a despeito dos vários tipos disponibilizados para aqueles que pretendem reunir-se em sociedade empresária, que devem constituir-se segundo um dos tipos regulados entre os arts. 1.039 e 1.092, do Código Civil, a de responsabilidade limitada apresenta-se como a preferência nacional, antes e depois do advento do *Codex*. Isso significa dizer que esta ficou atrás, em número de registros, apenas dos empresários individuais (Fernandes, 2007, p. 40).

3. O exercício da atividade empresária por meio da "sociedade unipessoal" e a sua responsabilidade

A sociedade limitada oferece uma inegável vantagem àqueles que pretendem exercer a atividade empresária, que consiste na limitação da responsabilidade ao valor das quotas subscritas, em virtude do destacamento do patrimônio dos sócios em relação ao patrimônio da sociedade, que é dotada de personalidade própria.

O exercício da empresa pelo empresário individual até o advento da Lei de n. 12.441/2011 expunha seu patrimônio e não limitava a sua responsabilidade em relação às dividas decorrentes da atividade empresária por ele exercida, não obstante tratar-se da via eleita pela maioria dos empreendedores de outrora para explorar a empresa.

A doutrina travava um debate acerca dos benefícios da responsabilidade limitada do empreendedor que exerce a empresa em nome próprio, que é sujeito de direitos e recebe o nome jurídico de empresário individual. Esse, geralmente, explora a micro e pequena empresa: "Com o desenvolvimento econômico e a necessidade de incentivo à pequena e à média empresas, os estudiosos do direito manifestaram preocupação com a limitação da responsabilidade do empresário que desenvolvia sua atividade sem a constituição de uma sociedade e, portanto, respondia ilimitadamente pelas dívidas assumidas em decorrência de sua atividade, sem poder lançar mão de mecanismos de proteção do patrimônio típicos de determinadas sociedades" (Bertoldi e Ribeiro, 2008, p. 170).

Antes da permissão conferida pela Lei de n. 12.441/2011, a limitação da responsabilidade desse empresário carecia de previsão legislativa, especialmente em virtude da omissão do Código Civil, em que pese o acalorado debate doutrinário que se sucedeu desde longa data no Brasil.

Diversas propostas foram elaboradas para sanar a celeuma, dentre as quais se destacaram as formuladas por Bruscato, que consistiam, respectivamente, na personalização da empresa, na personalização do estabelecimento empresarial, por meio da sociedade unipessoal ou, ainda, do patrimônio de afetação (Fernandes, 2007, p. 17).

A empresa, com o advento do Código Civil de 2002, configura-se como verdadeira atividade, não possuindo personalidade jurídica, sendo exercida pelo sujeito de direitos que é o empresário individual ou a sociedade empresária. O art. 966 definiu o conceito de empresário, extraindo-se de forma interpretativa o conceito de empresa. Sendo assim, restava inviável a personalização da empresa, posto que consista em atividade.

O estabelecimento empresarial afigura-se em universalidade, pois se trata de um complexo de bens organizados e direitos dispostos ao exercício da atividade empresária. Ao teor do art. 1.142, do Código Civil, considera-se estabelecimento todo complexo de bens organizado para exercício da empresa por empresário ou por sociedade empresária. Entretanto, o estabelecimento, por si só, é inanimado, carecendo de atuação humana para lhe dar vida e interagir juridicamente.

Quanto à "sociedade unipessoal", ou "empresa individual", o ordenamento pátrio não possibilitava a sua formação com sócio pessoa natural e com o capital dividido em quotas. A exceção do ordenamento era a subsidiária integral, cuja previsão legal está disposta na Lei n. 6.404/1976, em seu art. 251, possuindo o capital social fracionado em ações e integralizado por uma única pessoa jurídica.

Além dessa hipótese, a referida Lei, em seu art. 206, prevê a possibilidade de se continuar a sociedade se, por qualquer motivo, remanesça com apenas um sócio, reconstituindo-se o mínimo de dois sócios no prazo de até um ano. A mesma hipótese está prevista no Código Civil, para as sociedades por ele disciplinadas, porém, com regras específicas. Sendo assim, o *Codex* prevê a existência da sociedade unipessoal em casos excepcionais e temporários, conforme o art. 1.033, IV, consistindo a pluralidade de sócios a regra.

Portanto, a unipessoalidade no âmbito das sociedades que a legislação nos apresentava não atendia aos reclamos da limitação da responsabilidade do empreendedor que pretende exercer a empresa de forma solitária. Em virtude disso, aqueles que pretendiam se dedicar à atividade empresária individualmente, mas não desejavam fazê-lo sem as vantagens da limitação da responsabilidade, constituíam sociedades limitadas utilizando-se de "laranjas", que possuíam apenas 1% do capital social, apenas para cumprir a pluralidade de sócios exigida pela Lei (Borba, 2004, p. 50; Bertoldi e Ribeiro, 2008, p. 171).

4. A sociedade individual de responsabilidade limitada em outros ordenamentos jurídicos

Verifica-se em outros ordenamentos jurídicos a existência da responsabilidade limitada para aquele que pretende empreender individualmente, como é o caso dos direitos português, francês e alemão.

Em Portugal, o Decreto-lei n. 257, de 31 de dezembro de 1996, possibilita a constituição da sociedade unipessoal por quotas e a responsabilidade limitada do sócio único. Comentando tal possibilidade, o luso Ricardo Alberto Santos Costa reflete sobre a importância da limitação da responsabilidade para o empresário individual, que se vale da sociedade unipessoal: "A introdução da sociedade de responsabilidade limitada por quotas constituída ab origine por um único sócio, depois da entrada em vigor do DL n. 257/1996, de 31 de dezembro, permite ao quotista beneficiar desse tipo de responsabilidade quando atacado para responder pelas dívidas sociais – isto é, o exercício de uma empresa individual acede ao modelo de exercício social em que o sócio não arrisca, em caso de insucesso das actividades do giro comercial, o seu patrimônio pessoal e familiar" (Costa, 2002, p. 26).

A legislação portuguesa reflete a mudança de paradigma ocorrida em diversos países europeus, no que toca às sociedades. O Código Civil francês, em seu art. 1.832, permite a chamada "empresa unipessoal de responsabilidade limitada", o que equivale à sociedade empresária unipessoal.

A inserção da sociedade por quotas de responsabilidade limitada instituída por uma pessoa, no Código Civil francês, data de 11 de julho de 1985, com o advento da Lei n. 85.697, seguindo o modelo alemão, que prevê tal instituto desde 1980 (Martins, 2002, p. 136).

Para que pudesse ser possível a sociedade por quotas de responsabilidade limitada, foi necessário compreender a sociedade não como um contrato, mas como uma instituição, de forma que a sociedade individual por quotas de responsabilidade limitada viesse a ser instituída por uma pessoa apenas, ao passo que a sociedade, nos termos da legislação pátria, ainda pressupõe mais de um sócio, o que não ocorre na empresa unipessoal do direito francês, português e alemão, como salientado (Martins, 2002, p. 136).

Em verdade, a doutrina pátria sempre alertou para o obsoletismo da legislação brasileira, em contraponto às normas de responsabilização patrimonial de sócios previstas em outros ordenamentos jurídicos, tendo em vista a franca assimilação da sociedade unipessoal, como forma de fomento às pequenas empresas, em diversos países: "Há previsão legal, em vários países, sobre a existência da chamada sociedade unipessoal com responsabilidade limitada. A sociedade unipessoal de Liechtenstein, que era exemplificada como uma exceção à regra geral da pluralidade, acabou por transformar-se, hoje em dia, em somente mais um exemplo de país que permite a existência de sociedades com apenas um sócio" (Bertoldi, 2008, p. 170).

Em que pesem os exemplos português, francês e alemão, por falta de previsão legal, consequência da omissão legislativa quando da elaboração do Código Civil brasileiro, ou mesmo da LC n. 123/2004, inexistia até então no ordenamento jurídico brasileiro a responsabilidade limitada do empresário individual, respondendo este com o seu patrimônio pessoal pelas dívidas relativas à atividade empresária por ele desenvolvida.

5. *A superada ausência de previsão legislativa para a sociedade individual e para a limitação da responsabilidade do empresário individual no Brasil*

Depois do advento do Código Civil, que não inovou acerca da responsabilidade do empresário individual e tampouco contemplou a existência da sociedade unipessoal, salvo como exceção, houve propostas legislativas para adotá-la no ordenamento jurídico pátrio em virtude de não haver "motivos para que no Brasil não se institua definitivamente a sociedade unipessoal com responsabilidade limitada" (Bertoldi, 2008, p. 171).

Relativamente a tais propostas, tem-se na história recente do país a Portaria 145, de 30 de março de 1999, do Governo Federal, que, por meio do Ministério da Justiça, nomeou comissão de juristas capitaneada pelo Professor Arnoldo Wald, que ficou responsável pela elaboração de anteprojeto para uma nova lei de sociedades de responsabilidade limitada prevendo a "empresa individual de responsabilidade limitada" (Bertoldi, 2008, p. 171).

Além da aludida Portaria, o Projeto de Lei, que se transformou na Lei Complementar n. 123/2004 previa, em seu art. 69, a possibilidade de o empresário individual responder pelas dívidas empresariais com os bens e direitos que estivessem vinculados ao exercício da atividade empresária, comportando exceções, como para o caso de desvio de finalidade, de confusão patrimonial ou quanto às obrigações trabalhistas.

A previsão contida no Projeto de Lei Complementar n. 123 em muito se assemelhava com o patrimônio de afetação disposto no art. 988, do Código Civil, relativamente às sociedades não personificadas, segundo o qual os bens e dívidas sociais constituem patrimônio especial, do qual os sócios são titulares em comum.

O Conselho Federal de Justiça publicou a compilação dos enunciados das Jornadas de Direito Civil aprovados contemplando o art. 988 do Código Civil, cuja interpretação esclarece tratar-se de patrimônio garantidor de terceiro:

"210 - Art. 988: O patrimônio especial a que se refere o art. 988 é aquele afetado ao exercício da atividade, garantidor de terceiro, e de titularidade dos sócios em comum, em face da ausência de personalidade jurídica" (Aguiar Júnior, 2007, p. 50).

Entretanto, em que pese o patrimônio especial ser familiar ao legislador e previsto no Código Civil para as sociedades não personificadas, o Projeto de Lei Complementar n. 123, que conferia ao empresário individual a possibilidade de responder pelas dívidas empresariais com os bens e direitos vinculados ao exercício da atividade empresária, salvo exceções, teve o seu art. 69 vetado.

6. A Lei n. 12.441/2011 e seu objeto

A redação da Lei de n. 12.441/2011 é atécnica em relação ao seu objeto. Desejou o legislador tratar da limitação da responsabilidade do empreendedor individual. Porém, a todo o momento o legislador referiu-se à "empresa individual de responsabilidade limitada", quando, em verdade empresa é atividade.

Nesse contexto, a limitação da responsabilidade em questão é relativa à responsabilidade do empreendedor em relação ao capital social. O empresário individual, subscrevendo e integralizando o capital social, estaria desonerado de qualquer sobrevalor relativo à dívidas que excedam o capital social e sejam contraídas no exercício da empresa.

Portanto, não é a empresa que é de responsabilidade limitada, mas sim as quotas do empresário, sujeito de direitos. Por esta razão, a leitura do texto legal deve ser feita com cuidado para não se incorrer em erro. Sendo assim, o objeto da lei é a responsabilidade conferida pelas quotas do empresário individual.

7. O âmbito de aplicação da lei

7.1 Capital social integralizado

O legislador pretendeu permitir ao empresário individual o exercício da empresa sem que isso representasse uma ameaça ao patrimônio particular do empreendedor. Notadamente, como forma de estimular o empreendedorismo e a propagação dos benefícios que decorrem da empresa, a responsabilidade limitada se apresenta como caminho adequado.

A lei exige o cumprimento de requisitos para que o empresário individual se beneficie da responsabilidade limitada. Contudo, tais requisitos podem representar, em verdade, meras declarações burocráticas e inócuas.

O primeiro requisito refere-se à integralização do capital social. Segundo o art. 980-A do Código Civil, alterado pela Lei de n. 12.441/2011, ao empresário individual será conferida responsabilidade limitada se a totalidade do capital social estiver devidamente integralizada. Veja-se que se está diante de um requisito de ordem formal. Basta que haja a declaração no ato constitutivo de que o capital social está integralizado para que se cumpra esta exigência.

Note-se que o princípio da efetividade do capital social não se apresenta tão eficaz no âmbito das sociedades limitadas e, por seu turno, não se apresentará diferente no registro do empresário individual de responsabilidade limitada. Ao se registrar a sociedade limitada, basta que o ato constitutivo mencione que o capital integralizado pelos sócios está disponível para a sociedade, para que a formalidade seja cumprida. No mesmo sentido ocorrerá com o empresário individual de responsabilidade limitada.

Em verdade, o princípio da efetividade do capital social se apresenta eficaz quando se está diante de uma sociedade anônima, posto que a Lei de n. 6.404/1976 estabelece requisitos preliminares para constituição da companhia, dentre os quais se destaca o depósito, no Banco do Brasil, ou em outro estabelecimento bancário autorizado pela Comissão de Valores Mobiliários, da parte do capital realizado em dinheiro.

7.2 Capital social mínimo

A Lei de n. 12.441/2011 elenca um requisito relativo ao valor do capital social. Segundo a referida lei, este não deve ser inferior a 100 (cem) vezes o maior salário-mínimo vigente no país. Nesse diapasão, o empresário individual, para receber o beneplácito da limitação da responsabilidade, não pode ser um microempreendedor.

Tal requisito, por si só não se apresenta relevante para concessão da limitação da responsabilidade ao empreendedor. A limitação valorativa em nada altera a essência do instituto. Especialmente se considerar que o capital social é variável a cada exercício. Nesse contexto, quando da constituição o capital inicial pode ser superior a 100 (cem) vezes o maior salário-mínimo vigente no país, porém, no exercício seguinte, em razão de prejuízos acumulados, este pode não mais estar acima do mínimo legal. A indagação que se apresenta é se estaria o empreendedor desamparado pela limitação da responsabilidade no exercício em que o capital social estiver abaixo do mínimo legal.

Outrossim, padece de sentido o postulado legal, haja vista o fato da ineficácia do princípio da efetividade do capital social em casos de sociedade limitada ou de empresário individual de responsabilidade limitada. Quando do registro, este empreendedor poderá descrever nos seus atos constitutivos, apenas para fraudar a lei e alcançar a limitação da responsabilidade, um valor condizente com o mínimo legal. Indaga-se se este documento, ou a cláusula do contrato social relativa ao Capital Social seria anulada por vício do negócio jurídico, ou seja, fraude. São questões que merecem ser colocadas.

7.3 O limite de utilização do novo instituto pela pessoa natural

Preconiza o § 2º, do art. 980-A, que a pessoa natural que se valer da responsabilidade limitada no exercício da empresa somente poderá fazê-lo mediante um registro dessa modalidade. Em que pese a redação pouco clara do dispositivo, esta é a conclusão a que se pode chegar.

Nesse sentido, padece de constitucionalidade tal parágrafo. Trata-se de notável violação do art. 5º da Constituição da República, especialmente nos seus preceitos de isonomia. O tratamento conferido ao empresário pessoa natural não se apresenta isonômico ao tratamento conferido ao empresário pessoa jurídica.

Veja-se que o § 2º, do art. 980-A limita a utilização pela pessoa natural, mas não pela pessoa jurídica do benefício da responsabilidade limitada quando do exercício individual da empresa. Não há razão para se tratar desigualmente sujeitos de direitos em igualdade de condições para o exercício da empresa.

Sendo assim, a lei culmina por permitir à pessoa jurídica ser única quotista de diversos registros da modalidade "empresário individual de responsabilidade limitada".

7.4 A limitação da responsabilidade da sociedade que for única titular do capital social do empresário individual de responsabilidade limitada

A Lei de n. 12.441/2011, dentre tantos impropérios, faz confundir, ademais, o conceito de empresário individual. Este, até os dias atuais, é concebido pela doutrina como a pessoa natural que exerce em nome próprio a empresa.

Contudo, a lei em comento permite que uma haja apenas um quotista do capital social, e este poderá ser pessoa jurídica ou pessoa natural, visto que a lei não criou obstáculo algum para que seja a pessoa jurídica titular da totalidade de tais quotas.

Em verdade, o art. 251 da Lei das Sociedades Anônimas permite que uma sociedade possua a integralidade do capital social de outra. O que se tem por novidade com o § 2º, do art. 980-A, da Lei de n. 12.441/2011 é a permissão para que o titular da totalidade das quotas seja uma pessoa natural. Tem-se, assim, uma "sociedade unipessoal", nos termos da lei, "independentemente das razões que motivaram tal concentração".

Não se sabe se a sociedade que reduza o quadro societário a um só sócio deixará de ser sociedade, deixando, também, de exercer a empresa em nome próprio. Em um primeiro momento, pode-se dizer que a sociedade pressupõe dois sócios, equivalendo a redução à renúncia a status de sociedade. Se assim ocorrer, pode-se concluir que o exercício da empresa não ocorrerá mais em nome da sociedade, mas sim em nome do único quotista.

Por outro lado, se se analisar as razões do veto presidencial ao § 4º, do art. 980-A, será possível verificar que a gênese do veto está na possibilidade de se desconsiderar a personalidade jurídica para se atingir o patrimônio do único quotista. Torna-se forçoso admitir que se está diante de uma pessoa jurídica que exerce em seu nome a empresa e possui como único quotista uma pessoa física ou jurídica.

Tais indagações possuem um viés teórico e prático relevante. Imagine-se em um pedido de falência de uma sociedade que reduziu o seu quadro a um quotista. Será necessário saber quem é o sujeito passivo do pedido e da eventual decretação de falência. Caso fosse a responsabilidade ilimitada, poderia o juízo se manifestar acerca da falência do sócio que possui essa qualidade. Porém, como se trata de sócio de responsabilidade limitada, não há definição a respeito.

8. Conclusões

A comunidade jurídica brasileira vivenciou anos a fio digladiando-se acerca da necessidade de limitação da responsabilidade para o empreendedor que não desejasse constituir uma sociedade para empreender. A este empreendedor sempre foi relegada a responsabilidade ilimitada se empreendesse sozinho e em nome próprio.

Diante da ausência de previsão legislativa para a limitação da responsabilidade, o empreendedor solitário, no mais das vezes, constituía uma sociedade limitada com um sócio que figurava no contrato social apenas para cumprir a formalidade de no mínimo dois sócios. Isso para que o empreendedor, inicialmente solitário, pudesse se valer da limitação da responsabilidade.

Nesse contexto, diversos ordenamentos jurídicos serviram de inspiração para o legislador brasileiro. Em 2011, com a criação da Lei de n. 12.441/2011, a resposta do Poder legislativo ao clamor social foi dada. Em que pese ter o legislador se atentado para a necessidade de regulamentação da responsabilidade do quotista único, a lei criada possui contradições e atecnias. Por estas razões, a análise do seu objeto e âmbito de aplicação é imperiosa.

O objeto da Lei de n. 12.441/2011 não é a empresa, ou seja, não é empresa que é de responsabilidade limitada, mas sim as quotas do empresário, sujeito de direitos. Em que pese a lei mencionar expressamente que a empresa é de responsabilidade limitada, a leitura do texto legal deve ser feita com cuidado para não se incorrer em erro, uma vez que empresa, tecnicamente falando, consiste em atividade, conforme art. 966, do Código Civil. Sendo assim, pode-se concluir que o objeto da lei é a responsabilidade conferida pelas quotas do empresário individual.

O âmbito de aplicação das disposições da lei em análise é restrito, e sua aplicação pode ocorrer mediante o preenchimento de alguns requisitos. Conforme alteração do Código Civil preconizada pela Lei de n. 12.441/2011, para que o empresário goze da limitação da responsabilidade conferida por suas quotas, necessário se faz que o capital esteja integralizado na sua totalidade, requisito que pode ser suprido com a mera declaração no ato constitutivo de que o capital social está integralizado. A conclusão não pode ser outra, senão a de que se está diante de um requisito de ordem puramente formal.

No mesmo sentido, a lei só se aplica quando o capital social não for inferior a 100 (cem) vezes o maior salário-mínimo vigente no país. Trata-se, novamente, de um rigorismo formal inócuo, visto que o capital social é variável, havendo exercício em que seu valor esteja abaixo do mínimo legal. Ademais, basta que se mencione no ato constitutivo a existência de um valor condizente com a exigência legal para se preencher tal requisito, o que leva à conclusão de que a exigência carece de sentido.

A aplicação da lei é limitada, também, quando se está diante do quotista único pessoa natural, que só pode ser quotista único nessa modalidade em apenas um registro por vez. O § 2º, do art. 980-A, limita a utilização pela pessoa natural, mas não pela pessoa jurídica. Não havendo razão para o tratamento desigual entre sujeitos de direitos em igualdade de condições para o exercício da empresa, a conclusão é a de que este dispositivo constitucional viola o *caput* do art. 5º da Constituição da República.

9. Referências

AGUIAR JÚNIOR, Ministro Ruy Rosado de (org.) (2007). *Jornada de Direito Civil*. Brasília, CJF.

ARRUDA, Maria Cecilia Coutinho de, WHITAKER, Maria do Carmo, e RAMOS, José Maria Rodriguez (2001). *Fundamentos de Ética Empresarial e Econômica*. São Paulo, Atlas.

ASCARELLI, Tullio (1962). *Corso di Diritto Commerciale – Introduzione e Teoria dell'Impresa*. Milano, Dott. A. Giuffrè.

BULGARELLI, Waldirio (1999). *Questões Atuais de Direito Empresarial*. São Paulo, Malheiros Editores.

BERTOLDI, Marcelo M., e RIBEIRO, Márcia Carla Pereira (2008). *Curso Avançado de Direito Comercial*. 4ª ed., rev. atual. e ampl. São Paulo, Ed. RT.

COSTA, Ricardo Alberto Santos (2002). *A Sociedade por Quotas Unipessoal no Direito Português*. Coimbra, Almedina.

DUARTE, Ronnie Preuss (2004). *Teoria da Empresa*. São Paulo, Método.

ENEI, José Virgílio Lopes (2007). *Project Finance*. São Paulo, Saraiva.

FERNANDES, Jean Carlos (2008). *Direito Empresarial Aplicado*. Belo Horizonte, Del Rey.

FERRAZ JÚNIOR, Tércio Sampaio (2007). *Introdução ao Estudo do Direito*. 6ª ed., rev. e amp. São Paulo, Atlas.

FERREIRA, Waldemar (1960). *Tratado de Direito Comercial*. vol. 1. São Paulo, Saraiva.

GONTIJO, Vinícius José Marques (2004). "O empresário no Código Civil brasileiro", in *Revista de Julgados do Tribunal de Alçada de Minas Gerais* 94/19-36. Belo Horizonte, jan.-mar./2004.

MARTINS, Fran (2002). *Curso de Direito Comercial*. 27ª ed. Rio de Janeiro, Forense.

MENDONÇA, J. X. Carvalho de (2000). *Tratado de Direito Comercial Brasileiro*. vol. 1, 1ª ed. São Paulo, Bookseller.

MIER, Miguel Ángel Díaz (2005). "Ética Empresarial e Internacional", in *Revista Ética y Economia – ICE* 823/69-86. Madri, jan.-jun./2005.

NERY, Rosa Maria Barreto Borriello de Andrade (2005). "Ato e atividade", in *Revista de Direito Privado* 22/9-22. São Paulo, ano 6, abr.-jun./2005.

REQUIÃO, Rubens (1975). *Curso de Direito Falimentar*. São Paulo, Saraiva.

ROCCO, Alfredo (1898). *Le Società Commerciale*. Turim, Fratelli.

VIVANTE, Cesare (2003). *Instituições de Direito Comercial*. 3ª ed. São Paulo, LZN.

______ (1888). "Per um codice unico delle obbligazioni. Prolusione al Corso di diritto commerciale letta nell'Università di Bologna", in *Archivio Giuridico*. vol. 39. Pisa, Direzione dell'Achivo Giuridico.

______ (1893). *Trattato di Diritto Commerciale*. vol. 1. Turim, Fratelli Bocca Editori.

Atualidades

A QUESTÃO DAS RESERVAS ESTATUTÁRIAS E AS IDIOSSINCRASIAS DO MERCADO DE AÇÕES BRASILEIRO

BRUNO ROBERT

1. Introdução. 2. Resumo dos dados analisados. 3. Evolução econômica e evolução cultural. 4. O dividendo e os direitos essenciais dos acionistas. 5. A disputa pelo controle sobre o fluxo de caixa livre. 6. A função do dividendo mínimo obrigatório nesse contexto. 7. O regime jurídico das reservas estatutárias. 8. Precisão, completude, critérios e limites. 9. A reforma de 2001. 10. As reformas de 2007 e 2009. 11. O Anexo 9-1-II da Instrução CVM n. 481/2009. 12. Fim das reservas de lucros acumulados e a perda do controle arbitrário sobre o lucro líquido disponível. 13. A retomada do controle arbitrário sobre o lucro líquido disponível. 14. A utilização irregular das reservas estatutárias e seus efeitos. 15. A manipulação do art. 194 da Lei das S/A e o que isso diz a respeito do estágio de evolução do mercado de ações brasileiro. 16. O dividendo mínimo obrigatório ainda possui uma função a cumprir. 17. Conclusão.

1. Introdução

De acordo com o art. 202, § 6º, da Lei das Sociedades por Ações, "[o]s lucros não destinados nos termos dos arts. 193 a 197 deverão ser distribuídos como dividendos".[1]

O comando legal é simples. Determina que os lucros apurados pela companhia devam ser distribuídos aos sócios a menos que possuam destinação específica que atenda aos parâmetros legais. Ou seja, a distribuição é a regra. A retenção dos lucros é a exceção.

Para que administradores ou controladores decidam pela retenção dos lucros sociais é preciso respeitar as regras e limites dispostos nos arts. 193 a 197 da Lei das Sociedades por Ações.

Em alguns casos, aliás, a retenção é obrigatória. Não está sujeita à discricionariedade dos administradores ou maioria assemblear, embora sempre dependa de expressa previsão legal.

Assim, o art. 193 da Lei das Sociedades por Ações disciplina a constituição da reserva legal, que é obrigatória, nos termos desse dispositivo.

O art. 194, objeto da preocupação deste estudo, trata das reservas estatutárias, que são produtos da vontade da maioria dos sócios, seja em sua criação, seja em seu preenchimento e utilização.

Os arts. 195, 195-A, 196 e 197 regulam as reservas assembleares. São elas, respectivamente: a reserva para contingências, a reserva de incentivos fiscais, a reserva especial para cumprimento de orçamento de capital e a reserva de lucros a

1. Sobre o regime legal do dividendo no Brasil, cf. a indispensável obra de Luiz Gastão Paes de Barros Leães, *Do Direito do Acionista ao Dividendo*. Cf., ainda, Bruno Robert, *Dividendo Mínimo Obrigatório nas S/A – Apuração, Declaração e Pagamento*.

realizar. A existência das reservas assembleares não depende de previsão estatutária, mas apenas de mera decisão assemblear que determine a versão de lucros do exercício a elas, atendidos aos parâmetros legais.

Embora lidem com utilizações distintas do lucro social, os arts. 193 a 197 convergem em objetivos comuns, que são o de tornar previsível a retenção dos lucros sociais, assegurar a pertinência da utilização dos lucros retidos e possibilitar a fiscalização do uso desses lucros pelos administradores e controladores.

Exatamente no mesmo sentido estão também as disposições dos arts. 189, 190, 192, 198, 199, 202 e 203.

Tomado em conjunto, portanto, o Capítulo XVI da Lei das Sociedades por Ações forma um todo coerente, fundamentado no princípio de que o acionista, parte no contrato de sociedade, é o titular dos frutos do empenho de seu esforço individual, de seu capital e de sua sujeição aos riscos da atividade empresarial.

O poder do acionista de fruição plena dos lucros sociais é parte da essência do contrato de sociedade, na medida em que o lucro, nas suas mais diversas corporificações, é a razão única e integral que move as partes a formarem o contrato de sociedade para se engajarem em determinada atividade empresarial.[2]

Eventuais limitações a esse poder do acionista sobre os frutos da atividade empresarial devem necessariamente se basear na proteção ao interesse social, que, como soma dos interesses individuais que orbitam a estrutura societária, é o único valor capaz de superar o interesse individual do sócio.[3]

Em reconhecimento tanto da titularidade primária do acionista sobre o lucro, quanto da necessidade de proteção ao interesse social, a Lei das Sociedades por Ações prevê graus distintos de flexibilidade entre as diversas alternativas para retenção dos lucros sociais.[4]

2. Assim dispõe o Código Civil: "Art. 981. Celebram contrato de sociedade as pessoas que reciprocamente se obrigam a contribuir, com bens ou serviços, para o exercício de atividade econômica e a partilha, entre si, dos resultados". Cf., Manuel António Pita, *Direito aos Lucros*, pp. 1 e ss.; Fábio Konder Comparato, "O direito ao lucro nos contratos sociais", in *Direito Empresarial – Estudos e Pareceres*, pp. 150 e ss.; e Sylvio Marcondes, *Questões de Direito Mercantil*, pp. 13 e ss. A respeito do *intento de lucro* do empresário, cf. Tullio Ascarelli, *Corso di Diritto Commerciale*, pp. 196 e ss. A economia de recursos, a proteção contra determinada perda ou quaisquer outras formas diretas ou indiretas de ganhos podem ser englobadas no mesmo conceito de fim lucrativo. Nesse sentido, p. ex., o Código Civil francês, em seu art. 1.832, al. 1, determina que "La société est instituée par deux ou plusieurs personnes qui conviennent par un contrat d'affecter à une entreprise commune des biens ou leur industrie en vue de partager le bénéfice ou de profiter de l'économie qui pourra en résulter". Cf., também, as obras de Tullio Ascarelli, *Problemas das Sociedades Anônimas e Direito Comparado*, pp. 296 e 297 e *Problemi Giuridici*, pp. 286 e ss.

3. Sobre a evolução da compreensão do conceito de interesse social, cf. Pier Giusto Jaeger, *L'Interesse Sociale* e "L'interesse sociale rivisitatto (quarant'anni dopo)", in *Giurisprudenza Commerciale*, Parte I; José Nuno Marques Estaca, *O Interesse da Sociedade nas Deliberações Sociais*; Erasmo Valladão Azevedo e Novaes França, "Conflito de interesses nas assembleias de S/A", *RDM* 143, especialmente pp. 20 a 67; e Eduardo Munhoz, *Empresa Contemporânea e Direito Societário – Poder de Controle e Grupos de Sociedades*, pp. 36 e ss.

4. O próprio lucro, e seu conceito jurídico, decorrem da somas das considerações acerca dos interesses envolvidos em sua formação e utilização. Nesse sentido, Leães, para quem "[a] determinação do lucro social é, assim, filha de um complicado feixe de normas, com fulcro no balanço geral de exercício, objetivando tutelar os vários interesses em jôgo, muitos dêles divergentes e contrastantes: de um lado, os interêsses dos atuais acionistas, de outro, os interêsses dos futuros acionistas e dos credores sociais, sem falar no interêsse social, e até no interêsse da economia nacional" e, segundo o qual "(...) na configuração do conceito técnico-jurídico de lucro social faz-se mister dois requisitos: a) que êsse lucro resulte de balanço regularmente aprovado; b) que êsse lucro seja realmente obtido. (...) O critério de determinação do lucro social não é, portanto, exclusivamente formal, pois precisa corresponder a um rédito *real*, mas também não é exclusi-

Nos extremos do espectro estão, de um lado, a distribuição de dividendos e, de outro, as destinações obrigatórias do lucro do exercício (arts. 189 e 193).[5] Intermediariamente se encontram a destinação de lucros para as reservas estatutárias e a destinação de lucros para as reservas assembleares, sendo estas relativamente mais flexíveis do que aquelas.

Dessa maneira, a Lei das Sociedades por Ações procurou manter devidamente tuteladas as diversas situações e interesses envolvidos na utilização do lucro social. Todo o lucro social deve, em princípio, ser distribuído aos acionistas. No entanto, para aquilo que o legislador entendeu como primordial à proteção do interesse social,[6] foram criadas retenções obrigatórias. E para aquilo que o legislador entendeu que apenas a confluência das vontades dos acionistas e administradores poderia ser capaz de determinar como mais adequado à proteção do interesse social, em determinado caso e momento, foram criadas as retenções discricionárias.[7]

Em qualquer dos casos, porém, a regra permanece: o lucro social é primordialmente do acionista; qualquer retenção deve ser previsível, pertinente e fiscalizável.

Realidade essa também reconhecida há muito pela Comissão de Valores Mobiliários[8] e que atende perfeitamente à sensibilidade econômica que permeia a disputa pelo fluxo de caixa livre entre os diversos centros de interesse que povoam a estrutura societária.

Os incentivos e benefícios da utilização do lucro social podem ser bem diversos quando examinados a partir dos pontos de vistas dos administradores ou dos controladores ou dos acionistas minoritários ou dos credores ou do governo ou dos empregados, sendo que, na disputa pelo controle da destinação do lucro social, administradores e controladores possuem evidente vantagem por deterem a totalidade das informações referentes à sociedade e por comandarem as deliberações assembleares.

Tanto é assim que, para assegurar o pleno atendimento dos objetivos originais

vamente substancial, pois uma série de normas e princípios legais limitam o conceito de lucro e excluem de seu cômputo determinados valôres que constituem incrementos ativos que o balanço não pode deixar de registrar" (Leães, *Do Direito do Acionista ao Dividendo*, ob. cit., pp. 84 a 86).

5. Ainda sobre a formação do lucro social e suas diversas categorias, cf., para uma relação analítica mais completa, embora desatualizada, dos tipos de lucro mencionados na Lei das Sociedades por Ações, Ricco Harbich, *Conceito e Destinação do Lucro na Nova Lei das Sociedades por Ações*, 2ª ed., pp. 37 a 44. Cf., ainda, Paulo Afonso Sampaio Amaral, "Aspectos do lucro e sua distribuição", *RDM* 31/65 e ss.; e Jurandir dos Santos, "Política de dividendos – Destinação do resultado do exercício", in Ives Gandra da Silva Martins e Geraldo de Camargo Vidigal (orgs.), *Sociedades por Ações* 23. Na doutrina portuguesa, cf. Vasco da Gama Lobo Xavier e Maria Ângela Coelho, "Lucro obtido no exercício, lucro do balanço e lucro distribuível", *Revista de Direito e Economia* 2, ano 7.

6. "De modo geral, é possível classificar esses direitos concorrentes em relação ao patrimônio de uma companhia em três gêneros: a) direitos decorrentes de relações de negócios com terceiros; b) direitos decorrentes de relações societárias de participação nos lucros sociais; e c) direitos dos acionistas. São de natureza diversa, uns dos outros; mas, ao mesmo tempo, reciprocamente concorrentes, pelo menos em parte" (Fábio Konder Comparato, "A constituição da reserva de lucros a realizar e o dividendo mínimo obrigatório", in *Novos Ensaios e Pareceres de Direito Empresarial*, p. 148).

7. "[O direito ao dividendo se sujeita] a duas condições: uma *suspensiva*, que é a efetiva existência dos lucros, decorrente da sua apuração em balanço aprovado, e outra *resolutiva*, ou seja, que a assembleia não distribua esse lucro de maneira diversa, remetendo-o para reservas. (...) Trata-se, portanto, de um direito condicionado a dois fatores: 1) a existência efetiva de lucros, de acordo com balanço aprovado; 2) a deliberação da assembleia geral decidindo a sua distribuição, ou o mandamento estatutário nesse sentido. (...) Tanto assim é que (...) se procuram limites a esse poder da assembleia geral de dispor sobre a destinação dos lucros para as reservas; esses limites, em que pese as dificuldades em apurá-los na prática, encontram-se no chamado *interesse da sociedade*" (Waldirio Bulgarelli, *Comentários à Lei das Sociedades por Ações*, vol. 4, p. 54).

8. Cf. CVM/SJU n. 073, de 17.11.1980.

pretendidos pela Lei das Sociedades por Ações, a reforma de 2001 precisou incluir o § 6º ao art. 202 para tornar inquestionável o que o sistema da lei já deixava claro há mais de 25 anos.

Ao longo do tempo, percebeu-se que o teor dos arts. 193 a 197, e dos demais dispositivos a eles relacionados, não era suficiente para fazer com que o sistema construído pela Lei das Sociedades por Ações superasse a ingerência de fatores humanos sobre as regras de determinação do uso do lucro social.

A racionalidade econômica, os valores e instituições que influenciam o direito societário no país, permitiram que a intenção da lei fosse subvertida. Uma vez que os incentivos dos administradores e controladores, correlacionados aos respectivos graus individuais de aversão ao risco, preservação de reputação e acúmulo patrimonial, excediam os custos da não observação estrita aos comandos legais, a regra no Brasil passou a ser a retenção do lucro e a distribuição passou a ser a exceção.

O § 6º do art. 202 buscou corrigir essa situação da forma mais explícita possível ao tornar literal a regra de que o lucro pertence primordialmente ao acionista. Buscou dificultar a retenção irregular dos lucros sociais pelos administradores e controladores e, com isso, reequilibrar o balanço entre os diversos interesses envolvidos na utilização do fluxo de caixa livre das companhias.

Em 2007, nova reforma da Lei das Sociedades por Ações excluiu a "reserva de lucros acumulados" da relação de contas do patrimônio líquido das sociedades, constante de seu art. 178, § 2º, *d*, em mais um passo que contribuiu para eliminar quaisquer dúvidas a respeito da ilegalidade da retenção genérica de lucros.

Com a reforma da Lei das Sociedades por Ações promovida em 2001, e também com as modificações de 2007, esperava-se que deixasse de ser comum, nas companhias brasileiras, a retenção genérica de lucros e a distribuição de dividendos sempre limitados ou referenciados pelo montante do dividendo mínimo obrigatório.

Entendido de outra forma, o dividendo mínimo obrigatório passou a ser visto pelas companhias brasileiras como dividendo máximo ou justo a que têm direito os sócios. Aqui também, a regra havia se transformado em exceção. E o objetivo das reformas era reverter essa situação.

Ocorre que, a despeito de todos os esforços legislativos, e da evidência da lógica societária que deveria comandar a realidade, o fato é que a balança continuou a pender a favor dos administradores e controladores.

Sob a ameaça da perda do controle sobre o fluxo de caixa livre das companhias, administradores e controladores encontraram nos últimos anos alternativas para contornar o que determina o § 6º do art. 202 e manter em regime de exceção a distribuição de lucros significativamente acima do dividendo mínimo obrigatório.

A alternativa encontrada foi a manipulação das reservas estatutárias previstas no art. 194 da Lei das Sociedades por Ações. Uma vez que a simples destinação dos lucros excedentes para a reserva genérica de lucros acumulados passou a ser explicitamente ilegal, a solução foi criar, por meio do empenho do poder de controle, reservas estatutárias que em regra recolhem exatamente o saldo dos lucros após o pagamento do dividendo mínimo obrigatório e que, na prática, quase sempre apresentam níveis semelhantes de arbitrariedade e generalidade em sua utilização.

Esse é exatamente o objeto deste estudo: a utilização irregular do art. 194 em infração ao § 6º do art. 202 e a todo o sistema criado pela Lei das Sociedades por Ações para assegurar o equilíbrio entre os diferentes interesses envolvidos na disputa pelo fluxo de caixa livre das companhias.

Em consequência do exame da questão fixada no parágrafo anterior, natural aproveitar este estudo também para avaliar o significado de tanta resistência por parte dos administradores e controladores do país em aceitar um sistema que não impede o reinvestimento de quantias quase ilimitadas do lucro social, mas que tão somente requer transparência na utilização desse lucro.

Não há dúvida de que o mercado brasileiro experimenta uma tendência de grande desenvolvimento nos últimos anos. Do ponto de vista estritamente econômico, a evolução é nítida. Valores cada vez maiores são captados e negociados no mercado de capitais, por exemplo. Ao contrário do que parece intuitivo, entretanto, a evolução econômica do mercado não traz automaticamente consigo o aprimoramento do ambiente jurídico que acolhe as operações do mercado de capitais.

O direito societário no país enfrenta – e isso também é inquestionável – questões cada vez mais complexas. A validade das cláusulas de defesa contra tomada hostil de controle, adotadas em massa e padronizadamente pelas companhias brasileiras, e o número crescente de conflitos entre dois ou mais grupos minoritários antagônicos dentro de uma mesma companhia pelas vagas separadas no conselho de administração e fiscal, são dois exemplos nítidos.

Mas, no mesmo passo, a complexificação das situações societárias não implica automaticamente a evolução do próprio direito societário.

Desse modo, tem-se, de um lado, a exuberância com que o mercado de capitais brasileiro vem sendo propagandeado recentemente e, de outro lado, resquícios de um passado não tão distante assim em que a incerteza quanto ao respeito aos direitos dos acionistas minoritários não permitia que mercado de capitais algum aspirasse qualquer desenvolvimento.

Em outras palavras, pouco adianta, por exemplo, aumentar a base de investidores pessoa física na bolsa de valores se, dentro de algum tempo, esses mesmos investidores não possuirão à sua disposição normas e instituições capazes de proteger eficazmente seus direitos. Pouco adianta testemunhar operações financeiras das mais complexas ocorrendo pela primeira vez em solo nacional, se não se avaliar a adequação de uma lei societária que, embora tecnicamente primorosa, foi desenhada em torno da figura do controle concentrado e que, portanto, pode vir a não ser exata para responder a impasses relacionados a uma situação de controle disperso.[9] Pouco adianta a massiva e saudável inserção de fundos de investimentos como protagonistas do mercado empresarial do país, se os acordos de acionistas e regras de governança que precedem os aportes de capital não são executáveis por incapacidade técnica e operacional dos tribunais ou por ausência de um ambiente arbitral amplo e diverso o suficiente para garantir a absoluta inexistência de conflitos de interesses e neutralidade ideológica nas decisões.

Nesse contexto, portanto, a pergunta que se faz é se o constatado aumento do fluxo financeiro no mercado de capitais brasileiro, e na economia do país de uma forma geral, promoveu ou promove o consistente e equivalente aprimoramento do direito societário, tomado de forma ampla, ou seja, considerando leis, regulação, instituições e valores.

A pergunta não é meramente reflexiva e nem de simples resposta. É concreta na medida em que auxilia na projeção dos limites do próprio crescimento do mercado de capitais, uma vez que a injeção de capital que estimula a economia no curto prazo normalmente não é suficiente para, sem um desenvolvimento estrutural que a acompanhe, sustentar o crescimento no longo prazo. E é complexa, pois envolve fatores que vão muito além da mera análise da legisla-

9. Cf., a respeito do assunto, Eduardo Secchi Munhoz, "Desafios do direito societário brasileiro na disciplina da companhia aberta: avaliação dos sistemas de controle", in Rodrigo R. Monteiro de Castro e Leandro Santo de Aragão (coords.), *Direito Societário: Desafios Atuais*.

ção aplicável, estendendo-se para áreas políticas, educacionais, sociológicas e econômicas.

Este estudo, por reconhecer a incapacidade de exaurir o assunto, limitará sua análise especificamente ao significado que se pode extrair do comportamento coletivo que leva administradores e controladores a flexibilizar ao máximo a interpretação do art. 194 da Lei das Sociedades por Ações com o objetivo de evitar as restrições sintetizadas pelo § 6º do art. 202 da mesma lei, não sem antes apresentar em números a realidade que se pretende examinar e compreender em seus detalhes, a disciplina legal do instituto jurídico em análise.

Assim, além desta introdução, o estudo se divide em outros dezesseis itens. O item 2 apresenta os principais dados levantados como suporte para a análise do tema. No terceiro item, busca-se dissociar a evolução econômica do mercado da evolução cultural de seus agentes e instituições, avaliando-se causas e efeitos dessa dissociação. O item 4 posiciona o dividendo em relação aos direitos essenciais dos acionistas, enquanto que o item 5 contextualiza a disputa pelos lucros sociais entre os diversos centros de interesse que convivem dentro e em torno de uma sociedade. O sexto item analisa a função do instituto do dividendo mínimo obrigatório nesse cenário. Os itens 7 e 8 detalham a disciplina legal das reservas estatutárias. Os itens 9 e 10 tratam das reformas promovidas em 2001, 2007 e 2009 na Lei das Sociedades por Ações e os consequentes impactos para o assunto tratado neste estudo. No item 11, são apresentadas as inovações da Instrução CVM n. 481/2009, em especial o seu Anexo 9-1-II. No item 12, retoma-se o processo de eliminação da genérica reserva de lucros acumulados dos balanços das companhias. No item 13, explica-se a substituição da referida reserva por reservas estatutárias genéricas. O item 14 lida com as irregularidades mais comumente encontradas na prática com relação às reservas estatutárias e seus efeitos. O item 15 examina os significados da utilização irregular do art. 194 para a avaliação do real estágio de desenvolvimento do mercado de capitais brasileiro. O penúltimo item retoma a análise da função contemporânea do dividendo mínimo obrigatório, considerando-se as reflexões realizadas nos itens anteriores. O item 17 sintetiza as principais considerações elaboradas ao longo do estudo e conclui este trabalho.

2. Resumo dos dados analisados

A prática e o contato diário com as companhias permitiriam a qualquer interessado, especialmente se conhecedor da matéria societária, a asseverar os fatos relatados na introdução ou, pelo menos, a constatar a tendência refletida nesses mesmos fatos.

Já há alguns anos não são raros os casos de companhias que solicitam soluções jurídicas para a substituição das reservas de lucros acumulados a advogados e contadores. Não são poucas, também, as situações em que o conselho fiscal constata a desatualização das rotinas contábeis de uma companhia com relação às retenções de lucros e sugere sua adaptação à legislação vigente. O mesmo com as recomendações de auditores independentes e os apontamentos, litigiosos ou não, por parte de acionistas minoritários.

Em resumo, cada grupo, ao seu modo e de acordo com seus interesses, em antecipação ou pego de surpresa, contribui para que se possa consistentemente caracterizar como tendência determinado conjunto de movimentos societários e contábeis adotados nos últimos anos no país. Neste caso, em específico, movimentos societários e contábeis relacionados à apuração, declaração e distribuição de dividendos, assim como à retenção dos lucros sociais. Neste caso, particularmente, movimento que, em seu conjunto, caracterizam a tendência das companhias brasileiras a reter parcela relativamente alta dos lucros sociais com fundamento em justificativas pouco específicas, em contrariedade à legislação societária.

Essa tendência, além de perceptível no dia a dia do direito societário no país, está evidentemente refletida nas informações divulgadas pelas companhias. A análise de informações financeiras e societárias das companhias que as disponibilizam publicamente confirma e fundamenta as considerações elaboradas neste estudo.

Com esse intuito, foram levantadas e examinadas informações disponibilizadas pelas 175 companhias listadas nos segmentos diferenciados de governança corporativa da BM&F Bovespa: todas as 39 companhias listadas no Nível 1, todas as 17 listadas no Nível 2 e todas as 119 companhias do Novo Mercado.

As informações colhidas e compostas referem-se àquelas que demonstram ou influenciam o montante de dividendos distribuídos e o montante de lucros retidos, bem como a natureza das retenções.

Assim, foram levantadas: (i) a regra estatutária de distribuição do dividendo mínimo obrigatório de cada uma das companhias analisadas, (ii) a previsão quanto à existência de reserva estatutária ou não, (iii) sua disciplina, (iv) a forma como é denominada, (v) se cada companhia apurou ou não lucro no exercício social de 2010, (vi) qual foi o respectivo lucro líquido, (vii) qual o valor dos dividendos distribuídos, (viii) qual a porcentagem do lucro líquido distribuído, (ix) qual o montante de lucros retido, (x) o quanto esse montante representa do lucro líquido da companhia e (xi) a natureza dessa retenção, entre outras informações.

Com relação às companhias escolhidas, a opção pelas empresas listadas nos Níveis 1, 2 e Novo Mercado explica-se pela disponibilidade das informações necessárias e pela qualidade das informações fornecidas. Além disso, embora representem número ínfimo das empresas brasileiras, essas companhias são responsáveis por parte significativa da economia industrial do país. Sua magnitude econômica e exposição pública contribuem de forma determinante para a caracterização do mercado empresarial e do direito societário brasileiro. Por fim, é bastante provável que as conclusões obtidas, e refletidas nos números examinados, sejam igualmente verdadeiras se contrastadas com números das companhias listadas no segmento tradicional da BM&F Bovespa e das companhias fechadas do país. Aliás, é bastante provável que as conclusões obtidas sejam ainda mais verdadeiras para essas últimas companhias, dado a redução equivalente do comprometimento com padrões de governança corporativa, a diminuição da transparência e o aumento da concentração acionária.[10]

Essas conclusões, melhor desenvolvidas ao longo deste estudo, são, em síntese, as de que: (1) as companhias brasileiras possuem tendência significativa à retenção de lucros; (2) o conceito do dividendo mínimo obrigatório ainda é referencial para essas companhias, que o veem como um "*benchmark*" para a distribuição de dividendo e não como uma solução contratual de diálogo entre acionistas e controladores, baseada na efetiva necessidade de cada companhia, a cada momento,

10. Para ilustração de como a política de distribuição de dividendos pode ser sensível à adequada manutenção das relações societárias nas companhias fechadas, cf. Fábio Konder Comparato, *O Direito ao Lucro nos Contratos Sociais*, ob. cit., pp. 161 e 162: "Nas companhias que já são abertas e desejam permanecer como tal, a possibilidade de recurso ao mercado de capitais depende, em larga medida, da política de retribuição do capital acionário. (...) O mesmo não acontece nas companhias fechadas. Nelas, a forma mais devastadora de abuso de poder do controlador consiste no não pagamento de dividendos, ou de uma remuneração ridiculamente baixa, em relação ao montante do investimento acionário. Os controladores, nesse tipo de companhia, contentam-se em geral com a posição de empresários e titulares de postos de administração. O acionista minoritário pode encontrar-se bloqueado, sem achar comprador para suas ações, a não ser a pessoa dos controladores, que ditarão, então, preços e condições".

de autofinanciamento; (3) a avaliação dos efeitos econômicos da distribuição ou retenção dos dividendos ainda é pouco profunda entre as companhias nacionais, o que se mostra pela baixa variabilidade na forma como o dividendo mínimo obrigatório é calculado e distribuído; e (4) os incentivos econômicos e culturais para a retenção genérica dos lucros sociais, e a consequente utilização discricionária dos mesmos, ainda é relevante no país, conforme demonstram a natureza e o teor das reservas estatutárias criadas.

Os resultados que fundamentam as conclusões acima, obtidos a partir da análise das informações levantadas, encontram-se descritos a seguir. Esses mesmos dados estão sintetizados na Tabela 1 e no Gráfico 1, apresentados ao final deste estudo.

Conforme dito anteriormente, foram analisadas informações disponibilizadas por 175 diferentes companhias abertas.

Das 175 companhias analisadas, 147 (84% do total) preveem em seu estatuto social dividendo mínimo obrigatório equivalente a 25% do lucro líquido ajustado do período. Nenhuma dessas companhias possui estatuto social omisso sobre a matéria. 20 companhias (11% do total) preveem dividendo mínimo obrigatório superior a 25% do lucro líquido ajustado. Apenas 6 companhias (3% do total) preveem forma diferenciada de cálculo do dividendo mínimo obrigatório, não baseado exclusivamente em porcentagem do lucro líquido ajustado do exercício, ou com alíquota inferior a 25%. 6 companhias (3% do total) preveem dividendo mínimo obrigatório igual ou inferior a 1% do lucro líquido ajustado. Embora 4 companhias (2% do total) prevejam dividendo mínimo obrigatório igual a 0,001% do lucro líquido ajustado, nenhuma companhia prevê dividendo mínimo obrigatório igual a zero.

Das 175 companhias analisadas, 116 (66% do total) preveem em seu estatuto social a existência de reserva estatutária. Dessas companhias, 98 (56% do total) preveem que as respectivas reservas estatutárias podem absorver, em cada exercício social, montante equivalente à integralidade da diferença entre o total do lucro líquido ajustado e o dividendo mínimo obrigatório.

Das 175 companhias analisadas, 146 (83% do total) apuraram lucro no exercício social de 2010.[11]

11. Esse número, é preciso ser dito, reflete um ano excepcional para as companhias brasileiras e para o mercado de capitais do país. Com o mundo ainda se recuperando da crise de 2008 e as incertezas a respeito da economia nos Estados Unidos e na Comunidade Europeia, o Brasil passou a ser uma das únicas alternativas de investimento com algum potencial de ganho e relativa previsibilidade de riscos, atraindo significativo fluxo de investimento estrangeiro. A alta no preço das *commodities* e o incremento da capacidade de consumo da sociedade brasileira contribuíram para melhorar ainda mais os resultados das companhias brasileiras. Além disso, a instabilidade dos mercados fez com que diversas empresas retivessem no caixa valores antes destinados a investimentos de longo prazo e diversificados, fazendo com que mais dinheiro estivesse à disposição no momento da deliberação sobre a destinação dos resultados. Os mesmos níveis de lucratividade não foram verificados em exercícios anteriores e dificilmente serão repetidos nos exercício subsequentes, conforme já refletem as informações financeiras e notícias divulgadas até este momento, com relação ao exercício social de 2011. O caráter excepcional dos lucros verificados em 2010 certamente influencia positivamente a distribuição de dividendos e, portanto, as conclusões deste estudo. É bastante provável que a liquidez acima da média em 2010 tenha estimulado uma distribuição de dividendos também acima da média. Esse fato deve necessariamente ser levado em consideração quando da apreciação dos dados e conclusões aqui apresentadas. Como as conclusões apontam para tendências de concentração da decisão de distribuição dos lucros em torno dos interesses individuais de controladores e administradores, é razoável se esperar que essas tendências sejam ainda mais verdadeiras nos exercícios sociais em que o nível de lucratividade se aproxime dos níveis ordinariamente verificados. Sobre a lucratividade das empresas brasileiras em 2010, cf. a revista *Exame*, edição de junho de 2011, que coloca os lucros das 500 maiores empresas do país em 2010 como os maiores nos 38 anos de levantamento pelo periódico. A revista informa também que 291 empresas faturaram mais do R$ 1 bilhão, número esse 20% superior em relação a 2009.

Das 146 companhias que apuraram lucro no exercício social de 2010, 62 (42% do total de companhias que apresentaram lucro) distribuíram dividendos equivalentes ao mínimo obrigatório estipulados nos respectivos estatutos sociais, ou até 5% superiores. 83 companhias (57% do total de companhias que apresentaram lucro) distribuíram dividendos superiores ao mínimo obrigatório em pelo menos 5%. 50 companhias (34% do total de companhias que apresentaram lucro) distribuíram dividendos em montantes iguais ou superiores a 50% do lucro líquido ajustado. 26 companhias (18% do total de companhias que apresentaram lucro) distribuíram dividendos em montantes iguais ou superiores a 80% do lucro líquido ajustado. 20 companhias (14% do total de companhias que apresentaram lucro) distribuíram dividendos em montantes iguais ou superiores a 90% do lucro líquido ajustado. 12 companhias (8% do total de companhias que apresentaram lucro) distribuíram dividendos em montante iguais ou superiores a 100% do lucro líquido ajustado do exercício.

Das 146 companhias que apuraram lucro no exercício social de 2010, 64 (44% do total de companhias que apresentaram lucro) utilizaram juros sobre capital próprio como parte ou a totalidade do valor distribuído aos acionistas.

Duas companhias, das 146 companhias lucrativas, valeram-se do disposto no § 5º do art. 202 para a retenção da totalidade do lucro líquido do exercício.

Das 146 companhias que apuraram lucro no exercício social de 2010, 47 (32% do total de companhias que apresentaram lucro) retiveram em reserva estatutária a totalidade da diferença entre o lucro líquido ajustado do período e o dividendo mínimo obrigatório estipulado no respectivo estatuto social. 17 (11,6% do total de companhias que apresentaram lucro) retiveram com base em orçamento de capital a totalidade da diferença entre o lucro líquido ajustado do período e o dividendo mínimo obrigatório estipulado no respectivo estatuto social. 75 (51% do total de companhias que apresentaram lucro) retiveram em reserva estatutária e/ou em orçamento de capital a totalidade da diferença entre o lucro líquido ajustado do período e o dividendo mínimo obrigatório estipulado no respectivo estatuto social.

Das 116 companhias que preveem em seu estatuto social a existência de reserva estatutária, 61 (53% do total das companhias que possuem reserva estatutária prevista) destinam os valores retidos nessa reserva exclusiva ou parcialmente para "investimentos" em geral. 55 (47% do total das companhias que possuem reserva estatutária prevista) destinam os valores retidos nessa reserva exclusiva ou parcialmente para a "expansão" genérica das atividades da companhia. 28 (24% do total das companhias que possuem reserva estatutária prevista) destinam os valores retidos nessa reserva exclusiva ou parcialmente para a "equalização do fluxo de dividendos", "manutenção do pagamento de dividendos" ou "pagamento de dividendos intermediários". 54 (47% do total das companhias que possuem reserva estatutária prevista) destinam os valores retidos nessa reserva exclusiva ou parcialmente para o reforço do "capital de giro" da companhia, para auxílio na condução de suas "atividades operacionais" ou para a "consecução de seu objeto social". 11 (9% do total das companhias que possuem reserva estatutária prevista) destinam os valores retidos nessa reserva exclusiva ou parcialmente para a "recompra de ações". 27 (23% do total das companhias que possuem reserva estatutária prevista) destinam os valores retidos nessa reserva exclusiva ou parcialmente para "aumento de capital", próprio ou de controladas ou coligadas.

Pelo menos uma das expressões "investimento", "reinvestimento", "expansão", "dividendos", "aumento de capital", "capital de giro" ou equivalente próximo pode ser encontrada na denominação das reservas estatutárias de 97 das 116 companhias que possuem reserva estatutária prevista (84%).

Das 146 companhias que apuraram lucro no exercício social de 2010, 27 (18% do total de companhias que apresentaram lucro) destinaram parte do lucro líquido a reserva estatutária que não estava prevista em seu estatuto social.

As 146 companhias que apuraram lucro no exercício social de 2010 apresentaram, em conjunto, lucro líquido de aproximadamente R$ 240 bilhões.

O valor distribuído aos acionistas por essas companhias foi de cerca de R$ 54 bilhões.

Em média, essas companhias distribuíram 42% do lucro líquido ajustado.

A mediana das distribuições realizadas por essas companhias corresponde a 31% do lucro líquido ajustado.

O montante de lucros retidos por essas companhias, em conjunto, foi de cerca de R$ 180 bilhões.

Em média, essas companhias retiveram 45% do lucro líquido ajustado.

A mediana das retenções promovidas por essas companhias corresponde a 55% do lucro líquido ajustado.

3. Evolução econômica e evolução cultural

De acordo com dados de maio de 2011, a capitalização das companhias listadas na BM&F Bovespa atingiu o valor de R$ 2,45 trilhões. No mesmo mês, o volume negociado superou R$ 133 bilhões, o que corresponde a uma média diária superior a R$ 6 bilhões.

Com a desmutualização, sua abertura de capital, a fusão com a BM&F e a melhoria no cenário econômico nacional, a BM&F Bovespa foi alçada para a lista das maiores bolsas de valores do mundo.

Em 2007, por diversos pontos de vista o melhor ano da história da BM&F Bovespa, foram realizados 64 ofertas públicas iniciais. E a emissão secundária da Petrobrás de setembro de 2010, no valor de cerca de R$ 120 bilhões, foi a maior oferta pública realizada na história.

Atualmente, são 375 companhias com ações listadas, dentre as quais 119 no Novo Mercado, que é unanimemente considerado uma experiência de diferenciação de padrões de governança corporativa extremamente bem sucedida.

Cerca de 20% da negociação em mercado à vista é realizada por pessoas físicas. O número de investidores individuais supera os 600 mil cadastrados e o objetivo da BM&F Bovespa é atingir a marca dos 5 milhões nos próximos anos.[12]

Os números do mercado de capitais brasileiro são, de fato, entusiasmantes e possuem toda relação com o contemporâneo desenvolvimento da economia brasileira.

O controle da inflação e a relativa estabilidade política do país, somados a outros fatores conjunturais da economia global, tornaram o país um centro de atração de capital estrangeiro.

Ao mesmo tempo, parte significativa da população brasileira teve sua renda média aumentada, o que levou tanto à redução relativa da pobreza quanto ao aumento relativo da classe média.

Há dados e fundamentos que comprovam o efetivo crescimento do mercado de capitais brasileiro. A evolução econômica, no entanto, não gera automática evolução social e cultural. O assunto é tradicional nos estudos da área econômica e a preocupação com o adequado aproveitamento do crescimento econômico para o desenvolvimento coerente de toda a sociedade é matéria sensível para economistas e cientistas políticos.

12. A inviabilidade do cumprimento da meta de 5 milhões de investidores até 2014, como originalmente planejado, é objeto de uma das reportagens de capa da revista *Capital Aberto* 95 (edição do mês de julho de 2011).

Os resultados efetivos e potenciais do recente crescimento econômico do país podem ser examinados e criticados nos mais diversos setores. Desde educação e saúde até substituição de importações e infraestrutura.

Um desses setores é o ambiente jurídico. E dentro dele, o funcionamento do direito societário e do mercado de capitais no país.

A evolução do mercado de capitais, e com ele a do mercado acionário e empresarial em geral de um país, deve ser avaliada a partir dos dados econômicos e financeiros que descrevem esse mercado e, também, de dados culturais a ele relacionados. Esses últimos podem englobar, por exemplo, o nível de burocracia no mercado, o respeito à regulamentação, os valores dos agentes que atuam nesse mercado, a técnica das decisões, a velocidade dos processos judiciais e a capacidade de assegurar o cumprimento das leis, entre outros.

As críticas ao ambiente legal brasileiro são conhecidas: corrupção, lentidão do Judiciário, pouca experiência com assuntos complexos envolvendo direito societário e muitas outras.

Essas críticas, embora reflitam os problemas mais graves e mais profundos do sistema jurídico brasileiro, raras vezes descem a minúcias como a qualidade da prestação de informações pelas companhias abertas ou o nível de compromisso das empresas com condutas tidas como de boa governança corporativa.

Assim, deixa de ser medido elemento extremamente relevante na composição dos fatores que medem o grau de desenvolvimento do mercado e do direito, que são os valores sociais carregados pelos agentes que atuam no mercado de capitais em dado momento.

Colocado de outra forma, é preciso compreender se e até que ponto administradores, controladores, acionistas minoritários, legisladores e reguladores estão alinhados com os desdobramentos que o crescimento econômico inercialmente produz no mercado e na sociedade.

É preciso entender se os agentes do mercado brasileiro estão preparados e são capazes de evoluir culturalmente no mesmo passo que o mercado evolui economicamente.

Por exemplo, se a tendência é mesmo de dispersão do controle acionário, a questão é saber se os controladores estão dispostos a aceitar essa dispersão; se a Lei das Sociedades por Ações comporta, em sua estrutura, situações que nem sempre apresentarão de forma nítida a figura do controlador; se a sociedade civil e os agentes do mercado estão aptos para acomodar a melhora quantitativa e qualitativa na prestação de informações pelas companhias.[13]

Há indícios de que não. E a importância desses indícios é a de que eles podem fornecer importantes informações a respeito do real estágio de evolução do mercado de capitais brasileiro, dos limites de seu crescimento e das medidas regulatórias ou autorregulatórias que podem ser tomadas para seu aprimoramento.

De acordo com a Comissão de Valores Mobiliários, por exemplo, de todas as companhias abertas que apresentaram o formulário de referência no início de 2011, 87% delas ou divulgaram por outros meios informações divergentes daquelas constantes no formulário, ou tiveram que reapresentá-lo para corrigir imprecisões.[14]

São diversos, também, os estudos que indicam a dificuldade de execução das normas no Brasil como o principal responsável pelo significativo potencial de extra-

13. A respeito, cf. Erica Gorga, "Changing the paradigm of stock ownership from concentrates towards dispersed ownership? Evidence from Brazil and consequences for emerging countries", *Cornell Law Faculty Working Papers*, *paper* 42; e Munhoz, "Desafios do direito societário brasileiro na disciplina da companhia aberta: avaliação dos sistemas de controle", art. cit.

14. Jornal *Valor Econômico*, edição de 16.5.2011.

ção irregular de benefício particular pelos controladores de companhias brasileiras. A consequência é que o prêmio de controle no país é um dos mais altos do mundo e, portanto, o preço relativo das participações minoritárias, um dos mais desvalorizados.[15]

A disputa pelo controle da destinação do lucro das companhias entre administradores, controladores e minoritários é historicamente outro excelente termômetro para a verificação do nível de equilíbrio promovido pelo ambiente legal e social de um país entre os diferentes centros de interesse conviventes em uma estrutura societária. O cumprimento das regras de retenção de lucros, e a disposição para cumpri-las, por parte de administradores e controladores, é, portanto, um ótimo elemento de verificação do estágio de evolução de um mercado.

É esse o foco deste estudo, que examina o atual cenário do mercado acionário brasileiro a partir da predisposição de cumprimento de seus agentes das regras de retenção estabelecidas, especialmente, pelo art. 194 da Lei das Sociedades por Ações.

4. *O dividendo e os direitos essenciais dos acionistas*

O art. 109 da Lei das Sociedades por Ações relaciona os direitos essenciais dos acionistas. De acordo com esse dispositivo, "[n]em o estatuto social nem a assembleia geral poderão privar o acionista dos direitos de: I – participar dos lucros sociais; II – participar do acervo da companhia, em caso de liquidação;[16] III – fiscalizar, na forma prevista nesta Lei, a gestão dos negócios sociais;[17] IV – preferência para a subscrição de ações, partes beneficiárias conversíveis em ações, debêntures conversíveis em ações e bônus de subscrição, observado o disposto nos arts. 171 e 172; V – retirar-se da sociedade nos casos previstos nesta Lei".[18]

Os direitos de caráter patrimonial, fiscalizatórios e políticos indicados no art. 109 são tidos como direitos essenciais dos acionistas. Direitos esses sem os quais a própria situação de acionista se desnatura.[19]

Esses direitos são considerados pela doutrina, em consequência, como inderrogáveis e irrenunciáveis. Nem assembleia

15. Alexander Dyck e Luigi Zingales, "Private benefits of control: an international comparison", *The Journal of Finance*, vol. LIX, n. 2, pp. 537-600; e Tatiana Nenova, "The value of corporate votes and control benefits: a cross-country analysis", *Journal of Financial Economics* 68/325-351.

16. Sobre a liquidação das companhias e a dissolução societária, de maneira geral, cf. Mauro Rodrigues Penteado, *Dissolução e Liquidação de Sociedades*, 2ª ed., especialmente pp. 165 e ss.

17. A respeito dos direitos de fiscalização, cf., p. ex., Luiz Gastão Paes de Barros Leães, *Mercado de Capitais & "Insider Trading"*, pp. 80 e ss.; António Menezes Cordeiro, *Manual de Direito das Sociedades*, vol. 2, pp. 565 e ss.; Claude Heurteux, "L'information des actionnaires et des épargnants – Étude comparative", in *Bibliothèque de Droit Commercial*, t. 1; e Arnoldo Wald, "A sociedade de capital aberto e a informação do acionista", in *Estudos e Pareceres de Direito Comercial*, pp. 209 e ss. Especificamente sobre o conselho fiscal, cf., p. ex., Waldirio Bulgarelli, *Regime Jurídico do Conselho Fiscal das S/A*; Nelson Eizirik, "Conselho fiscal", in Jorge Lobo (org.), *Reforma da Lei das Sociedades Anônimas*, pp. 453 e ss.; José Alexandre Tavares Guerreiro, "O conselho fiscal e o direito à informação", *RDM* 45/29 e ss.; de Luiz Gastão Paes de Barros Leães, "Conselho fiscal e as empresas de auditoria", in *Pareceres*, vol. 1, pp. 597 e ss., "Conselho fiscal e auditoria", in *Pareceres*, vol. 2, pp. 911 e ss. e "Funcionamento do conselho fiscal nas companhias abertas", in *Pareceres*, vol. 2, pp. 1.277 e ss.

18. Para uma análise fundamental a respeito dos direitos dos sócios e suas categorizações possíveis, cf. a obra fundamental de Herbert Wiedemann, *Gesellschaftsrecht I – Grundlagen*, sintetizada em trecho traduzido para a língua portuguesa pelo Prof. Erasmo Valladão, ("Excerto do direito societário I – Fundamentos", publicado na *RDM* 143/66).

19. "Partindo da ideia de que a condição de sócio (...) deve ter um substrato intangível, o *status socii* exige a consagração de uma série de proteções individuais, que impeça se lhe retire as características essenciais, tal como o *status civitatis* demanda a institucionalização de um mínimo de garantias individuais" (Leães, *Do Direito do Acionista ao Dividendo*, ob. cit., p. 302).

ou estatuto social podem retirá-los do acionista, nem o acionista pode deles abrir mão.[20]

Com relação especificamente ao direito de participação nos lucros sociais, não é difícil entender a razão de seu caráter indissociável do estado de acionista. Se o sócio entra no contrato de sociedade, é porque daí espera determinado benefício, ainda que potencial. Nas sociedades empresariais, como as companhias, o benefício primário é o lucro.

Excluir o direito do acionista aos lucros sociais, em caráter absoluto, é ato nulo porque contraria norma legal expressa. E assim deve realmente ser porque ao excluir o direito do acionista aos lucros sociais dissolve-se toda a estrutura de direitos e deveres que conforma o contrato de sociedade.[21]

O direito do acionista de participar dos lucros sociais pode se manifestar de diversas formas. As duas mais importante são a distribuição de dividendos e a potencial valorização das ações em consequência da utilização de lucros reinvestidos.

O direito ao dividendo, portanto, não se confunde com o direito essencial de participação nos lucros sociais, mas deriva deste.[22] A fonte imediata do direito ao dividendo, no Brasil, é o estatuto social e, suplementarmente, a Lei das Sociedades por Ações, em especial no caso de omissão estatutária quanto ao dividendo mínimo obrigatório.

De qualquer modo, a previsibilidade em relação à forma como o lucro social po-

20. "Substanciais, os acionistas não podem ser privados dêles pela assembleia geral. Nem pelos estatutos. Sòmente a lei os poderá derrogar; e mais ninguém. A cláusula estatutária que os ofenda é nula, de pleno direito. Igualmente, a deliberação da assembleia geral que os moleste sequer" (Waldemar Ferreira, *Tratado de Direito Comercial*, vol. 4, p. 334).

21. "Há uma sequência lógica entre os diversos elementos do conceito. A realização das entradas é a base que permitirá o desenvolvimento da actividade económica e esta é instrumento do fim que levou as partes a contratar, a partilha dos lucros realizados. A actividade económica terá de ser desenvolvida segundo princípios de gestão que permitam obter receitas superiores às despesas. Ou seja a actividade económica da sociedade terá de ser lucrativa, a sociedade terá de produzir um lucro em sentido objectivo. Mas para que o contrato se possa qualificar de sociedade, o lucro apurado terá de ser distribuído entre os sócios. Numa palavra, ao lucro objectivo deve acrecer o lucro subjectivo. Foi esta a razão que levou a ordem jurídica a regulamentar a sociedade como um contrato típico, sendo, pois, a sua função económica-social realizada através desses dois momentos: a actividade lucrativa (o lucro objectivo) e a repartição do lucro entre os sócios (o lucro subjectivo)" (Pita, *Direito aos Lucros*, ob. cit., p. 19). "L'attribution des bénéfices de l'entreprise ne fait aucune difficulté sous le regime capitaliste. La propriété donne droit aux fruits: les bénéfices appartiennent au capital investi. Ce capital court les risqué de l'entreprise. Qui court les risques doit avoir le profit" (George Ripert, *Aspects Juridiques du Capitalisme Moderne*, 2ª ed., p. 292). "Sans être un jeu de société, le contrat de société participe du jeu de hasard: on ne gagne pas à tous les coups et il faut savoir perdre. Aussi, à côté de la vocation aux bénéfices et aux économies, convient-il de ne pas faire silence sur l'éventuelle contribution aux pertes" (Cozian, Maurice *et al.*, *Droit des Sociétés*, 18ª ed., p. 61).

22. "A doutrina dominante considera o direito aos lucros sociais (direito patrimonial, essencial) como um direito a participar dos resultados positivos e não especificamente o de ver distribuídos os lucros, portanto, ao dividendo" (Bulgarelli, *Comentários à Lei das Sociedades por Ações*, ob. cit., p. 52). No mesmo sentido, George Ripert e René Roblot (dir. Michel Germain), *Traité de Droit Commercial*, t. 1, 17ª ed., pp. 31 e 32, nota 38, e Pita, *Direito aos Lucros*, ob. cit., pp. 141 e ss. Em sentido contrário, Leães afirma que admitir "um direito ao lucro diverso do direito ao dividendo já nos parece exagerado", explicando que se dá "o nome de *dividendo* à parte dos lucros líquidos, partilhada aos acionistas sobre cada uma das ações de que é proprietário (...) *significa lucro dividido*" e concluindo que "absurdo fora falar em direito ao lucro distinto do direito ao dividendo, pois o que existe é direito ao lucro por dividir, ou direito ao dividendo por deliberar, contraposto ao conceito de direito ao dividendo deliberado" (Leães, *Do Direito do Acionista ao Dividendo*, ob. cit., pp. 309 e 310). Igualmente, Carvalhosa afirma que "o direito aos lucros é igual ao direito ao dividendo, por isso que dividendo nada mais é do que lucro dividido equanimemente entre todos que subscreveram o capital social" (Modesto Carvalhosa, *Comentários à Lei de Sociedades Anônimas*, vol. 3, 3ª ed., pp. 796).

derá ser destinado é fundamental para a garantia dos direitos dos acionistas, assim como a possibilidade de efetiva fiscalização da utilização desse lucro social *vis à vis* a soma dos interesses envolvidos no sistema societário.

5. A disputa pelo controle sobre o fluxo de caixa livre

O fato é que os diferentes agentes que convivem e orbitam a estrutura societária possuem diferentes visões a respeito da forma mais adequada de alocação do fluxo de caixa livre da companhia. Cada um possui seus incentivos individuais, posições particulares na estrutura e graus próprios de aversão a risco.[23]

Administradores tendem a preferir que a maior parcela possível do lucro seja reinvestida na companhia. Com isso, a liquidez da sociedade tende a ser maior e o risco de falência, por exemplo, diminui. Com mais dinheiro em caixa, os administradores possuem também maior flexibilidade para investimentos e aproveitamento de oportunidades comerciais. Há incentivo para assunção de riscos maiores, igualmente. Os benefícios privados para administradores tendem, evidentemente, a também serem maiores. Os ganhos com reputação, salário e outras compensações extrassalário (*fringe benefits*) aumentam. Com o maior controle sobre a utilização dos lucros, os administradores possuem a liberdade de distribuir dividendos para os acionistas ou patrocinar programa de recompra de ações sempre que essas medidas lhe parecerem convenientes como forma de sinalização positiva de situação financeira da companhia, antes de novas captações públicas, por exemplo.

Controladores possuem incentivos muito semelhantes aos dos administradores. Com a diferença de que o risco do controlador, e provavelmente seu grau individual de aversão ao risco, é maior, uma vez que seu patrimônio se encontra associado ao desempenho da companhia de forma muito mais significativa. O controle da companhia, de todas as informações sobre suas atividades, dos órgãos de administração e funcionários, dos documentos da companhia e de toda a sua atividade de maneira geral faz com que para o controlador seja menos importante do que para os acionistas minoritários se o lucro é distribuído como dividendo ou é reinvestido na sociedade. O lucro reinvestido, especialmente em ambientes legais menos eficientes, pode ser utilizado pelo controlador com relativa liberdade. Mais do que isso, quando há retenção de lucros, os valores retidos dizem respeito à 100% do capital social e não apenas à participação societária detida pela maioria que deliberou pela retenção. Ou seja, o controlador possuirá a liberdade para decidir a utilização do lucro gerado pela sua participação no capital social e pela participação de todos os demais acionistas. O poder sobre a decisão de venda do controle da companhia, em muitas das vezes com prêmio de controle sobre suas ações, confere outro incentivo para o controlador reter lucros. Dependendo de qual for sua perspectiva para alienação do controle, pode ser mais ou menos conveniente para o controlador manter os lucros da companhia em sua contabilidade, investi-los ou distribuí-los.

De acordo com Franco Modigliani e Merton Miller seria indiferente para os acionistas quanto e quando recebem dividendos. Isso porque, assumidas uma série de premissas, aos acionistas seria possível construir seu próprio fluxo de dividendos, na medida em que os lucros retidos se transformarão em valorização de suas ações e que, estas, podem ser vendidas no momento em que o acionista preferir.[24] Mesmo se

23. Para um estudo completo sobre a sensível relação entre o autofinanciamento e o direito do acionista ao dividendo, do ponto de vista do direito societário, cf. Alberto Asquini, "I battelli del reno", *Rivista delle Società*, pp. 617 e ss.

24. Cf. artigos de Franco Modigliani e Merton H. Miller, "Corporate income, taxes and the cost of

consideradas as imperfeições da realidade, que dificultam a verificação integral da *teoria da irrelevância do dividendo*, para seus defensores ainda assim não haverá predileção dos acionistas entre dividendos ou reinvestimento. O que ocorrerá é a concentração de acionistas homogêneos em companhias que ofereçam a razão entre pagamento de dividendos e reinvestimento tida como ideal para esses acionistas.[25]

Há, contudo, uma série de objeções a serem feitas à teoria da irrelevância dos dividendos. Parte delas é refletida na "*bird in the hand preference theory*", segundo a qual as seguintes razões, entre outras, podem levar o acionista a preferir receber os dividendos à retenção dos lucros: eventuais diferenças de tributação entre dividendos e ganho de capital, risco de desvalorização das ações, risco de perda de poder político no caso de alienação de ações.[26] Outras razões, relacionadas mais de perto com a teoria da agência, também contribuem para justificar a preferência dos acionistas em receber imediatamente o dividendo ao invés de contar com as incertezas relacionadas ao reinvestimento. Em especial, o risco de utilização irregular ou subótima dos lucros pelos administradores e controladores.[27] Os acionistas, assim, tenderiam a preferir o recebimento do dividendo, e com isso a plena liberdade na decisão de alocação desses valores, do que deixar essa decisão com administradores e controladores.[28] O próprio custo de monitoramento da utilização dos lucros retidos pode ser um desestímulo para os acionistas.[29] E, em última análise, nada impede

capital: a correction", *The American Economic Review* 53/433 e ss., "Dividend policy, growth, and the valuation of shares", *Journal of Business* 34/411 e ss. e "The cost of capital, corporation finance, and the theory of investment", *American Economic Review* 48/261 e ss.

25. Cf. Edwin J. Elton e Martin J. Gruber, "Marginal stockholder tax rates and the clientele effect", *The Review of Economics and Statistics* 52/68 e ss.; Robert H. Litzenberger e Krishna Ramaswamy, "Dividends, short selling restrictions, tax-induced investors clienteles and market equilibrium", *Journal of Finance* 35/469 e ss.; Richardson R. Pettit, "Taxes, transactions costs and clientele effects of dividends", *Journal of Financial Economics* 5/419 e ss.; e, em sentido contrário, Fischer Black e Myron Scholes, "The effects of dividend yield and dividend policy on common stock prices and returns", *Journal of Financial Economics* 1/1 e ss.

26. Cf., p. ex., Myron J. Gordon, "Dividends, earnings, and stock prices", *Review of Economics and Statistics* 41/99 e ss.; John Lintner, "Optimal dividends and corporate growth under uncertainty", *Quarterly Journal of Economics* 78/49 e ss.; Victor Brudney, "Dividends, discretion, and disclosure", *Virginia Law Review* 66/85 e ss.; e Daniel R. Fischel, "The law and economics of dividend policy", *Virginia Law Review*, vol. 67, n. 4, pp. 699 e ss.

27. "According to these theories, unless profits are paid out to shareholders, they may be diverted by the insiders for personal use or committed to unprofitable projects that provide private benefits for the insiders. As a consequence, outside shareholders have a preference for dividends over retained earnings" (Rafael La Porta, Florencio Lopez-de-Silanes, Andrei Shleifer e Robert W. Vishny, "Agency problems and dividend policies around the world", *The Journal of Finance*, vol. 55, n. 1, p. 2).

28. Para análises adicionais da decisão de distribuição de dividendos fundadas na teoria de agência, cf., p. ex., de Zsuzsanna Fluck, "The dynamics of the management-shareholder conflict", *Review of Financial Studies* 12/347 e ss. e "Optimal financial contracts: debt versus outside equity", *Review of Financial Studies* 11/383 e ss.; de Oliver Hart e John Moore, "A theory of debt based on inalienability of human capital", *Quarterly Journal of Economics* 109/841 e ss.; de Michael Jensen, "Agency cost of free cash flow, corporate finance, and takeovers", *American Economic Review Papers and Proceedings* 76/323 e ss., e de Michael Jensen e William H. Meckling, "Theory of the firm: managerial behavior, agency costs and ownership structure", *Journal of Financial Economics*, n. 3, fasc. 4, pp. 305 e ss.

29. "Let us suppose that managers are not perfect agents of the other participants in the corporate venture, but that they pursue their own interests when they can. Because the managers are not the residual claimants to the firm's income stream, there may be a substantial divergence between their interests and those of the other participants. Managers, investors, and other participants will find it advantageous to set up devices, including monitoring, bonding, and *ex post* readjustments that give managers the incentive to act as better agents. The costs of monitoring, bonding, and the residual losses from slippage are agency costs borne by investors. One form of agency cost is the cost of monitoring managers. This is costly for shareholders, and the problem

que esses acionistas, caso de fato confiem na idoneidade e capacidade dos administradores controladores, utilizem os dividendos distribuídos para adquirir mais ações da mesma companhia, caso essa operação se mostre fiscal e financeiramente interessante.

Credores e empregados tendem também a preferir a retenção de lucros à distribuição de dividendos, baseados na ideia de que a continuidade e estabilidade da sociedade é mais provável com a maior liquidez gerada por essa retenção de lucros.[30] Embora intuitiva essa conclusão, ela nem sempre é real. A começar que, se levada ao extremo, eliminando-se completamente a distribuição de dividendos, dificilmente haveria a própria companhia, em primeiro lugar. Dividendos constituem a forma primordial de remuneração dos investidores. Sem dividendos, provavelmente não haveria investidores. Sem investidores, não há mercado de capitais. Mas não é apenas isso. Nada garante que o lucro disponível será utilizado da forma mais eficiente possível se deixado na companhia. Os investidores, pulverizados, podem fazer uso mais eficaz desses valores, reinvestindo em outras companhias, por exemplo. Ou consumindo. Para o conjunto da economia e para o conjunto dos trabalhadores de um país é possível que seja mais eficiente deixar que cada investidor decida, em um processo de escolha e informação livres, onde melhor investir os lucros de uma companhia, ao invés de legalmente ou economicamente obrigá-los a manter esses lucros na mesma companhia, sob o comando de uma mesma administração.

Para o governo, a melhor decisão é aquela que se alinha com a persecução dos objetivos políticos determinados para dado momento. Com alguma segurança, é possível afirmar que esses objetivos relacionam-se com o desenvolvimento da economia, a geração de empregos, o incentivo à atividade empresarial e ao empreendedorismo, a geração de receita para o governo, por meio do pagamento de impostos, o desenvolvimento de tecnologia, entre outros.

A Lei n. 6.404/1976, por exemplo, foi elaborada e promulgada com o objetivo expresso de fomentar o desenvolvimento do mercado de capitais no país.[31] Entre suas principais inovações está o dividendo mínimo obrigatório, instituto jurídico raramente encontrado em outras jurisdições, cuja função é a de conferir maior certeza quanto ao retorno dos acionistas de seus investimentos e reduzir os riscos de utilização irregular dos lucros pelos administradores e controladores.[32] Medida sábia

of collective action ensures that shareholders undertake too little of it. Although a monitor-shareholder would incur the full costs of monitoring, he would reap gains only in proportion to his holdings" (Frank Easterbrook, "Two agency-cost explanations of dividends", *The American Economic Review*, vol. 74, n. 4, pp. 650 e ss., pp. 652 e 653).

30. A respeito, cf. reportagem do jornal *Valor Econômico*, que transcreve a seguinte frase, atribuída ao então presidente da Central Única dos Trabalhadores – CUT: "É fácil falar de responsabilidade social em tempos de economia aquecida e crédito farto. Para nós, responsabilidade social é fazer caixa e manter investimentos em vez de pagar dividendos" ("Dividendos da discórdia", *Valor Online*, 29.1.2009).

31. A lei, de acordo com a Exposição de Motivos n. 196, de 24.6.1976, "visa basicamente a criar a estrutura jurídica necessária ao fortalecimento do mercado de capitais de risco no País, imprescindível à sobrevivência da empresa privada na fase atual da economia brasileira. A mobilização da poupança popular e o seu encaminhamento voluntário para o setor empresarial exigem, contudo, o estabelecimento de uma sistemática que assegure ao acionista minoritário o respeito a regras definidas e equitativas, as quais, sem imobilizar o empresário em suas iniciativas, ofereçam atrativos suficientes de segurança e rentabilidade".

32. A respeito da proposta original para as regras do dividendo mínimo obrigatório, os autores do Anteprojeto que resultou na Lei das Sociedades por Ações explicam que: "[e]ssas normas implicam limitar a discricionariedade da maioria dos acionistas para, na assembleia geral, deliberar sobre o destino a ser dado aos lucros do exercício. Objetivam, portanto, proteger as minorias acionárias, reforçando o direito essencial dos acionistas, de participar dos lucros da companhia, ao criar o direito de receberem,

para um país habituado a uma justiça pouco eficaz e a um ambiente de controle historicamente concentrado.[33]

6. *A função do dividendo mínimo obrigatório nesse contexto*

O dividendo mínimo obrigatório, disciplinado no art. 202 da Lei das Sociedades por Ações, consiste em solução desenhada pela lei para buscar a redução dos conflitos relativos à partilha do lucro social.

A lei reconhece que o lucro é primordialmente dos acionistas. Reconhece, em seguida, que apenas a própria sociedade é capaz de determinar com precisão a melhor forma de alocação de seus lucros, em cada situação específica. E reconhece, por fim, que a plena liberdade aos administradores e controladores na decisão de utilização do fluxo de caixa livre pode levar a situações de abuso, injustiça e desestímulo para os investidores.[34]

Desse modo, o sistema estabelecido pela Lei das Sociedades por Ações impõe uma série de controles e parâmetros para a retenção do lucro social, todos voltados ao incremento da previsibilidade, adequação e fiscalização da utilização dos lucros retidos.

Além dos controles e parâmetros referidos, em sua maioria condensados nos arts. 193 a 197, a lei acrescentou outro instituto, expressamente projetado para a redução dos custos gerados pela decisão de utilização dos lucros sociais.

Com o mesmo objetivo de assegurar a previsibilidade e reduzir os riscos de arbitrariedade na utilização do lucro social, a lei estabeleceu dois fortes estímulos para que o estatuto social preveja critérios de determinação de parcela mínima do lucro que será distribuída anualmente aos acionistas como dividendo. Em caso de omissão, o dividendo mínimo será de 50% do lucro líquido ajustado; e se for deliberada a inclusão de disposição sobre essa matéria em estatuto social até então omisso, deverá ser observado o limite mínimo de 25% do lucro líquido ajustado (art. 202, *caput* e inc. I, e § 2º). Além disso, a redução do dividendo mínimo obrigatório consiste em hipótese que enseja o direito de retirada dos acionistas dissidentes (art. 137 c/c art. 136, III).[35]

como dividendo, ao menos metade desses lucros" (Alfredo Lamy Filho e José Luiz Bulhões Pedreira, *A Lei das S/A*, vol. 1, 3ª ed., p. 157).

33. Entre as regras imaginadas por Comparato para disciplina da macroempresa se encontrava a imposição de "restrições eficazes aos abusos do autofinanciamento" tais como, p. ex., "a necessária previsão estatutária de um dividendo mínimo para todas as ações, cuja distribuição precederia obrigatoriamente o destaque de qualquer parcela dos lucros líquidos para a constituição de reservas estatutárias ou facultativas" (Fábio Konder Comparato, *Aspectos Jurídicos da Macroempresa*, p. 90).

34. A esse respeito, cf. o seguinte trecho da Exposição de Motivos da Lei das Sociedades por Ações: "[a] ideia da obrigatoriedade legal de dividendo mínimo tem sido objeto de amplo debate nos últimos anos, depois que se evidenciou a necessidade de se restaurar a ação como título de renda variável, através do qual o acionista participa dos lucros na companhia. Não obstante, é difícil generalizar preceitos e estendê-los a companhias com estruturas diversas de capitalização, nível de rentabilidade e estágio de desenvolvimento diferentes. Daí o Projeto fugir a posições radicais, procurando medida justa para o dividendo obrigatório, protegendo o acionista até o limite em que, no seu próprio interesse, e de toda a comunidade, seja compatível com a necessidade de preservar a sobrevivência da empresa. O Projeto deixa ao estatuto da companhia margem para fixar a política de dividendos que melhor se ajuste às suas peculiaridades, desde que o faça de modo preciso (...)".

35. Nesse sentido, cf. trecho extraído da nota n. 2 do voto proferido pelo diretor Marcos Barbosa Pinto, no âmbito dos processos administrativos CVM n. RJ2007/10879 e RJ2007/13216, julgados em 24.10.2008, do qual foi relator: "Para incentivar que esse acordo seja feito logo na constituição da companhia, a lei prevê uma regra dispositiva bastante exigente: em caso de omissão do estatuto, a companhia é obrigada a distribuir o elevado percentual de 50% do lucro líquido (art. 202, I); além disso, as companhias que vierem a suprir a omissão do estatuto após a constituição não poderão fixar dividendos obrigatórios em percentual inferior a 25% do lucro líquido do exercício (art. 202, § 2º)". No mesmo sentido, Leães afirma que "orientada no sentido

Ao menos sobre parte do lucro social, portanto, os dilemas relacionados à sua alocação estão previamente solucionados, o que confere segurança aos acionistas minoritários e desincentivo à utilização irregular por administradores e controladores.

É bem verdade que, em certa medida, as regras sobre o dividendo mínimo obrigatório tolhem a liberdade dos administradores e da companhia sobre a utilização de parcela significativa do lucro social. A existência do dividendo mínimo obrigatório pode, sem dúvida, mostrar-se excessivamente custosa para a companhia em determinadas situações.

Trata-se, porém, de um preço político a se pagar pelo o que se entendeu como um bem maior à época da elaboração da Lei das Sociedades por Ações: o desenvolvimento do mercado de capitais.[36]

O dividendo mínimo obrigatório é um instrumento explicitamente desenhado para mitigar desestímulos ao investidor, em decorrência de riscos de abuso por parte dos controladores, riscos esses de altíssima consideração na realidade econômica dentro da qual a lei foi projetada[37] e, talvez, presente ainda na mesma medida na realidade econômica em que a lei se projeta atualmente.

Diante de toda a evolução que vem sendo divulgada a respeito do mercado de capitais brasileiro é, de fato, de se perguntar se já não foi atingido um estágio de maturidade suficiente para que regras expressamente protecionistas como o dividendo mínimo obrigatório fossem flexibilizadas. De outro lado, como vem sendo investigado neste estudo, é possível que certas idiossincrasias do mercado brasileiro apontem para a necessidade de manutenção, por mais algum tempo, de certas regras como, justamente, a do dividendo mínimo obrigatório.

7. O regime jurídico das reservas estatutárias

O art. 194, presente na Lei das Sociedades por Ações, sem alterações, desde que esta entrou em vigor, estabelece que "[o] estatuto poderá criar reservas desde que, para cada uma: I – indique, de modo preciso e completo, a sua finalidade; II – fixe os critérios para determinar a parcela anual dos lucros líquidos que serão destinados à sua constituição; e III – estabeleça o limite máximo da reserva".

de 'fugir às posições radicais' (...), a lei não fixou um limite mínimo para o dividendo *obrigatório* estatutário, se bem que tenha alocado poderoso estímulo a favor desse evento. Pois, sendo o estatuto omisso, prevalecerá o dividendo legal obrigatório de 50% do lucro líquido, ficando certo, ainda, que, nesse caso, quando a assembleia vier a introduzir no estatuto norma sobre a matéria, impor-se-á a fixação de um dividendo *mínimo* obrigatório de 25% do lucro líquido de exercício" (Leães, "Dividendo obrigatório e participação dos administradores nos lucro da companhia", art. cit., pp. 198 e ss.).

36. "[O] objetivo maior da reforma institucional que se pretende é a criação de um grande mercado primário de ações; (...) a criação desse mercado no Brasil, no quadro atual exige: I – a modificação de ideias, crenças e valores errados, amplamente difundidos em nosso sistema cultural, sobre a natureza da ação, como valor mobiliário, a renda que proporciona e os critérios de sua avaliação, bem como a natureza, finalidade e extensão dos poderes que a lei assegura aos acionistas majoritários; II – a recuperação da confiança dos agentes da poupança na ação como alternativa válida de investimento, o que somente poderá ser conseguido através de um regime legal de proteção das minorias capaz de convencê-los de que, ao julgarem a ação sob o aspecto da segurança, podem se preocupar, principalmente, ou apenas, com os riscos próprios da empresa, sem o receio de que a esses riscos se somem outros, em geral muito maiores, de insegurança jurídica e da falta de instrumentos eficientes de defesa contra tratamento iníquo, ou não equitativo, a que possam ser submetidos por administradores ou acionistas controladores da companhia que exerçam seus direitos ou poderes de modo discricionário ou abusivo (...)" (Lamy Filho e Bulhões Pedreira, *A Lei das S/A*, ob. cit., p. 159).

37. Realidade essa que levou o Prof. Leães a dedicar sua obra a, "no momento em que se procura fortalecer o mercado acionário em nosso país, contribuir para recompor a legítima imagem do acionista, desfigurada por golpes desferidos à luz da crua realidade, assegurando-lhe um de seus direitos intangíveis" (*Do Direito do Acionista ao Dividendo*, ob. cit., p. 8).

É a própria lei que, em título introdutório ao art. 194, denomina como "reservas estatutárias" as reservas disciplinadas por esse dispositivo.

Encontram-se concentradas principalmente nos arts. 189, 193 a 197 e § 6º do art. 202, as regras que limitam a discricionariedade dos administradores e da maioria assemblear sobre a destinação do lucro líquido. Conforme adiantado acima, porém, todo o Capítulo XVI da Lei das Sociedades por Ações, de uma forma ou de outra, contribui para a formação do sistema de controle sobre a decisão de alocação dos lucros sociais.

Além desse sistema, especificamente desenhado para as situações de decisão sobre a utilização do fluxo de caixa livre da companhia, incidem sobre as mesmas situações também as regras gerais de responsabilidade, inscritas nos arts. 115, 117 e 153 a 159, aplicáveis, respectivamente, aos casos de abuso do direito de voto, abuso do poder de controle e atos dos administradores.

O art. 194, assim, e em alinhamento com a seção em que se localiza na Lei das Sociedades por Ações, cria e disciplina as reservas estatutárias como forma de assegurar à companhia uma alternativa flexível para a retenção de parte do lucro social. No mesmo passo, o dispositivo exige, por meio de requisitos expressos, que a criação e a utilização da reserva estatutária sejam coerentes com todo o sistema da lei, ao qual também estão evidentemente sujeitos, em termos de previsibilidade, adequação ao interesse social e capacidade de fiscalização.

8. *Precisão, completude, critérios e limites*

O *caput* do art. 194 determina que as reservas estatutárias, como o nome sugere, devem ser disciplinadas pelo estatuto social. Em outras palavras, para que exista e a ela possam ser destinados lucros retidos, a reserva estatutária deve estar prevista no estatuto social.

Esse fato não é sem consequências. A primeira observação importante a ser feita é a de que as chamadas "reservas de lucros acumulados", indiscriminadamente utilizadas pelas companhias, há décadas, para retenções genéricas de lucros, jamais constaram dos estatutos sociais das respectivas companhias.

Ao prever a obrigatoriedade da previsão estatutária, a lei assegura que o assunto será objeto de deliberação em assembleia geral, seja a de constituição, seja extraordinária. Assegura, com isso, a previsibilidade da existência da reserva estatutária e de suas regras, para potenciais e efetivos investidores. Assegura aos acionistas, também, a possibilidade de obterem informações a respeito da reserva e opinarem acerca de sua criação.

É irregular, portanto, a criação de reserva estatutária de forma diversa, como, por exemplo, ato gerencial, simples lançamento contábil ou deliberação do conselho de administração. Não se trata, inclusive, de matéria que possa ser delegada pela assembleia geral dos acionistas, a qualquer dos órgãos de administração da companhia. Será inválida, da mesma maneira, a deliberação que determine a destinação de lucros para reserva legal criada por meio diverso daquele expressamente previsto em lei.

No caso de alteração estatutária para a criação ou modificação de reserva estatutária é necessário que sejam seguidas as regras da lei, bem como as normas regulatórias, quanto à convocação, instalação e quórum de deliberação. A parte final do *caput* do art. 124, por exemplo, determina que no caso de reforma do estatuto, deverá constar dos anúncios de convocação da assembleia geral extraordinária especificamente a matéria que será alterada no estatuto social. De acordo com o art. 135, o quórum de instalação, em primeira chamada, das assembleias que tiverem como objeto a alteração do estatuto social, é de dois terços do capital votante. Caso não haja previsão diversa no estatuto social, a sua alteração dependerá de votos da maioria absoluta dos presentes em assembleia regularmente instalada (art. 129).

Uma vez que não há qualquer previsão expressa nesse sentido, parece não haver fundamento para se exigir que haja o transcurso de qualquer prazo entre a criação da reserva estatutária e a deliberação de retenção de lucros nessa reserva. Sendo assim, para uma mesma data, por exemplo, podem ser convocadas a assembleia geral extraordinária, que criará as reservas, e a ordinária, que destinará lucros para a reserva recém-criada. O intervalo razoável entre a criação e o preenchimento da reserva, de pelo menos um exercício social, consiste, contudo, em medida recomendável do ponto de vista da governança corporativa, já que o próprio fundamento da existência da reserva estatutária é assegurar a previsibilidade das retenções por parte dos acionistas presentes e futuros da companhia.

De volta ao *caput* do art. 194, este determina que o estatuto social poderá criar reservas estatutárias "desde que" atenda aos requisitos previstos em seus três incisos.

O inciso I do art. 194 estabelece que o estatuto social deve indicar a "finalidade" da reserva estatutária "de modo preciso e completo". Ou seja, o estatuto social deve não apenas trazer expressa a finalidade da reserva estatutária, como também deve descrever a finalidade de modo preciso e completo. Não basta, portanto, apenas mencionar a finalidade (investimentos futuros, por exemplo); é preciso desenvolver em detalhes essa finalidade (quais atividades, com qual objetivo, por quanto tempo, por qual razão, entre outras características que sejam pertinentes e úteis para a avaliação da matéria pelos acionistas).[38]

A implementação de reservas estatutárias em desacordo com essa regra leva ao risco da criação de reservas tão genéricas quanto as extintas reservas de lucros acumulados, em evidente infração a todo o sistema de retenção de lucros proposto pela lei e, especificamente, ao § 6º do art. 202.

O inciso II do art. 194 exige que o estatuto social "fixe os critérios" para a determinação da parcela dos lucros sociais que será destinada à constituição da reserva estatutária em cada exercício social.

Esses critérios, acima de tudo, não devem ser arbitrários e sujeitar a totalidade dos acionistas à vontade injustificada dos administradores ou da maioria assemblear. A parcela a ser retida em cada exercício social deve estar absolutamente associada à finalidade da reserva estatutária, estabelecida, de forma precisa e completa, de acordo com o inciso I do art. 194. Isso significa que a parcela que será retida e a significância dessa parcela devem guardar relação com os objetivos para os quais a reserva estatutária foi criada. A parcela não pode ser excessiva, de modo a reter mais lucros do que o necessário para a consecução dos objetivos da reserva, nem baixa demais, de forma a não ser suficiente para a consecução desses mesmos objetivos.

38. "(...) quer [o art. 194] preservar o interesse dos acionistas não controladores contra a destinação excessiva de lucros, para constituição de reserva estatutária, em determinado exercício social, em prejuízo da disponibilidade imediata que têm os lucros líquidos não destinados à constituição de reservas. (...) Novamente, em razão de a constituição de reservas resultar em restrição à distribuição de dividendos, exige a lei que a previsão estatutária de constituição de reservas de lucros se subordine a regras bastante explícitas. (...) Em primeiro lugar, deve o estatuto declarar de modo preciso e completo, como indica o inc. I, do art. 194, a finalidade da reserva estatutária. Não basta, portanto, que o estatuto apenas denomine determinada reserva a ser constituída com base nos lucros anuais, mas é necessário que indique o uso a que esta reserva estará restrita. Não o fazendo, 'de modo preciso e completo', a reserva estatutária não será legal" (Geraldo de Camargo Vidigal e Ives Gandra da Silva Martins, *Comentários à Lei de Sociedades por Ações*, vol. 4, pp. 215 e 216).

O inciso III do art. 194 requer que o estatuto social estabeleça o "limite máximo" da reserva estatutária.

A reserva estatutária, em qualquer hipótese, não poderá ser constituída em prejuízo ao pagamento do dividendo mínimo obrigatório (art. 198), nem exceder o capital social, quando somado aos saldos das demais reservas de lucros, exceto as para contingências, de incentivos fiscais e de lucros a realizar (art. 199). Desde que compreendido nesses limites, o estatuto social poderá estabelecer o montante máximo que poderá ser retido em determinada reserva estatutária. Esse limite pode ser expresso em valores ou relativamente a outros montantes, como por exemplo, uma porcentagem do capital social, do faturamento médio em determinado número de exercícios ou da soma do saldo de todas as reservas de lucros da companhia.

9. A reforma de 2001

A Lei n. 10.303, de 31 de outubro de 2001, modificou a Lei das Sociedades por Ações e, entre outras alterações, inseriu um novo § 6º ao art. 202.[39]

O novo parágrafo determina que "[o]s lucros não destinados nos termos dos arts. 193 a 197 deverão ser distribuídos como dividendos". Com esse dispositivo, a lei tornou expresso o princípio que já decorria da interpretação sistêmica de seu Capítulo XVI, especialmente dos arts. 193 a 197.[40] Tornou expresso, também, enten-

39. "Com a introdução do § 6º, no art. 202, o legislador deixa explicitado que após terem sido feitas as apropriações dos lucros, que são admitidas nos arts. 193 a 197 da lei, todo o lucro que remanescer deve ser distribuído aos acionistas como dividendo. Reforça-se, assim, o direito que têm os acionistas minoritários das companhias de participar dos resultados de cada exercício social que remanescerem após terem sido feitas as retenções admitidas em lei ou no estatuto social" (Luiz Leonardo Cantidiano, *Reforma da Lei das S/A Comentada*, p. 232). "(...) o § 6º do art. 202, introduzido pela Lei n. 10.303/2001, determina que os lucros não destinados nos termos dos arts. 193 a 197 deverão ser distribuídos como dividendos. Tal dispositivo impede a reiterada prática por parte das companhias de reter lucros injustificadamente, sob a conta usualmente denominada 'lucros acumulados'. No entendimento da CVM, como a lei societária não previa a existência de tal conta, a parcela do lucro do exercício que excedesse o dividendo obrigatório e não pudesse ser enquadrada em nenhuma das destinações previstas nos arts. 193 a 197 da Lei das S/A (reserva legal, reservas estatutárias, reservas para contingências, retenção de lucros prevista em orçamento de capital aprovado em assembleia geral e reserva de lucros a realizar) deveria ser distribuída aos acionistas a título de dividendo. Entretanto, grande número de companhias distribuía aos acionistas apenas o dividendo obrigatório, ainda que as reservas previstas na lei e no estatuto social não absorvessem todo o montante do lucro do exercício, retendo o excesso na referida conta de 'lucros acumulados'. Assim, o dispositivo ora comentado veio consagrar o referido entendimento da CVM, obrigando as companhias a distribuírem, como dividendo, todo o lucro que exceder às retenções legalmente previstas. Como se verifica, trata-se de norma que visa a reforçar o direito do acionista de receber dividendos, na medida em que toda e qualquer retenção de lucros terá de ser adequadamente justificada na assembleia geral ordinária" (Nelson Eizirik e Modesto Carvalhosa, *A Nova Lei das S/A*, pp. 363 e 364). "(...) o § 6º do art. 202 da Lei 6.404/1976, que foi incluído pela Lei n. 10.303/2001, obriga que todo o resultado do exercício das companhias abertas ou fechadas tenha destinação para reservas ou que seja pago como dividendos" (Sérgio de Iudícibus, Elizeu Martins e Ernesto Rubens Gelbcke, *Manual de Contabilidade das Sociedades por Ações – Aplicável às demais Sociedades*, 6ª ed., p. 307).

40. "Todo o capítulo XVI da Lei n. 6.404/1976, inovador e revolucionário em relação aos ditames do antigo Decreto-lei n. 2.627/1940, foi orientado pela preocupação do legislador em relação aos destinos a serem dados, pela administração da Companhia, aos resultados do exercício, notadamente os que se traduzem em lucros. Basicamente, quatro foram as suas preocupações: a) Os lucros do exercício devem ter destinação específica, por proposta da administração, de acordo com a aprovação consciente da Assembleia Geral; b) Esses lucros devem ser apropriados de acordo a preservar o capital social, bem assim a manter as necessidades de giro da empresa e a possibilidade de sua expansão, como, também, a remunerar a aplicação de capital dos seus acionistas; c) Os acionistas minoritários, que não participam das decisões quanto à destinação de lucros, não podem ter prejudicado seu direito à remuneração do capital que empregaram na Companhia, por retenção de lucros superior às reais necessidades da em-

dimento da Comissão de Valores Mobiliários, que condenava a retenção de lucros sem que houvesse necessidade específica previamente submetida à análise dos acionistas.[41]

A retenção genérica de lucros, principalmente por meio das reservas de lucros acumulados, passou, assim, a ser evidentemente contrária à lei. O questionamento por parte dos acionistas minoritários contra abusos na alocação dos lucros sociais foi, na mesma medida, facilitado.

10. As reformas de 2007 e 2009

Em 2007, a Lei n. 11.638, de 28 de dezembro de 2007, extraiu da redação da alínea *d* do § 2º do art. 178 da Lei das Sociedades por Ações a expressão "lucros ou prejuízos acumulados" e manteve, em seu

presa; d) Os investidores em ações devem ter sempre uma visão clara da política de destinação dos lucros pela companhia, pois tal vem a ser um dos principais indicadores a orientar suas aplicações em tal ou qual empresa" (Parecer CVM/SJU n. 073, de 17.11.1980).

41. "Já vimos que a Lei n. 6.404/1976 abriu, segundo disposto nos artigos precedentes, às companhias, as mais diversas possibilidades de retenção dos lucros sociais, de acordo com suas necessidades ou mesmo suas conveniências, segundo deliberação de seu órgão máximo. Não bastasse isso, o presente art. 196 abre mais ainda essas possibilidades permitindo a retenção do correspondente à prévia previsão em orçamento de capital. O reverso da medalha desses permissivos legais vem a ser, justamente, a ideia espraiada ao longo desses artigos, de que os lucros podem ser retidos na companhia sim, mas desde que bem delineada a sua finalidade, com contornos próprios e específicos, conforme aprovado pela assembleia geral. Ora, se a lei estabelece o cumprimento de requisitos, fixando detalhes de execução do permissivo, é evidente que, fora deles, nada é dado à companhia reter. Ou seja, a filosofia que orientou toda a parte de retenção dos lucros está em que se, de um lado, ela é ampla, de outro, devem ser obedecidos parâmetros de apropriação que não deixem margem a dúvidas quanto à aplicação dos valores respectivos. Além disso, é por demais óbvio, cumpre à sociedade anônima distribuir aos seus acionistas, como dividendo, não mais obrigatório por decorrência de sua fixação mínima, mas por ser decorrência natural da própria razão de ser dos investimentos em sociedades anônimas. (...) [É] consequência lógica, que não precisa estar expressa em dispositivo legal pois própria do conceito de sociedade anônima, que todo o lucro excedente das necessidades da companhia, conforme entendido por sua assembleia geral, deva ser revertido aos seus acionistas. Se a companhia não necessita reter lucros, ou por ter suas reservas básicas já plenas, ou porque simplesmente foi entendido de que é desnecessário manter outras reservas de lucros, nada mais resta a sociedade anônima que entregar o lucro excedente a quem de direito – seus acionistas. (...) É preciso que os administradores e acionistas controladores entendam que o lucro pertence sempre ao acionista, na proporção de seus investimentos. (...) A retenção dos lucros na companhia é algo que limita a percepção dos lucros pelo acionista, quando necessária à sobrevivência ou desenvolvimento da empresa. Não vem a ser a retenção a regra geral, com a distribuição do dividendo uma exceção para ser cumprida. Ao contrário, a exigência básica é que todo o lucro seja distribuído, sendo exceção e limitação a isso, a retenção obrigatória ou necessária. (...) Está, pois, absolutamente enganada a companhia se pensa que pagando ao acionista o dividendo obrigatório ou mínimo, ela se desobriga de distribuir mais dividendos. Tal só ocorre se os lucros do exercício forem suficientes apenas para cobrir as suas necessidades de retenção, sejam elas legais, de sobrevivência econômica, de desenvolvimento empresarial, tudo conforme o exigido por lei ou assim entendido pelos próprios acionistas em assembleia geral. (...) A CVM jamais pretendeu que a companhia distribuísse a totalidade dos lucros. Mesmo porque, além de economicamente aberrante, seria mais estimular o descumprimento da Lei n. 6.404/1976 que cabe a ela vigiar. O que a CVM muito justamente deseja é que as companhias cumpram a lei (que aliás, é tal qual esta Comissão, desenvolvimentista das empresas, portanto a seu favor), e retenham todo o lucro que desejarem para seus investimentos de sobrevivência e desenvolvimento, mas que distribuam todo o lucro que puderem aos seus acionistas, uma vez reservadas as parcelas dos lucros a elas fundamentais. (...) Assim, se as companhias só puderem distribuir o dividendo estatutário, paciência, mas se, ao contrário, puderem reservar todo o necessário à sua vida empresarial e, além disso, levar ao acionista um dividendo superior ao mínimo, é o mais desejado por esta Comissão de Valores Mobiliários. (...) Na existência de lucro não destinado, de acordo com os arts. 193 a 200 da Lei 6.404/1976, verifica-se a presunção de que o saldo remanescente não seja fundamentalmente necessário a permanecer com a companhia e, consequentemente, dever ser distribuído aos acionistas a título de dividendos de bonificação em dinheiro" (CVM/SJU n. 073, de 17.11.1980).

lugar, apenas a expressão "prejuízos acumulados".

O art. 178 descreve o grupo de contas que devem constar do balanço patrimonial da companhia. Seu § 2º trata da classificação das contas do passivo. E a alínea *d* indica, especificamente, as contas em que o patrimônio líquido deve ser dividido.

Em outras palavras, foi expressamente excluída da lei expressão que pudesse sugerir a validade da retenção genérica de lucros sob a denominação de lucros acumulados. Muito embora a existência da conta lucros acumulados não implique a autorização legal para a retenção genérica de lucros, a lei entendeu adequado eliminar quaisquer possíveis ambiguidades. Em coerência, inclusive, com a decisão de tornar literal o princípio de que todo lucro não destinado deve ser distribuído aos acionistas, como ocorreu no caso da inserção do § 6º ao art. 202.

A alteração promovida pela Lei n. 11.638/2007, portanto, foi mais uma medida no sentido de tornar perfeitamente coeso o sistema da lei com relação às decisões de alocação do fluxo de caixa livre da companhia e demonstra a importância com que esse assunto é tratado do ponto de vista legislativo. O sistema desenhado pela lei foi incluído no projeto original de 1976, com grande relevância e importantíssima quebra em relação ao regime até então vigente,[42] e vem sendo ajustado periodicamente, sempre no mesmo sentido em que foi pensado há mais de 30 anos.

Em 2009, a Lei n. 11.941, de 27 de maio daquele ano, voltou a modificar o § 2º do art. 178, mas manteve a redação de sua antiga alínea *d*, a qual passou a vigorar como inciso III.

11. O Anexo 9-1-II da Instrução CVM n. 481/2009

A Instrução CVM n. 481, de 17 de dezembro de 2009, trata, entre outras matérias, da disponibilização de informações pela companhia por ocasião das deliberações assembleares.

Com maior completude e detalhamento do que o previsto pela Lei das Sociedades por Ações, a Instrução CVM n. 481/2009 disciplina forma, teor, prazo e responsabilidade pela disponibilização de todas as informações nela especificamente previstas, bem como de "quaisquer outras informações e documentos relevantes para o exercício do direito de voto em assembleia" (art. 6º, II).

No art. 9º da Instrução são indicados os documentos que devem ser disponibilizados aos acionistas previamente às assembleias gerais ordinárias. Entre eles consta a proposta de destinação do lucro líquido do exercício (§ 1º, II).

A proposta de destinação do lucro líquido do exercício, a ser preparada e apresentada pelos administradores da companhia, é documento obrigatório e independente, que deve ser submetido individualmente à apreciação dos acionistas na assembleia geral ordinária, por força do disposto nos arts. 132, II, 134, § 4º, 176, § 3º e principalmente 192, todos da Lei das Sociedades por Ações.

A deliberação sobre a proposta de destinação do lucro é autônoma e, ao menos que seja materialmente afetada por outras deliberações, não é a nenhuma delas conexa. Normalmente, a regularidade da destinação dos lucros depende da regularidade das demais peças que compõem as demonstrações financeiras. Porém, essa não é uma regra absoluta. É possível, por exemplo, que as contas dos administradores sejam reprovadas, mas a destinação dos lucros aprovada mantenha-se válida.

42. "No debate público sobre o Anteprojeto de Lei das S/A as atenções, o interesse e a controvérsia se concentram de tal modo em um único dos seus 304 artigos (...), sobre distribuição de dividendos, que aos menos informados pode parecer que a tão propalada reforma da lei de sociedades por ações se resume, afinal de contas, a uma nova disciplina sobre distribuição de dividendos" (Alfredo Lamy Filho e José Luiz Bulhões Pedreira, *A Lei das S/A*, ob. cit, p. 156).

Uma das grandes inovações da Instrução CVM n. 481/2009 é o seu Anexo 9-1-II, que detalha as informações que devem constar da proposta de destinação dos lucros do exercício.

O Anexo 9-1-II exige que a proposta de destinação dos lucros siga um esquema completo e de clara compreensão para os acionistas. As informações, conforme especificamente descrito pelo Anexo, devem seguir uma ordem lógica, escalonada e segregada de apresentação e são comparadas com dados de exercícios anteriores. Assim ocorre com a informação sobre o valor do lucro líquido apurado, os dividendos propostos, a forma e prazo de seu pagamento.

Da mesma forma, todas as retenções devem ser objetivamente explicadas. Sejam elas obrigatórias, assembleares ou estatutárias.

Com a Instrução CVM n. 481/2009 e o Anexo 9-1-II, portanto, os acionistas e o mercado ganham em transparência das informações, estabilidade quanto ao formato e cadência de sua disponibilização e previsibilidade em relação aos acontecimentos societários. Permite-se, assim, a antecipação de informações consistentes e completas, necessárias para a formação de convencimento dos acionistas e potenciais investidores. Permite-se, também, o melhor monitoramento da utilização dos lucros sociais pelos administradores e controladores, reduzindo incentivos para o desvio ou má utilização desses lucros.

12. Fim das reservas de lucros acumulados e a perda do controle arbitrário sobre o lucro líquido disponível

As reformas de 2001 e de 2007 decretaram o fim da retenção genérica de lucros por meio da reserva de lucros acumulados. O mercado de fato reagiu e as reservas de lucros acumulados são cada vez mais raras nas demonstrações financeiras das companhias do país.

Em princípio, a retenção arbitrária de lucros, sem previsão ou destinação específica, em desalinhamento com o interesse social, e sem possibilidade de fiscalização efetiva pelos acionistas, deixaria de ser viável, uma vez que as modificações promovidas tornaram inquestionáveis os objetivos da lei sobre a matéria.

O preenchimento das lacunas ou ambiguidades identificadas nos arts. 202 e 178 da Lei das Sociedades por Ações, e a extinção expressa da reserva de lucros acumulados, retirou do alcance dos administradores ou controladores, de forma definitiva, o principal meio que possuíam à sua disposição para promover a retenção de lucros de forma discricionária.

Parte dos incentivos para a retenção irregular de lucros, ligados à relativa indeterminação da lei ou à aceitação resignada de interpretação questionável das normas que disciplinavam a matéria até 2001, foram eliminados. Restaram os incentivos pessoais de administradores e controladores, associados a suas preferências pessoais quanto à assunção de riscos financeiros, legais e reputacionais, bem como as de natureza patrimonial.

Como se verá a seguir, contudo, as intervenções legislativas parecem não terem sido, ao menos por enquanto, suficientes para equilibrar o balanço entre os interesses envolvidos na sociedade e desestimular administradores e controladores a buscar outros caminhos para continuar a controlar da forma mais livre possível o fluxo de caixa livre das companhias.

13. A retomada do controle arbitrário sobre o lucro líquido disponível

Acostumados com o controle arbitrário do saldo do lucro líquido das companhias e pressionados pela perspectiva de perderem esse controle como consequências das reformas promovidas na Lei das Sociedades por Ações em 2001 e 2007, administradores e controladores passaram a buscar formas alternativas de retenção.

Não bastava encontrar meios para a retenção da parcela dos lucros sociais tida como necessária para o adequado desenvolvimento das atividades da companhia. Isso a lei claramente assegura.

Era preciso encontrar uma forma que permitisse a maior liberdade possível na decisão de retenção e de alocação dos lucros retidos. Dito de outra maneira, era importante que os administradores e controladores continuassem a reter e utilizar lucros sociais sem o custo de se comprometer com destinações previamente aprovadas e divulgadas aos acionistas.

O instrumento encontrado para esse fim foram as reservas estatutárias, disciplinadas pelo art. 194 da Lei das Sociedades por Ações.

A reserva estatutária é instituto conceitualmente construído para oferecer à companhia certa flexibilidade na determinação da utilização de parte dos lucros sociais. Faz parte de sua função, portanto, determinar limites dentro dos quais a maioria assemblear poderá criar livremente regras para a retenção de parcela do fluxo de caixa livre da companhia. Assim, a lei materializa sua convicção de que, para certas situações, não há como o legislador prever de antemão as necessidades de liquidez de uma sociedade, sendo mais adequado que haja instrumentos flexíveis o suficiente para permitir que a própria companhia decida, em cada uma dessas situações, o nível de retenção de lucros mais adequado.

Ocorreu, entretanto, que as companhias, de maneira generalizada, exacerbaram a liberdade concedida pela lei e flexibilizaram além do limite os requisitos determinados pelo art. 194.

Utilizando-se de finalidades genericamente descritas e critérios de retenção e utilização de lucros retidos igualmente discricionários, parcela significativa das companhias brasileiras criou nada mais do que uma nova versão da reserva de lucros acumulados, agora disfarçada de reserva estatutária.

A utilização das reservas estatutárias em desacordo com os requisitos da Lei das Sociedades por Ações, encoberta pela natural e relativa indeterminação de alguns dos conceitos utilizados pelo art. 194, abre espaço para que se crie situação semelhante à que foi a utilização durante décadas das reservas de lucros acumulados pelas companhias brasileiras.

Essa forma de utilização das reservas estatutárias é contrária aos princípios da lei, assim como era a utilização das reservas de lucros acumulados, mas o caráter flexível dessas reservas contribui para encobrir dos acionistas a irregularidade. Os enormes custos que se incorre no país para se questionar irregularidades dessa natureza desestimula acionistas minoritários a se insurgirem contra elas ou mesmo a notarem-nas. E a relativa ausência de questionamento faz com que justiça, doutrina e agentes reguladores não aprimorem o significado das normas e suas interpretações, perpetuando as incertezas no mercado e alimentando o ciclo vicioso.

14. A utilização irregular das reservas estatutárias e seus efeitos

A primeira irregularidade que se nota na prática societária é a criação contábil ou a utilização de reserva estatutária sem que haja previsão estatutária sobre sua existência.

O art. 194 da Lei das Sociedades por Ações é expresso ao determinar que "o estatuto poderá criar reservas". A deliberação assemblear que destina lucros para reserva estatutária não prevista no estatuto social é nula. Assim como ato gerencial, ratificado ou não pelos órgãos de administração, que destina valores para essa mesma reserva.

Ainda quanto à criação das reservas, a reserva estatutária criada pode ser inválida tanto se as formalidades necessárias para a alteração do estatuto social, ou para a aprovação original do estatuto social, não forem cumpridas, quanto se a própria reserva estatutária não atender aos requisitos e parâmetros da lei.

Assim, por exemplo, pode ser anulável a deliberação que cria reserva estatutária se essa matéria não constou de forma específica da ordem do dia, como determina o art. 124 da Lei das Sociedades por Ações. Pode ser nula se não forem atendidos os quóruns de instalação e deliberação dos arts. 135 e 129.

De forma equivalente, pode ser anulável a deliberação que cria reserva estatutária que não atende aos parâmetros de precisão e completude do art. 194, aos seus critérios e limites, bem como aos demais comandos contidos na Lei das Sociedades por Ações, especialmente em seu Capítulo XVI.

Reservas estatutárias genéricas quanto à sua destinação, por exemplo, contrariam diretamente a lei, tanto com relação ao art. 194, quanto com relação ao art. 202, § 6º. Se a finalidade não está descrita pelo estatuo social "de modo preciso e completo", como exige o art. 194, qualquer retenção de lucros nessa reserva estará em desacordo com o art. 202, § 6º, justamente porque não atenderá aos "termos dos arts. 193 a 197".[43]

São exemplos típicos de reservas estatutárias genéricas, amplamente verificados na prática, as *reservas para investimento* ou *reinvestimento*, as *reservas para expansão*, as *reservas para capital de giro* ou *operacionais*, as *reservas para equalização de dividendo* ou *para pagamento de dividendos intermediários*, as *reservas para recompra de ações* e as *reservas para aumento de capital*. Todas com denominações equivalentes ou semelhantes e justificativas que variam minimamente ou nada entre as diversas companhias que as utilizam.

As cláusulas que instituem as reservas estatutárias *para investimento* em regra descrevem sua finalidade sem especificar a natureza desses investimentos, ou o custo projetado para esses investimentos, ainda que em grandes números, números máximos ou parâmetros de determinação, ou ainda o prazo esperado ou máximo para a realização dos investimentos, os efeitos dos investimentos, entre outros.

A mera menção a *investimentos* não apenas não atende ao requisito de especificidade que o art. 194 exige como também em nada diferencia a finalidade da reserva das rotinas básicas da atividade empresarial. Investir é da essência do funcionamento de qualquer companhia. A menos que exista detalhamento a respeito do investimento, a cláusula estatutária em nada adiciona para os acionistas em termos de informação, capacidade de previsão e de fiscalização.

Não basta, ademais, que a cláusula determine que os investimentos serão utilizados "para a compra de produtos de informática" ou "para a melhoria do desempenho industrial da companhia". Ainda que mais detalhadas, são descrições que continuam sem adicionar qualquer informação materialmente significativa para os acionistas. São reservas que continuam a poder servir aos interesses discricionários, em tempo, qualidade e quantidade, dos administradores e controladores.

O mesmo ocorre com as chamadas *reservas para expansão*. O crescimento de uma companhia, dentro de uma realidade capitalista, é da essência da atividade empresarial. Sem crescimento ou crescimento relativo, a empresa tende a se estagnar, deixa de ser competitiva e não acompanha o mercado. A *expansão* das atividades se confunde, assim, com o próprio desenvolvimento do objeto social, tal como ocorre com relação à necessidade de investimentos.

43. Sobre a invalidade, anulabilidade e nulidade das deliberações sociais cf. obra e artigos de Erasmo Valladão Azevedo e Novaes França, *Invalidade das Deliberações de Assembleia das S/A*, "Lineamentos da reforma do direito societário italiano em matéria de invalidade das deliberações assembleares", *RDM* 134/12 e ss., e "Invalidade de deliberações conexas de companhia", *RDM* 145/255, ss. De Vasco da Gama Lobo Xavier, *Anulação de Deliberação Social e Deliberações Conexas*.

Justificar a retenção de lucro disponível com projetos não especificados de expansão das atividades igualmente não atende às razões da existência do art. 194. A expansão pode ser útil, e a retenção de lucros correspondente justa. É necessário, porém, que essa expansão seja objetiva, determinada, necessária e esclarecida para os acionistas.

Uma companhia que desde sua fundação atua no setor de bebidas e, por razões comerciais, decide que é uma boa estratégia passar a atuar também no setor de alimentos, poderia perfeitamente justificar dessa maneira a retenção de lucros em reserva de expansão de atividades, descrevendo prazos para a expansão ou parâmetros para a determinação do prazo, metas e resultados esperados, por exemplo. O mesmo com uma usina de açúcar que ainda não produza etanol e deseja se expandir para esse ramo, ou para o ramo de logísticas e transportes. Ou ainda, a companhia que enxerga potencial de crescimento em setor que já atua e quer aproveitar determinada oportunidade para aumentar sua participação no mercado, mediante a construção de uma nova planta.

Reservas para *capital de giro*, *desenvolvimento de atividades operacionais*, *persecução do objeto social* ou equivalentes são passíveis exatamente das mesmas críticas. Capital de giro, por exemplo, é parte do conjunto de elementos financeiros que conformam e implicam o resultado da companhia. Admitir que parte dos lucros é necessária, continuamente, para recompor ou reforçar capital de giro é assumir que a companhia é menos lucrativa do que aparenta. Se parte do lucro deve ser necessária e continuamente aplicada no ciclo produtivo, essa parcela deixa de contar como componente do fluxo de caixa livre da companhia, uma vez que estará sempre atrelada com o ciclo operacional da companhia.

É claro que é possível e legítima a retenção de lucros para fazer frente a uma necessidade específica de liquidez, para um esperado aumento localizado do adiantamento feito a clientes ou fornecedores, ou ainda para a proteção contra instabilidades pontuais do câmbio, por exemplo. Essa retenção, porém, não pode ser contínua, sob pena de desnaturar a própria lógica de sua existência. Ou, para que seja contínua, deve guardar proporcionalidade com o crescimento esperado das atividades. E, em qualquer caso, deve ser detalhada e completa, em suas razões, volumes e prazos, definidos ou definíveis, como é a regra para as retenções em reservas estatutárias.

Algumas reservas estatutárias são criadas para *garantir dividendos futuros*, *equalizar o fluxo de dividendos* ou *assegurar o pagamento de dividendos intermediários*. Se para todos os casos de criação de reservas genéricas, e para a disciplina das retenções de maneira geral, as teorias financeiras e econômicas relacionadas ao pagamento de dividendos são importantes, para o exame dessa categoria de reservas estatutárias, a necessidade da utilização da lógica econômica na caracterização de sua potencial irregularidade é evidente.

Conforme visto anteriormente, e especialmente no ambiente jurídico brasileiro, há importantes razões para o acionista preferir o recebimento do dividendo à retenção para reinvestimento do lucro, principalmente se a retenção for genérica e discricionária. Qual a razão, então, para que o acionista prefira que a distribuição do montante a que ele tem direito dos lucros disponíveis da companhia seja diferida no tempo? O lucro retido já é lucro formado e existente, pronto para declaração e distribuição. O mesmo lucro que seria distribuído neste momento é o lucro que será dividido e distribuído em parcelas anuais futuras. O que se propõe, portanto, é que ao invés de se distribuir R$ 10,00 por acionista, de uma vez, no presente, distribua-se R$ 2,00 por acionista por ano, durante cinco anos. Sendo que, sobre os R$ 8,00 retidos, que não poderão ser aplicados de forma definitiva na atividade produtiva da companhia, incidem todos os tipos de risco. Desde o risco de utilização irregular ou subótima pelos administradores ou controladores até os riscos de serem absorvidos por prejuízos futuros ou aumentos de capital, passando pelo risco elementar de perda do valor real ou do custo de oportunidade em razão da manutenção desses lucros em registros meramente contábeis.

Caso a retenção de lucros seja realizada para utilização exclusiva no pagamento de dividendos intermediários, para que se evite as ilogicidades apontadas acima, é necessário que os lucros sejam efetivamente pagos e que haja efetiva necessidade ou interesse dos acionistas no pagamento dos dividendos ao longo ou dentro do exercício social, em antecipação à apuração do lucro social anual. Se, além disso, os lucros intermediários somarem ao final do exercício tão somente o montante equivalente ao mínimo obrigatório, mais uma vez se estará diante de uma retenção potencialmente irregular. Os lucros pagos dessa forma ou serão necessariamente inferiores à retenção, no longo prazo, ou serão diferidos, quando poderiam ter sido pagos de uma só vez aos acionistas.

E, por fim, a companhia pode também levantar balanços específicos para o pagamento de dividendos intermediários, com lucros do próprio exercício, mesmo que não haja reservas de lucro constituídas, como já decidiu a Comissão de Valores Mobiliários, com base na expectativa fundamentada da existência de lucros suficientes ao final do exercício social.[44]

Há reservas estatutárias destinadas à *recompra de ações* de emissão da própria companhia. A finalidade é razoável e pode atender a diversos interesses dos acionistas, notadamente os relacionados com a distribuição de fluxo de caixa livre mediante programa de recompra ou com a execução de plano de opções de compra de ações.

No primeiro caso, contudo, a recompra será realizada com dinheiro que, em princípio, já deveria ter sido distribuído aos acionistas. A menos, portanto, que haja alguma razão particular que o justifique, haverá novamente simples deferimento da distribuição do fluxo de caixa livre aos acionistas, em seu prejuízo.

No segundo caso, é necessário que haja um efetivo projeto de implementação ou plano de recompra em vigor que fundamente a existência da reserva e assegure parâmetros de previsibilidade e fiscalização para os acionistas.

Em ambos os casos, a mera previsão de retenção para recompra de ações não atende, portanto, aos requisitos exigidos pelo art. 194.

As reservas estatutárias que fundamentam sua existência na realização potencial e futura de *aumentos de capital* tende, igualmente, a não preencher o requisito de finalidade específica e completa determinado pelo art. 194. O próprio aumento de capital necessita de justificativa para ser realizado. Embora no caso de capitalização de lucros ou de reservas não haja risco de diluição injustificada de participação societária (art. 169), a conversão em capital do lucro líquido disponível não pode ser feita sem motivo ou razão que justifique a preferência pela capitalização à distribuição. O aumento do capital social pode ser necessário para a melhoria de índices financeiros, importantes na redução de custos de captação de crédito, por exemplo. E a retenção de lucros pode ser uma solução razoável, especialmente porque evita a necessidade de desencaixe de valores próprios dos acionistas para a integralização do aumento, ou a sua diluição. Para que a retenção seja plenamente válida, no entanto, a necessidade do aumento do capital social, sua previsão de realização e magnitude, devem estar determinadas, ou serem determináveis, na cláusula que disciplina a reserva estatutária.

44. Cf. Processo Administrativo CVM n. RJ2008/4587 (Redecard S/A) e Processo Administrativo CVM n. RJ2008/2535 (São Carlos Empreendimentos e Participações S/A).

Se os recursos retidos se destinarem, no todo ou em parte, para o aumento de capital em controladas ou coligadas, o raciocínio aplicável é o mesmo. A necessidade do aumento do capital social da controlada ou da coligada, e suas características, devem ser determinadas na cláusula da reserva estatutária ou determináveis de acordo com parâmetros previstos nessa mesma cláusula. Uma das justificativas possíveis pode ser a manutenção da participação societária relativa no caso de realização de aumentos de capital. Essa manutenção, entretanto, também deve ser do interesse dos acionistas e da companhia. A constituição de reservas de lucros a serem utilizadas em aumento do capital social de empresa coligada depende da caracterização da relacionada participação societária como fundamental, naquela proporção, da existência de alguma probabilidade de que o aumento seja deliberado e do risco real de que o fluxo ordinário de receitas da companhia não seja suficiente para fazer frente à necessidade de integralização do aumento. Além disso, a necessidade de retenção para aumento do capital social de empresa controlada deve ser ainda mais específica, uma vez que evidentemente não há o risco de deliberação inesperada sobre esse assunto.

O inciso II do art. 194, por sua vez, estabelece que o estatuto social deve fixar "os critérios para determinar a parcela anual dos lucros líquidos" que serão destinados à constituição da reserva estatutária. Essa disposição possui dois objetivos evidentes. O primeiro é o de obrigar que existam critérios, deixando claro que o montante da retenção não pode estar sujeito à mera discricionariedade dos administradores ou controladores. O segundo é o de obrigar que esses critérios sejam preestabelecidos, de forma a conferir previsibilidade e transparência às retenções.

Em consequência a essa disposição, parte significativa das companhias que possuem reserva estatutária determinam uma parcela fixa (em oposição a um parâmetro de cálculo) do lucro líquido do exercício para retenção. Aquelas que não acompanham essa prática, em geral, são omissas a esse respeito ou simplesmente deixam a critério da assembleia geral a decisão acerca do montante a ser retido, o que, em qualquer dos dois casos, viola o inciso II do art. 194. Entre as companhias que acompanham a referida prática, a grande maioria determina, de forma direta ou indireta, que a retenção pode abranger todo o saldo do lucro líquido ajustado do exercício, após o pagamento do dividendo mínimo obrigatório. Essa disposição encontra-se ora estabelecida de forma literal no estatuto social, ora por conclusão matemática (por exemplo, se o dividendo mínimo obrigatório é de 25% e a retenção de até 75%).

É um fato que não há previsão expressa na lei que proíba que a parcela anual dos lucros líquidos destinada a certa reserva estatutária seja exatamente igual a todo o saldo do lucro líquido ajustado do exercício, após o pagamento do dividendo mínimo obrigatório. Difícil, contudo, não enxergar nessa prática um importante indício de que a retenção promovida ou a retenção potencial estão muito mais de perto associadas à disposição dos controladores e administradores de controlar discricionariamente os lucros da companhia do que à efetiva ponderação a respeito do equilíbrio ótimo, em cada tempo e situação, entre distribuição e reinvestimento.[45]

45. Indispensável nesse ponto, e para todo o tema tratado neste estudo, o voto proferido pela então Diretora da Comissão de Valores Mobiliários Norma Jonssen Parente no âmbito do processo administrativo CVM n. RJ2004/2684, transcrito praticamente em sua integralidade a seguir: "13. O dispositivo estatutário que cria a reserva debatida neste processo não estabelece um percentual fixo do lucro líquido do exercício a ser destinado à aludida reserva. Em vez disto, cria apenas um limite ('até 55%'), dentro do qual a assembleia – em última análise, o controlador – tem discricionariedade para deliberar que valor efetivamente será alocado na reserva. 14. *A meu ver, esta conduta é irregular por afrontar o art. 194, II, da Lei 6.404/1976, que exige que o estatuto 'fixe os critérios' para determinar a parcela do lucro destinada à constituição da reserva. A mera es-*

Isoladamente, portanto, não há como caracterizar como anulável uma reserva estatutária disciplinada por regras como as mencionadas, ou a deliberação que decide

tipulação de um teto não atende ao comando legal deste artigo, pois não especifica nem fixa – apenas limita – a parcela do lucro afetada. 15. Entender de outra forma significa permitir ao controlador arbitrar o montante a ser alocado na reserva e, por consequência, o montante a ser destinado aos sócios a título de dividendos. Este era um procedimento bastante comum no passado, quando a companhia poderia, uma vez satisfeitos os dividendos obrigatórios, simplesmente reter o lucro remanescente, sem justificativa e por tempo indeterminado, na conta chamada 'Lucros Acumulados'. 16. A inserção do § 6º no art. 202 da Lei 6.404/1976, por ocasião da reforma ocorrida em 2001, teve por objetivo exatamente reforçar a proibição a este tipo de prática, compelindo a companhia a distribuir todo o lucro – mesmo que já atendido o dividendo obrigatório – ou alocá-lo em reservas, o que implica necessidade de justificativa para tanto. 17. Se, todavia, pudessem ser admitidas reservas estatutárias com critérios lassos, imprecisos e indefinidos, estas nada mais seriam que uma nova roupagem a revestir o antigo uso da conta 'Lucros Acumulados'. Ou seja: seria uma forma de escapar à incidência do art. 202, § 6º, da Lei das Sociedades Anônimas, retendo uma parcela do lucro que deveria ser repassada aos sócios como dividendos. E é isto o que ocorre no caso concreto. 18. Aliás, no caso concreto, o efeito desta reserva sobre os dividendos é uma questão especialmente delicada. Não é demais relembrar que a reserva sob exame é a terceira dentre as reservas estatutárias já criadas pela companhia e estas, somadas à reserva legal, podem atingir até 75% do lucro líquido apurado no exercício na seguinte proporção: a) 5% para reserva legal; b) 10% para reserva estatutária de renovação de equipamentos; c) 5% para reserva estatutária de pesquisas e desenvolvimento tecnológico; e d) até 55% para a reserva estatutária de perdas monetárias e equalização de dividendos, que é debatida neste processo. 19. *Como se pode notar, se os recursos forem destinados a esta última reserva no limite máximo permitido pelo estatuto, restará aos acionistas receber não mais que 25% do lucro sob a forma de dividendos. Daí porque se disse anteriormente que o dividendo mínimo assegurado por lei estaria, na estrutura estatutária da Companhia Iguaçu de Café Solúvel, se transformando em dividendo máximo.* 20. Sobre este ponto, convém fazer uma pequena retificação em relação ao voto anterior. Na realidade, a destinação de 55% do lucro líquido para a reserva sob exame faria com que o dividendo a ser distribuído fosse muito próximo, mas não exatamente igual, ao mínimo obrigatório. 21. Explica-se: nos termos do estatuto, o dividendo mínimo é calculado de acordo com os parâmetros do art. 202 da Lei das S/A, dispositivo que afasta a incidência dos mencionados 25% sobre a parcela destinada à reserva legal (5%). Logo o dividendo de distribuição obrigatória corresponde a um quarto de 95% do lucro líquido, ou seja, 23,75% deste lucro. 22. De toda sorte, o que se discute neste processo não é uma diferença de 1,25% na distribuição do lucro, mas sim a forma pela qual vem se operando a retenção da parcela não distribuída e os efeitos gerados em face dos acionistas. Por isso, esta observação em nada afeta a conclusão do voto anterior, a qual reitero, no sentido de que *a reserva é particularmente nociva aos minoritários, que, como não participam do controle, só poderão ser remunerados através de dividendos, ora reduzidos drasticamente. Isto permite à companhia fazer caixa, o que virá a beneficiar exclusivamente o controlador em caso de eventual alienação de controle.* 23. A companhia, todavia, insiste enfaticamente em negar este ponto. Em seu pedido de reconsideração, afirma que o dividendo mínimo obrigatório não estaria sendo afetado ou tampouco transformado em dividendo máximo. Prova disto, prossegue a Requerente, é que os dividendos distribuídos nos últimos exercícios sempre excederam o mínimo obrigatório. 24. Realmente, conforme comprovam os documentos de fls. 271 e 340, os acionistas vêm recebendo parcela superior aos 25% do lucro líquido anual, mas isto só ocorreu porque a companhia destinou à reserva de recomposição de perdas inflacionárias uma parcela inferior àquela que lhe seria permitida pelo estatuto. Se tivesse optado pelo máximo, teria de fato forçado seus acionistas a receber praticamente o valor correspondente ao piso legal. 25. *Ora, é intolerável aceitar a possibilidade – ainda que não concretizada – de que os dividendos dos acionistas sejam restringidos ao mínimo e que só ultrapassem este patamar quando o controlador graciosamente assim decidir.* (...) 26. *A preocupação acima exposta ganha ainda mais relevo quando se constata que a reserva analisada, já contrária ao art. 194, II, sequer atende aos requisitos do inciso I deste mesmo artigo, notadamente no que tange à indicação precisa de sua finalidade. De fato, percebe-se que a indigitada reserva: a) estabelece duas finalidades (relembre-se: recompor efeitos de desvalorização monetária e suplementar dividendos) distintas, e a princípio antagônicas, sem determinar que parcela do lucro atenderá a cada uma delas; b) pressupõe-se a recompor o capital da companhia, mas não estipula quais os critérios para o cálculo da parcela a ser recomposta. 27. Diante desta duplicidade de funções, os acionistas nem mesmo podem saber qual delas estaria justificando a retenção operada, se é a reposição das perdas monetárias ou se é o equacionamento de* pela retenção de lucros em termos equivalentes. É possível até que a retenção da to-

dividendos. A assembleia geral, por seu turno, ao deliberar pela destinação de recursos a reserva, nunca especificou qual finalidade estava sendo atendida, contribuindo ainda mais para a nebulosidade da reserva. 28. Convém, aliás, relembrar que até a SEP, dada a insuficiência do disposto no estatuto da Requerente, determinou a divulgação de maiores informações para possibilitar aos investidores a compreensão do cálculo da reserva. 29. Apesar de bem intencionada, tal medida não resolve o problema. *As reservas estatutárias não podem depender de explicações adicionais ao estatuto. Muito pelo contrário: o próprio estatuto é que deve ser a explicação para as reservas de lucros nele contidas. Em outras palavras, o estatuto deve ter clareza, ser autossuficiente na explanação de seu conteúdo.* 30. De toda sorte, nem os esclarecimentos prestados em atenção ao determinado pela SEP sanaram a imprecisão do dispositivo estatutário que estabeleceu a reserva. Nada obstante a Requerente tenha exposto algumas das premissas de seus cálculos para a composição da reserva, o fato é que a obscuridade permanece. Basta dizer, por exemplo, que a companhia pretende incluir perdas passadas no escopo da reserva que explicitamente se propõe a 'prevenir a descapitalização da sociedade em face de desvalorizações monetárias'. 31. A meu juízo, 'prevenir' é um termo que, por definição, só pode se referir a eventos futuros. Assim, a absorção de desvalorizações monetárias já ocorridas pela reserva em análise me parece uma interpretação temerária do estatuto social. E, mais do que temerária, seria também uma medida inusitada, afinal após anos suportando os alegados efeitos da inflação, é difícil crer que a companhia tenha subitamente se dado conta desta situação e decidido pela constituição de reserva de lucros que pretenda recompor o efeito de todo este período. 32. Mas ainda que se admita esta hipótese, nem assim é possível concluir pela legalidade da indigitada reserva, uma vez que ela não está sendo utilizada de forma a atingir sua alegada finalidade. É o que se demonstrará no item seguinte. (...) 33. Por fim, a última e mais incisiva evidência de irregularidade da reserva diz respeito à forma como ela vem sendo utilizada. 34. Supondo, para efeito de argumentação, que todas as considerações acima tecidas pudessem ser superadas e que a reserva seja realmente necessária, seria então forçoso concluir que o valor nela retido deveria ser capitalizado, de forma a cumprir sua finalidade declarada e recompor as perdas sofridas pelo capital social, perdas estas que a companhia estima em R$ 37.000 (mil). A própria SEP, que inclusive proferiu a decisão recorrida, compartilha este entendimento (fl. 270). 35. Todavia, não é o que ocorre. A companhia mantém saldo na reserva, a

talidade do saldo do lucro líquido, após o pagamento dos dividendos mínimos obri-

despeito das perdas que alega existir no capital social. Em seu pedido, a Requerente dá a entender que a capitalização é desnecessária, pois os recursos detidos em reservas, assim como aqueles que compõem o capital social, estariam investidos nos próprios ativos da companhia e, desta forma, cumpririam sua finalidade de evitar a distribuição de lucro fictício aos acionistas. 36. Em outras palavras, o que se depreende da manifestação da companhia é que, uma vez que o valor alocado na reserva não será distribuído, logo não acarretará a transferência de 'lucro fictício', é indiferente que tal importância seja ou não capitalizada. 37. *Ora, o pressuposto de toda reserva de lucros é que venha a ser utilizada. Afinal, o montante que a integra pertence, originalmente, aos acionistas e só por via excepcional – e por razões consistentes – lhes pode ser subtraído.* Daí porque tais recursos não podem ficar ociosos, acumulando-se indefinidamente sem destino: se a reserva se presta a evitar a descapitalização da companhia, então é evidente que os recursos nela alocados devem ser incorporados ao capital social. 38. E mais: de acordo com as informações prestadas pela companhia, a reserva em debate se propõe basicamente a fazer frente aos efeitos da inflação, aproximando-se, assim, da reserva de correção monetária, que deixou de ser obrigatória em função da Lei 9.249/1995. Assim, por uma questão de analogia e coerência, a indigitada reserva deveria observar os mesmos princípios da reserva de correção monetária, inclusive a capitalização anual, descrita no art. 167 da Lei 6.404/1976 e no Parecer de Orientação CVM n. 02/1979. 39. Como se nota, mesmo partindo das premissas deduzidas pela companhia, nada, absolutamente nada, justifica a não capitalização dos recursos retidos nas reservas. Ao que tudo indica, tem razão o minoritário reclamante ao sugerir que a não capitalização pretende impor um ritmo mais modesto ao crescimento dos dividendos distribuídos aos acionistas. 40. A propósito, vale lembrar que o estatuto assegura aos titulares de ações preferenciais o dividendo prioritário sobre o que resultar maior na comparação entre (i) 3% do valor do patrimônio líquido da ação e (ii) 12% (ou 8%, conforme a classe) do valor nominal da ação. 41. Assim, se por um lado a retenção de parte do lucro em reservas aumenta o valor do patrimônio líquido da ação, fazendo com que os 3% incidam sobre uma base mais robusta; por outro, o aumento do capital social, com consequente majoração do valor nominal das ações, também representaria aumento da base de cálculo dos dividendos das ações preferenciais, um benefício até maior, segundo alega o minoritário reclamante. (...) 42. *Diante do exposto, restam evidentes:*

gatórios, atenda ao interesse social. Mas, a ausência de justificativa efetiva para essa retenção, somada a outros indícios de utilização dos mecanismos de retenção de forma arbitrária pode, definitivamente, levar à anulação da cláusula e/ou de deliberação relacionada.

Em seu inciso III, o art. 194 prescreve que o estatuto social deve estabelecer o limite máximo de cada reserva. Esse limite pode ser qualquer montante, desde que não exceda o limite do art. 199. Limite esse, reitere-se, que diz respeito à *soma* dos saldos de todas as reservas de lucros, exceto as para contingências, de incentivos fiscais e de lucros a realizar, e não ao saldo individual de cada reserva.

Em regra, as companhias estipulam que o saldo das reservas estatutárias seja coincidente com o limite do art. 199, ou seja, que, somado aos saldos das demais reservas de lucros, com as exceções previstas, o montante total não deve ultrapassar o valor do capital social.

De acordo com o art. 199, quando atingido o limite, "a assembleia deliberará sobre a aplicação do excesso na integralização ou no aumento do capital social ou na distribuição de dividendos".

Essa regra, contudo, parece não fazer sentido com relação às reservas estatutárias. Se essas reservas são uma solução de exceção para a retenção de lucros, que depende de específica previsão e justificativa, qual seria o sentido de permitir que, uma vez atingido certo limite (seja ele o do art. 199 ou da própria reserva), esses valores possam simplesmente ser capitalizados? Ora, a capitalização é destinação diversa daquela para a qual os lucros foram retidos, a menos que a retenção tenha sido fundamentada na própria capitalização, com as justificativas adequadas. E, como se viu, há motivos mais do que razoáveis para que os acionistas minoritários prefiram decidir o destino do lucro disponível da companhia por si mesmos do que permitir que eles sejam discricionariamente adicionados ao capital social.

Além disso, se o limite já havia sido atingido, qualquer nova retenção para a referida reserva estatutária viola o disposto no § 6º do art. 202, uma vez que viola o próprio art. 194.

Caso atingido o limite da reserva estatutária, portanto, seja esse limite o definido no estatuto social ou determinado pelo art. 199, não se pode mais destinar lucros para essa reserva. Simplesmente não pode ser aplicável para o caso das reservas estatutárias a solução por meio de capitalização dos lucros nela registrados, para que se abra espaço para mais retenções. Se, por acaso, por qualquer razão, forem retidos lucros em reserva que supere o seu limite, esses lucros devem ser imediatamente distribuídos. Não há outra possibilidade.

Essas são as irregularidades mais comumente encontradas no mercado brasileiro, conforme podem confirmar os dados colhidos e apresentados no início deste estudo. Ainda que as retenções de lucro de caráter genérico e sua utilização discricionária pelos administradores e controladores fizessem sentido do ponto de vista econômico – o que definitivamente não parece ser o caso –, o fato é que essas retenções e utilização são contrárias à lei posta. Definitivamente, a existência de previsão legal expressa de que a finalidade da reserva estatutária deve ser descrita "de modo preciso e completo" deixaria de fazer qualquer sentido se fosse permitido às companhias reter lucro para o desenvolvimento das atividades normais e ordinárias da companhia, ou reter lucro em quantidades arbitrárias, por exemplo.

(i) a ilegalidade na constituição de reserva estatutária capaz de transformar os dividendos mínimos em dividendos máximos, (ii) o descumprimento do art. 194, I, da Lei 6.404/1976 na medida em que sua finalidade é imprecisa e (iii) utilização indevida dos recursos nela alocados. 43. Portanto, *voto* pelo indeferimento do pedido de reconsideração" (grifado). A respeito, cf. também o processo administrativo CVM n. RJ2001/12367, no qual foi vencido o voto da Diretora Norma Jonssen Parente.

O ideal seria que cada companhia de fato avaliasse a proporção entre distribuição e reinvestimento que melhor se adequa a suas atividades, a cada momento e situação (ou seja, por ocasião do encerramento de cada exercício social, pelo menos). Que cada companhia distribuísse a proporção adequada de dividendos, de acordo com a demanda dos acionistas, a capacidade da companhia e a sinalização desejada ao mercado.[46] Que cada companhia procurasse projetar a efetiva necessidade de reinvestimento e propusesse à assembleia as retenções necessárias, com base em justificativas claras, completas e precisas. Que os valores retidos fossem efetivamente utilizados de acordo com as finalidades a que se destinaram e que sobre essa utilização fossem prestadas contas, em tempo e detalhamento adequados. Que, caso não utilizados os valores retidos, conforme foi antecipado, esses valores fossem imediatamente distribuídos, em adição a quaisquer dividendos mínimos obrigatórios devidos no exercício em que ocorrer essa distribuição.

Esse comportamento em nada parece acrescer aos custos de condução das atividades da companhia. E, ao contrário de implicar menor flexibilidade na utilização do fluxo de caixa livre da companhia, o aumento da transparência e a melhoria do diálogo entre administradores, controladores e minoritários provavelmente promoveria uma maior disposição destes últimos em manterem recursos dentro da companhia, em razão da redução dos riscos de má utilização desses recursos.

Não há razão, ainda, para se argumentar que o detalhamento da reserva estatutária e de sua utilização ao ponto defendido neste estudo levaria à sobreposição entre os institutos do orçamento de capital e da reserva estatutária. A natureza dos dois institutos é diversa, bem como é diversa a forma de constituição das reservas estatutárias e da reserva especial para cumprimento de orçamento de capital. Mas mesmo que as reservas estatutárias e o orçamento de capital de fato se sobreponham em alguma medida, principalmente em sua função, não parece haver aí grande contrassenso da lei. Há duas formas diferentes de se reter lucros, o que tão somente incrementa o instrumental à disposição dos administradores e controladores para conduzirem as atividades empresariais e o diálogo com os acionistas minoritários e potenciais investidores. O que, por outro lado, seria efetivamente incoerente do ponto de vista legislativo é a autorização para que houvesse duas formas de retenção de lucros: uma genérica e sem necessidade especial de transparência ou previsibilidade; outra dependente de orçamento de capital, que deve detalhar fontes de recursos, aplicação dos mesmos e que está submetida a revisão anual da assembleia geral.[47] Inclusive porque às duas retenções aplica-se o limite do art. 199.[48]

46. A respeito das informações que a política de dividendos de determinada companhia pode transmitir ao mercado e seus efeitos, cf. Ramasastry Ambarish, Kose John e Joseph Williams, "Efficient signaling with dividends and investments", *Journal of Finance* 42/321 e ss.; Merton Miller e Kevin Rock, "Dividend policy under asymmetric information", *Journal of Finance* 40/1.031 e ss.; Kose John e Joseph Williams, "Dividends, dilution, and taxes: a signaling equilibrium", *Journal of Finance* 40/1.053 e ss.; Sudipto Bhattacharya, "Imperfect information, dividend policy, and 'the bird in the hand fallacy'", *Bell Journal of Economics* 10/259 e ss.; Easterbrook, "Two agency-cost explanations of dividends", art. cit., pp. 651 e 652.

47. O art. 163, § 1º, *in fine*, da Lei das Sociedades por Ações chega a prever, inclusive, a existência de "relatórios de execução de orçamentos", que devem ser submetidos ao conselho fiscal, tal qual os balancetes e demonstrações financeiras da companhia.

48. "O orçamento de capital, nos termos da lei, deverá compreender os recursos econômico-financeiros previstos para serem realizados pela companhia na aquisição, formação e construção de ativos imobilizados ou diferidos e em investimentos que contribuirão para melhoria de gestão empresarial da sociedade. Esse orçamento deverá ser elaborado com toda a fundamentação econômico-financeira possível, com o objetivo de demonstrar inequivocadamente que os recursos correspondentes à

O descumprimento das regras estabelecidas pela Lei das Sociedades por Ações para a retenção de lucros, tanto no que diz respeito à sua criação, quanto naquilo que se refere à destinação de lucros para essa reserva ou a utilização desses lucros, implica responsabilidade dos administradores (arts. 151 a 159) da companhia e dos acionistas que votaram favoravelmente na deliberação correspondente, por abuso de poder de controle ou no exercício do direito de voto (arts. 115 e 117), conforme seja o caso.

As ações contra a companhia de anulação do ato que irregularmente constituiu reserva estatutária ou que constituiu reserva estatutária irregular prescrevem em 3 anos, contados da data do ato (art. 287, II, g). As ações de responsabilidade e de reparação contra administradores, controladores ou acionistas minoritários prescrevem em 3 anos, contados da data do ato, se relacionadas à criação da reserva estatutária ou à destinação de recursos a ela, ou contados da "data da publicação da ata que aprovar o balanço referente ao exercício em que a violação tenha ocorrido" (art. 287, II, *b*, 2), se relacionadas à utilização irregular dos valores retidos ou à não utilização dos valores retidos em contrariedade com a finalidade da retenção. Também em 3 anos contados da data da publicação da ata que aprovar o balanço referente ao exercício em que a violação tenha ocorrido prescrevem as ações para distribuição como dividendos dos valores retidos, porém não utilizados, em contrariedade com a finalidade da retenção.[49]

15. A manipulação do art. 194 da Lei das S/A e o que isso diz a respeito do estágio de evolução do mercado de ações brasileiro

A forma como as reservas estatutárias vem sendo utilizadas no país demonstra, no mínimo, a grande resistência do mercado nacional em reconhecer a necessidade de compartilhamento relativo do poder sobre as decisões tomadas em relação à companhia.

Como mencionado anteriormente, o mercado de capitais brasileiro cresceu vigorosamente nos últimos anos. Parte dos benefícios desse crescimento, para a economia nacional e para as próprias companhias e controladores, é o aumento da base de investidores. Parte da consequência desse aumento é o obrigatório compartilhamento do controle com mais sócios, a obrigatória fiscalização por mais olhos.

Não é possível explorar os benefícios e, ao mesmo tempo, destacar os efeitos que a eles veem associados. No curto prazo pode até ocorrer, mas no longo prazo essa situação não se sustenta logicamente. Por um certo período, pode ser possível captar mais recursos do que nunca no mercado e resistir aos efeitos que cssa nova situação gera sobre a estrutura do controle das companhias. Mas se essa resistência persiste, sem que haja intervenção regulatória ou institucional que equilibre as forças em jogo, o resultado será a retração da nova base de investidores criada. Em outras palavras, logo os investidores perceberão a delimitação exata dos riscos a que estão submetidos e a oferta de capital se reduzirá ou se encarecerá.

parcela de lucro retida serão, de fato, aplicados como previsto no orçamento de capital" (Carvalhosa, *Comentários à Lei de Sociedades Anônimas*, vol. 3, ob. cit., p. 751).

49. Sobre as ações de responsabilidade, cf., na doutrina nacional, p. ex., Marcelo Vieira von Adamek, *Responsabilidade Civil dos Administradores de S/A e as Ações Correlatas*. Sobre a responsabilidade dos administradores, de maneira geral, cf. Paulo Fernandes Campos Salles de Toledo, *O Conselho de Administração na Sociedade Anônima*, 2ª ed.; Flávia Parente, *O Dever de Diligência dos Administradores de Sociedades Anônimas*; Renato Ventura Ribeiro, *Dever de Diligência dos Administradores de Sociedades*. Especificamente relacionado aos administradores de companhias abertas: Nelson Eizirik, Ariádna B. Gaal, Flávia Parente e Marcus de Freitas Henriques, *Mercado de Capitais – Regime Jurídico*, pp. 391 e ss.

A resistência cultural à evolução do mercado de capitais pode levar à limitação dessa evolução ou à sua anulação. As forças econômicas não esperam que todas as estruturas de uma sociedade as acompanhem de forma harmônica e consistente. O desenvolvimento econômico ocorre de maneira dispersa, inercial, elástica e disforme. Nem todas as instituições de um país reagem com a mesma velocidade e coerência aos estímulos econômicos. O mesmo ocorre com o quadro de valores de uma sociedade. Com o direito, a capacidade de reação é ainda mais lenta. A configuração final, a amplitude de cada movimento evolucionário, dependerá da resultante entre as diversas forças que atuam e se chocam em um mesmo ambiente e tempo, sendo o mais forte dos vetores, contemporaneamente, os incentivos econômicos.[50]

O resultado do confronto entre as forças econômicas, as instituições e os valores de uma determinada sociedade podem ser influenciados e otimizados pela intervenção política, ainda que os instrumentos políticos estejam submetidos aos mesmos fatores que afetam toda a sociedade. A intervenção legislativa, regulatória ou por meio do Poder Judiciário pode contribuir para que fatores diversos da sociedade convirjam para um mesmo objetivo considerado superior.[51]

Aparentemente, o que ocorre atualmente no mercado acionário brasileiro é um descompasso entre o seu crescimento econômico e a acomodação dos efeitos desse crescimento nas estruturas históricas e culturais do país. Os elementos culturais da sociedade, fortemente correlacionados a um histórico de concentração de poder e descumprimento legal, ainda não convergiram com as linhas de evolução do desenvolvimento econômico do mercado de capitais. Pelo menos não na mesma forma como a expansão do mercado brasileiro vem sendo alardeada dentro e fora do país nos últimos anos.

E os indícios de que essa conclusão pode ser verdadeira no mercado de capitais brasileiro não decorre apenas do exame da forma de utilização das reservas estatutárias. Há outros fatos que sugerem conclusões semelhantes.

Entre eles, a adoção em massa e padronizada, por companhias abertas brasileiras, principalmente a partir de 2007, de determinada espécie de cláusula estatutária de proteção contra tomada hostil de controle. O que pode ser categorizado como "*poison pills* brasileiras" pode também ser classificado como uma reação desproporcional e pouco refletida a uma realidade que estava e ainda está muito distante de se materializar. Uma reação que em muito reflete o temor com que a sociedade brasileira enxerga a divisão de poder. No caso do ambiente empresarial, a divisão do poder de controle e a redução da capacidade de extração de benefícios privados desse controle.[52]

50. Sobre a influência das raízes culturais na resistência à absorção de tendências econômicas e jurídicas, suas razões, seus efeitos e uma análise pela ótica jurídica do conceito de *path dependency*, cf., p. ex., Rafael La Porta, Florencio Lopez-de-Silanes, Andrei Sheleifer e Robert W. Vishny, "Legal determinants of external finance", *Journal of Finance* 52/1.131-1.150; Mark Roe e Lucian Bebchuk, "A theory of path dependence in corporate governance and ownership", *Stanford Law Review* 52/781; Mark Roe, "Political determinants of corporate governance", Oxford University Press; Ron Gilson e Jeffrey Gordon, "Controlling controlling shareholders", *University of Pennsylvania Law Review*, vol. 152, n. 2, pp. 785-843; Ron Gilson, "Controlling shareholders and corporate governance: complicating the comparative taxonomy", *Harvard Law Review*, vol. 119, n. 6, pp. 1.642-1.679; Rafael La Porta, Florencio Lopez-de-Silanes, Andrei Sheleifer e Robert W. Vishny, "Corporate ownership around the world", *Journal of Finance* 54/471-518.

51. John Coffee Jr., "The rise of dispersed ownership: the roles of law and the state in the separation of ownership and control", *Yale Law Journal* 111/1.

52. Modesto Carvalhosa, "As *poison pills* estatutárias na prática brasileira – Alguns aspectos de sua legalidade", in Rodrigo R. Monteiro de Castro e Leandro Santo de Aragão (coords.), *Direito Societá-*

Tanto que, tomadas em conjunto, tais cláusulas praticamente inviabilizaram a criação de um mercado de controle no país, ferramenta mais do que benéfica para o desenvolvimento de qualquer mercado de capitais. Essa inviabilização dava-se não apenas pela elevação do custo das tomadas de controle a níveis insuperáveis, por meio de previsões estatutárias que obrigavam a realização de oferta pública de aquisição de ações sob diversas condições sempre que qualquer acionista superasse determinado limite de participação acionária, como também pela fixação de mecanismos que na prática impossibilitavam qualquer hipótese de modificação das referidas previsões estatutárias.

Não por acaso, a Comissão de Valores Mobiliários, por meio do Parecer de Orientação CVM n. 36, de 23 de junho de 2009, esclareceu que "não aplicará penalidades, em processos administrativos sancionadores, aos acionistas que, nos termos da legislação em vigor, votarem pela supressão ou alteração da cláusula de proteção à dispersão acionária, ainda que não realizem a oferta pública prevista na disposição acessória".

Mais recentemente, no segundo semestre de 2010, foi colocada em votação a reforma de determinados pontos dos regulamentos dos Níveis Diferenciados de Governança Corporativa da BM&F Bovespa. Os itens rejeitados pelas companhias listadas nos referidos segmentos diziam respeito a mecanismos de incentivo à dispersão acionária, aumento do número de conselheiros independentes na administração das companhias e a obrigatoriedade da constituição de um comitê de auditoria. A rejeição desses itens gerou uma sensação de fracasso da reforma no mercado e deixou a impressão que a governança corporativa vinha sendo ofertada no país muito mais como um instrumento de *marketing* do que como reflexo da efetiva disposição dos agentes do mercado em trocar poder por incremento na capacidade de captação.[53]

Um ano antes, em artigo baseado em consistente observação estatística, Bernard Black, Antonio Gledson de Carvalho e Érica Gorga já concluíam que "[*b*]*oard independence is an area of notable weakness*" no Brasil, que no país o nível de "[*f*]*inancial disclosure lags behind world standards*" e que "[*a*]*udit committees are uncommon*" nas companhias nacionais.[54]

Esses são fatos que demonstram que a manutenção do crescimento do mercado de capitais brasileiro, e a sustentabilidade desse crescimento no longo prazo, ainda podem depender de um grau significativo de ajustes e intervenções, sejam elas regulatórias, legislativas ou, com menor probabilidade, decorrentes de iniciativas dos próprios agentes que comandam o mercado.

16. O dividendo mínimo obrigatório ainda possui uma função a cumprir

No item 6 deste estudo foi registrado o questionamento a respeito da possibilidade de se afrouxar os controles representados pela disciplina legal do dividendo mínimo obrigatório, em benefício da maior liberdade para as companhias utilizarem o seu fluxo de caixa livre.

Essa flexibilização decorreria da suposta maior transparência e razoabilidade com as quais o mercado de capitais vem operando no Brasil nos últimos anos. A melhoria do diálogo entre acionistas con-

rio: Desafios Atuais, e Eduardo Secchi Munhoz, "Transferência de controle nas companhias sem controlador majoritário", in Rodrigo R. Monteiro de Castro e Luís Andre de Moura Azevedo (coords.), *Poder de Controle e outros Temas de Direito Societário e Mercado de Capitais*, pp. 285-324.

53. A esse respeito, a reportagem do jornal *Valor Econômico*, de 10.9.2010, em cujo título se lê: "Fracassa Reforma do Novo Mercado" e em cujo conteúdo se encontra simbólica passagem, atribuída a Armínio Fraga, para quem o "processo de discussão deixou no ar um cheiro 'de Brasil velho'".

54. Bernard S. Black, Antonio Gledson de Carvalho e Érica Gorga, "The corporate governance of privately controlled brazilian firms", *Revista Brasileira de Finanças*, vol. 7, n. 4, 2009, pp. 385 e ss.

troladores, administradores e investidores, refletida nos movimentos de incremento das práticas de governança corporativa difundidos pelo país, contribuiria para reduzir os riscos da subtração do dividendo mínimo obrigatório. E o maior respeito e executabilidade dos direitos dos minoritários, se verdadeiros, arremataria o conjunto e finalmente dispensaria o instrumento expressamente paternalista consubstanciado no direito ao dividendo mínimo obrigatório.

Ao que parece, contudo, o mercado brasileiro ainda não atingiu esse nível. Ainda há falhas relevantes na transmissão de informações e no tratamento dos acionistas minoritários no país. Não obstante os progressos realizados nos últimos anos, as companhias brasileiras ainda não se provaram capazes de atuarem livremente em certas matérias, que ainda dependem de reequilíbrio regulatório. E o sistema judiciário, reconhecidamente ineficaz, particularmente em assuntos de direito societário e mercado de capitais, em nada evoluiu.

Subtrair a disciplina do dividendo mínimo obrigatório, nesse momento, traria mais desestímulos do que incentivos para o desenvolvimento do mercado de capitais. O histórico do ambiente societário nacional não foi capaz de construir uma reputação de confiabilidade satisfatória quanto à utilização por controladores tradicionais das sobras de lucro pertencentes à coletividade dos acionistas.

Como deixam claro as considerações e dados apresentados neste estudo, o mercado brasileiro aparentemente ainda não sabe lidar de maneira eficiente com as particularidades envolvidas na decisão de utilização do fluxo de caixa livre das companhias. E o respeito pelos interesses dos acionistas minoritários definitivamente não é a preocupação principal de administradores e controladores no curso da decisão a respeito da razão entre distribuição e reinvestimento.

Nesse contexto, o dividendo mínimo obrigatório ainda se mostra eficaz como doador de segurança a investidores quanto ao destino de ao menos uma parte dos frutos financeiros de seu investimento.

Tudo indica que da ausência de regras quanto ao direito a um dividendo mínimo obrigatório decorreria a tendência de utilização ainda mais discricionária e não criteriosa dos lucros sociais. Isso não significa dizer que o volume de dividendos distribuídos iria necessariamente diminuir. Provavelmente isso ocorreria, no entanto. E certamente esse volume não aumentaria. Mas o mais importante é que, com isso, seria aumentado o espectro sobre o qual atuariam os incentivos e interesses individuais dos administradores e controladores. Estes passariam a poder mais livremente pretender controlar todo o lucro líquido e não apenas 75% (ou a diferença entre 100% e o mínimo obrigatório estipulado).

Se com todas as regras existentes atualmente pouco se consegue assegurar a adequada transparência, razoabilidade e previsibilidade na utilização dos lucros sociais, pouco provável que essa situação melhore se retirado dos acionistas o direito ao dividendo mínimo obrigatório tal como se encontra regulado pela Lei das Sociedades por Ações.

O dividendo mínimo obrigatório ainda é necessário para que se pretenda um equilíbrio entre os interesses e incentivos dos diversos grupos que influenciam a decisão societária de destinação dos lucros sociais. E esse equilíbrio é continuamente necessário para um mercado de capitais que pretenda continuar em seu rumo de desenvolvimento.

A disciplina do dividendo mínimo obrigatório pode ser limitadora ao desempenho das companhias, por certo ponto de vista. Mas as eventuais restrições que pode causar ainda não superam os benefícios que geram para o mercado de maneira geral. Assim se entendeu na época da elaboração da Lei das Sociedades por Ações e assim ainda hoje se deve entender. Até que os valores e as instituições da sociedade permitam-se convergir com os impulsos econômicos e com o potencial de desenvolvimento do Brasil.

17. Conclusão

Quatro conclusões foram adiantadas no início deste estudo e confirmadas ao longo dos últimos dezesseis itens. São elas:

(1) as companhias brasileiras possuem tendência significativa à retenção de lucros;

(2) o conceito do dividendo mínimo obrigatório ainda é referencial para essas companhias, que o veem como um "*benchmark*" para a distribuição de dividendo e não como uma solução contratual de diálogo entre acionistas e controladores, baseada na efetiva necessidade de cada companhia, a cada momento, de autofinanciamento;

(3) a avaliação dos efeitos econômicos da distribuição ou retenção dos dividendos ainda é pouco profunda entre as companhias nacionais, o que se mostra pela baixa variabilidade na forma como o dividendo mínimo obrigatório é calculado e distribuído; e

(4) os incentivos econômicos e culturais para a retenção genérica dos lucros sociais, e consequente utilização discricionária dos mesmos, ainda é relevante no país, conforme demonstram a natureza e o teor das reservas estatutárias criadas.

Foram apresentados e examinados dados que contribuem para a ilustração dessas constatações. Ao mesmo tempo, foram desenvolvidas reflexões a respeito das causas e consequências da forma como as companhias brasileiras lidam com a decisão de alocação dos lucros sociais, especialmente com relação à disciplina das reservas estatutárias.

Foi identificada, por meio das reflexões mencionadas, uma provável defasagem entre a evolução econômica do mercado de capitais no Brasil e a evolução cultural dos agentes, valores e instituições que atuam nesse mercado.

A forma como a disciplina das reservas estatutárias é manipulada pelas companhias brasileiras é um exemplo específico dessa defasagem.

Uma primeira implicação dessa defasagem é a pertinência da manutenção do regime legal do dividendo mínimo obrigatório, que ainda possui um papel desenvolvimentista a cumprir no mercado brasileiro.

Uma segunda implicação, mais ampla e ainda mais relevante, é a de que a resistências das estruturas culturais brasileiras aos ímpetos econômicos mostra-se como um efetivo limitador do desenvolvimento sustentado e de longo prazo do mercado de capitais nacional.

Bibliografia

ADAMEK, Marcelo Vieira von. *Responsabilidade Civil dos Administradores de S/A e as Ações Correlatas*. São Paulo, Saraiva, 2009.

AMBARISH, Ramasastry, JOHN, Kose, e WILLIAMS, Joseph. "Efficient signaling with dividends and investments", in *Journal of Finance* 42/321 e ss., 1987.

ASCARELLI, Tullio. *Corso di Diritto Commerciale*. Milão, Giuffrè, 1962, pp. 196 e ss.

______. *Problemas das Sociedades Anônimas e Direito Comparado*. São Paulo, Saraiva, 1945, pp. 296 e 297

______. *Problemi Giuridici*. Milão, Giuffrè, 1959, pp. 286 e ss.

ASQUINI, Alberto. "I battelli del reno", in *Rivista delle Società*, 1959, p. 617.

BULGARELLI, Waldirio. *Comentários à Lei das Sociedades por Ações*. vol. 4. São Paulo, Saraiva, 1978.

______. *Regime Jurídico do Conselho Fiscal das S/A*. Rio de Janeiro, Renovar, 1998.

BHATTACHARYA, Sudipto. "Imperfect information, dividend policy, and 'the bird in the hand fallacy'", in *Bell Journal of Economics* 10/259 e ss., 1979.

BLACK, Bernard S., CARVALHO, Antonio Gledson de, e GORGA, Érica. "The corporate governance of privately controlled Brazilian firms", in *Revista Brasileira de Finanças*, vol. 7, n. 4, 2009, pp. 385 e ss.

BLACK, Fischer, e SCHOLES, Myron. "The effects of dividend yield and dividend policy on common stock prices and returns", in *Journal of Financial Economics* 1/1 e ss., 1974.

BRUDNEY, Victor. "Dividends, discretion, and disclosure", in *Virginia Law Review* 66/85 e ss., 1980.

CANTIDIANO, Luiz Leonardo. *Reforma da Lei das S/A*. Rio de Janeiro, Renovar, 2002.

CARVALHOSA, Modesto. "As *poison pills* estatutárias na prática brasileira – alguns aspectos de sua legalidade", in CASTRO, Rodrigo R. Monteiro de, e ARAGÃO, Leandro Santo de (coords.). *Direito Societário: Desafios Atuais*. São Paulo, Quartier Latin , 2008.

______. *Comentários à Lei de Sociedades Anônimas*. vol. 3, 3ª ed. São Paulo, Saraiva, 2003.

COFFEE JR., John. "The rise of dispersed ownership: the roles of law and the state in the separation of ownership and control", *Yale Law Journal* 111/1, 2001.

COMPARATO, Fábio Konder. "A constituição da reserva de lucros a realizar e o dividendo mínimo obrigatório", in *Novos Ensaios e Pareceres de Direito Empresarial*. Rio de Janeiro, Forense, 1981, pp. 146 e ss.

______. *Aspectos Jurídicos da Macroempresa*. São Paulo, Ed. RT, 1970.

______. "O direito ao lucro nos contratos sociais", in *Direito Empresarial – Estudos e Pareceres*. São Paulo, Saraiva, 1995, pp. 150 e ss.

COZIAN, Maurice *et al*. *Droit des Sociétés*. 18ª ed. Paris, Litec, 2005.

DYCK, Alexander, e ZINGALES, Luigi. "Private benefits of control: an international comparison", *The Journal of Finance*, vol. LIX, n. 2, pp. 537-600, 2004.

EASTERBROOK, Frank. "Two agency-cost explanationsof dividends", in *The American Economic Review*, vol. 74, n. 4, set./1984, pp. 650 e ss.

EIZIRIK, Nelson. "Conselho fiscal", in LOBO, Jorge (org.). *Reforma da Lei das Sociedades Anônimas*. Rio de Janeiro, Forense, 2003, pp. 453 e ss.

EIZIRIK, Nelson, GAAL, Ariádna B., PARENTE, Flávia, e HENRIQUES, Marcus de Freitas. *Mercado de Capitais – Regime Jurídico*. Rio de Janeiro, Renovar, 2008.

EIZIRIK, Nelson, e CARVALHOSA, Modesto. *A Nova Lei das S/A*. São Paulo, Saraiva, 2002.

ELTON, Edwin J., e GRUBER, Martin J. "Marginal stockholder tax rates and the clientele effect", in *The Review of Economics and Statistics* 52/68 e ss., 1970.

ESTACA, José Nuno Marques. *O Interesse da Sociedade nas Deliberações Sociais*. Coimbra, Almedina, 2003.

FERREIRA, Waldemar. *Tratado de Direito Comercial*. vol. 4. São Paulo, Saraiva, 1961.

FISCHEL, Daniel R. "The law and economics of dividend policy", in *Virginia Law Review*, vol. 67, n. 4, 1981, pp. 699 e ss.

FLUCK, Zsuzsanna. "Optimal financial contracts: debt *versus* outside equity", in *Review of Financial Studies* 11/383 e ss., 1998.

______. "The dynamics of the management-shareholder conflict", in *Review of Financial Studies* 12/347 e ss., 1999.

FRANÇA, Erasmo Valladão Azevedo e Novaes. *Conflito de Interesses nas Assembleias de S/A*. São Paulo, Malheiros Editores, 1993.

______. *Invalidade das Deliberações de Assembleias das S/A*. São Paulo, Malheiros Editores, 1999.

______. "Invalidade de deliberações conexas de companhia", in *RDM* 145/255 e ss., 2007.

______. "Lineamentos da reforma do direito societário italiano em matéria de invalidade das deliberações assembleares", in *RDM* 134/12 e ss., 2004.

______. "Excerto do direito societário I – Fundamentos", in *RDM* 143/66, São Paulo, Malheiros Editores, 2010. Trecho traduzido para o português da obra de WIEDEMANN, Herbert. *Gesellschaftsrecht I – Grundlagen*. Munique, Beck, 1980.

GILSON, Ron. "Controlling shareholders and corporate governance: complicating the comparative taxonomy", *Harvard Law Review*, vol. 119, n. 6, pp. 1.642-1.679.

______, e GORDON, Jeffrey. "Controlling controlling shareholders", *University of Pennsylvania Law Review*, vol. 152, n. 2, pp. 785-843, 2003.

GORDON, Myron J. "Dividends, earnings, and stock prices", in *Review of Economics and Statistics*, vol. 41, 1959, pp. 99 e ss.

GORGA, Erica. "Changing the paradigm of stock ownership from concentrates towards dispersed ownership? Evidence from Brazil and consequences for emerging countries", *Cornell Law Faculty Working Papers, paper* 42, 2008.

GUERREIRO, José Alexandre Tavares. "O Conselho fiscal e o direito à informação", in *RDM* 45/29 e ss., 1982.

HARBICH, Ricco. *Conceito e Destinação do Lucro na Nova Lei das Sociedades por Ações*. 2ª ed. São Paulo, Ed. RT, 1980.

HART, Oliver D., e MOORE, John. "A theory of debt based on inalienability of human capital", in *Quarterly Journal of Economics* 109/841 e ss., 1994.

HEURTEUX, Claude. "L'information des actionnaires et des épargnants – Étude comparative", in *Bibliothèque de Droit Commercial*. t. 1. Paris, Sirey, 1961.

IUDICIBUS, Sérgio de, MARTINS, Elizeu, e GELBCKE, Ernesto Rubens. *Manual de Contabilidade das Sociedades por Ações – Aplicável às demais Sociedades*. 6ª ed. São Paulo, Atlas, 2003.

JAEGER, Pier Giusto. *L'Interesse Sociale*. Milão, Giuffrè, 1964.

______. "L'interesse sociale rivisitatto (quarant'anni dopo)", in *Giurisprudenza Commerciale*. Parte I. 2000.

JENSEN, Michael. "Agency cost of free cash flow, corporate finance, and takeovers", in *American Economic Review Papers and Proceedings* 76/323 e ss., 1986.

______, e MECKLING, William H. "Theory of the firm: managerial behavior, agency costs and ownership structure", in *Journal of Financial Economics*, n. 3, fasc. 4, out./1976, pp. 305 e ss.

JOHN, Kose, e WILLIAMS, Joseph. "Dividends, dilution, and taxes: a signaling equilibrium", in *Journal of Finance* 40/1.053 e ss., 1985.

LA PORTA, Rafael, LOPEZ-DE-SILANES, Florencio, SHLEIFER, Andrei, e VISHNY, Robert W. "Agency problems and dividend policies around the world", in *Journal of Finance*, vol. 55, n. 1, 2000, pp. 1 e ss.

______. "Corporate ownership around the world", *Journal of Finance* 54/471-518, 1999.

______. "Legal determinants of external finance", *Journal of Finance* 52/1.131-1.150, 1997.

LAMY FILHO, Alfredo, e BULHÕES PEDREIRA, José Luiz. *A Lei das S/A*. 3ª ed. Rio de Janeiro, Renovar, 1997.

LEÃES, Luiz Gastão Paes de Barros. *Do Direito do Acionista ao Dividendo*. São Paulo, Obelisco,1969.

______. *Mercado de Capitais & "Insider Trading"*. São Paulo, Ed. RT, 1982.

______. "Conselho fiscal e as empresas de auditoria", in *Pareceres*. vol. 1. São Paulo, Singular, 2004, pp. 597 e ss.

______. "Conselho fiscal e auditoria", in *Pareceres*. vol. 2. São Paulo, Singular, 2004, pp. 911 e ss.

______. "Dividendo obrigatório e participação dos administradores nos lucros da companhia", in *Estudos e Pareceres sobre Sociedades Anônimas*. São Paulo, Ed. RT, 1989, pp. 198 e ss. Também publicado em *Pareceres*. vol. 1. São Paulo, Singular, 2004, pp. 47 e ss.

______. "Funcionamento do conselho fiscal nas companhias abertas", in *Pareceres*. vol. 2. São Paulo, Singular, 2004, pp. 1.277 e ss.

LINTNER, John. "Optimal dividends and corporate growth under uncertainty", in *Quarterly Journal of Economics* 78/49 e ss., 1964.

LITZENBERGER, Robert H., e RAMASWAMY, Krishna. "Dividends, short selling restrictions, tax-induced investors clienteles and market equilibrium", in *Journal of Finance* 35/469 e ss., 1980.

LOBO XAVIER, Vasco da Gama. *Anulação de Deliberação Social e Deliberações Conexas*. Coimbra, Atlântida, 1976.

_____, e COELHO, Maria Ângela. "Lucro obtido no exercício, lucro do balanço e lucro distribuível", in *Revista de Direito e Economia*, n. 2, ano 7, Portugal.

MARCONDES, Sylvio. *Questões de Direito Mercantil*. São Paulo, Saraiva, 1977.

MENEZES CORDEIRO, António. *Manual de Direito das Sociedades*. vols. 1 e 2. Coimbra, Almedina, 2004 e 2006.

MILLER, Merton, e ROCK, Kevin. "Dividend policy under asymmetric information", in *Journal of Finance* 40/1.031 e ss., 1985.

MODIGLIANI, Franco, e MILLER, Merton H. "Corporate income, taxes and the cost of capital: a correction", in *The American Economic Review* 53/433 e ss., 1963.

_____. "Dividend policy, growth, and the valuation of shares", in *Journal of Business* 34/411 e ss., 1961.

_____. "The cost of capital, corporation finance, and the theory of investment", in *American Economic Review* 48/261 e ss., 1958.

MUNHOZ, Eduardo Secchi. *Empresa Contemporânea e Direito Societário – Poder de Controle e Grupos de Sociedades*. São Paulo, Juarez de Oliveira, 2002.

_____. "Desafios do direito societário brasileiro na disciplina da companhia aberta: avaliação dos sistemas de controle", in CASTRO, Rodrigo R. Monteiro de, e ARAGÃO, Leandro Santo de (coords.). *Direito Societário: Desafios Atuais*. São Paulo, Quartier Latin, 2008.

_____. "Transferência de controle nas companhias sem controlador majoritário", in CASTRO, Rodrigo R. Monteiro de, e AZEVEDO, Luís Andre de Moura (coords.). *Poder de Controle e outros Temas de Direito Societário e Mercado de Capitais*. São Paulo, Quartier Latin, 2010, pp. 285-324.

NENOVA, Tatiana. "The value of corporate votes and control benefits: a cross-country analysis", *Journal of Financial Economics* 68/325-351, 2001.

PARENTE, Flávia. *O Dever de Diligência dos Administradores de Sociedades Anônimas*. Rio de Janeiro, Renovar, 2005.

PENTEADO, Mauro Rodrigues. *Dissolução e Liquidação de Sociedades*. 2ª ed. São Paulo, Saraiva, 2000.

PETTIT, Richardson R. "Taxes, transactions costs and clientele effects of dividends", *Journal of Financial Economics* 5/419 e ss., 1977.

PITA, Manuel António. *Direito aos Lucros*. Coimbra, Almedina, 1989, pp. 1 e ss.

RIBEIRO, Renato Ventura. *Dever de Diligência dos Administradores de Sociedades*. São Paulo, Quartier Latin, 2006.

RIPERT, Georges. *Aspects Juridiques du Capitalisme Moderne*. 2ª ed. Paris, LGDJ, 1951.

_____, e ROBLOT, René. *Traité de Droit Commercial*. 17ª ed., t. 1. Paris, LGDJ, 1998.

ROBERT, Bruno. *Dividendo Mínimo Obrigatório nas S/A – Apuração, Declaração e Pagamento*. São Paulo, Quartier Latin, 2011.

ROE, Mark. *Political Determinants of Corporate Governance*. Oxford University Press, 2003.

_____, e BEBCHUK, Lucian. "A theory of path dependence in corporate governance and ownership", in *Stanford Law Review* 52/781, 1999.

SAMPAIO AMARAL, Paulo Afonso. "Aspectos do lucro e sua distribuição", in *RDM* 31/65 e ss., 1978.

SANTOS, Jurandir dos. "Política de dividendos – Destinação do resultado do exercício", in MARTINS, Ives Gandra da Silva, e VIDIGAL, Geraldo de Camargo (orgs.). *Sociedades por Ações* 23. São Paulo, Resenha Universitária, 1984.

TOLEDO, Paulo Fernandes Campos Salles de. *O Conselho de Administração na Sociedade Anônima*. 2ª ed. São Paulo, Atlas, 1999.

VIDIGAL, Geraldo de Camargo, e MARTINS, Ives Gandra da Silva. *Comentários à Lei de Sociedades por Ações* 4. São Paulo, Resenha Universitária, 1982.

WALD, Arnoldo. “A sociedade de capital aberto e a informação do acionista”, in *Estudos e Pareceres de Direito Comercial*. São Paulo, Ed. RT, 1972, pp. 209 e ss.

WIEDEMANN, Herbert. *Gesellschaftsrecht I – Grundlagen*. Munique, Beck, 1980. Trecho traduzido para o português por Erasmo Valladão Azevedo e Novaes França, “Excerto do direito societário I – Fundamentos”, in *RDM* 143/66, São Paulo, Malheiros Editores, 2010.

TABELA 1

	Nível 1	Nível 2	Novo Mercado	Totais
Número de companhias analisadas	39/39	17/17	119/119	175/175
Dividendo mínimo obrigatório = 25%	**29** 39	**15** 17	**103** 119	**147** 175
Estatuto social omisso quanto à distribuição de dividendos	**0** 39	**0** 17	**0** 119	**0** 175
Definição acima de 25%	**9** 39	**1** 17	**10** 119	**20** 175
Forma diferenciada de distribuição	**1** 39	**1** 17	**4** 119	**6** 175
Reserva estatutária prevista	**29** 39	**11** 17	**76** 119	**116** 175
Reserva estatutária que pode absorver todo o saldo do lucro líquido	**19** 39	**11** 17	**68** 119	**98** 175
Obteve lucro em 2010	**36** 39	**15** 17	**95** 119	**146** 175
Distribuição equivalente ao mínimo obrigatório (até 5% a mais)	**14** 39	**3** 17	**45** 119	**62** 175
Distribuição maior que o mínimo obrigatório	**23** 39	**10** 17	**50** 119	**83** 175
Distribuição menor que o mínimo obrigatório	39	**0** 17	**3** 119	**3** 175
Pagamento de juros sobre o capital próprio	**27** 39	**6** 17	**31** 119	**64** 175
Todo a diferença destinada a reserva estatutária	**14** 39	**1** 17	**32** 119	**47** 175

	Nível 1	Nível 2	Novo Mercado	Totais
Toda a diferença destinada a orçamento de capital	**2**	**3**	**12**	**17**
	39	17	119	175
Toda a diferença destinada a reserva estatutária ou orçamento de capital	**16**	**4**	**55**	**75**
	39	17	119	175
Reserva para investimentos genéricos	**13**	**7**	**41**	**61**
	39	17	119	175
Reserva para expansão genérica	**9**	**4**	**42**	**55**
	39	17	119	175
Reserva para equalização de dividendos	**10**	**2**	**16**	**28**
	39	17	119	175
Reserva para capital de giro ou atividades operacionais	**14**	**5**	**35**	**54**
	39	17	119	175
Reserva para recompra de ações	**1**	**3**	**7**	**11**
	39	17	119	175
Reserva para aumento de capital	**6**	**5**	**16**	**27**
	39	17	119	175
Denominação: capital de giro, aumento de capital, estatutária, investimento, expansão, reinvestimento, lucros	**27**	**12**	**58**	**97**
	39	17	119	175
Destinação para a reserva sem que haja previsão estatutária	**8**	**1**	**18**	**27**
	39	17	119	175
Retenção integral com base no art. 202, § 5º	**1**	**0**	**1**	**2**
	39	17	119	175
Distribuição igual ou superior a 50%	**11**	**7**	**32**	**50**
	39	17	119	175
Distribuição igual ou superior a 80%	**4**	**5**	**17**	**26**
	39	17	119	175
Distribuição igual ou superior a 90%	**3**	**3**	**14**	**20**
	39	17	119	175
Distribuição igual ou superior a 100%	**2**	**2**	**8**	**12**
	39	17	119	175
Lucro líquido somado em 2010	R$190.397.728.440,68	R$8.869.816.320,69	R$41.024.860.316,13	R$240.292.405.077,50

	Nível 1	Nível 2	Novo Mercado	Totais
Valor distribuído em 2010	R$27.849.641.709,58	R$6.872.338.722,05	R$19.711.786.363,30	R$54.433.766.794,93
Média das distribuções em 2010	53%	47%	38%	42%
Mediana das distribuições em 2010	35%	45%	29%	31%
Valor retido em 2010	R$157.845.631.703,12	R$1.458.670.035,84	R$21.136.868.467,65	R$180.441.170.206,61
Média dos valores retidos em 2010	49%	35%	45%	45%
Mediana dos valores retidos em 2010	59%	34%	56%	55%

GRÁFICO 1

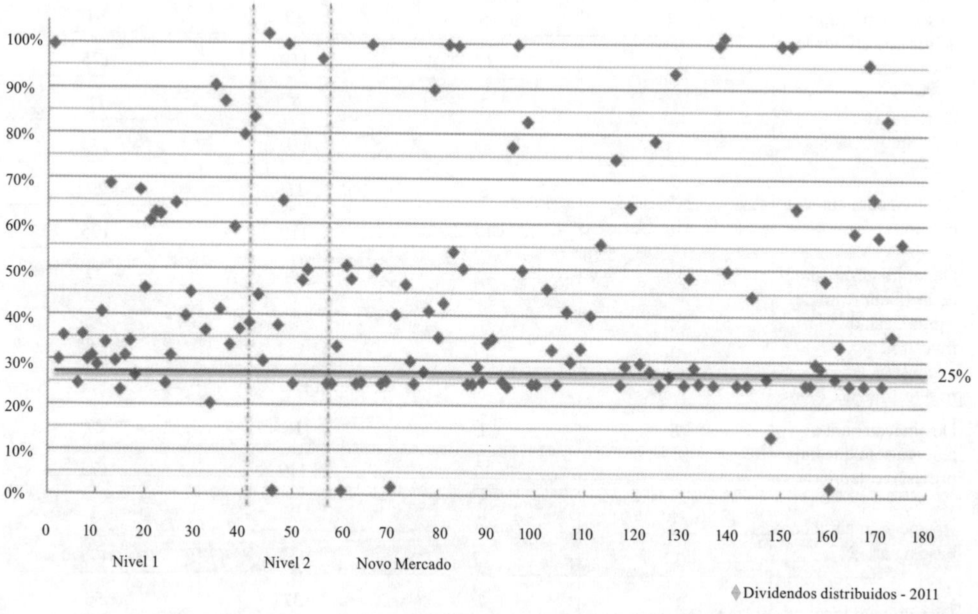

Atualidades

ANOTAÇÕES SOBRE A EXCLUSÃO DE SÓCIOS POR FALTA GRAVE NO REGIME DO CÓDIGO CIVIL

MARCELO VIEIRA VON ADAMEK

1. Introdução. 2. Exclusão por falta grave: juízos de proporcionalidade e igualdade de tratamento: 2.1 Falta grave superveniente; 2.2 Falta grave atual. 3. Exclusão extrajudicial: pressupostos: 3.1 Exclusão extrajudicial: previsão contratual genérica, exemplificativa e taxativa; 3.2 Exclusão extrajudicial: assembleia necessária e método assemblear: 3.2.1 Prazo de convocação da assembleia; 3.2.2 Conteúdo da convocação; 3.2.3 Consequências advindas da ausência do excluendo; 3.2.4 Quórum de deliberação; 3.3 Exclusão extrajudicial e controle jurisdicional. 4. Exclusão judicial e exclusão extrajudicial: vias alternativas ou repelentes? 5. Exclusão judicial: iniciativa e legitimação ativa. 6. Exclusão judicial e apuração de haveres. 7. Conclusão. 8. Bibliografia.

1. Introdução[1]

A exclusão de sócios por falta grave tem previsão nos arts. 1.030 e 1.085 do Código Civil: o primeiro dos artigos, que se encontra dentro do capítulo reservado à disciplina das sociedades simples, trata da *exclusão judicial* e, de forma subsidiária ou remissiva, se aplica a todos os demais tipos societários contratuais; o segundo artigo, por sua vez, regula a *exclusão extrajudicial* e tem incidência restrita às sociedades limitadas.

Note-se, portanto, que, exceção feita à sociedade limitada, não cabe exclusão extrajudicial de sócio, fundada na alegação de falta grave no cumprimento de suas obrigações, em sociedade simples ou sociedade contratual que, supletivamente, se valha de suas regras:[2] em primeiro lugar,

1. O presente trabalho foi originalmente publicado no *Temas de Direito Societário e Empresarial Contemporâneos – "Liber amicorum" Prof. Dr. Erasmo Valladão Azevedo e Novaes França* (pp. 185-215) e, além disso, foi desenvolvido com o valioso auxílio do seu sempre orientador, Prof. Dr. Erasmo Valladão Azevedo e Novaes França, o qual, sem ter a mais vaga ideia da sua destinação final, revisou e apresentou valiosas e substanciais contribuições.

2. Não cabe exclusão extrajudicial por falta grave em sociedade simples: cf. Alfredo de Assis Gonçalves Neto, *Lições de Direito Societário*, vol. I, 2ª ed., n. 54, p. 137; Arnoldo Wald, *Comentários ao Novo Código Civil*, vol. XIV, ns. 704-706, p. 236; Attila de Souza Leão Andrade Júnior, *Comentários ao Novo Código Civil*, vol. IV – *Direito das Sociedades*, n. 3.6, p. 122; Haroldo Malheiros Duclerc Verçosa, *Curso de Direito Comercial*, vol. 2, 2ª ed., n. 1.12.3.3, p. 165, e n. 3.10.2.1, p. 364; Marlon Tomazette, "As sociedades simples do novo Código Civil", *RT* 800/53; PricewaterhouseCoopers, *Aspectos Relevantes do Direito de Empresa*, coords. Elidie Palma Bifano e Sérgio Roberto de Oliveira Bento; e Renato Ventura Ribeiro, *Exclusão de Sócios nas Sociedades Anônimas*, n. 2.4, p. 189. Evidentemente, na sociedade não empresária que venha a se constituir sob a forma de sociedade limitada (CC, art. 984), há espaço para a aplicação do art. 1.085 do CC: "sociedade simples limitada", na realidade, é expressão utilizada para designar a sociedade não empresária que adota o tipo societário de limitada.

porque o art. 1.085 do Código Civil está dentro do capítulo reservado às sociedades limitadas e não há, na disciplina dos demais tipos societários, regra que àquele artigo faça remissão; em segundo lugar, porque, tal como expressamente enuncia o art. 1.030 do Código Civil, nas sociedades simples, o sócio apenas poderá ser "excluído *judicialmente*" por falta grave; e, em terceiro lugar, porque, não fosse a literalidade dos citados preceitos legais, a alteração convencional do quadro societário de sociedade simples pressupõe a unanimidade (CC, arts. 997, I e IV, e 999), inviabilizando a expulsão de sócio por efeito de simples deliberação majoritária. Consequentemente, expedientes oblíquos que busquem eludir a incidência de regras legais imperativas e, com isso, viabilizar a expulsão extrajudicial do sócio indesejado em sociedade simples (ou mesmo em sociedade limitada, sem observância dos pressupostos legais autorizadores), como amiúde se verifica através do uso disforme de procurações, hão de ser reputados absolutamente inválidos (CC, arts. 166, VI, e 167).[3]

Deve ainda ser mencionado que, conquanto o art. 1.030 do Código Civil trate da exclusão *judicial* de sócio e o art. 1.085 daquele mesmo diploma regule a exclusão *extrajudicial* nas sociedades limitadas, ambos os preceitos legais enfocam uma mesma realidade: exclusão de sócio por falta grave no cumprimento de seus deveres sociais – sem que, entre as respectivas hipóteses de incidência dos artigos, exista diferença de gradação ou de intensidade da conduta a justificar a drástica medida; não há hipótese de falta grave que possa ser censurada por uma regra e não pela outra. Dito o mesmo de outra forma, não existe diferença semântica ou valorativa entre "falta grave no cumprimento de suas obrigações" (CC, art. 1.030) e "atos de inegável gravidade que possam colocar em risco a continuidade da empresa" (CC, art. 1.085); em ambos os preceitos, o legislador mirou uma mesma realidade, em que pese a distinta forma de expressão vernacular empregada na redação dos artigos.[4-5] Escusando lembrar que o art. 1.030 não se refere a "continuidade da empresa" pela óbvia circunstância de regrar a exclusão nas sociedades *simples* que, por definição, não são empresárias (CC, art. 982).

Em qualquer hipótese, não se admite a exclusão *parcial* de sócio.[6]

3. Cf.: STJ, 4ª T., Rel. Min. Aldir Passarinho Jr., REsp 683.126-DF, v.u., j. 5.5.2009 – caso em que, abusando de procuração outorgada pelo excluendo, os demais sócios, às escondidas, subscreveram fraudulentamente alteração de contrato social e cederam as quotas a terceiro, impedindo que o excluendo pudesse se defender, discutir a existência de justa causa ou, até mesmo, apurar regularmente os seus haveres.

4. No mesmo sentido: Eduardo Goulart Pimenta, *Exclusão e Retirada de Sócios*, n. 1.2, p. 91; José Marcelo Martins Proença, "A exclusão de sócio nas sociedades limitadas", in *Direito Societário – Tipos Societários*, n. 5.5.1, p. 193; Leonardo de Faria Beraldo, "Da exclusão de sócio nas sociedades limitadas", in *Direito Societário na Atualidade*, p. 215; Modesto Carvalhosa, *Comentários ao Código Civil*, vol. 13, p. 323; Osmar Brina Corrêa-Lima, *Sociedade Limitada*, n. 6, p. 157; Paulo Penalva Santos, *Comentários ao Código Civil Brasileiro*, coords. Arruda Alvim e Thereza Alvim, vol. IX, pp. 466-467; e Priscila M. P. Corrêa da Fonseca, *Dissolução Parcial, Retirada e Exclusão de Sócio no Novo Código Civil*, 4ª ed., n. 3.1, p. 35, e *Código Civil Comentado*, vol. XI (em coautoria com Rachel Sztajn), p. 558.

5. Cf.: "A falta grave, referida no artigo, é sinônimo de 'ato de inegável gravidade'" (TJGO, Rel. Des. Abrão Rodrigues Faria, ACi 112.230-1/188, j. 17.6.2008).

6. A exclusão é causa de extinção do vínculo societário que une o sócio à sociedade – ou, na nomenclatura legal, "da resolução da sociedade em relação a um sócio" – e, portanto, remédio para afastamento do sócio indesejado do âmbito da sociedade, de modo que não se concebe hipótese de "exclusão parcial", por efeito da qual a participação do excluendo seria reduzida, porém mantendo-o atado à sociedade (p.ex., para com isso sujeitá-lo a específicos deveres de não concorrência ou sigilo) (cf.: Francesco Galgano e Riccardo Genghini, *Il Nuovo Diritto Societario*, 3ª ed., n. 17.2.10, nota 110, p. 849). A redução da quota do sócio, em substituição da exclusão, só é de ser admitida em hipóteses residuais, legalmente previstas (p.ex., arts. 1.004 e 1.058 do CC).

2. *Exclusão por falta grave: juízos de proporcionalidade e igualdade de tratamento*

A exclusão de sócios, pouco importando a forma de implementá-la, constitui drástica medida que só se legitima na presença de falta grave qualificada e sempre como *ultima ratio*, cedendo assim espaço a outras medidas que, objetivamente, sejam aptas a efetivamente eliminar o problema verificado no âmbito interno da sociedade. É o que, juntamente com Erasmo Valladão Azevedo e Novaes França, tivemos a oportunidade de registrar, noutro estudo: "a exclusão configura medida de direito estrito e de caráter excepcional que, a par de sujeitar-se aos princípios da proporcionalidade e da razoabilidade (obstando, com isso, possa ser utilizado por encomenda contra um sócio específico, tendo por base condutas idênticas às dos demais ou, *a fortiori*, menos graves do que outras toleradas ou consentidas no seio social), só se legitima desde que atendidos os pressupostos (materiais e procedimentais) estabelecidos, de maneira cogente, em lei (CC, arts. 1.030 e 1.085) e sempre como *ultima ratio*[7] (cedendo espaço a outras medidas capazes de eliminar o problema verificado no seio social)".[8]

Portanto, não é toda e qualquer falta que pode legitimar a exclusão de sócio, mas somente aquela falta qualificada como "grave" – ato de inegável gravidade que, tendo pertinência com a posição jurídica de sócio,[9] inviabilize ou coloque em risco a própria continuidade da atividade social, tal como, de forma enfática, isso expressou o nosso legislador.[10] Falta grave é, portanto, apenas aquela que objetivamente tenha essa agudeza (de "inegável gravidade"), e não a que, discricionária ou arbitrariamente, assim a pretenda qualificar a maioria. No direito brasileiro, portanto, não há espaço para a exclusão de sócio fundada na mera vontade da maioria, sem que haja justa causa a ampará-la, ou, o que dá no mesmo, exclusão de sócio *vazia*, imotivada ou sem justa causa; por isso também, é nula a cláusula contratual que a pretenda contemplar, direta ou indiretamente.[11] Também não se justifica, a

7. É o que se tem por absolutamente assente no moderno direito societário alemão (v.: Adolf Baumbach e Alfred Hueck, *GmbH-Gesetz*, 16ª ed., Anh § 34, nota 6, p. 412; Adolf Baumbach e Klaus J. Hopt, *Handelsgesetzbuch*, 29ª ed., § 140, nota 4, pp. 513-514; Friedrich Kübler, *Derecho de Sociedades*, trad. Michèle Klein, 5ª ed., pp. 123 e 401; Karsten Schmidt, *Gesellschaftsrecht*, 4ª ed., § 50 III, pp. 1.461-1.462; Herbert Wiedemann, *Gesellschaftsrecht*, Band I: *Grundlagen*, § 7 III 2, p. 385, e Band II: *Recht der Personengesellschaften*, § 5 I 3, p. 406; e Thomas Raiser e Rüdiger Veil, *Recht der Kapitalgesellschaften, Recht der Kapitalgesellschaften*, 4ª ed., § 30, n. 62, p. 486). E noutros sistemas, como o nosso (cf.: Renato Ventura Ribeiro, *Exclusão de Sócios nas Sociedades Anônimas*, cit., n. 4.3, p. 175).

8. Erasmo Valladão Azevedo e Novaes França e Marcelo Vieira von Adamek, "*Affectio societatis*: um conceito jurídico superado no moderno direito societário pelo conceito de 'fim social'", in *Direito Societário Contemporâneo – I*, coord. Erasmo Valladão A. e N. França, pp. 156-159.

9. A justa causa deve conectar-se necessariamente à relação societária; "deve estar relacionada com o prosseguimento da relação societária" (Karsten Schmidt, *Münchener Kommentar zum Handelgesetzbuch*, Band 2: *Handelsgesellschaften und stille Gesellschaft*, 2ª ed., § 140, n. 17, p. 747; no original: "Auf die Fortsetzung des Gesellschaftverhältnisses muss der wichtigen Grund bezogen sein"). De igual modo, Giuseppe Ferri salientava: "Deve tratar-se de inadimplemento grave e inerente às obrigações que originam para o sócio, como tal, a sua qualidade, e não também a uma condição diversa" (*Manuale di Diritto Commerciale*, 8ª ed., n. 163, p. 293; no original: "Deve trattarsi di inadempimento grave e inerente ad obblighi che derivino al socio in tale sua qualità, e non anche in una veste diversa"). No mesmo sentido, ainda: Alfredo de Assis Gonçalves Neto, *Direito de Empresa*, 3ª ed., n. 219, p. 263.

10. Não é toda falta que autoriza a exclusão; a falta precisa ser grave: cf. Edmar Oliveira de Andrade Filho, *Sociedade de Responsabilidade Limitada*, n. 9.3, p. 212; Fábio Tokars, *Sociedades Limitadas*, n. 2.5.2, p. 361; Modesto Carvalhosa, *Comentários ao Código Civil*, vol. 13, cit., p. 311; e Romano Cristiano, *Sociedades Limitadas*, n. 2.3, p. 376. Não se exige, porém, a existência de dano atual; basta a potencialidade.

11. Invalidade da cláusula de exclusão vazia ou imotivada: cf. A. J. Avelãs Nunes, *O Direito de Exclusão de Sócios nas Sociedades Comerciais*, 1ª ed., 2ª reimp., pp. 237-252; Alfredo de Assis Gonçalves

nosso ver, a exclusão fundada na alegação de quebra de *affectio societatis* – consequência de algum evento que, este sim, desde que configure falta grave, poderá então legitimar a exclusão.[12-13]

Na aferição da justa causa para a exclusão, têm inteira aplicação os princípios da *proporcionalidade* e da *igualdade de tra-*

Neto, *Lições de Direito Societário*, vol. I, cit., n. 128, p. 297, e *Direito de Empresa*, cit., n. 218, p. 262; Fábio Konder Comparato, "Exclusão de sócio na sociedade por cotas de responsabilidade limitada", *RDM* 25/39-47 (para quem "a possibilidade de exclusão de sócio, por simples deliberação majoritária, sem fundamento, como uma espécie de denúncia vazia do contrato social é, a meu ver, incompatível com o estágio atual do direito"); Fábio Tokars, *Sociedades Limitadas*, cit., n. 2.5.4, p. 371; Friedrich Kübler, *Derecho de Sociedades*, cit., p. 162; Giorgio Cian e Alberto Trabucchi, *Commentario Breve al Codice Civile*, 6ª ed., p. 2.314; Giuseppe Ferri, "Delle società", in *Commentario del Codice Civile – A cura di Antonio Scialoja e Giuseppe Branca*, p. 247; Haroldo Malheiros Duclerc Verçosa, *Curso de Direito Comercial*, vol. 2, cit., n. 1.12.3.3, p. 170; Idevan César Rauen Lopes, *Empresa & Exclusão do Sócio*, 1ª ed., 3ª tir., n. 2.2.2.2, p. 127; José Waldecy Lucena, *Das Sociedades Limitadas*, 5ª ed., n. 11, pp. 721-723; Leonardo de Faria Beraldo, "Da exclusão de sócio nas sociedades limitadas", in *Direito Societário na Atualidade*, cit., p. 197; Lorenz Fastrich, *Raciocínio Jurídico Funcional a Exemplo do Direito Societário*, trad. Nilson Lautenschleger Jr., *RDM* 140/52 (salientando que a cláusula de exclusão sem justa causa, banida do direito societário alemão desde 1977, em decorrência de julgado do *Bundesgerichtshof*, atenta contra a "funcionalidade interna" do sistema societário); Miguel Reale, "A exclusão de sócio das sociedades mercantis e o registro do comércio", in *Nos Quadrantes do Direito Positivo: Estudos e Pareceres*, pp. 289-292; Modesto Carvalhosa, *Comentários ao Código Civil*, vol. 13, cit., pp. 314-315; Pontes de Miranda, *Tratado de Direito Privado*, t. I, 2ª ed., § 94, p. 403; Renato Ventura Ribeiro, *Exclusão de Sócios nas Sociedades Anônimas*, cit., n. 2.7, pp. 193-194; Robson Zanetti, *Manual da Sociedade Limitada*, p. 257; Rubens Requião, *Curso de Direito Comercial*, 1º vol., 27ª ed., n. 238-A, p. 446, e "Exclusão de sócio", in *Aspectos Modernos de Direito Comercial*, 3º vol., pp. 165-166; Vera Helena de Mello Franco, *Manual de Direito Comercial*, vol. 1, 2ª ed., n. 2.6, p. 246; e Herbert Wiedemann, *Gesellschaftsrecht*, Band I: *Grundlagen*, cit., § 7 III 2, p. 386. Em sentido contrário: Eduardo Goulart Pimenta, *Exclusão e Retirada de Sócios*, cit., n. 3, p. 96, e *Direito Societário*, n. 5.3, p. 146.

12. As razões pelas quais assim entendemos estão longamente expostas noutro trabalho (v.: Erasmo Valladão Azevedo e Novaes França e Marcelo Vieira von Adamek, "*Affectio societatis*: um conceito jurídico superado no moderno direito societário pelo conceito de 'fim social'", in *Direito Societário Contemporâneo – I*, coord. Erasmo Valladão A. e N. França, pp. 131-161, e publicado também na *RDM* 149-150/108-130) e contam com o respaldo da opinião dos respeitados estudiosos citados naquele trabalho, aos quais devem ser ainda acrescentadas as lições de Carlos Augusto da Silveira Lobo (*Direito das Companhias*, vol. I, pp. 498-499); Haroldo Malheiros Duclerc Verçosa (*Curso de Direito Comercial*, vol. 2, cit., n. 1.2.2, pp. 46-47); Márcio Tadeu Guimarães Nunes (*Dissolução Parcial, Exclusão de Sócio e Apuração de Haveres nas Sociedades Limitadas*, pp. 109-114); Penalva Santos (*Direito das Companhias*, vol. II, cit., pp. 1.845-1.847) e, também, dos consagrados mestres José Luiz Bulhões Pedreira e Alfredo Lamy Filho – segundo os quais "a ideia de que a *affectio societatis* é requisito para a continuidade da existência do contrato, e não apenas para sua formação, implica tornar a obrigação de cooperar sujeita à condição resolutiva de ato de vontade ou de espírito dos contratantes: se qualquer sócio, alegando cessação da disposição de continuar a sociedade, puder se livrar da obrigação contraída de cooperar, a obrigação é puramente potestativa" (*Direito das Companhias*, vol. I, cit., p. 36). Ainda nesta linha, o respeitado Min. José Carlos Moreira Alves, ao seu pronunciar sobre o problema da exclusão, também verberou o "recurso à expressão amorfa 'ruptura da *affectio societatis*'", "a prestigiar a potestatividade pura" (prefácio à obra *Dissolução Parcial, Exclusão de Sócio e Apuração de Haveres nas Sociedades Limitadas*, de Márcio Tadeu Guimarães Nunes, cit., p. 15). Aliás, Giuseppe Ferri já qualificava de "elemento infido ed evanescente" o da *affectio societatis* (*Le Società*, 2ª ed.). No direito brasileiro, porém, continua a ser reverenciado como dogma...

13. Nos tribunais, devem ser destacados julgados que bem atentaram para o ponto: "O desaparecimento da *affectio societatis* é efeito de determinados comportamentos do sócio excluendo ou circunstâncias objetivas que ameaçam os objetivos do contrato social. Não basta, assim, lacônica menção ao *efeito*, omitindo a *causa*" (TJSP, 4ª Câm. Dir. Priv., Rel. Des. Francisco Loureiro, ACi 401.757.4/2-0, v.u., j. 10.7.2008). "Dissolução parcial de sociedade. Improcedência. Confirmação. Prática de falta grave. Não comprovação. Simples quebra da *affectio societatis* não é mais causa suficiente para a exclusão de sócio. Novo Código Civil. Recurso não provido" (TJSP, 7ª Câm. Dir. Priv., Rel. Des. Sousa Lima, ACi 597.668-4/2, v.u., j. 3.12.2008). No mesmo sentido, ainda: TJSP, 8ª Câm. Dir. Priv., Rel. Desa. Zélia Maria Antunes Alves, ACi 82.718-4, v.u., j. 22.11.1999, *RJTJESP* 227/151; e Enunciado n. 67

tamento[14] – ambos, princípios estruturantes do moderno direito societário –, por efeito dos quais se obsta que a medida de expulsão possa ser utilizada contra sócio que não cometeu falta efetivamente grave; ou que se venha a qualificar como grave, por encomenda contra um sócio específico, conduta idêntica à adotada pelos demais ou, *a fortiori*, menos graves do que outros comportamentos tolerados, consentidos ou, por vezes, até mesmo incentivados no seio social.[15] "Falta grave" é conceito legal indeterminado que deve ser concretizado à luz

do CEJ-STJ. Mais recentemente, a tese foi expressamente acolhida pelo C. Superior Tribunal de Justiça, em decisão lapidar: "Civil e comercial. Recurso especial. Dissolução parcial de sociedade. Exclusão de sócio. Quebra da *affectio societatis*. Insuficiência (...). 5. Para a exclusão judicial de sócio, não basta a alegação de quebra da *affectio societatis*, mas a demonstração de justa causa, ou seja, dos motivos que ocasionaram essa quebra" (STJ, 3ª T., Rela. Min. Nancy Andrighi, REsp 1.129.222-PR, v.u., j. 28.6. 2011, *DJe* 1.8.2011).

14. O principio da igualdade de tratamento, independentemente da sua positivação, constitui "princípio central do direito das sociedades" (cf.: Adolf Baumbach e Klaus J. Hopt, *Handelsgesetzbuch*, cit., § 109, n. 29, p. 385; e Adolf Baumbach e Alfred Hueck, *GmbH-Gesetz*, cit., § 13, n. 34a, p. 188; Karsten Schmidt, *Münchener Kommentar zum Handelgesetzbuch*, Band 2: *Handelsgesellschaften und stille Gesellschaft*, cit., § 109, n. 20, pp. 142-143; e Thomas Raiser e Rüdiger Veil, *Recht der Kapitalgesellschaften*, cit., § 12, n. 54, nota 74, p. 115) que tem na comunhão de escopos a sua justificativa: seria manifestamente contrário ao sentimento jurídico que alguém ingresse numa coletividade e nela seja tratado de forma diferente dos demais, de forma discriminatória. O que o princípio em apreço exige, portanto, em sua formulação mais elementar, é que, verificados os mesmos pressupostos, todo sócio seja tratado exatamente como os demais; em sentido negativo, porém, adquire o princípio maior concreção, pois expressa a ideia de proibição de tratamento discriminatório – segundo a qual não é licito tratar o sócio de forma arbitrária; sujeitá-lo a medidas discriminatórias que não tenham uma clara e objetiva justificação. O princípio da igualdade de tratamento descende do princípio constitucional da isonomia, mas com ele não se confunde: a transposição linear da ideia de isonomia para as relações jurídicas privadas não se mostra viável e demanda adaptações, pois nestas vigem os princípios da liberdade de iniciativa e da autonomia privada, que permitem aos particulares, dentro de certos limites, criar posições não igualitárias.

15. Na aferição da justa causa, "acima de tudo, há de ser levado simultaneamente em conta, consoante o princípio da igualdade de tratamento, o comportamento dos demais sócios" (Thomas Raiser e Rüdiger Veil, *Recht der Kapitalgesellschaften*, cit., § 30, n. 73, p. 490; no original: "Vor allem ist nach dem Grundsatz der Gleichbehandlung das Verhalten der übrigen Gesellschafter mit zu berücksichtigen"). Com análogo registro, em direito comparado: Karsten Schmidt, *Münchener Kommentar zum Handelgesetzbuch*, Band 2: *Handelsgesellschaften und stille Gesellschaft*, cit., § 140, n. 21, p. 749 (para quem "*não se admitem diferenciações arbitrárias*" na avaliação da justa causa para fins de exclusão); e Friedrich Kübler, *Derecho de Sociedades*, cit., p. 401 (pontuando que, "al valorar la concurrencia de una justa causa en la persona del socio en cuestión habrá que tener en cuenta, en su caso, la situación de los demás socios"). No direito brasileiro, v.: Edmar Oliveira de Andrade Filho, *Sociedade de Responsabilidade Limitada*, cit., n. 9.1, p. 208; Haroldo Malheiros Duclerc Verçosa, *Curso de Direito Comercial*, vol. 2, cit., n. 1.12.3.3, p. 169 (para quem "o conceito de falta grave é fluido, não se podendo dizer *a priori*, que existam casos de falta grave incontestes. Sempre será necessário examinar a conduta frente aos termos do contrato social e das exigências legais de comportamento como sócio, à luz do caso concreto"); Tarsis Nametala Sarlo Jorge, *Manual das Sociedades Limitadas*, p. 275 (para quem a falta grave "deve ser avaliada 'in concreto', ou seja, levando em consideração todo o histórico de relacionamentos e comportamentos do sócio quanto à sociedade, quando aos demais sócios e quanto aos demais interlocutores sociais"); e Pontes de Miranda, *Tratado de Direito Privado*, t. I, cit., § 92, n. 5, pp. 394-395 – para quem "existe, para as assembleias e demais corpos de codecisão, princípio de direito privado (...), segundo o qual não se podem tratar diferentemente alguns ou algum membro, se eram todos eles, antes, tratados igualmente (...). É o *princípio de igualdade perante as assembleias, diretoria e demais órgãos*, ou *princípio de igualdade de tratamento social* (cf. H. Rehbein, *Das Bürgerliche Gesetzbuch*, I, 50s.; J. Kohler, *Lehrbuch*, I, § 172, III, 1; A. von Tuhr, *Der Allgemeine Teil*, I, 512s.; O. Warneyer, *Kommentar*, I, 65; destoante, A. Leist, *Untersuchungen*, 31, 81 e 96). A deliberação que trata desigualmente o membro ou alguns membros, sem que ele assinta, usurpa, invade a esfera jurídica daquele, ou desses, porque eles criaram a entidade, sendo igual aos outros, querendo que a igualdade fosse respeitada. Se não se considerasse princípio fundamental o da igualdade de tratamento, ter-se-ia o absurdo de a maioria diminuir o número de sócios e excluir a minoria. As deliberações que o infringem são inválidas, por ilícitas".

da realidade específica da sociedade. É preciso, pois, em cada caso, avaliar o comportamento dos demais sócios: se todos eles são igualmente responsáveis por uma dada conduta e sobre o excluendo não repousa falta claramente preponderante, não se admite a exclusão arbitrária de um ou alguns deles em benefício dos demais, igualmente responsáveis[16] – até porque, neste particular, ser ou não maioria, não é critério de desempate ou de abono de conduta.

A ideia de proporcionalidade (razoabilidade e adequação dos meios aos fins), por sua vez, norteia as exigências, antes referidas, de que a exclusão esteja calcada apenas em falta grave qualificada, e não qualquer falta, e que, na medida do possível e daquilo que possa ser exigido dos demais sócios em concreto (o que depende da estrutura real da sociedade), tenham precedência meios de sancionamento menos intensos,[17] desde que capazes de efetivamente eliminar o problema verificado no âmbito interno, restando a exclusão como *ultima ratio*.

2.1 Falta grave superveniente

A falta grave legitimadora da exclusão, de regra, há de estar calcada em *fatos posteriores* ao ingresso do sócio na sociedade, conforme observou Renato Ventura Ribeiro: "A exclusão do sócio somente pode ser justificada por fato superveniente ao seu ingresso na sociedade. Se os sócios conhecem determinada situação relacionada a outro membro e mesmo assim admitem seu ingresso e permanência na sociedade, assumem os riscos e os ônus da escolha. Não podem, pois, reclamar. Na lição do direito romano, quem escolhe mau sócio só de si deve se queixar (*D.* 17, 2, 72; I. 3, 25, 9)".[18]

Pode ocorrer, no entanto, que determinados fatos pretéritos não sejam do conhecimento dos demais sócios e, nessas situações excepcionais, também não é de se afastar a possibilidade de exclusão, desde que se possa positivar a existência *atual* de uma falta grave, que guarde relação com a situação jurídica de sócio, ainda que, total ou parcialmente, embasada em fatos pretéritos.

2.2 Falta grave atual

A justa causa para a exclusão deve ser *atual*: se a falta grave é conhecida de todos e não é punida ao longo de meses, pode resultar numa presunção relativa de perdão. Ou, consoante registra Karsten Schmidt, amparado na jurisprudência alemã, "os demais sócios não precisam, como na hipótese de ação anulatória de deliberação assemblear, intentar a ação dentro de um prazo próprio. Quando os demais sócios, de conhecimento de todos os fatos, não fazem uso de seu direito de exclusão durante meses, pode isso significar uma presunção

16. Sobre o ponto, v.: Adolf Baumbach e Alfred Hueck, *GmbH-Gesetz*, cit., Anh § 34, nota 4, p. 411; e Thomas Raiser e Rüdiger Veil, *Recht der Kapitalgesellschaften*, cit., § 30, n. 73, p. 490.

17. Karsten Schmidt bem observa que "a exclusão, mesmo quando exista uma justa causa, não pode ser desproporcionada (proibição do excesso). Um meio mais brando tem primazia. Este princípio domina até hoje a jurisprudência" (*Münchener Kommentar zum Handelgesetzbuch*, Band 2: *Handelsgesellschaften und stille Gesellschaft*, cit., § 140, n. 28, p. 751; no original: "Die Ausschließung darf, auch wenn ein wichtiger Grund vorhanden ist, nicht unverhältnismäßig sein (Übermaßverbot). Ein milderes Mittel hat Vorrang. Dieser Grundsatz beherrscht bis heute die Rechtsprechung").

18. Renato Ventura Ribeiro, *Exclusão de Sócios nas Sociedades Anônimas*, cit., n. 2.3, p. 167. Analisando o direito português, Carolina Cunha traz importante observação, plenamente válida para o nosso direito: "Da análise conjunta das normas relevantes, é possível extrair um *denominador comum* às hipóteses que determinam a constituição de um direito de exclusão. Na verdade, em todas elas se dá a *superveniência* de um facto, relativo à pessoa do sócio (ao seu comportamento ou à situação em que se encontra), que vem tornar inexigível à sociedade que o continue a suportar no seu seio" ("A exclusão de sócios (em particular nas sociedades por quotas)", in *Problemas do Direito das Sociedades*, p. 208).

relativa de extinção do fundamento de exclusão (BGH LM Nr. 11 = NJW 1966, 2160; NJW-RR 1993, 1123, 1125; LM § 161 Nr. 127 = NJW 199, 2820, 2821; OLG Celle NZG, 199, 167)".[19]

De fato, a conduta questionável de um sócio pode receber ulterior assentimento dos demais ou, então, a falta grave ser objeto de perdão ou renúncia, obstando o exercício do poder de exclusão,[20] mas isso desde que o ato provenha ou possa ser imputado à coletividade de sócios, e não apenas a um deles individualmente.

Mesmo quando algum ato extintivo ou preclusivo do poder de exclusão sobrevenha, é certo, no entanto, que os fatos em si mesmo considerados não desaparecem do mundo jurídico; não são objeto de perpétuo esquecimento.[21] Bem por isso, se o sócio, depois disso, vier a reincidir naquelas mesmas faltas, não estarão os demais impedidos de sopesá-los na análise do histórico de condutas, em especial por ocasião da avaliação da gravidade da falta do reincidente.

3. *Exclusão extrajudicial: pressupostos*

Os pressupostos autorizadores da exclusão extrajudicial por falta grave são: (1º) a existência de falta grave imputável ao excluendo; (2º) a inserção no contrato social de cláusula que autorize a exclusão por falta grave; e (3º) a fiel observância do procedimento fixado em lei – em "reunião ou assembleia especialmente convocada para tal fim, ciente o acusado em tempo hábil para permitir seu comparecimento e o exercício do direito de defesa", observado, pois, o método assemblear.[22]

Analisado anteriormente neste estudo o primeiro pressuposto, vejamos brevemente os demais.

3.1 Exclusão extrajudicial: previsão contratual genérica, exemplificativa e taxativa

A exclusão extrajudicial de sócio só é possível se estiver prevista no contrato social da sociedade limitada ou, para empregar as *verba legis*, "desde que prevista neste a exclusão por justa causa" (CC, art. 1.085, *caput*, *in fine*).[23] O que a lei exige e com o que se contenta, é apenas a previsão genérica autorizadora da exclusão fundada em falta grave por deliberação dos sócios. Só isso.[24] Porém, nada impede, e é até

19. Karsten Schmidt, *Münchener Kommentar zum Handelgesetzbuch*, Band 2: *Handelsgesellschaften und stille Gesellschaft*, cit., § 140, n. 38, p. 747; no original: "Die Mitgesellschafter müssen nicht, wie bei der Anfechtung von Beschlüssen, binnen einer angemessenen Frist Klage erheben. Es kann aber eine tatsächliche Vermutung für den Fortfall eines Ausschließungsgrundes sprechen, wenn die Mitgesellschafter in Kenntnis aller Fakten monatenlang von ihrem Ausschließungsrecht nicht Gebraucht machen".

20. Nesta linha, decidiu-se corretamente que, na configuração de falta grave, "uma suposta agressão praticada pelo réu contra o primeiro autor nem pode ser considerada por ter ocorrido há dezoito anos" (TJSP, 7ª Câm. Dir. Priv., Rel. Des. Sousa Lima, ACi 597.668-4/2, v.u., j. 3.12.2008).

21. Haveria aí uma aproximação instintiva entre o direito societário e o direito de família? O perdão do cônjuge traído ao infiel dificilmente é esquecimento completo, mas simples ato de relevação da consequência imediata do fato...

22. Sobre o conceito e a função do método assemblear, v. as colocações feitas por Erasmo Valladão Azevedo e Novaes França na sua conhecida obra *Invalidade das Deliberações de Assembleia das S/A*, p. 37.

23. Cf.: "Da interpretação literal do art. 1.085 do Código Civil, denota-se a submissão de sua eficácia à previsão contratual acerca da exclusão por justa causa" (TJMG, 9ª CC., Rel. Des. José Antônio Braga, ACi 1.0024.03.165804-0/001, v.u., j. 28.11.2006).

24. Na Itália, diversamente, entende-se que, diante da letra do art. 2473*bis* do Código Civil italiano, não é suficiente a inserção de cláusula genérica: "La norma in esame inoltre non si limita a prescrivere la necessità della *giusta causa* per le clausole statutarie di esclusione, ma richiede vieppiú *l'indicazione specifica* di una *particolare* causa di esclusione: non sarà quindi possibile inserire nel contratto sociale una clausola che autorizzi genericamente l'esclusione per giusta causa (Busani, *srl.*, p. 388; Galletti, *Commento agli artt. 2473-73bis del c.c.*, in *Il Nuovo Diritto delle Ssocietà*, p. 1917)" (Francesco Galgano e Riccardo Genghini, *Il Nuovo Diritto Societario*, 3ª ed., n.

aconselhável, que, para dar maior concreção à regra e facilitar eventual defesa ulterior da deliberação em juízo, os sócios venham a especificar no contrato social os atos que configuram falta grave. Em princípio, essa especificação é válida – mas desde que, à evidência, os atos descritos na cláusula como sendo falta grave realmente o sejam; do contrário, se os atos descritos não configurarem objetivamente falta grave e estiverem apenas encobrindo uma mal disfarçada tentativa de legitimar exclusões arbitrárias ou puramente potestativas, a disposição será inválida e, com base nela, não se poderá tomar deliberação hígida. Afora isso, devem os sócios ter redobrada cautela na redação da cláusula contratual, de modo a apenas inserir, sempre ao lado da previsão genérica, uma enunciação meramente exemplificativa de atos legitimadores da exclusão; se, no entanto, a previsão genérica de exclusão for substituída por um rol taxativo de atos tidos como falta grave, a consequência será a de que, sobrevindo alguma outra conduta que, conquanto grave, não conste do catálogo, os demais sócios não terão condições de validamente deliberar a exclusão do sócio indesejado e só lhes restará o recurso à via judicial.[25]

Ainda a respeito da cláusula autorizadora de exclusão extrajudicial, duas outras questões podem ser colocadas: a primeira consiste em definir qual é o quórum de deliberação exigido para, através de regular alteração, inseri-la no contrato social; a segunda, verificar se a mesma necessariamente deve ou não preexistir aos fatos caracterizadores de falta grave (ou, por outras palavras, se é possível excluir extrajudicialmente o sócio por fatos ocorridos antes da inserção da cláusula no contrato social).

De que a cláusula legitimadora da exclusão extrajudicial pode ser inserida no contrato social através de regular alteração contratual, não há nenhuma séria dúvida. O que parte da doutrina discute, apenas, é se, para tanto, haveria quórum de deliberação qualificado. Neste sentido, Romano Cristiano, antigo Procurador-chefe da Junta Comercial do Estado de São Paulo, entende necessária a unanimidade: "na hipótese de alteração, o respectivo instrumento deverá ser assinado por todos os sócios, inclusive e sobretudo por todos os minoritários".[26] Essa visão é, aparentemente, compartilhada por Pedro Sérgio Fialdini Filho, para quem a inserção da cláusula, através de deliberação majoritária, "consistiria em violação ao espírito da norma, verdadeira burla ao seu comando, na medida em que perderia ela eficácia e utilidade, sujeitando a exclusão do minoritário, mediante mera alteração contratual, ao arbítrio da maioria – exatamente o que se quis evitar".[27] Respeitadas ambas as opiniões, não vemos como exigir-se a unanimidade. Em primeiro lugar, a ausência de cláusula autorizadora da exclusão extrajudicial no contrato social, evidentemente, não significa que, só por isso, o sócio minoritário não possa ser expulso da sociedade, mas apenas que tal só poderá ocorrer através de ação judicial; inversamente, pois, a sua inclusão no contrato social também não implica submeter a minoria ao arbítrio da maioria, precisamen-

17.2.10, nota 110, p. 848). Esse entendimento é compreensível no direito italiano, porque o citado art. 2473*bis* do Código Civil italiano expressamente exige que, no ato constitutivo, sejam previstas hipóteses específicas de exclusão por justa causa do sócio ("specifiche ipotesi di esclusione per giusta causa del socio"). Diferentemente, no direito brasileiro, requer-se apenas que, no contrato social, esteja prevista a exclusão por justa causa (CC, art. 1.085). As regras de direito, como se vê, são distintas.

25. Sobre o ponto, vale conferir as observações de Modesto Carvalhosa (*Comentários ao Código Civil*, vol. 13, cit., p. 315).

26. Romano Cristiano, *Sociedades Limitadas*, cit., n. 2.3, p. 377.

27. Pedro Sergio Fialdini Filho, "Inovações do Código Civil de 2002 em relação à dissolução parcial da sociedade limitada por justa causa", in *A Empresa no Terceiro Milênio: Aspectos Jurídicos*, coords. Arnoldo Wald e Rodrigo Garcia da Fonseca, pp. 108-109.

te porque, mesmo na exclusão extrajudicial, a presença de justa causa continua a ser exigida – na realidade, a sujeição do sócio ao arbítrio da maioria se dá, não pela presença daquela cláusula e, sim, a partir do instante em que, na prática e contra o texto da lei, se tolera a exclusão imotivada ou desprovida de justa causa, como no caso de exclusão fundada na insindicável alegação de quebra de *affectio societatis*. Em segundo lugar, também não há falar em submissão da minoria à maioria, porquanto, se o sócio não concordar com a alteração aprovada por deliberação majoritária, não estará compelido a aceitar o novo regramento contratual, bastando que exerça, no tempo e modo devidos, o seu poder de autodesvinculação, através do recesso (CC, art. 1.077). Em terceiro lugar, e esse é o argumento simples e incontornável, a unanimidade – cuja generalização é sabidamente perniciosa ao regular funcionamento das sociedades sujeitas ao princípio majoritário – não pode ser exigida, na espécie, porque o legislador não a previu e, portanto, se os sócios não se precataram contra a reforma do contrato em pontos tidos por eles como sensíveis (o que facilmente poderiam fazer, prevendo quórum contratual qualificado para a modificação de certas e determinadas disposições), *sibi imputet*: prevalece o quórum geral de 3/4 (três quartos) do capital social, exigido para as alterações do contrato social em geral (CC, art. 1.071, V, e 1076, I). De resto, seria mesmo inusitado admitir que sócios representando aquela expressiva maioria, ao mesmo tempo em que detêm o poder de alterar o contrato social (p. ex., para modificar a forma de distribuição de lucros ou o objeto social), aprovar operações de fusão, incorporação e cisão, e até a dissolução da sociedade, não pudessem, de outro modo, inserir no contrato social, senão com o beneplácito de todos os demais, simples cláusula legitimadora de exclusão extrajudicial fundada em falta grave no cumprimento das obrigações sociais! Poder-se-ia o mais e não o menos? Em suma, é possível a introdução da cláusula através de alteração contratual, sujeita ao quórum de deliberação de 3/4 (três quartos) do capital social.[28]

Outra questão, ainda relacionada àquela que acabamos de expor, é saber se a cláusula legitimadora da exclusão extrajudicial poderia ser utilizada para censurar fatos ocorridos antes da sua inserção no contrato social. Também aqui, as opiniões se dividem. Alfredo de Assis Gonçalves Neto, por exemplo, responde a essa questão de forma positiva e, indo ainda mais longe, sustenta que a alteração do contrato social e a exclusão do faltoso, desde que observados os respectivos quóruns de deliberação, poderiam ser decididas no mesmo ato: "se maioria possuir percentual suficiente para alterar o contrato social, nada impede que a sociedade tome, desde logo, essa deliberação, já que, no meu entender, o que é possível em duas assentadas (alteração contratual para prever a possibilidade de exclusão por justa causa, seguida de deliberação nesse sentido), pode ocorrer em uma só".[29] Conquanto a posição defendida pelo renomado comercialista paranaense seja respeitabilíssima, temos dificuldade em aceitá-la. As deliberações sucessivas, tal como alvitradas naquela lição, eliminariam do sócio excluendo a possibilidade de exercício do direito essencial de recesso,[30] sujeitando-o, bem possivelmente, a uma forma de apuração de haveres

28. Cf.: Haroldo Malheiros Duclerc Verçosa, *Curso de Direito Comercial*, vol. 2, cit., n. 5.15.1, p. 535; e Idevan César Rauen Lopes, *Empresa & Exclusão do Sócio*, cit., n. 2.2.2.2, p. 555. Na França, diversamente, exige-se a unanimidade, "puisqu'une telle clause constitue une augmentation des engagements des associés" (Maurice Cozian, Alain Viandier e Florence Deboissy, *Droit des Sociétés*, 20ª ed., n. 329, p. 161). Mas assim é porque, no direito francês, falta uma prescrição geral sobre o assunto: as hipóteses legais de exclusão são bastante limitadas e apenas por cláusula estatutária ou contratual é que se pode dar maior amplitude ao instituto, prevendo a expulsão do sócio por faltas graves.

29. Alfredo de Assis Gonçalves Neto, *Lições de Direito Societário*, vol. I, cit., n. 128, p. 297.

30. Salvo se se admitir que o sócio excluído pode, ainda assim, exercer o recesso...

mais desfavorável do que a prevista para o recesso (eis que, na prática, é bastante comum o contrato social contemplar formas distintas de apuração de haveres, dependendo do motivo determinante da extinção do vínculo societário). Além disso, estar-se-ia aplicando *ex post facto* solução contratual não prevista à época da prática dos atos motivadores da exclusão. Bem por isso, Tarsis Nametala Sarlo Jorge sustenta que a nova cláusula "somente poderá ser aplicada a fatos ocorridos posteriormente à sua inclusão no contrato social",[31] pois, do contrário, estar-se-ia diante "de cláusula de exceção, criada após a prática de ato ilegal pelo sócio".[32] De nossa parte, porém, se não concordamos com a engenhosa solução das deliberações sucessivas, também não nos animamos a ir mais longe e negar, terminantemente, que fatos anteriores à inserção da cláusula no contrato social jamais possam ser utilizados como fundamento para ulterior exclusão extrajudicial. Na realidade, se o sócio continuar a incorrer em condutas caracterizadoras de falta grave, após a inserção da cláusula contratual, e, com isso, restar evidenciado pelo histórico de seu comportamento a necessidade de seu afastamento da sociedade, é certo que tal poderá ser dar extrajudicialmente, ainda que, para embasar a medida extrema, se tenha então que também recorrer a fatos pretéritos. É preciso, pois, distinguir os casos em que a exclusão vem fundada em falta grave decorrente de condutas permanentes, que se protraem no tempo ou se inserem no contexto maior de uma atividade perniciosa, daqueles outros (decerto, mais raros na prática) em que a medida vem estribada em fato determinando e pontual, ocorrido e findo antes da alteração do contrato social: naqueles, a legitimidade da exclusão extrajudicial, ainda que calcada em cláusula contratual inserida posteriormente no contrato social, parece irrecusável; nestes, estar-se-ia, na prática, fraudando a exigência legal.

3.2 Exclusão extrajudicial: assembleia necessária e método assemblear

O sócio excluendo não pode votar, em nome próprio ou na condição de mandatário de outro sócio, na deliberação que tenha por objeto a sua própria exclusão da sociedade (CC art. 1.074, § 2º). No entanto, as suas quotas entram para o cômputo do quórum de instalação e, de todo modo, até que sobrevenha a exclusão, continuam a integrar o capital social, para efeito de apuração da maioria necessária à aprovação da matéria;[33] na prática, portanto, a

31. Tarsis Nametala Sarlo Jorge, *Manual das Sociedades Limitadas*, cit., p. 278.

32. Tarsis Nametala Sarlo Jorge, *Manual das Sociedades Limitadas*, cit., p. 278. Em defesa da sua posição, o autor apresenta os seguintes fundamentos (aos quais, porém, apomos reservas): "a perda da qualidade de sócio representa sim perda patrimonial *lato sensu* e, ademais, é a própria lei quem menciona textualmente em seu parágrafo único que a exclusão somente poderá ser determinada em reunião ou assembleia especialmente convocada para esse fim, ciente o acusado em tempo hábil para permitir seu comparecimento e o exercício do direito de defesa. Ora, se se trata de um 'acusado' que deve ter permitido o exercício de seu 'direito de defesa', é evidente que nas hipóteses do art. 1.085 (diferentemente, por exemplo, das hipóteses do parágrafo único do art. 1.030) trata-se de aplicação de verdadeira penalidade e, portanto, não se pode prescindir de culpa, sob pena de se adotar um sistema de responsabilidade objetiva, sem amparo constitucional. E, se assim é, incide o comando constitucional segundo o qual não haverá ilícito sem lei anterior que o defina. *In casu*, sem cláusula contratual anterior. Anterior a quê? Anterior ao fato praticado pelo sócio e tido como ilícito, evidentemente. Assim é que – e agora concluímos –, a cláusula de exclusão por justa causa somente poderá ser aplicada a fatos ocorridos posteriormente à sua inclusão no contrato social, podendo ser aplicada a todo e qualquer sócio, ainda que tenha o mesmo adentrado nos quadros sociais anteriormente a tal alteração".

33. Quotas do excluendo interferem no quórum de deliberação: cf. Tarsis Nametala Sarlo Jorge, *Manual das Sociedades Limitadas*, cit., n. 18.1.4, p. 279. Em sentido contrário, aparentemente, manifestam-se Haroldo Malheiros Duclerc Verçosa (*Curso de Direito Comercial*, vol. 2, cit., n. 1.12.3.3, pp. 166-167) e Márcio Tadeu Guimarães Nunes (*Dissolução Parcial, Exclusão de Sócio e Apuração de Haveres nas Sociedades Limitadas*, cit., pp. 130-132), sinalizando que

abstenção tem o mesmo efeito do voto contrário. É por isso, aliás, que não se revela possível a exclusão extrajudicial da maioria pela minoria – só judicialmente é que tal poderá suceder.

A assembleia ou reunião de sócios deverá ser especialmente convocada para deliberar a exclusão, mas, conquanto até seja recomendável para evitar tumultos, há julgado sustentando que o conclave não precisa ser monotemático, isto é, o órgão poderá ser chamado a se manifestar sobre outros temas, na mesma ocasião.[34] O que se requer, apenas, é que a exclusão integre, autonomamente, a ordem do dia.

A assembleia ou reunião de sócios não pode ser substituída por ato equivalente. Embora o art. 1.072, § 3º, do Código Civil, preveja genericamente que a reunião ou a assembleia torna-se dispensável quando todos os sócios decidirem, por escrito, sobre a matéria que seria objeto dela, tal modalidade de deliberação não pode ser utilizada para a exclusão extrajudicial, porquanto a lei, às expressas, exige a convocação de conclave especial, atendido o método assemblear e, portanto, assegurados a oportunidade de defesa e o direito de voz do excluendo, assim como os debates entre os sócios.[35]

3.2.1 *Prazo de convocação da assembleia*

Ao disciplinar a convocação para a assembleia ou reunião em que se venha a deliberar sobre a exclusão de sócio, o legislador pátrio não fixou prazo especial e, laconicamente, apenas se referiu à exigência de que o excluendo venha a ser cientificado "em tempo hábil para permitir seu comparecimento e o exercício do direito de defesa" (CC, art. 1.085, parágrafo único, 2ª parte). De maneira geral, portanto, os prazos a serem observados na convocação da assembleia ou reunião são aqueles previstos no art. 1.152, § 3º, do Código Civil,[36-37] mas admitimos que, *excepcionalmente*, diante das particularidades do caso concreto e da complexidade das imputações feitas, possa haver a necessidade de assegurar, ao menos ao excluendo, prazo mais dilatado, de modo a possibilitar tenha ele condições não só de comparecer ao ato, mas também de escorreitamente (preparar-se para, no ato, poder) exercer plenamente o seu direito de defesa, opondo-se às imputações.

A expressão "ciente o acusado em tempo hábil" claramente sinaliza que, *além da* convocação geral dos sócios, há necessidade de *também* dar-se ciência, individual e especificamente, ao excluen-

as participações do excluendo deveriam ser desconsideradas na verificação do quórum de deliberação. A aceitar-se esta última exegese (à qual não emprestamos adesão), estar-se-ia legitimando até mesmo a exclusão extrajudicial do sócio majoritário, muito embora a Seção VIII do Capítulo IV – Da Sociedade Limitada –, no qual se insere o art. 1.085 do CC, trate, às expressas, "da resolução da sociedade em relação a sócios minoritários"; frise-se, "*sócios minoritários*".

34. Cf.: Romano Cristiano, *Sociedades Limitadas*, cit., n. 2.3, p. 377. Nos tribunais: "A convocação de Assembleia Geral Extraordinária para deliberar a respeito de procedimento a ser adotado em relação ao sócio não precisa ser exclusiva" (TJPR, 17ª CC., Rel. Des. Lauri Caetano da Silva, AI 477.685-0, v.u., j. 30.4.2008, *BAASP* 2602/1601e).

35. Conclave é necessário e não pode ser substituído por deliberação em separado: cf. Alfredo de Assis Gonçalves Neto, *Lições de Direito Societário*, vol. I, cit., n. 129, p. 300, e *Direito de Empresa*, cit., n. 411, p. 416; Edmar Oliveira de Andrade Filho, *Sociedade de Responsabilidade Limitada*, cit., n. 9.7.2, p. 221; e Priscila M. P. Corrêa da Fonseca, *Dissolução Parcial, Retirada e Exclusão de Sócio no Novo Código Civil*, cit., p. 49.

36. Assim também entende Mauro Rodrigues Penteado ("Dissolução parcial da sociedade limitada (da resolução da sociedade em relação a um sócio e do sócio em relação à sociedade)", in *Direito de Empresa no Novo Código Civil*, coord. Frederico Viana Rodrigues, n. 3.4.5, p. 280).

37. A nosso ver, é válida a convocação simultânea da assembleia de sociedade limitada (Marcelo Vieira von Adamek, "Convocação simultânea de assembleia ou reunião de sócios no direito brasileiro", *RDM* 149-150/323-335), de tal modo que, não se instalando o conclave na primeira oportunidade, venha a se revelar possível em segunda chamada, sem a necessidade de publicação de novo edital (ao contrário do que expressamente exige a lei acionária).

do, e tal deverá ocorrer, via de regra, de forma pessoal (por notificação escrita com comprovante de entrega ou declaração de ciência do excluendo).[38] De regra, não basta, pois, a publicação do edital geral de convocação pela imprensa;[39] do contrário, não se veria razão para o legislador se reportar, no art. 1.085, parágrafo único, do Código Civil, a exigência que, além de ser imprescindível em todo e qualquer conclave (salvo dispensa por ato de ciência de todos os sócios ou diante do comparecimento espontâneo), já foi prevista noutro artigo (CC, art. 1.072).

3.2.2 *Conteúdo da convocação*

Conquanto o legislador não tenha disposto expressamente a respeito do conteúdo do ato de convocação do sócio excluendo para a assembleia ou reunião em que se venha a decidir sobre a sua exclusão da sociedade, deixou claro, no entanto, que o interessado deverá ter prévia ciência do que for necessário a assegurar o exercício do direito de defesa (CC, art. 1.085, parágrafo único, 2ª parte). Não bastará, pois, apenas dar-lhe conhecimento do dia, hora e local da assembleia e da sua ordem do dia. É preciso mais; é preciso municiar o excluendo de elementos que o permitam inteirar-se da imputação e preparar a sua defesa. Por isso, não é suficiente informar laconicamente ao excluendo que a assembleia terá por objeto a deliberação de sua exclusão da sociedade ou, mesmo, que tal exclusão é fundada em "falta grave" ou descumprimento de deveres de sócio, sem outros acréscimos, sob pena de estar-se assim violando frontalmente a própria *ratio* da convocação; da mesma forma, não satisfaz a exigência legal declinar a consequência de um fato, sem declinar a causa de sua ocorrência.[40] É preciso, portanto, que se diga, ainda que em caráter genérico, de que forma, em qual ato, por quais motivos, ter-se-ia positivado a falta grave, permitindo assim possa o interessado coligir os elementos necessários à sua defesa. Se tal não ocorrer, a convocação estará irremediavelmente viciada e poderá, só por isso, autorizar a propositura medida cautelar para sustar a realização do conclave ou, então, embasar futuro pedido de anulação da deliberação tomada.[41]

38. Em caráter excepcional – p.ex., se a exclusão tiver por fundamento o inadimplemento de um dever pessoal de colaboração, justamente em virtude do desaparecimento do sócio –, deve-se adequar as exigências formais às particularidades do caso concreto e àquilo que razoavelmente se pode exigir dos demais sócios.

39. Convocação pessoal, e não apenas pela publicação de edital na imprensa: cf. Fábio Tokars, *Sociedades Limitadas*, cit., n. 2.5.4, p. 373; Haroldo Malheiros Duclerc Verçosa, *Curso de Direito Comercial*, vol. 2, cit., n. 5.15.2, p. 558; Modesto Carvalhosa, *Comentários ao Código Civil*, vol. 13, cit., p. 316; Robson Zanetti, *Manual da Sociedade Limitada*, cit., p. 264; e Romano Cristiano, *Sociedades Limitadas*, cit., n. 2.3, p. 377. Em sentido contrário (entendo necessária apenas a publicação dos editais): João Coelho da Rocha, *Direito de Recesso e Exclusão Forçada nas Sociedades Anônimas e Limitadas*, p. 27 – com o seguinte registro: "Como, nos termos legais, a publicação no *Diário Oficial* e em jornal de grande circulação são [*sic*] presunção de ciência, não vemos como obrigatória notícia pessoalmente entregue ao sócio envolvido".

40. O ato de convocação do excluendo deve ser fundamentado e claro, para permitir a preparação da sua contrariedade (sobre o ponto, v.: Adalberto Simão Filho, *A Nova Sociedade Limitada*, n. 8.2, p. 183; Edmar Oliveira de Andrade Filho, *Sociedade de Responsabilidade Limitada*, cit., n. 9.7.1, p. 220; Fábio Tokars, *Sociedades Limitadas*, cit., n. 2.5.4, p. 373; José Waldecy Lucena, *Das Sociedades Limitadas*, cit., n. 20, p. 748; Manoel de Queiroz Pereira Calças, *Sociedade limitada no novo Código Civil*, SP: Atlas, 2003, n. 6.7, p. 206; e Renato Ventura Ribeiro, *Exclusão de Sócios nas Sociedades Anônimas*, cit., n. 2, p. 283).

41. Os vícios de convocação constituem vícios de assembleia e, uma vez decretados, fulminam todas as deliberações porventura tomadas (v.: Erasmo Valladão Azevedo e Novaes França, *Invalidade das Deliberações de Assembleia das S/A*, cit., n. 19.1, p. 88, e "Apontamentos sobre a invalidade das deliberações conexas das companhias", *RDM* 112/23). No mesmo sentido (vício da assembleia gera a invalidade de todas as deliberações nela tomadas): TJRS, 7ª CC., Rel. Des. Alzir Felippe Schmitz, ACi 70015561665, v.u., j. 15.2.2007; TAMG, 3ª CC., Rel. Juiz Dorival Guimarães Pereira, ACi 295.362-6, v.u., j. 2.8.2000;

Aliás, justamente para não expor a imagem do excluendo perante terceiros (e, eventualmente, a própria sociedade a responder por injúria ou difamação), o legislador exigiu que, além da convocação geral dos sócios por editais (ou, no caso de reunião, pela forma prevista no contrato social), haja a convocação individualizada do excluendo: naquela convocação, a ordem do dia pode se cingir a registrar o objeto da deliberação, sem descer a minúcias; nesta, a ser realizada de regra pessoalmente, as imputações devem ser expostas, de sorte a permitir a preparação da defesa.

3.2.3 *Consequências advindas da ausência do excluendo*

Ainda quando não possa votar na deliberação sobre a sua própria exclusão, o sócio excluendo tem expressamente asseguradas as possibilidades de comparecer ao conclave e, utilizando-se do seu direito de voz, apresentar a defesa (CC, art. 1.085).[42-43] No entanto, o comparecimento do sócio excluendo ao conclave e o uso da palavra para apresentação de defesa aos demais sócios não são *deveres* ou *ônus*, mas simples *faculdades*. Logo, a ausência do excluendo, de um lado, não impede que os demais sócios deliberem a sua exclusão e, de outro, não implica admissão das imputações feitas (não há, por outras palavras, confissão ficta ou coisa que o valha), de modo que nada impede que, posteriormente, venha ele a exercer o seu direito constitucional de ação para discutir a validade do ato perante o órgão jurisdicional competente.[44] Por isso, antevendo o excluendo que, pouco importando os argumentos que tenha ou venha a apresentar, os demais sócios o irão expulsar, talvez prefira poupar-se de dissabores e não saciar a sanha sádica dos demais, deixando para debater eventuais ilegalidades perante juiz isento, imparcial e equidistante das partes. É uma opção válida que a lei assegura independentemente de o excluendo ter ou não comparecido à assembleia ou reunião, não se podendo inferir da sua ausência qualquer juízo de valor negativo.

3.2.4 *Quórum de deliberação*

A doutrina tem divergido a respeito de qual seria o quórum de deliberação necessário à aprovação da exclusão extrajudicial. Parcela significativa dos autores

TAMG, 4ª CC., Rel. Juiz Paulo Cézar Dias, ACi 371.222-7, v.u., j. 9.4.2003; TAMG, 1ª CC., Rel. Juiz Osmando Almeida, ACi 2.0000.00.424987-2/000(1), m.v., j. 1.6.2004; e TJDF, 1ª T. Cível, Rel. Des. Antoninho Lopes, ACi 2004.07.1.011181-7, v.u., j. 10.1.2007.

42. O preceito concretiza, segundo a jurisprudência, mandamento de índole constitucional. Por isso, mesmo no regime anterior, os tribunais já vinham pronunciando a ilegalidade da exclusão deliberada sem assegurar a defesa do excluendo (v.: TJSP, 1ª CC, Rel. Des. Cardoso Rolim, ACi 170.093, v.u., j. 4.6.1968, *RJTJESP* 7/215; e STJ, 3ª T., Rel. Min. Nilson Naves, REsp 50.543-SP, v.u., j. 21.5.1996, *DJU* 16.9.1996, *RSTJ* 92/187). Não é por outra razão que, também no âmbito das associações, se exige a fiel observância de procedimento que garanta o direito de defesa: "Art. 57. A exclusão do associado só é admissível havendo justa causa, assim reconhecida em procedimento que assegure o direito de defesa e de recurso, nos termos previstos no estatuto".

43. Cf.: "Reconhece-se como inadequada a exclusão societária realizada extrajudicialmente sem assinar, ao sócio excluído, o direito de defesa na reunião realizada para tal fim" (TJMG, 9ª CC., Rel. Des. José Antônio Braga, ACi 1.0024.03.165804-0/001, v.u., j. 28.11.2006).

44. A afirmação de Alfredo de Assis Gonçalves Neto, segundo a qual "o não comparecimento dele (excluendo) à reunião implica *renúncia à sua defesa*" (*Lições de Direito Societário*, vol. I, cit., n. 129, p. 300) deve ser compreendida em seus devidos termos: ao não exercer a faculdade assegurada pela lei, o excluendo perde a oportunidade de fazê-lo em conclave; não fica inibido, porém, de agir em juízo para discutir a validade da deliberação – como isso, corretamente, ressalva o preclaro o mestre paranaense, na sequência da sua lição: "Se a maioria, *com ou sem defesa do sócio excluendo*, decidir sua exclusão, ele tem todo o direito de invocar a proteção do Poder Judiciário" (ob. e loc. cits., p. 301). O sócio ausente, de resto, sempre tem o direito de anular uma deliberação ilegal (v.: Erasmo Valladão Azevedo e Novaes França, *Invalidade das Deliberações de Assembleia das S/A*, cit., n. 20.1.3, pp. 121-122 e nota 143).

sustenta, simplesmente, que tal quórum seria o da maioria do capital social, vale dizer, para a exclusão, far-se-ia necessário o voto favorável de sócios representando a maioria absoluta do capital social.[45] Outros autores, e a nosso ver com razão, observam que a hipótese é verdadeiramente singular: o art. 1.085 do Código Civil expressamente exige a "maioria dos sócios, representativa de mais da metade do capital social" e, portanto, requer dupla maioria (quórum complexo), a maioria absoluta de sócios (por cabeça) e a de capital.[46] Essa interpretação nos parece particularmente correta, pois, quando o legislador pretendeu apenas a maioria do capital, expressou-se em termos distintos; não usou a expressão – de resto, clara – "maioria dos sócios, representativa de mais da metade do capital social". Consequentemente, numa sociedade de dois sócios, ainda quando um detenha a maioria do capital social, não haverá espaço para a exclusão extrajudicial; de igual modo, numa sociedade em que a minoria esteja dispersa, poderá o controlador encontrar óbices à exclusão de um minoritário, se os demais a tanto se opuserem – restando, pois, em ambos os casos, apenas o recurso à via judicial. Vale lembrar que, em outro dispositivo, o legislador também fez recurso ao quórum quantitativo, por cabeça (art. 1.010, § 2º). A expressão "maioria dos sócios", portanto, não está no art. 1.085 do Código Civil por acaso.

3.3 Exclusão extrajudicial e controle jurisdicional

Não tem sido infrequente encontrar manifestações no sentido de que, à luz dos princípios constitucionais da liberdade de associação e da liberdade de organização associativa (CF, art. 5º, XVII e XVIII, 2ª parte), o Poder Judiciário estaria pretensamente impedido de aferir a ocorrência de justa causa legitimadora da deliberação de exclusão extrajudicial. Vale dizer, de acordo com essa peculiar e assaz distorcida visão – que, não por coincidência, ecoa nos debates travados no foro –, o juiz não poderia averiguar se o pressuposto material do ato de exclusão (a exigência da prática de ato de *inegável* gravidade que coloque em risco a sobrevida da empresa) estava ou não presente; quando muito, sustentam, poderia apenas analisar se os requisitos procedimentais foram atendidos, mas não estaria legitimado a valorar os atos imputados ao antigo sócio.

Evidentemente, trata-se de posição flagrantemente equivocada e, para isso evidenciar, mais não é preciso do que lembrar que: (1º) o princípio da inafastabilidade do controle jurisdicional também tem *status* constitucional (CF, art. 5º, XXXV); (2º) a expressa exigência legal de justa causa para a exclusão de sócio (CC, art.

45. Maioria absoluta do capital social: cf. Alfredo de Assis Gonçalves, *Direito de Empresa*, cit., n. 410, p. 416; Arnoldo Wald, *Comentários ao Novo Código Civil*, vol. XIV, cit., n. 1.619, p. 560, e n. 1.648, p. 570; Edmar Oliveira de Andrade Filho, *Sociedade de Responsabilidade Limitada*, cit., n. 9.7, p. 217; Eduardo Goulart Pimenta, *Exclusão e Retirada de Sócios*, cit., n. 1.2, p. 90; Fábio Tokars, *Sociedades Limitadas*, cit., n. 2.5.4, p. 368, e *Direito Societário*, cit., n. 5.1.2, p. 142; Fábio Ulhoa Coelho, *A Sociedade Limitada no Novo Código Civil*, n. 46, p. 133, e *Curso de Direito Comercial*, vol. 2, 10ª ed., p. 416; Haroldo Malheiros Duclerc Verçosa, *Curso de Direito Comercial*, vol. 2, cit., n. 5.15.1, p. 555; Idevan César Rauen Lopes, *Empresa & Exclusão do Sócio*, cit., n. 2.2.2.2, p. 143; João Coelho da Rocha, *Direito de Recesso e Exclusão Forçada nas Sociedades Anônimas e Limitadas*, cit., p. 25; Marcel Gomes Bragança Retto, *Sociedades Limitadas*, p. 199; Marlon Tomazete, *Curso de Direito Empresarial*, vol. 1, n. 13, p. 364; Modesto Carvalhosa, *Comentários ao Código Civil*, vol. 13, cit., pp. 312-313; Plínio Paulo Bing, *Sociedade Limitada*, n. V.12, p. 232; Ricardo Fiúza, *Novo Código Civil Comentado*, 1ª ed., 3ª tir., p. 977; Rodrigo Prado Marques, *Sociedades Limitadas no Brasil*, p. 199; Romano Cristiano, *Sociedades Limitadas*, cit., n. 2.3, p. 376; Tarsis Nametala Sarlo Jorge, *Manual das Sociedades Limitadas*, cit., n. 18.1.4, p. 278.

46. Maioria absoluta por cabeça e capital: cf. Daniel Moreira do Patrocínio, *Sociedade Limitada*, p. 148; Priscila M. P. Corrêa da Fonseca, *Dissolução Parcial, Retirada e Exclusão de Sócio no Novo Código Civil*, cit., n. 3.1, p. 34, e *Código Civil Comentado*, vol. XI (em coautoria com Rachel Sztajn), p. 555; e Robson Zanetti, *Manual da Sociedade Limitada*, cit., p. 265.

1.085) não teria qualquer sentido ou aplicação, se o juiz não pudesse, em sede de ação anulatória, apreciar em concreto a sua presença; e, por fim, (3º) seria um gritante contrassenso supor que, para decidir a ação de exclusão *judicial*, cabe ao juiz positivar a existência de justa causa (CC, art. 1.030) e, na situação inversa, diante da deliberação de exclusão extrajudicial, estivesse impedido de fazê-lo!

A bem da verdade, não fosse dado ao Poder Judiciário analisar a regularidade da exclusão de sócio, a sua efetivação na via extrajudicial seria então, só por isso, inconstitucional.[47] Na realidade, só se a admite, precisamente porque ao lesado cabe o poder de recorrer ao Judiciário, em busca da invalidação do ato.

Em boa doutrina, aliás, não há quem discorde da opinião de que, se a lei exige a presença de justa causa, sempre caberá ao juiz averiguar o ponto, configurando-se aí o controle de legalidade do ato. "Pronunciada a exclusão", observou Miguel Reale, "tem o sócio excluído o direito de recorrer ao Poder Judiciário para anular a decisão da sociedade, provando ter sido violado o disposto na lei ou no contrato (...). Negar ao juiz o poder de exercer, em caso de despedida compulsória, a função jurisdicional *em sua plenitude normal*, seria abrir uma larga brecha para a prepotência e o arbítrio dos sócios".[48]

Nos tribunais, o tema também tem sido decidido, no mais das vezes, com igual orientação. O Supremo Tribunal Federal, inclusive, já teve a oportunidade de assentar "que a exclusão, como medida grave, fundada em justa causa, pode ficar *sujeita ao controle jurisdicional em termos de valoração jurídica*, resguardando-se, inclusive, o direito de defesa do excluído" (STF, 2ª T., Rel. Min. Djaci Falcão, RE 115.222-BA, v.u., j. 13.12.1988, *RTJ* 128/ 886). Na mesma linha, o Superior Tribunal de Justiça observou que "não se po-

47. É o que, de há muito, advertiu Pontes de Miranda, ainda sob a égide da Constituição de 1946, destacando que "a penalidade social é por *inadimplemento de dever social*, de algum dos deveres sociais. O direito – que é estatal – permite que as sociedades particulares, de direito privado ou de direito público, especifiquem deveres de cuja infração resulta a penalidade social". E, mais adiante: "No direito brasileiro, que tem a regra jurídica do art. 141, § 4º, da Constituição de 1946, decisão social que ofenda direito do sócio pode ser apreciada pelo Poder Judiciário", acrescentando ainda, no item seguinte: "Na aplicação da pena é preciso que se respeite o *princípio da audiência do sócio*, que é o correspondente, na vida interna da sociedade, ao princípio *Nemo inauditus damnari potest*, no direito processual civil e no penal. (...) No direito brasileiro, a cláusula que pré-exclua o exame, em ação, pela justiça estatal ofenderia o artigo 141, § 4º, da Constituição de 1946, e seria nula" (*Tratado de Direito Privado*, t. XLIX, 3ª ed., § 5.186, ns. 4 e 5, pp. 127-129).

48. Miguel Reale, "A exclusão de sócio das sociedades mercantis e o Registro do Comércio", in *Nos Quadrantes do Direito Positivo*, cit., p. 298. No mesmo sentido (controle judicial dos motivos da exclusão): A. J. Avelãs Nunes, *O Direito de Exclusão de Sócios nas Sociedades Comerciais*, cit., pp. 239-240; Alfredo de Assis Gonçalves, *Lições de Direito Societário*, vol. I, cit., n. 129, p. 302, e *Direito de Empresa*, cit., n. 409, p. 415; Arnoldo Wald, *Comentários ao Novo Código Civil*, vol. XIV, cit., n. 1.660, p. 574; Fábio Tokars, *Sociedades Limitadas*, cit., n. 2.5.5, p. 377; Haroldo Malheiros Duclerc Verçosa, *Curso de Direito Comercial*, vol. 2, cit., n. 5.15.1, p. 556; Idevan César Rauen Lopes, *Empresa & Exclusão do Sócio*, cit., n. 2.2.7, p. 150; José Marcelo Martins Proença, "A exclusão de sócio nas sociedades limitadas", in *Direito Societário – Tipos Societários* , cit., n. 5.5.1, p. 191; José Waldecy Lucena, *Das Sociedades Limitadas*, cit., n. 21, pp. 751-752, e n. 22, pp. 762-763; Luiz Gastão Paes de Barros Leães, "Exclusão extrajudicial de sócio em sociedade por quotas", *RDM* 100/92-93; Manoel de Queiroz Pereira Calças, *Sociedade Limitada no Novo Código Civil*, n. 6.7, p. 106; Marlon Tomazete, *Curso de Direito Empresarial*, vol. 1, cit., n. 13, p. 365; Modesto Carvalhosa, *Comentários ao Código Civil*, vol. 13, cit., pp. 316-317; Osmar Brina-Corrêa, *Sociedade Limitada*, cit., n. 6, p. 159; Paulo Penalva Santos, *Comentários ao Código Civil Brasileiro*, vol. IX, cit., p. 465; Priscila M. P. Corrêa da Fonseca, *Dissolução Parcial, Retirada e Exclusão de Sócio no Novo Código Civil*, cit., n. 4.2, pp. 46-47, e *Código Civil Comentado*, vol. XI (em coautoria com Rachel Sztajn), pp. 558-559; Renato Ventura Ribeiro, *Exclusão de Sócio nas Sociedades Anônimas*, cit., n. 8.2, p. 304; Robson Zanetti, *Manual da Sociedade Limitada*, cit., p. 267; e Tarsis Nametala Sarlo Jorge, *Manual das Sociedades Limitadas*, cit., n. 20, p. 279.

der negar ao sócio despedido pela maioria que se valha de ação, com o objetivo de trazer a juízo direito seu; há de estar *assegurado o controle jurisdicional do ato de dispensa*, em qualquer hipótese" (STJ, 3ª T., Rel. Min. Nilson Naves, REsp 50.543-SP, v.u., j. 21.5.1996, *DJU* 16.9.1996, *RSTJ* 92/187).[49]

Se e quando provocado, em suma, ao Poder Judiciário cabe a tarefa de aferir a validade da deliberação de exclusão de sócios e, para tanto, analisar se foram atendidos os pressupostos materiais e procedimentais do ato, se havia justa causa para a aplicação da medida ou se a conduta imputada ao excluído caracterizava falta grave – controle esse que, evidentemente, é de legalidade e, como tal, não importa em avocar o juiz qualquer juízo de conveniência e oportunidade nem se intrometer no funcionamento das organizações coletivas privadas.[50]

Dita assertiva é rica de consequências. *Primeiro*, justamente para permitir o ulterior controle do ato, a deliberação que decreta a exclusão deve ser fundamentada, com a indicação, ainda que sumária, dos motivos que impuseram o afastamento coativo do sócio: a motivação é pressuposto de sindicabilidade da deliberação.[51] *Segundo*, os motivos apontados na deliberação de exclusão vinculam a sociedade em juízo, por efeito da teoria dos motivos determinantes,[52] não podendo ela poste-

49. Na mesma trilha, a Corte de cassação francesa cassou decisão da instância inferior, que se recusou a apreciar a gravidade dos motivos invocados para a exclusão: "La Cour de cassation a indiqué qu'il appartient aux juges, quand ils en sont saisis, de vérifier que l'exclusion n'est pas abusive. Elle a ainsi cassé pour violation de la loi un arrêt des juges du fond qui avaient refusé de se livrer à un contrôle de la gravité des motifs invoqués pour justifier l'exclusion et avaient donné effet à une clause statutaire écartant de façon explicite tout contrôle judiciaire sur le fond (Cass. com., 21 oct. 1997: *Bull. Joly* 1998, p. 40, note P. Le Cannu; *Rev. sociétés* 1998, p. 99, obs. B. Saintourens)" (Maurice Cozian, Alain Viandier e Florence Deboissy, *Droit des Sociétés*, cit., n. 330, p. 161). Com análogo registro na França, v. ainda: Dominique Vidal, *Droit des Sociétés*, 5ª ed., n. 100, p. 65; e Georges Ripert e René Roblot, *Traité de Droit Commercial*, t. 1, 14ª ed., n. 795, p. 658.

50. É o que, com propriedade, se destacou no seguinte julgado: "Nas demandas relativas às sociedades civis, reguladas por estatutos aos quais aderem os associados por vínculos tipicamente contratuais, compete ao Poder Judiciário, de modo geral, na apreciação da atividade social, controlar-lhe a legalidade, que não se há de limitar à verificação de adequação às normas jurídicas e estatutárias, porém há de investigar o mérito, não no tocante à oportunidade e conveniência, mas para aferir a ocorrência ou não de abuso de direito ou de poder" (TJSP, 12ª CC., Rel. Des. Carlos Ortiz, ACi 125.515-2, v.u., j. 15.12.1987, *RT* 626/81).

51. A doutrina entende, sem divergências, que a deliberação de exclusão deve ser fundamentada, para permitir ulterior controle jurisdicional (cf.: A. J. Avelãs Nunes, *O Direito de Exclusão de Sócios nas Sociedades Comerciais*, cit., p. 249; Arnoldo Wald, *Comentários ao Novo Código Civil*, vol. XIV, cit., n. 1.619, p. 560; Gastone Cottino, *Diritto Commerciale*, vol. 1º, t. 2º – *Le Società*, 4ª ed., n. 45.2, p. 149; Giorgio Cian e Alberto Trabucchi, *Commentario Breve al Codice Civile*, cit., p. 2.314; Idevan César Rauen Lopes, *Empresa & Exclusão do Sócio*, cit., n. 2.2.6, p. 144; Marcelo Fortes Barbosa Filho, *Código Civil Comentado*, coord. Cezar Peluso, pp. 904-905; Mauro Rodrigues Penteado, "Dissolução parcial da sociedade limitada...", cit., in *Direito de Empresa no Novo Código Civil* , cit., n. 3.4, p. 279; Osmar Brina-Corrêa, *Sociedade Limitada*, cit., n. 6, p. 159; Priscila M. P. Corrêa da Fonseca, "A exclusão de sócio da sociedade por quotas de responsabilidade limitada", in *Sociedades por Quotas de Responsabilidade Limitada*, p. 78; Renato Ventura Ribeiro, *Exclusão de Sócios nas Sociedades Anônimas*, cit., n. 2.7, p. 197), pois "'aceitar-se que a exclusão pudesse ser deliberada sem necessidade de se invocar o motivo que a determina equivaleria, afinal, a negar-se ao sócio excluído o acesso ao controle dos tribunais'" (Priscila M. P. Corrêa da Fonseca, *Dissolução Parcial, Retirada e Exclusão de Sócio no Novo Código Civil*, cit., p. 62). Se assim é, poder-se-ia honestamente entender que a pura indicação de que a deliberação teve por fundamento a quebra de *affectio societatis* preenche o requisito de fundamentação do ato de exclusão (reduzido, em termos práticos, a uma formalidade inócua)?

52. A teoria dos motivos determinantes encontrou no direito administrativo amplo campo de incidência. "De acordo com esta teoria", explica Celso Antônio Bandeira de Mello, "os motivos que determinaram a vontade do agente, isto é, os fatos que serviram de suporte à sua decisão, integram a validade do ato. Sendo assim, a invocação de 'motivos de fato' falsos, inexistentes ou incorretamente qualificados *vicia o ato* (....)" (*Curso de Direito Administrati-*

riormente, quando da defesa do ato em sede de ação anulatória proposta pelo excluído, alegar outros motivos e imputar ao sócio outras possíveis faltas, que não aqueles constantes da ata como fundamentos da deliberação de exclusão.[53] *Terceiro*, da deliberação que decreta a exclusão de sócios, não cabe recurso administrativo algum; só cabe oposição administrativa ao ato de arquivamento, perante o registro público competente, se houver sido desobedecido algum requisito *formal* (Lei n. 8.934/1994, art. 40), ou ação judicial para invalidar o ato perante o órgão jurisdicional competente.

4. Exclusão judicial e exclusão extrajudicial: vias alternativas ou repelentes?

Questão interessante que se pode aqui ainda colocar é a de saber se, havendo previsão no contrato social de sociedade limitada para a exclusão extrajudicial fundada em falta grave, poderiam os demais sócios, ainda assim, propor ação de exclusão judicial contra o sócio indesejado ou, pelo contrário, estariam limitados a promover a exclusão através de deliberação societária. Por outra retórica: estando teoricamente aberta a possibilidade de exclusão extrajudicial, a via da exclusão continua a se colocar como alternativa ou, pelo contrário, resta trancada? O ponto presta-se a boa polêmica.

Em obra de referência sobre a matéria, Priscila M. P. Corrêa da Fonseca, única estudiosa que abertamente enfrentou esse intrincado problema, afirma ser manifesta a falta de interesse de agir; sustenta, pois, calcada em dois julgados,[54] que "carece de interesse processual para promover ação de exclusão a maioria dos sócios detentores da maior parte do capital social. É que podem estes – em razão do art. 1.085 do Código Civil – promover a exclusão de qualquer dos sócios que estiver pondo em risco a continuidade da empresa, em razão de ato de inegável gravidade, mediante mera alteração do pacto social, mas desde que haja neste previsão para exclusão por justa causa".[55]

Respeitado esse entendimento, pensamos de forma oposta. Não há, a nosso ver, a propalada carência de ação. Não fosse a literalidade da regra do art. 1.085 do Códi-

vo, 21ª ed., n. VII-42, p. 384). Essas considerações, a nosso ver, podem ser transpostas ao problema analisado no texto.

53. Por isso, tem razão Idevan César Rauen Lopes ao observar que "motivação da exclusão extrajudicial de sócio *vincula a empresa à mesma motivação em juízo*" (*Empresa & Exclusão do Sócio*, cit., n. 2.2.7, p. 144).

54. Os julgados por ela invocados, *ambos pertinentes à mesma causa* e anteriores ao Código Civil, são os seguintes: TJSP, 12ª CC., Rel. Des. Luiz Tâmbara, ACi 186.643-2, v.u., j. 5.5.1992, *JTJ* 138/274; e STJ, 4ª T., Rel. Min. Barros Monteiro, REsp 33.475-SP, v.u., j. 15.9.1995, *DJU* 2.10.1995 – mas registramos aqui que, naquela causa, o Superior Tribunal de Justiça não conheceu do recurso especial, não analisou e, portanto, não se pronunciou expressamente sobre o problema da carência de ação. Além dos referidos arestos, Priscila M. P. Corrêa da Fonseca também compila outro julgado (TJSP, 2ª Câm. Dir. Priv., Rel. Des. Cezar Peluso, ACi 267.079-2, v.u., j. 10.12.1996, *JTJ* 193/192) que, a nosso ver, nada tem que ver com a espécie, pois trata da hipótese de evidente carência da ação por parte da sociedade que propõe ação declaratória de exclusão (= de inexistência da relação jurídico-social) contra quem, com precedência, foi excluído extrajudicialmente, autêntica bisonhice processual.

55. Priscila M. P. Corrêa da Fonseca, *Dissolução Parcial, Retirada e Exclusão de Sócio*, cit., n. 3.2, p. 102. No mesmo sentido (carência da ação): "Sociedade por cotas de responsabilidade limitada. Exclusão de sócio por justa causa. Deliberação do cotista majoritário. Dissensão séria em razão da suposta prática de atos temerários e consequente quebra da 'affectio societatis'. Sentença que extinguiu o feito sem julgamento do mérito, por falta de interesse processual. Manutenção" (TJSP, 10ª Câm. Dir. Priv., Rel. Des. Testa Marchi, ACi 261.899.4/0-00, v.u., j. 21.3.2006) – valendo-se notar que, no caso decidido, a sociedade era constituída por apenas dois sócios, o excluendo e o remanescente, e, portanto, justamente em função da discussão sobre qual seria o quórum de deliberação necessário, não se compreende a razão para negar o acesso do interessado à via jurisdicional.

go Civil – na qual restou claramente "ressalvado o disposto no art. 1.030" e, portanto, poder-se-ia dizer, o recurso alternativo à via da ação judicial –, a verdade é que, em primeiro lugar, a propositura da ação de exclusão não traz nenhum prejuízo ou limitação de ordem processual ao excluendo (que, muito pelo contrário, tem assegurado o pleno exercício do contraditório e da ampla defesa em juízo, antes da consumação de qualquer ato expulsório); se alguém teoricamente é "prejudicado" pelo recurso à via judicial, são a sociedade e os sócios remanescentes, e só. Em segundo lugar, a aferição do interesse de agir (necessidade + utilidade) não pode se dar de forma tão estreita: ainda quando, em tese, caiba a exclusão extrajudicial, os demais sócios podem entender que melhor c mais prudente é recorrer à via jurisdicional, por efeito de uma particularidade concreta qualquer (p. ex., porque a falta grave talvez não esteja tão bem delineada ou dependa de outras provas, que se pretende estabelecer em juízo; porque existe dúvida sobre se o quórum de deliberação é apenas o da maioria de capital, como entendem alguns autores, ou se seria o da maioria de cabeças e de capital, cumulativamente; ou, então, porque os sócios receiam que a falta imputada ao excluendo talvez não seja grave o suficiente a legitimar a drástica medida, ou, simplesmente, não sabem se a conduta será caracterizada como falta), de tal modo que, diante de um quadro de incerteza, não desejam promover o afastamento extrajudicial e correr o risco de futura invalidação da deliberação, com todas as desgastantes e drásticas consequências daí advindas (p. ex., reintegração do sócio ao quadro societário, com pagamento de todos os lucros e benefícios distribuídos no período, sem prejuízo de eventual indenização por danos morais), entendendo preferível percorrer o caminho – mais longo, para eles – da ação judicial. Que mal há nisso? Não haveria, nas condições citadas, evidente interesse de agir? Ora, processo é meio, e não é fim. Não há, pois, nenhum óbice a que, mesmo estando em tese e formalmente aberta a via da exclusão extrajudicial, os sócios venham a propor ação de exclusão. Aliás, em questão absolutamente análoga, os tribunais acabaram por permitir que o interessado percorra caminho mais longo, desde que isso não prejudique o réu.[56] O interesse de agir, portanto, não pode ser negado apenas diante da aparente possibilidade de exclusão extrajudicial, porquanto expressamente "ressalvado" o caminho do recurso prévio ao Poder Judiciário, em linha, pois, com preceito constitucional.

5. *Exclusão judicial: iniciativa e legitimação ativa*

A exclusão judicial de sócios por falta grave, conforme já mencionado anteriormente, encontra previsão no art. 1.030, *caput*, do Código Civil, artigo esse que, conquanto alocado no capítulo reservado à disciplina legal das sociedades simples, se aplica, remissivamente, aos demais tipos societários regidos naquele mesmo diploma legal. O artigo tem a seguinte redação:

56. Estamos aqui nos referindo à orientação jurisprudencial segundo a qual o credor detentor de título extrajudicial não poderia propor ação de cobrança ou ação monitória, supostamente porque não teria interesse de agir. Superadas as hesitações iniciais, prevaleceu o bom senso e o reconhecimento de que, para além da aparência, podem existir razões subjacentes a justificar que o credor opte trilhar caminho mais longo (p. ex., o título tem algum vício formal ou há o risco de ser levantada alguma objeção ao ato de emissão); na medida em que isso não prejudica a parte contrária, não havia mesmo boas razões para impedir o credor de assim agir (sobre esse tema, v.: Werter R. Faria, *Ações Cambiárias*, n. 13, pp. 23-24, e, nos tribunais: STJ, 2ª T., Rel. Min. Mauro Campbell, REsp 650.441-RJ, v.u., j. 19.8.2008, *DJe* 16.9.2008). Bem vista a questão, o interesse de agir no caso da exclusão é *ainda mais evidente* do que no caso da ação de cobrança: nesta, o autor já dispõe formalmente de um título executivo e, ainda assim, propõe ação condenatória; naquela, a exclusão não preexiste, pois, para se positivar extrajudicialmente, dependeria da prática de diversos outros atos, não realizados quando do ingresso em juízo.

"Art. 1.030. Ressalvado o disposto no art. 1.004 e seu parágrafo único, pode o sócio ser excluído judicialmente, mediante iniciativa da maioria dos demais sócios, por falta grave no cumprimento das suas obrigações ou, ainda, por incapacidade superveniente". Interpretando-o, a doutrina e os tribunais se dividem.

Alguns estudiosos sustentam que, ao aludir a "iniciativa da maioria dos demais sócios", o legislador teria exigido uma deliberação dos sócios para legitimar a atuação judicial da sociedade[57] (salvo, quer nos parecer, nos casos de sociedades com dois sócios, quando a deliberação poderia ser excepcionalmente dispensada[58]). Os que assim pensam, distinguem entre a iniciativa da medida, que seria "da maioria dos demais sócios",[59] e a legitimação ativa para a ação, que seria da sociedade.[60] Essa interpretação, inclusive, foi aceita em julgado de tribunal.[61] O mérito desta interpretação é dar solução para um delicado problema de ordem processual, possibilitando que a relação processual venha a ser válida e integralmente composta pela simples inclusão da sociedade, no polo ativo, e do excluendo, no polo passivo, sem fazer depender o processamento da causa à presença de todos os sócios no polo ativo ou, em caso de recusa de um deles (e pelo só fato de não concordar com a exclusão), no polo passi-

57. Exclusão judicial pressupõe prévia deliberação para ingresso em juízo: cf. Arnoldo Wald, *Comentários ao Novo Código Civil*, vol. XIV, cit., n. 709, p. 237; Alfredo de Assis Gonçalves, *Lições de Direito Societário*, vol. I, cit., n. 54, p. 137; Fábio Tokars, *Sociedades Limitadas*, cit., n. 2.5.5, pp. 375-376; Haroldo Malheiros Duclerc Verçosa, *Curso de Direito Comercial*, vol. 2, cit., n. 1.12.3.4, p. 172; Idevan César Rauen Lopes, *Empresa & Exclusão do Sócio*, cit., n. 2.2.7, p. 149; Marcelo Fortes Barbosa Filho, *Código Civil Comentado* , cit., p. 860; Manoel de Queiroz Pereira Calças, *Sociedade Limitada no Novo Código Civil*, cit., n. 6.7, p. 107; Marlon Tomazette, *Curso de Direito Empresarial*, vol. 1, cit., n. 7, p. 310, e "As sociedades simples do novo Código Civil", *RT* 800/53; Modesto Carvalhosa, *Comentários ao Código Civil*, vol. 13, cit., p. 323; e Plínio Paulo Bing, *Sociedade Limitada*, cit., n. IV.7.2, p. 98, e n. IV.7.3, p. 99.

58. Assim também tem-se entendido na Alemanha: "bei der Zweimanngesellschaft ist der Gesellschafterbeschluss entbehrlich (Hachengburg/*Ulmer*, 8. Aufl., Anh. §34 Rn. 26; *Wolf* ZGR 1998, 104; aA. BGHZ 9, 177; 16, 322" (Thomas Raiser e Rüdiger Veil, *Recht der Kapitalgesellschaften*, cit., § 30, n. 75, p. 490).

59. A maioria em questão é de computada pela participação no capital (CC, art. 1.010, *caput*), e não por cabeça (cf.: Alfredo de Assis Gonçalves, *Direito de Empresa*, cit., n. 220, p. 264; Edmar Oliveira de Andrade Filho, *Sociedade de Responsabilidade Limitada*, cit., n. 9.3, p. 211; José Edwaldo Tavares Borba, *Direito Societário*, 8ª ed., p. 79; Leonardo Guimarães, "Exclusão de sócio em sociedades limitadas no novo Código Civil", in *Direito de Empresa no Novo Código Civil*, coord. Frederico Viana Rodrigues, n. 4.2.2, p. 303; Plínio Paulo Bing, *Sociedade Limitada*, cit., n. V.7.2, p. 98). No mesmo sentido é o Enunciado n. 216 da III Jornada do CEJ/STJ. Mas há opiniões em sentido contrário, sustentando que a maioria deve ser apurada por cabeça (cf.: Eduardo Goulart Pimenta, *Exclusão e Retirada de Sócios*, cit., n. 2, p. 94; e Marlon Tomazete, *Curso de Direito Empresarial*, vol. 1, cit., n. 7, p. 310), interpretação essa que, se pudesse prevalecer, levaria à autêntica *impotência* do sócio controlador submeter a controvérsia a juízo, numa sociedade com minoria numérica expressiva; na prática, prestigiar-se-ia a dissolução total da sociedade, como única alternativa, em detrimento da atividade social.

60. Legitimação ativa é da sociedade, e não dos sócios, após tomada deliberação: cf. A. J. Avelãs Nunes, *O Direito de Exclusão de Sócios nas Sociedades Comerciais*, cit., pp. 291-292; Alfredo de Assis Gonçalves, *Lições de Direito Societário*, vol. I, cit., n. 54, p. 137, e *Direito de Empresa*, cit., n. 222, pp. 265-266; Edmar Oliveira de Andrade Filho, *Sociedade de Responsabilidade Limitada*, n. 9.3, p. 211; Fábio Tokars, *Sociedades Limitadas*, cit., n. 2.5.5., pp. 375-376; Haroldo Malheiros Duclerc Verçosa, *Curso de Direito Comercial*, vol. 2, cit., n. 1.12.3.4, p. 172; Idevan César Rauen Lopes, *Empresa & Exclusão do Sócio*, cit., n. 2.27, p. 149; Marlon Tomazette, *Curso de Direito Empresarial*, vol. 1, cit., n. 7, p. 310, e "As sociedades simples do novo Código Civil", *RT* 800/53; Modesto Carvalhosa, *Comentários ao Código Civil*, vol. 13, cit., p. 323; Paulo Penalva Santos, *Comentários ao Código Civil Brasileiro*, vol. IX, cit., p. 461; Plínio Paulo Bing, *Sociedade Limitada*, cit., n. IV.7.3, p. 99; PricewaterhouseCoopers, *Aspectos Relevantes do Direito de Empresa*, cit., p. 143; Renato Ventura Ribeiro, *Exclusão de Sócios nas Sociedades Anônimas*, cit., n. 3.1, p. 294; Robson Zanetti, *Manual da Sociedade Limitada*, cit., p. 263; e Rodrigo Prado Marques, *Sociedades Limitadas no Brasil*, cit., p. 200.

61. Cf.: TJRN, Rel. Des. Manoel dos Santos, AI 2006.002874-5, j. 28.8.2006.

vo, como litisconsorte do excluendo, com todos os ônus associados ao fato de alguém figurar pessoalmente como parte em juízo, seja no polo ativo ou no passivo.

Outros estudiosos, no entanto, ainda influenciados pela prática consolidada em torno do ajuizamento das ações de dissolução parcial à luz do regime anterior, entendem que, no citado art. 1.030 do Código Civil, não se teria exigido nenhuma deliberação para a propositura da ação de exclusão e que, portanto, o polo ativo da demanda deve ser composto por sócios representando a maioria dos demais sócios (computada essa maioria por capital, e não por cabeça) e, o polo passivo, pelo sócio excluendo e pelos demais sócios que porventura não tenham assentido em promover a ação (estes últimos, porém, apenas para integrar a relação processual, sem que, contra eles, se venha, ao final, a pronunciar qualquer ato de exclusão); a sociedade, por sua vez, apenas para constar, haveria de figurar no polo ativo ou no polo passivo, tanto faz.[62] A crítica que se deve fazer a tal interpretação (que também já foi encampada em julgados de tribunais pátrios[63]) é a de que, além de complicar excessivamente o processo civil societário, transforma a participação societária em autêntica sementeira de demandas para os sócios... pelo só fato de serem sócios! Não nos parece, pois, o melhor caminho. Ademais, se a exclusão é da pessoa jurídica da sociedade (a sociedade simples é sociedade personificada, no sistema do Código Civil), não se compreende bem por que razão não seja (exclusivamente) dela a legitimação ativa para a demanda. De toda forma, esse problema ainda está em aberto, no aguardo de melhor enfrentamento pela doutrina e da solução final pelos tribunais.

Por fim, deve-se destacar que o art. 1.030 do Código Civil, ao relegar a iniciativa da exclusão judicial à "maioria dos demais sócios", claramente arreda do cômputo dessa fração social a parte do excluendo e, com isso, possibilita que a maioria possa ser excluída pela minoria, o que não é nenhum contrassenso: ser maioria não significa ter sempre razão; tanto quanto a minoria, a maioria pode incorrer em falta grave[64] e, conforme o caso, ser excluída da sociedade, a bem da preservação da atividade social.[65] Pela mesma razão, é também

62. Legitimação ativa de sócios e sociedade: cf. Eduardo Goulart Pimenta, *Direito Societário*, cit., n. 5.8, p. 155; Fábio Ulhoa Coelho, *Curso de Direito Comercial*, vol. 2, cit., p. 417, e *A Sociedade Limitada no Novo Código Civil*, cit., n. 46, p. 134; Manoel de Queiroz Pereira Calças, *Sociedade Limitada no Novo Código Civil*, cit., n. 6.7, p. 107; Murilo Zanetti Leal, *A Transferência Involuntária de Quotas nas Sociedades Limitadas*, n. 4.2, p. 121; e Pedro Sergio Fialdini Filho, "Inovações do Código Civil de 2002...", cit., in *A Empresa no Terceiro Milênio: Aspectos Jurídicos* , cit., p 116. Em sentido diverso, Leonardo de Faria Beraldo, ressalvando o entendimento jurisprudencial, entende que a sociedade nem precisaria figurar em qualquer dos polos da relação processual ("Da exclusão de sócio nas sociedades limitadas", in *Direito Societário na Atualidade*, cit., p. 227).

63. Cf.: "A teor do que dispõem os arts. 1.030 e 1.034 do Código Civil brasileiro, o pedido de dissolução parcial da sociedade, com a exclusão do sócio descumpridor das obrigações estatutárias, deve ser formulado pelos demais sócios e não pela sociedade" (TJDF, 2ª T. Cível, Rel. Desa. Carmelita Brasil, AI 2007.00.2.002764-2, v.u., j. 30.5.2007). Na mesma linha: TJDF, 1ª T., Rel. Des. Edmundo Minervino, ACi 4295596, j. 20.10.1997, *DJU* 15.4.1998; e TJRS, Rel. Des. Antonio Vinicius Amaro da Silveira, ACi 70006530307, j. 5.8.2004. V. ainda: *RT* 631/122; e *JTJ* 95/290 e 105/247.

64. Se ser maioria significasse estar sempre com a razão, a responsabilização por abuso de controle seria *contradictio in terminis*. "Necessário, realmente, distinguir entre o que a maioria *diz* serem os interesses da sociedade e quais os que realmente o são; porque apenas na perspectiva destes cumpre analisar o procedimento do sócio excluído" (TJSP, 9ª CC., Rel. Des. Vieira de Souza, ACi 53.111-2, v.u., j. 9.6.1983, *RJTJESP* 94/197). Afinal, "ser majoritário não significa necessariamente ter razão, posto que, em qualquer situação da vida, as maiorias podem tomar atitudes tirânicas com relação às minorias" (Romano Cristiano, *Sociedades Limitadas*, cit., n. 2.2, p. 372).

65. Minoria pode excluir a maioria: cf. Fábio Konder Comparato, "Exclusão de sócio na sociedade por cotas de responsabilidade limitada", *RDM* 25/39-48; Adalberto Simão Filho, *A Nova Sociedade Limitada*, cit., n. 8.2.2, p. 186; Alfredo de Assis Gonçal-

possível a exclusão de sócio em sociedade composta por apenas 2 (dois) sócios, hipótese em que o remanescente haverá de reconstituir a pluralidade de sócios dentro do prazo de 180 (cento e oitenta) dias depois de caracterizada a unipessoalidade, sob pena de a sociedade dissolver-se de pleno direito (CC, art. 1.033, IV).

6. *Exclusão judicial e apuração de haveres*

Ao julgar procedente demanda em que se formulou exclusivamente o pedido de exclusão, poderia o juiz, ainda assim, condenar a sociedade a efetuar o pagamento dos haveres ao sócio excluído? Esta questão tem sido posta à reflexão por alguns processualistas que, à vista dos princípios do dispositivo, da iniciativa da parte e da congruência (ou adstringência) da sentença ao pedido (CPC, arts. 2º, 128 e 460), defendem o ponto de vista de que, se a apuração dos haveres não houver sido requerida em reconvenção ou pedido contraposto do réu, não se poderia ir além do decreto de exclusão. A nosso ver, porém, a condenação da sociedade ao pagamento dos haveres constitui consequência lógica do acolhimento do pedido de exclusão e, portanto, efeito da desconstituição do vínculo societário, conforme expressamente previsto na lei civil (CC, art. 1.031). Não há, pois, necessidade de o sócio, réu na ação de exclusão, ser compelido a oferecer uma reconvenção (para pedir, em caráter eventual, que, se vier a ser excluído, deve então a sociedade ser condenada a pagar os seus haveres, colocando-o assim na inusitada posição em que, qualquer que seja o resultado do processo, saíra perdedor numa das demandas). A apuração de haveres do excluído, em sede de liquidação, é efeito da desconstituição do vínculo societário, decorrente da exclusão, e, portanto, independe de reconvenção.[66]

7. *Conclusão*

A exclusão de sócios por falta grave no direito societário brasileiro, como se pôde verificar da amostra trazida neste tra-

ves, *Lições de Direito Societário*, vol. I, cit., n. 130, p. 303, e *Direito de Empresa*, cit., n. 412, p. 418; Arnoldo Wald, *Comentários ao Novo Código Civil*, vol. XIV, cit., n. 709, p. 237; Eduardo Goulart Pimenta, *Exclusão e Retirada de Sócios*, cit., n. 2, p. 94, e *Direito Societário*, cit., n. 5.2, p. 144; Fábio Tokars, *Sociedades Limitadas*, cit., n. 2.5.5, p. 375; Haroldo Malheiros Duclerc Verçosa, *Curso de Direito Comercial*, vol. 2, cit., n. 1.12.3.4, p. 168; Idevan César Rauen Lopes, *Empresa & Exclusão do Sócio*, cit., n. 2.2.7, p. 152; José Edwaldo Tavares Borba, *Direito Societário*, cit., p. 79; José Marcelo Martins Proença, "A exclusão de sócio nas sociedades limitadas", in *Direito Societário – Tipos Societários* , cit., n. 5.5.1, p. 190; José Waldecy Lucena, *Das Sociedades Limitadas*, cit., n. 24, pp. 770-774; Leonardo de Faria Beraldo, "Da exclusão de sócio nas sociedades limitadas", in *Direito Societário na Atualidade*, cit., p. 219; Manoel de Queiroz Pereira Calças, *Sociedade Limitada no Novo Código Civil*, cit., n. 6.7, p. 107; Marlon Tomazete, *Curso de Direito Empresarial*, vol. 1, cit., n. 13, p. 365; Modesto Carvalhosa, *Comentários ao Código Civil*, vol. 13, cit., p. 313; Paulo Penalva Santos, *Comentários ao Código Civil Brasileiro*, vol. IX, cit., pp. 461-462; Priscila M. P. Corrêa da Fonseca, *Dissolução Parcial, Retirada e Exclusão de Sócio no Novo Código Civil*, cit., p. 48; Renato Ventura Ribeiro, *Exclusão de Sócios nas Sociedades Anônimas*, cit., n. 4, pp. 198-201; Rodrigo Prado Marques, *Sociedades Limitadas no Brasil*, cit., p. 201; Vera Helena de Mello Franco, *Manual de Direito Comercial*, vol. 1, cit., n. 2.6, p. 245; e Plínio Paulo Bing, *Sociedade Limitada*, cit., n. V.12.1, p. 233 (indicando a dissolução parcial, com o afastamento da maioria, como solução). Nos tribunais, por todos, confira-se o *leading case* publicado na *RT* 599/79 (TJSP, 16ª CC., Rel. Des. Bueno Magano, ACi 88.171-2, v.u., j. 17.4.1985).

66. O TJSP posicionou-se no mesmo sentido: "Art. 1.031 do Código Civil já prevê a liquidação de haveres na hipótese de a sociedade se resolver em relação a um dos sócios. Desnecessidade de ação declaratória incidental, reconvenção ou pedido contraposto (...). Na peça rotulada pelo réu de ação declaratória incidental e recebida como reconvenção pelo nobre magistrado, pretende ele a apuração e o recebimento dos haveres na sociedade, no caso de procedência da ação. Mas para isso é dispensável o ajuizamento de ação declaratória incidental, reconvenção ou mesmo pedido contraposto, pois o art. 1.031 do Código Civil já prevê a liquidação de haveres na hipótese da sociedade se resolver em relação a um a um sócio" (TJSP, 7ª Câm. Dir. Priv., Rel. Des. Sousa Lima, ACi 597.668-4/2, v.u., j. 3.12.2008).

balho, é tema repleto de aspectos controvertidos. O ideal seria que o legislador a tivesse regulado de forma mais pormenorizada, evitando as dúvidas e incertezas – devidamente retratadas nas manifestações divergentes da doutrina – que tanto retardam a solução dos litígios, ou fomentam a sua multiplicação, em detrimento da atividade desenvolvida pela sociedade. Espera-se, por isso, que a jurisprudência, cujo papel construtivo foi fundamental na aplicação e para a sobrevida das longevas regras do Decreto n. 3.708/1919, não tarde a cumprir o seu papel pacificador e que, ao fazê-lo, saiba encontrar as soluções aptas a preservar a essência do fenômeno societário: a cooperação de indivíduos para a consecução de um fim comum.

8. Bibliografia

ANDRADE FILHO, Edmar Oliveira. *Sociedade de Responsabilidade Limitada*. São Paulo, Quartier Latin, 2004.

ANDRADE JR., Attila de Souza Leão. *Comentários ao Novo Código Civil*, vol. IV – *Direito das Sociedades*. Rio de Janeiro, Forense, 2002.

ASSIS GONÇALVES NETO, Alfredo de. *Lições de Direito Societário*. 2ª ed. São Paulo, Juarez de Oliveira, 2004.

______. *Direito de Empresa*. 1ª ed. São Paulo, Ed. RT, 2007; 3ª ed. 2010.

AVELÃS NUNES, A. J. *O Direito de Exclusão de Sócios nas Sociedades Comerciais*. 1ª ed., 2ª reimp. Coimbra, Almedina, 2002.

BANDEIRA DE MELLO, Celso Antônio. *Curso de Direito Administrativo*. 21ª ed. São Paulo, Malheiros Editores, 2006.

BARBOSA FILHO, Marcelo Fortes. *Código Civil Comentado* (obra coletiva, coord. Cezar Peluso). São Paulo, Manole, 2007.

BAUMBACH, Adolf; e HUECK, Alfred. *GmbH-Gesetz*. 16ª ed. München, C. H. Beck, 1996.

______; e HOPT, Klaus J. *Handelsgesetzbuch*. 29ª ed. München, C. H. Beck, 1995.

BERALDO, Leonardo de Faria. "Da exclusão de sócio nas sociedades limitadas", in *Direito Societário na Atualidade* (obra coletiva). Belo Horizonte, Del Rey, 2007.

BING, Plínio Paulo. *Sociedade Limitada*. Rio Grande do Sul, Safe, 2006.

BORBA, José Edwaldo Tavares. *Direito Societário*. 8ª ed. Rio de Janeiro, Renovar, 2003.

BULHÕES PEDREIRA, José Luiz; e LAMY FILHO, Alfredo. *Direito das Companhias* (obra coletiva). vol. I. Rio de Janeiro, Forense, 2009.

CARVALHOSA, Modesto. *Comentários ao Código Civil*. vol. 13. São Paulo, Saraiva, 2003.

CIAN, Giorgio; e TRABUCCHI, Alberto. *Commentario Breve al Codice Civile*. 6ª ed. Padova, CEDAM, 2002.

COELHO, Fábio Ulhoa. *A Sociedade Limitada no Novo Código Civil*. São Paulo, Saraiva, 2003.

______. *Curso de Direito Comercial*. vol. 2. 10ª ed. São Paulo, Saraiva, 2007.

COMPARATO, Fábio Konder. "Exclusão de sócio na sociedade por cotas de responsabilidade limitada". *Revista de Direito Mercantil – RDM* 25/39-48. São Paulo, Ed. RT.

CORRÊA-LIMA, Osmar Brina. *Sociedade Limitada*. Rio de Janeiro, Forense, 2006.

COTTINO, Gastone. *Diritto Commerciale*. vol. 1º, t. 2º, *Le Società*, 4ª ed. Padova, CEDAM, 1997.

CRISTIANO, Romano. *Sociedades Limitadas*. São Paulo, Malheiros Editores, 2008.

CUNHA, Carolina. "A exclusão de sócios (em particular nas sociedades por quotas)", in *Problemas do Direito das Sociedades* (obra coletiva). Coimbra, Almedina, 2002.

FARIA, Werter R. *Ações Cambiárias*. Rio Grande do Sul, Safe, 1987.

FASTRICH, Lorenz. "Raciocínio jurídico funcional a exemplo do direito societário", trad. Nilson Lautenschleger Jr. *Revista de Direito Mercantil – RDM* 140/52-85, São Paulo, Malheiros Editores.

FERRI, Giuseppe. *Manuale Diritto Commerciale*. 8ª ed. Torino, UTET, 1992.

______. "Delle società", in *Commentario del Codice Civile – A cura di Antonio Scialoja e Giuseppe Branca*. Bologna, Nicola Zanichelli Editore, 1955.

______. *Le Società*. Torino, UTET, 1985.

FIALDINI FILHO, Pedro Sérgio. "Inovações do Código Civil de 2002 em relação à dissolução parcial da sociedade limitada por justa causa", in *A Empresa no Terceiro Milênio: Aspectos Jurídicos* (obra coletiva, coords. Arnoldo Wald e Rodrigo Garcia da Fonseca). São Paulo, Juarez de Oliveira, 2005.

FONSECA, Priscila M. P. Corrêa da. *Dissolução Parcial, Retirada e Exclusão de Sócio no Novo Código Civil*. 2ª ed. São Paulo, Atlas, 2003; 4ª ed. 2007.

______. "A exclusão de sócio da sociedade por quotas de responsabilidade limitada", in *Sociedades por Quotas de Responsabilidade Limitada*. São Paulo, AASP, s/d.

______; e SZTAJN, Rachel. *Código Civil Comentado*. vol. XI. São Paulo, Atlas, 2008.

FRANÇA, Erasmo Valladão Azevedo e Novaes. *Invalidade das Deliberações de Assembleia das S/A*. São Paulo, Malheiros Editores, 1999.

______. *Temas de Direito Societário, Falimentar e Teoria da Empresa*. São Paulo, Malheiros Editores, 2009.

______. "Apontamentos sobre a invalidade das deliberações conexas das companhias". *Revista de Direito Mercantil – RDM* 112/23. São Paulo, Malheiros Editores.

______; e VON ADAMEK, Marcelo Vieira. "*Affectio societatis*: um conceito jurídico superado no moderno direito societário pelo conceito de 'fim social'", in *Direito Societário Contemporâneo – I* (obra coletiva, coord. Erasmo Valladão A. e N. França). São Paulo, Quartier Latin, 2009; publicado também na *Revista de Direito Mercantil – RDM* 149-150/108-130. São Paulo, Malheiros Editores.

GUIMARÃES, Leonardo. "Exclusão de sócio em sociedades limitadas no novo Código Civil", in *Direito de Empresa no Novo Código Civil* (obra coletiva, coord. Frederico Viana Rodrigues). Rio de Janeiro, Forense, 2004.

HOPT, Klaus J.; e BAUMBACH, Adolf. *Handel sgesetzbuch*. 29ª ed. München, C. H. Beck, 1995.

JORGE, Tarsis Nametala Sarlo. *Manual das Sociedades Limitadas*. Rio de Janeiro, Lumen Juris, 2007.

KÜBLER, Friedrich. *Derecho de Sociedades*. 5ª ed., trad. Michèle Klein. Madrid, Fundación Cultural del Notariado, 2001.

LAMY FILHO, Alfredo; e BULHÕES PEDREIRA, José Luiz. *Direito das Companhias* (obra coletiva). vol. I. Rio de Janeiro, Forense, 2009.

LEÃES, Luiz Gastão Paes de Barros. "Exclusão extrajudicial de sócio em sociedade por quotas". *Revista de Direito Mercantil – RDM* 100/92-93. São Paulo, Ed. RT.

LEAL, Murilo Zanetti. *A Transferência Involuntária de Quotas nas Sociedades Limitadas*. São Paulo, Ed. RT, 2002

LOBO, Carlos Augusto da Silveira. *Direito das Companhias* (obra coletiva, org. José Luiz Bulhões Pedreira e Alfredo Lamy Filho). vol. I. Rio de Janeiro, Forense, 2009.

LOPES, Idevan César Rauen. *Empresa & Exclusão do Sócio*. 1ª ed., 3ª tir. Curitiba, Juruá, 2005.

LUCENA, José Waldecy. *Das Sociedades Limitadas*. 5ª ed. Rio de Janeiro, Renovar, 2003.

MARQUES, Rodrigo Prado. *Sociedades Limitadas no Brasil*. São Paulo, Juarez de Oliveira, 2006.

MELLO FRANCO, Vera Helena de. *Manual de Direito Comercial*. vol. I. 2ª ed. São Paulo, Ed. RT, 2004.

NUNES, Márcio Tadeu Guimarães. *Dissolução Parcial, Exclusão de Sócio e Apuração de Haveres nas Sociedades Limitadas*. São Paulo, Quartier Latin, 2010.

PATROCÍNIO, Daniel Moreira do. *Sociedade Limitada*. São Paulo, Juarez de Oliveira.

PENALVA SANTOS, Paulo. *Comentários ao Código Civil Brasileiro*. vol. IX. Rio de Janeiro, Forense, 2005.

______. *Direito das Companhias* (obra coletiva, org. José Luiz Bulhões Pedreira e Alfredo Lamy Filho). vol. II. Rio de Janeiro, Forense, 2009.

PENTEADO, Mauro Rodrigues. "Dissolução parcial da sociedade limitada (da resolução da sociedade em relação a um sócio e do sócio em relação à sociedade)", in *Direito de Empresa no Novo Código Civil* (obra coletiva, coord. Frederico Viana Rodrigues). Rio de Janeiro, Forense, 2004.

PEREIRA CALÇAS, Manoel de Queiroz. *Sociedade Limitada no Novo Código Civil*. São Paulo, Atlas, 2003.

PIMENTA, Eduardo Goulart. *Exclusão e Retirada de Sócios*. Belo Horizonte, Mandamento, 2004.

______. *Direito Societário*. Rio de Janeiro, Elsevier, 2010.

PONTES DE MIRANDA, F. C. *Tratado de Direito Privado*. t. I, 2ª ed. Rio de Janeiro, Borsoi, 1954.

______. *Tratado de Direito Privado*. t. XLIX, 3ª ed., 2ª reimp. São Paulo, Ed. RT, 1984.

PRICEWATERHOUSECOOPERS. *Aspectos Relevantes do Direito de Empresa* (coord. Elidie Palma Bifano e Sérgio Roberto de Oliveira Bento). São Paulo, Quartier Latin, 2005.

PROENÇA, José Marcelo Martins. "A exclusão de sócio nas sociedades limitadas", in *Direito Societário – Tipos Societários* (obra coletiva). São Paulo, Saraiva, 2009.

RAISER, Thomas; e VEIL, Rüdiger. *Recht der Kapitalgesellschaften*. 4ª ed. München, Franz Vahlen, 2006.

REALE, Miguel. "A exclusão de sócio das sociedades mercantis e o registro do comércio", in *Nos Quadrantes do Direito Positivo: Estudos e Pareceres*. São Paulo, Gráfica-Editora Michalany, 1960.

REQUIÃO, Rubens. *Curso de Direito Comercial*. 1º vol., 27ª ed. São Paulo, Saraiva, 2007.

______. *Aspectos Modernos de Direito Comercial*. 3º vol. São Paulo, Saraiva, 1986.

RETTO, Marcel Gomes Bragança. *Sociedades Limitadas*. São Paulo, Manole, 2007.

RIBEIRO, Renato Ventura. *Exclusão de Sócio nas Sociedades Anônimas*. São Paulo, Quartier Latin, 2005.

ROCHA, João Coelho da. *Direito de Recesso e Exclusão Forçada nas Sociedades Anônimas e Limitadas*. Rio de Janeiro, Lumen Juris, 2010.

SCHMIDT, Karsten. *Gesellschaftsrecht*. 4ª ed. Köln, Carl Heymanns, 2002.

______. *Münchener Kommentar zum Handelgesetzbuch*. Band 2, *Handelsgesellschaften und stille Gesellschaft*. 2ª ed. München, C. H. Beck/Vahlen, 2006.

SIMÃO FILHO, Adalberto. *A Nova Sociedade Limitada*. São Paulo, Manole, 2004.

SZTAJN, Rachel; e FONSECA, Priscila M. P. Corrêa da. *Código Civil Comentado*. vol. XI. São Paulo, Atlas, 2008.

TOKARS, Fábio. *Sociedades Limitadas*. São Paulo, LTr, 2007.

TOMAZETE, Marlon. *Curso de Direito Empresarial*. vol. 1. São Paulo, Atlas, 2008.

TRABUCCHI, Alberto; e CIAN, Giorgio. *Commentario Breve al Codice Civile*. 6ª ed. Padova, CEDAM, 2002.

VERÇOSA, Haroldo Malheiros Duclerc. *Curso de Direito Comercial*. vol. 2, 1ª ed. São Paulo, Malheiros Editores, 2006; 2ª ed. 2010.

VON ADAMEK, Marcelo Vieira. "Convocação simultânea de assembleia ou reunião de sócios no direito brasileiro". *Revista de Direito Mercantil – RDM* 149-150/323-335. São Paulo, Malheiros Editores.

______; e FRANÇA, Erasmo Valladão Azevedo e Novaes. "*Affectio societatis*: um conceito jurídico superado no moderno direito societário pelo conceito de 'fim social'", in *Direito Societário Contemporâneo – I* (obra coletiva, coord. Erasmo Valladão A. e N. França). São Paulo, Quartier Latin, 2009; publicado também na *Revista de Direito Mercantil – RDM* 149-150/108-130. São Paulo, Malheiros Editores.

WALD, Arnoldo. *Comentários ao Novo Código Civil*. vol. XIV. Rio de Janeiro, Forense, 2005.

WIEDEMANN, Herbert. *Gesellschaftsrecht*. Band II, *Recht der Personengesellschaft*. München, C. H. Beck, 2004.

ZANETTI, Robson. *Manual da Sociedade Limitada*. Curitiba, Juruá, 2007.

A PRESERVAÇÃO DA EMPRESA COMO PRESSUPOSTO PARA DESCONSTITUIÇÃO DA PENHORA EM EXECUÇÃO FISCAL CONTRA O FALIDO

GUSTAVO HENRIQUE DE ALMEIDA

1. Introdução. 2. A preservação da empresa e a desconstituição da penhora em execução fiscal contra o empresário insolvente: 2.1 Trâmite da Execução Fiscal após a decretação da falência; 2.2 A penhora e sua aplicação na execução fiscal contra o falido; 2.3 A ponderação de interesses e sua aplicabilidade face ao entendimento do Superior Tribunal de Justiça quanto à penhora de bens do falido antes da sentença de quebra; 2.4 Análise inferencial do entendimento do Superior Tribunal de Justiça quanto à penhora de bens do falido antes da sentença de quebra. 3. Conclusão.

1. Introdução

A falência consiste em processo concursal empresarial, por meio do qual diversos credores buscam a satisfação dos seus créditos, habilitando-os perante o juízo da falência. Diante da possível pluralidade de credores,[1] necessário se faz reunir todos em um mesmo juízo, que fará a apuração dos haveres e pagará a cada credor segundo a ordem de classificação do seu crédito, nos limites do ativo arrecadado.[2]

A Lei n. 11.101/2005 define como juízo competente para conhecer do pedido e decretar a falência do devedor empresário o do local onde este possuir seu principal estabelecimento ou, ainda, da filial de empresa que tenha sede fora do Brasil.

O juízo da falência é tido como juízo universal, pois todos os credores são atraídos para ele, conforme nos ensina Ricardo Negrão: "A universalidade diz respeito aos credores: todos concorrem ao mesmo juízo, aplicando-se a eles uma só regra, com o que se evita a ruptura da igualdade de condições entre os diversos credores – negociais ou não – que são atraídos pela falência".[3]

Sendo assim, como regra geral, o art. 76, da Lei n. 11.101/2005 determina que o juízo da falência seja indivisível e competente para conhecer todas as ações sobre bens, interesses e negócios do falido.[4] Embora o juízo falimentar seja uma *vis attractiva*, a legislação estabelece algumas exceções, dentre as quais podemos citar as causas trabalhistas, fiscais e aquelas não reguladas pela Lei n. 11.101/2005.

1. Rubens Requião, *Curso de Direito Falimentar*, 1º vol. – *Falência*, 17ª ed., 1998, p. 43.

2. Moacyr de Campos Lobato Filho, *Falência e Recuperação*, 2007, pp. 47-48.

3. Ricardo Negrão, *Aspectos Objetivos da Lei de Recuperação de Empresas e Falências: Lei n. 11.101, de 9 de fevereiro de 2005*, 2005, p. 34.

4. Maria Cristina Vidotte Blanco Tarrega, "Comentários aos artigos 70 ao 82", in Newton De Lucca e Adalberto Simão Filho (coords.), *Comentários à Nova Lei de Recuperação de Empresas e Falências*, 2005, p. 343.

As ações não reguladas pela lei de falência que correspondem à exceção ao juízo universal são aquelas em que forem partes a União, entidades autárquicas ou empresas públicas, na condição de autoras, rés, assistentes ou oponentes, as ações relativas a imóveis, cuja competência seja determinada pela situação do bem, de forma absoluta, ou, ainda, as ações que demandarem quantias ilíquidas, iniciadas antes da decretação da falência, nas quais o devedor ora falido tenha sido citado anteriormente à sentença de quebra.[5]

No que toca às ações em que for parte a União, entidades autárquicas ou empresas públicas, na condição de autoras, rés, assistentes ou oponentes, o critério de competência é definido pela Constituição da República, em seu art. 109, inciso I.

As ações relativas a imóveis, cuja competência seja determinada pela situação do bem, de forma absoluta, encontram amparo no art. 95, do Código de Processo Civil.

As ações que demandarem quantias ilíquidas, iniciadas antes da decretação da falência, nas quais o devedor ora falido tenha sido citado anteriormente à sentença de quebra, como exceção à regra do juízo universal, está disposta no art. 6º, § 1º, da Lei n. 11.101/2005.

Notoriamente, as ações trabalhistas são processadas e julgadas nas Varas da Justiça do Trabalho, sendo o crédito apurado no juízo trabalhista habilitado no juízo universal da falência.

Quanto aos créditos fiscais, as execuções que visam a cobrá-los prosseguem nos juízos competentes, que não o juízo falimentar. Essa exceção ao juízo universal da falência reflete a preocupação "(...) de libertar a Fazenda Pública da sujeição a todo e qualquer juízo universal ou coletivo".[6]

Por isso, a Fazenda não precisa habilitar seu crédito no juízo universal da falência, para que se submeta ao rol de preferências de pagamento previsto na legislação falimentar. Uma vez que a Fazenda Pública goza de imunidade concursal quanto ao juízo da falência, algumas distorções foram surgindo ao longo do tempo, de modo que a jurisprudência pátria terminou por estabelecer uma distinção quanto às execuções fiscais ajuizadas antes e depois da decretação da falência. O entendimento consolidado pelo Superior Tribunal de Justiça refere-se à penhora realizada nos autos da execução fiscal em bens do devedor empresário.[7]

Segundo esse entendimento do Superior Tribunal de Justiça, proposta a execução fiscal depois da sentença que decretou a falência, essa correrá contra a massa falida, e eventual penhora far-se-á no rosto dos autos do processo da quebra, citando-se o administrador judicial. Por outro lado, ajuizada a execução fiscal anteriormente à falência, com penhora realizada antes desta, não ficam os bens penhorados sujeitos à arrecadação no juízo falimentar. Os bens penhorados nas Varas de Execuções Fiscais são nelas alienados e o produto da arrematação é entregue ao juízo falimentar.

Via de consequência, aplicando-se o entendimento do Superior Tribunal de Justiça, quando o administrador judicial for arrecadar o ativo para aliená-lo, não será passível de arrecadação os bens penhorados antes da sentença que decreta falência nas Varas de Execuções Fiscais.

5. Maria Cristina Vidotte Blanco Tarrega, in Newton De Lucca e Adalberto Simão Filho (coords.), 2005, p. 343.

6. Humberto Theodoro Júnior, *Lei de Execução Fiscal: Comentários e Jurisprudência*, 11ª ed., 2009, p. 73.

7. Vinicius José Marques Gontijo, "Da prescrição do crédito fazendário na falência do contribuinte", in *Revista Tributária e de Finanças Públicas*, vol. 15, n. 74, pp. 202-208, mai.-jun. 2007, p. 206.

O entendimento declinado pode representar um instigante conflito com o princípio da preservação da atividade empresária, que permeia todo o ordenamento jurídico, em especial a Lei n. 11.101/2005.

Segundo este diploma, a alienação dos bens arrecadados pelo administrador judicial será realizada prioritariamente mediante a venda dos estabelecimentos em bloco. Não sendo possível, proceder-se-á à venda das filiais ou unidades produtivas isoladamente. Não sendo viável, passa-se à alienação em bloco dos bens que integram cada um dos estabelecimentos do devedor ou, na última hipótese, à alienação dos bens individualmente considerados.[8]

Contudo, não será possível alienar os estabelecimentos em bloco se houver penhora de bem ou bens do falido nas Varas de Execuções Fiscais, haja vista o fato de que ocorrerá alienação isolada naquele juízo, sendo o restante dos bens arrecadados alienados perante o juízo falimentar.

Diante desse quadro surge uma problemática que consiste em saber se resta violado o princípio da preservação da atividade empresária caso não ocorra à arrecadação e alienação de bens do falido no juízo universal falimentar que já estejam penhorados em execuções fiscais antes do decreto de quebra.

2 A preservação da empresa e a desconstituição da penhora em execução fiscal contra o empresário insolvente

A necessidade de se conservar a empresa alimenta discussões acerca de diversas ocasiões nas quais o princípio da preservação da atividade empresária se vê ameaçado, seja em razão da aplicação de outro princípio no caso concreto, ou mesmo em virtude da indiscriminada aplicação de dispositivos legais em detrimento da norma principiológica aludida.

Chama-nos atenção a colisão entre o princípio da preservação da empresa e os dispositivos da Lei de Execuções Fiscais, quando há bem de empresário penhorado em Execução Fiscal antes da sentença que decreta a quebra deste, pois o entendimento majoritário é o de que ajuizada a execução fiscal anteriormente à falência, com penhora realizada antes desta, não ficam os bens penhorados sujeitos à arrecadação no juízo falimentar. Surge, então, um problema que consiste em saber se nesses casos resta violado o princípio da preservação da atividade empresária por não ser possível alienar o conjunto patrimonial do falido em bloco para um arrematante que queira continuar a empresa.

Antes de se adentrar no mérito do problema, torna-se oportuno elucidar como ocorre o processo de execução fiscal e a penhora nele realizada, de modo que se possa tratar com clareza do entendimento esposado que se firmou no STJ e, então, abordar a questão da preservação da empresa e a desconstituição da penhora em execução fiscal contra o falido.

Sendo assim, cabe elucidar que a Dívida Ativa que qualquer devedor possua junto ao Estado tanto relativamente aos créditos tributários, quanto os créditos não tributários,[9] quando não paga, pode ser cobrada por meio de um processo judicial denominado execução fiscal. A inadimplência relativa à Dívida Ativa enseja um procedimento que se inicia diretamente na fase executória, sendo o executado citado para, no prazo de cinco dias, pagar a dívida com os juros e multa de mora e encargos indicados na Certidão de Dívida Ativa, ou garantir a execução.

A Certidão de Dívida Ativa que é executada contém os elementos do Termo de Inscrição da Dívida Ativa, no qual consta o

8. Manoel Justino Bezerra Filho, *Lei de Recuperação de Empresas e Falências Comentada: Lei 11.101/2005: Comentário Artigo por Artigo*, 4ª ed., 2007, pp. 325-327.

9. Araken Assis, *Manual da Execução*, 12ª ed., 2009, p. 1.079.

nome do devedor, dos corresponsáveis e, sempre que conhecido, o domicílio ou residência de um e de outros; o valor originário da dívida, bem como o termo inicial e a forma de calcular os juros de mora e demais encargos previstos em lei ou contrato; a origem, a natureza e o fundamento legal ou contratual da dívida; a indicação, se for o caso, de estar a dívida sujeita à atualização monetária, bem como o respectivo fundamento legal e o termo inicial para o cálculo; a data e o número da inscrição, no Registro de Dívida Ativa; e o número do processo administrativo ou do auto de infração, se neles estiver apurado o valor da dívida.

Ao se extrair uma Certidão da Dívida Ativa, a Fazenda Pública possui um título que pode ser executado judicialmente.[10] Tal título é levado ao Poder Judiciário para que seja instaurada a demanda executiva.

"Esse curioso título, destacado pela anormal circunstância de ser criado unilateralmente, embora em atividade administrativa vinculada, pelo credor, possui rito expropriatório específico (...)."[11]

No bojo desse processo não se pode discutir mérito, mas existe a possibilidade de fazê-lo opondo embargos à referida execução,[12] que suspende o processo executório até decisão final dos embargos, quando poderá a execução seguir seu curso, na hipótese de improcedência de tais embargos.

A Lei n. 6.830, de 22 de setembro de 1980, constitui a norma que rege a Execução Fiscal no âmbito do ordenamento jurídico brasileiro. Referida Lei trata da satisfação forçada de créditos da Fazenda Pública, por dívidas tributárias ou não, de forma distinta de outras execuções de quantia certa previstas na legislação processual brasileira, sendo o foco da demanda executiva fiscal a celeridade e a agilidade do processo promovido pela Fazenda.[13]

Característica da Lei de Execuções Fiscais, os privilégios para a Fazenda Pública nela consubstanciados, de tantos e tão exagerados, chamam a atenção da doutrina, a ponto de se afirmar que em prol da Fazenda existem favores extremos que chegam a vários momentos, a repugnar à tradição jurídica do direito brasileiro.[14] Araken de Assis argumenta que "anima o Estado brasileiro, às vezes, um profundo espírito caviloso, que avulta no tratamento diferenciado conferido, de um lado, ao crédito da Fazenda Pública, e, de outro, ao crédito contra a Fazenda".[15]

Não obstante aos privilégios que a doutrina aponta, a ineficiência do processo de execução fiscal é incomensurável. Kiyoshi Harada destaca alguns pontos que revelam a inutilidade do processo executório:

"a) o número de execuções fiscais ajuizadas corresponde a mais de 50% dos processos judiciais, em geral, em curso no âmbito do Poder Judiciário, sendo que no âmbito da Justiça Federal essa proporção é de 38,8%;

"b) os dados de 2005 revelam que a taxa média de encerramento de controvérsias em relação às novas execuções fiscais ajuizadas é inferior a 50% e apontam um crescimento de 15% de estoque de execuções em 1ª instância na Justiça Federal, havendo uma taxa de congestionamento médio de 80% nos julgamentos de 1ª instância;

"c) existem 2,5 milhões de execuções judiciais no âmbito da Justiça Federal, com baixíssima taxa de impugnação, seja por meio de embargos, seja por meio de exceção de pré-executividade;

"d) no âmbito da Procuradoria-Geral da Fazenda Nacional, enquanto o processo

10. Assis, 2009, p. 1.079.

11. Araken Assis, *Manual do Processo de Execução*, 8ª ed., 2002, p. 185.

12. Assis, 2009, p. 1.069.

13. Theodoro Júnior, 2009, p. 3.

14. Theodoro Júnior, 2009, p. 4.

15. Assis, 2009, p. 1.066.

administrativo tributário leva em média 4 anos, a execução judicial leva 12 anos para findar;

"e) menos de 1% do estoque de dívida ativa da União de R$ 400 bilhões (R$ 600 bilhões se incluída a da Previdência Social) ingressam aos cofres públicos por via de execução fiscal, bem menos do que o percentual alcançado por medidas de parcelamento (REFIS, PAES e PAEX);

"f) considerados os valores sob execução judicial e os que estão sob discussão administrativa, a dívida ativa da União atinge a cifra de R$ 900 bilhões, ou seja, 1,5 vezes a estimativa de receita da União para o exercício de 2006."[16]

Infere-se dessas informações levantadas por Kiyoshi Harada que o processo de Execução Fiscal, além de emperrar o Poder Judiciário, consiste em um instrumento de privilégios para o ente fazendário que, não obstante, é ineficaz.

Um dos privilégios consagrados pela legislação em comento consiste na exclusão da execução dos créditos fazendários dos juízos universais, ou seja, uma das preocupações da norma contida no art. 5º da Lei 6.830 é a de liberar a Fazenda da sujeição a todo e qualquer juízo universal,[17] dentre os quais se destaca o juízo universal da falência. Desse modo, a competência para apreciar a execução fiscal não se altera em caso de decretação de quebra.[18]

2.1 Trâmite da Execução Fiscal após a decretação da falência

Havendo regra expressa no sentido de que o foro da Execução Fiscal não se altera em virtude de juízos universais, em especial o da falência, sobrevindo decisão judicial que decrete a quebra do devedor empresário, a execução promovida pelo ente fazendário continuará no foro onde se encontrava antes da decretação falencial.

O processo de Execução Fiscal não será alterado ou mesmo paralisado em virtude da falência do devedor executado. A execução fiscal seguirá o seu curso até a alienação dos bens penhorados nas Varas de Execuções Fiscais. Frise-se que a alienação dos bens ocorre se houver penhora realizada antes da sentença de quebra, pois, caso não haja penhora realizada e sobrevenha sentença decretatória de falência, qualquer eventual penhora deve ser feita no rosto dos autos do processo falimentar.[19]

Em suma, havendo penhora promovida pela Fazenda antes da sentença falimentar, os bens são alienados e o produto da arrematação é entregue ao juízo falimentar, que pagará aos credores, inclusive à Fazenda, segundo o rol de preferência do art. 83, da Lei n. 11.101/2005.

Esse é o entendimento majoritário nos tribunais, especialmente o Superior Tribunal de Justiça, que decorre de uma antiga Súmula, de n. 44, do extinto Tribunal Federal de Recursos, cuja transcrição do teor ora se faz oportuna: "Ajuizada a execução fiscal anteriormente à falência, com penhora realizada antes desta, não ficam os bens penhorados sujeitos à arrecadação no juízo falimentar; proposta a execução fiscal contra a massa falida, a penhora far-se-á no rosto dos autos do processo da quebra, citando-se o síndico".[20]

Em virtude do entendimento do Superior Tribunal de Justiça relativamente às normas contidas nos arts. 5º e 29, da Lei 6.830, de liberar a Fazenda Pública da sujeição a todo e qualquer juízo universal ou coletivo e, consequentemente, promover a alienação dos bens penhorados antes da falência naquele foro, a arrecadação que o administrador judicial da falência deve fa-

16. Kiyoshi Harada, "A penhora como pré-requisito da execução fiscal", in *Revistas Magister de Direito Empresarial, Concorrencial e do Consumidor*, 16ª ed., ago.-set. 2007, pp. 5-6.

17. Theodoro Júnior, 2009, p. 73.

18. Assis, 2009, p. 1.087.

19. Theodoro Júnior, 2009, p. 4.

20. Bráulio Lisboa Lopes, *Aspectos Tributários da Falência e Recuperação de Empresas*, 2008, p. 118.

zer no juízo falimentar, apurando-se todos os bens do falido, não contemplará o bem ou os bens penhorados nas Varas de Execuções Fiscais.

Por outro lado, a lei falimentar, prestigiando o princípio da preservação da empresa, prescreve em seu artigo 140, inciso I, que a alienação dos bens arrecadados pelo administrador judicial será realizada prioritariamente mediante a venda dos estabelecimentos empresariais em bloco. Não sendo possível, proceder-se-á à venda dos estabelecimentos das filiais ou unidades produtivas isoladamente. Não sendo viável, passa-se à alienação em bloco dos bens que integram cada um dos estabelecimentos do devedor ou, na última hipótese, à alienação dos bens individualmente considerados.

Ricardo Bernardi, assim como diversos autores, sustenta que o art. 140 da Lei n. 11.101/2005 prestigia o princípio da preservação da empresa. O autor esclarece por qual razão deve ser vendido o conjunto patrimonial de forma integral como primeira opção. Segundo ele, o motivo reside na conservação da atividade econômica, em respeito ao princípio da preservação da empresa.[21]

José da Silva Pacheco ensina que a alienação do complexo de bens organizados para a atividade empresarial, "trata-se, na realidade, de venda global, ensejadora da preservação da empresa com novo empresário ou sociedade empresária (...)".[22]

Para Ricardo Negrão, "pressupõe-se que, com o afastamento dos antigos administradores, a empresa possa prosseguir suas atividades em mãos dos novos adquirentes (...)".[23]

Manoel Justino Bezerra Filho, no mesmo sentido, destaca que: "A Lei estabelece como forma preferencial para realização do ativo a venda em bloco de todos os estabelecimentos (arts. 1.142 a 1.149 do Código Civil), objetivando garantir o maior valor de venda e também propiciar condições de eventual continuação do negócio pelo adquirente, preservando-se, assim, o valor social da atividade".[24]

Surge, então, um problema que consiste em saber se resta violado o princípio da preservação da atividade empresária caso não ocorra a arrecadação e alienação de bens do falido no juízo universal falimentar que já estejam penhorados em execuções fiscais antes do decreto de quebra, uma vez que não seria possível adquirir o conjunto patrimonial em bloco para continuar a empresa.

Tal problemática possui uma conotação prática muito instigante. Imagine-se que o arrematante em uma alienação promovida no juízo falimentar, de acordo com o art. 140, inciso I, da Lei 11.101/2005, adquira todo o acervo patrimonial do falido. Se assim o arrematante o faz, muito provavelmente ele destinará os bens do falido a atividade empresarial que por este era desenvolvida, ou outra correlata.[25] Por outro lado, se um arrematante adquire um bem isolado do acervo patrimonial do falido, e o faz em uma alienação promovida pelo juízo da execução fiscal, muito provavelmente esse arrematante não possui a intenção de desenvolver a mesma atividade empresária do falido. Mas, sem dúvida, as alienações realizadas isoladamente desmantelam o patrimônio que o falido empregava no exercício da empresa.

Como consequência, o desmantelamento do acervo patrimonial disposto e apto a gerar lucro impossibilitará sua utilização em conjunto no exercício de uma mesma atividade, mas, de modo contrário, serão os bens alienados isoladamente des-

21. Ricardo Bernardi, in Souza Júnior e Pitombo (coords.), *Comentários à Lei de Recuperação de Empresas e Falência: Lei 11.101/2005 – Artigo por Artigo*, 2ª ed., 2007, p. 487.

22. José da Silva Pacheco, *Processo de Recuperação Judicial, Extrajudicial e Falência: em Conformidade com a Lei n. 11.101/2005 e a Alteração da Lei n 11.127/2005*, 2ª ed., 2007, p. 330.

23. Negrão, 2005, p. 119.

24. Bezerra Filho, 2007, p. 326.

25. Bezerra Filho, 2007, p. 326.

tinados a fins distintos, por distintos arrematantes.[26]

2.2 A penhora e sua aplicação na execução fiscal contra o falido

A penhora consiste em o ato judicial coercitivo que dá início à expropriação de bens do devedor para satisfação de crédito do credor. Nesse sentido, o vínculo de indisponibilidade decorrente da penhora deriva da particular destinação do bem afetado para satisfazer à pretensão executiva.[27]

O órgão do Poder Judiciário que determina a penhora de um bem o tem sob seu poder para destiná-lo à satisfação do crédito exequendo. Essa é a lição que se extrai do conceito de penhora ensinado por Enrico Tullio Liebman, que define penhora como: "(...) ato pelo qual o órgão judiciário submete a seu poder imediato determinados bens do executado, fixando sobre eles a destinação de servirem à satisfação do direito do exequente. Tem, pois, natureza de ato executório".[28]

Araken de Assis, no mesmo sentido, leciona que: "A penhora é ato executivo que afeta determinado bem à execução, permitindo sua ulterior expropriação, e torna os atos de disposição do seu proprietário ineficazes em face do processo".[29]

Também na execução fiscal a penhora possui natureza típica de o ato judicial coercitivo que dá início à expropriação de bens do devedor para o caso de não ser paga a dívida, ou garantido o juízo por meio de depósito ou fiança. Despachada a petição inicial, o devedor goza do prazo de cinco dias para realizar o pagamento da dívida ou para nomear bens que a garantam. Conforme leciona Humberto Theodoro Júnior: "Após o prazo dado ao executado, sem manifestação válida de sua parte, a penhora será feita livremente pelo oficial, que não está adstrito à ordem de preferência traçada pelo art. 11 da Lei n. 6.830/1980 apenas para a nomeação de iniciativa do devedor".[30]

Desse modo, os bens penhorados são avaliados para que se possa saber suas características e o seu valor.

Dentre alguns bens elencados pelo art. 11, da Lei n. 6.830/1980, passíveis de penhora, destacam-se dinheiro, imóveis, navios e aeronaves, veículos, móveis, direitos e ações, além de poder, excepcionalmente, a penhora recair sobre estabelecimento comercial, industrial ou agrícola, bem como em plantações ou edifícios em construção.

Para que ocorra a penhora nos autos de execução fiscal, indispensável ajuizamento desta, preenchendo os requisitos legais, além do despacho judicial deferindo a inicial, que importará, dentre outras coisas, na determinação de penhora, caso a dívida não seja paga ou garantida por meio de depósito ou fiança.

Antes da sentença que decreta falência, a citação para pagar ou garantir a execução será feita ao executado. Tratando-se de empresário, este será a pessoa física ou jurídica a ser citada.

O ajuizamento da execução fiscal contra o empresário que se encontra em crise econômico-financeira não constitui uma exceção, pois aquele que está em estado de debilidade, inadimplindo suas obrigações, comumente deixa de ser pontual também com o pagamento dos tributos e demais despesas para com o fisco.[31]

Desse modo, eventual execução fiscal ajuizada antes da falência correrá contra o empresário devedor até a decretação da quebra, quando a Fazenda tomará ciência

26. Bezerra Filho, 2007, p. 327.
27. Ovídio Araújo Baptista da Silva, *Doutrina e Prática do Arresto ou Embargo*, 1976, p. 78.
28. Enrico Tullio Liebman, *Processo de Execução*, 4ª ed., 1946, p. 95.
29. Assis, 2002, p. 604.
30. Theodoro Júnior, 2009, p. 82.
31. José Eli Salamancha, "Débitos fiscais e a recuperação judicial de empresas", in *Revista de Direito Mercantil* 140/118, out.-dez. 2005.

de tal decisão judicial. Como consequência, os bens que eram do falido passam a pertencer à massa falida. Contudo, se houver penhora realizada antes da sentença de quebra, os bens penhorados não ficam, como os demais bens da massa, sujeitos a arrecadação no juízo falimentar, pois constituem constrição judicial para garantia do recebimento do crédito da Fazenda.

No que toca ao recebimento dos créditos fiscais como decorrência da penhora de bens do falido antes da sentença de quebra, em que pese haver penhora de bens do falido antes da sentença, a Fazenda somente poderá satisfazer o seu crédito mediante concurso com demais credores segundo a ordem de pagamento prevista na Lei de Falência.

Cabe ressaltar que o art. 29, da Lei n. 6.830/1980, prevê que a cobrança judicial da Dívida Ativa não é sujeita a concurso de credores ou habilitação em falência. Contudo, o Código Tributário Nacional, que é lei hierarquicamente superior à Lei de Execuções Fiscais, dispõe em seu art. 186, de forma contrária, conforme alteração introduzida pela Lei Complementar 118/2005. Tal é o entendimento de Humberto Theodoro Júnior: "Mas, o que me parece é que o art. 29 da nova Lei de Execução Fiscal quis apenas excluir a Fazenda Pública da participação dos juízos universais como o da falência e o do concurso civil de credores, e outros similares. Não entrou, todavia, em linha de cogitação alterar ou eliminar privilégios instituídos e resguardados pelas leis de direito material em vigor. Mesmo porque não seria aceitável que, em questão substancial como essa, pudesse ocorrer revogação de uma lei complementar, como é o Código Tributário Nacional, por uma simples lei ordinária".[32]

No mesmo sentido, Bráulio Lisboa Lopes ensina que a Fazenda se submete à ordem de preferência no pagamento prevista no art. 83 da Lei de Falência: "Apesar de processualmente não se submeter ao concurso de credores, materialmente a Fazenda Pública submete-se ao rol de preferências, ou melhor, aos seus efeitos, conforme se verifica do disposto no art. 83 e incisos da Lei n. 11.101/2005".[33]

Portanto, para o recebimento dos seus créditos, pouco importa se a Fazenda procedeu à penhora dos bens do empresário que posteriormente veio a falir, pois deverá o ente fazendário receber segundo a ordem de preferência prevista na legislação falimentar.

Humberto Theodoro Júnior, nesse sentido, esclarece-nos a todos de que "no entanto, é bom notar que a execução fiscal, embora não fique paralisada por decorrência da quebra do devedor, não pode ir até a entrega do produto da arrematação à Fazenda exequente".[34] Isso porque o produto da alienação deve ser entregue ao juízo falimentar para pagamento segundo a ordem de preferência do art. 83, da Lei n. 11.101/2005.

Partindo da impossibilidade da Fazenda de satisfazer diretamente seu crédito com o produto da arrematação do bem ou bens por ela penhorados, mesmo antes da falência, uma vez que tal produto deve ser entregue ao juízo falimentar para proceder ao pagamento dos credores, resta-nos concluir que a manutenção da penhora na Execução Fiscal ante a quebra carece do sentido para o qual foi instituída na Lei n. 6.830/1980, que seria de garantir o recebimento pela Fazenda dos créditos desta.

Cabe destacar que os créditos tributários, principais créditos consignados em Certidão da Dívida Ativa, figuram na terceira posição no rol de preferência previsto no art. 83, da Lei n. 11.101/2005, sucedendo os créditos derivados da legislação do trabalho, os decorrentes de acidentes de trabalho e os créditos com garantia real. Ressalta-se que, porém, antes de se pagar

32. Theodoro Júnior, 2009, p. 179.

33. Lopes, 2008, p. 18.

34. Theodoro Júnior, 2009, pp. 73-74.

aos credores concursais, paga-se aos credores extraconcursais, conforme art. 84, da Lei n. 11.101/2005, tão logo haja disponibilidade de caixa na falência.

A preservação da empresa justifica-se por sua função social. Preservar a atividade significa manter a fonte produtiva, a geração de renda e empregos e, também, a arrecadação de tributos. Diante dessas premissas, a lei falimentar trouxe em diversos dispositivos a essência da preservação da empresa, mas, especificamente no art. 75, o legislador fez constar que, em relação à falência, a finalidade da norma é a preservação da empresa.

Tendo o legislador envidado esforços no sentido de preservar a atividade, não poderia resultar de seu labor outra disposição, no que toca ao processo falimentar, senão a de alienação dos bens tangíveis e intangíveis do devedor empresário. Isso porque o único meio de ser preservar a atividade por ele exercida consiste na transferência do seu patrimônio para terceiros, que o usará para exercer atividade igual ou correlata àquela desenvolvida pelo falido, o que evidencia uma conotação processual do princípio da preservação da atividade empresária. Nesse sentido, Manuel Justino Bezerra Filho esclarece que a finalidade da alienação do acervo patrimonial da massa ocorrida no processo falimentar, tal como dispõe o art. 140, visa a "(...) propiciar condições de eventual continuação do negócio pelo adquirente, preservando-se, assim, o valor social da atividade".[35]

Ricardo Negrão ensina que, para que o terceiro arrematante pudesse efetivamente levar a cabo a aquisição do patrimônio empresarial, o legislador cuidou de impedir que houvesse a sucessão trabalhista e tributária no tocante às dívidas do falido por quem adquire o patrimônio da massa falida.[36] Para tanto, além da disposição expressa na lei falimentar, em seu art. 141, inciso II, a Lei Complementar n. 118 alterou o art. 133, § 1º, do Código Tributário Nacional, de modo a consagrar a impossibilidade de sucessão na aquisição dos bens pertencentes à massa.

José da Silva Pacheco ressalta que, devido ao fato de não haver sucessão trabalhista ou tributária, estimula-se a aquisição do conjunto patrimonial e preserva-se a atividade empresária: "Não havendo sucessão nas obrigações do devedor, inclusive de natureza tributária e trabalhista, o novo empresário que adquirir, em bloco, os estabelecimentos empresariais do empresário ou sociedade falida, poderá desenvolver, com êxito, a sua empresa, em benefício de todos".[37]

Sendo assim, a conotação processual do princípio da preservação da empresa consiste na alienação dos bens do falido no processo falimentar que, sem ônus algum, serão utilizados por um empresário que os destinará a continuação de uma atividade empresária.

2.3 A ponderação de interesses e sua aplicabilidade face ao entendimento do Superior Tribunal de Justiça quanto à penhora de bens do falido antes da sentença de quebra

Os princípios do ordenamento jurídico expressam valores que a sociedade brasileira cultiva e que o sistema jurídico tutela. A todo o momento se depara com princípios que traduzem os anseios sociais e revelam o norte do Direito posto.

Os princípios são muitos e variados e, por vezes, entram em choque. Mas, como não são regras, cujo conflito pode ser solucionado pela anterioridade ou especialidade, o conflito é solucionado, conforme nos ensina Robert Alexy, pelo sopesamento dos princípios em atrito.

Desse modo, a ponderação de interesses consiste na técnica apta a solucionar as colisões entre os diversos princípios que

35. Bezerra Filho, 2007, p. 326.
36. Negrão, 2005, p. 119.
37. Pacheco, 2007, p. 330.

fundamentam a ordem jurídica. Essa é a técnica que conjuga a ponderação entre os diversos valores que dão fundamento ético ao sistema normativo.[38]

No caso concreto o julgador, ao dimensionar o peso de um princípio em detrimento de outro, deve fazê-lo obedecendo a certos critérios, sob pena de pender para o arbítrio. Desse modo, cresce a importância da proporcionalidade, pois a solução dada pelo aplicador do Direito deve conciliar valores ao harmonizar os interesses em jogo, conferindo, assim, legitimidade à decisão.

Proporcionalidade, para Gilmar Mendes, consiste na "(...) apreciação da necessidade (*Erforderlichkeit*) e adequação (*Geeignetheit*) (...)".[39] Desse modo, a medida deve ser necessária aos fins que se destina, e deve apresentar solução adequada ao que ela pretende regulamentar. Esse critério apresentado pelo autor é utilizado na Alemanha para, inclusive, declarar a constitucionalidade ou não de uma lei, pois, não observando tais critérios, padece o provimento legislativo da constitucional proporcionalidade que dele se exige.[40]

Quanto ao problema analisado no presente trabalho, há nas decisões dos nossos tribunais um choque entre o princípio da preservação da empresa, cujos interesses sociais foram analisados ao longo dessa pesquisa, e a segurança jurídica conferida pela legislação em vigor ao crédito fazendário executado em um juízo diverso do falimentar.

O julgador tem, nesses casos, dois valores que se apresentam e devem ser sopesados, a preservação da empresa e a segurança jurídica. Além disso, o julgador está apto a analisar se a Lei n. 6.830/1980, ao permitir a penhora nas execuções fiscais, cumpre a sua finalidade de satisfazer o crédito fazendário.

No primeiro momento, sopesar a preservação da empresa em contraponto à penhora pressupõe uma análise sobre o impacto que esta pode exercer na alienação do ativo do falido. Isso significa dizer que falar em preservação da atividade empresária para se desconstituir uma penhora exige que esta constitua óbice à alienação do ativo empresarial como um todo.

Por outro lado, há que se verificar se a penhora nesses casos se constitui como instituto que realmente ofereça a segurança jurídica que dela se espera. Pois, se a alienação que sucede a penhora gera uma receita que é destinada ao pagamento dos credores conforme a ordem de preferência estabelecida pela lei de falência, não há que se falar em segurança jurídica para a Fazenda Pública quanto ao recebimento dos seus créditos, uma vez que figura em terceiro lugar no rol de preferência para pagamento na falência.[41]

Esses são, portanto, os interesses a serem ponderados quando da apreciação pelo Poder Judiciário de manutenção de penhora no juízo fiscal ante a falência do executado.

2.4 Análise inferencial do entendimento do Superior Tribunal de Justiça quanto à penhora de bens do falido antes da sentença de quebra

O presente trabalho estrutura-se na análise da importância da empresa, como atividade que é, em contraste com normas

38. Luís Roberto Barroso, "Fundamentos teóricos e filosóficos do novo direito constitucional brasileiro (pós-modernidade, teoria crítica e pós-positivismo)", in *Revista Diálogo Jurídico*, vol. I, n. 6, set. 2001, p. 6.

39. Gilmar Mendes, "O princípio da proporcionalidade na jurisprudência do Supremo Tribunal Federal: novas leituras", in *Revista Diálogo Jurídico*, vol. 1, n. 5, ago. 2001, p. 2.

40. Mendes, 2001, p. 2.

41. Suzana Santi Cremasco, "A classificação dos créditos na Lei n 11.101/2005: breve estudo sobre as inovações relativas a ordem de pagamento dos créditos concursais trabalhistas, com garantia real e tributários", in *Revistas Magister de Direito Empresarial, Concorrencial e do Consumidor* 11/14, out.-nov. 2006.

que irradiam, concomitantemente, sobre a execução fiscal e sobre o processo falimentar. O problema de pesquisa consiste em saber se resta violado o princípio da preservação da atividade empresária caso não ocorra a arrecadação e a alienação de bens do falido no juízo universal falimentar que já estejam penhorados em execuções fiscais antes do decreto de quebra.

Para que se possa discutir o posicionamento do Superior Tribunal de Justiça, surge a necessidade de uma argumentação jurídica que pressuponha um olhar inferencialista sobre o posicionamento da referida Corte em seus julgados.

Segundo as lições de Antônio Cota Marçal, convém ressaltar que: "Por 'inferencialismo' entende-se aqui a proposta de repensar determinados conteúdos conceituais a partir de uma matriz de discursividade racional distinta da clássica racionalidade lógico-formal".[42]

Assim, deve-se esclarecer que a análise da questão tal como ora proposta revela diversa interpretação sobre entendimento judicial do Superior Tribunal de Justiça, considerando-se que a interpretação é fruto de uma dada época, de um dado momento histórico, e abarca os fatos a serem interpretados, além do sistema jurídico e das circunstâncias e do imaginário do intérprete. Temos que ter em conta que "a interpretação dos fenômenos políticos e jurídicos não é um exercício abstrato de busca de verdades universais e atemporais",[43] mas uma tentativa de se estabelecer uma proposição justa e dogmática para solucionar uma controvérsia jurídica.

Tal proposta de pensamento pressupõe, portanto, um discurso racional e jurídico em torno da importância da atividade empresária e, consequentemente, da sua preservação, exaustivamente delineada no curso do presente trabalho. Se a empresa é tão importante para a sociedade de modo geral, repercutindo na vida econômica e social dos cidadãos a ponto dos operadores do Direito repensarem o seu conteúdo atribuindo-lhe uma função social e, por conseguinte, erigir sua preservação a um princípio de direito, este constitui efetivamente a pedra angular do discurso racional que se propõe.

Por outro lado, o entendimento do Superior Tribunal de Justiça irradia-se sobre os tribunais das unidades da Federação guiando os magistrados e pré-constituindo o convencimento e fundamentação das decisões destes.

Cabe lembrar que o posicionamento analisado se consolidou ainda sob a égide do Decreto-lei 7.661/1945, antigo dispositivo legal que regia a falência. Ao longo dos anos os tribunais adotaram, e ainda adotam, uma postura que acredita na penhora de bens nos autos da execução fiscal como garantia do recebimento dos créditos fazendários, sobretudo porque a Lei n. 6.830/1980 impede que a Fazenda se submeta a juízos universais, o que, supostamente, inviabiliza a desconstituição da penhora realizada antes da falência.

Ademais, o posicionamento adotado pelos tribunais, que também se justifica pela norma do art. 5º da Lei n. 6.830/1980, não são dinâmicos, como se exige de uma ciência social na qual se constitui o Direito, mas, ao contrário, estáticos.

Nesse sentido, cabe destacar que no âmbito do Direito, a evolução está embasada na própria mudança social, a exigir uma constante e renovada evolução na seara jurídica.

"Como a vida humana é simultaneamente prática e teoria de uma discursividade livre, os conceitos do Direito, além de instrumentais, são interpretativos, históricos, inferenciais e buscam se organizar logicamente."[44]

42. Antônio Cota Marçal, "O inferencialismo de Brandom e a argumentação jurídica", in Marcelo Campos Galuppo, *O Brasil que Queremos: Reflexões sobre o Estado Democrático de Direito*, 2006, p. 105.

43. Barroso, 2001, p. 2.

44. Marçal, in Galuppo, 2006, p. 115.

A consolidação do entendimento dos nossos tribunais, a extrair da Lei n. 6.830/1980 uma validade inabalável, no que toca à penhora realizada antes da falência, coexiste com outras variáveis dentro da realidade social e jurídica brasileiras. Ao lado da segurança que a penhora pretende conferir ao crédito fazendário, existem outros elementos a serem considerados, tais como, o princípio da preservação da atividade empresária e da função social da empresa que, por suposto, são normas de Direito[45] que decorrem do princípio constitucional da função social da propriedade. Portanto, não se pode afastar a necessidade imperiosa de se interpretar a Lei 6.830/1980 à luz da Constituição de 1988, uma vez que esta é posterior ao texto legal.[46]

O que se evidencia é a possibilidade de se argumentar racionalmente, com base em elementos jurídicos claros que há espaço para entendimento diverso do adotado pelo Superior Tribunal de Justiça, especialmente em virtude da mudança dos elementos fático-sociais que convergem para a intenção de preservar a empresa.

O discurso da preservação da empresa encabeça a estrutura do raciocínio que permite a superação do entendimento firmado, como um princípio de Direito, cuja essência pode embasar a desconstituição da penhora em uma Vara de Execução Fiscal, de modo a propiciar a aquisição do acervo patrimonial do falido em bloco por quem deseja utilizá-lo empresarialmente e, com isso, continuar a atividade empresária.

Sobre o discurso da argumentação jurídica calcada em princípios e razões de Direito, Antônio Cota Marçal explica que: "Por argumentação jurídica entende-se aquele processo de explicitação e articulação de razões capazes de fundamentar decisões e justificar ações próprias do Direito considerado como ciência social aplicada".[47]

Há, inegavelmente, a necessidade da "(...) construção sempre reiniciada dos conteúdos conceituais do Direito (institutos jurídicos, normas jurídicas, julgados, construções teóricas) (...)",[48] de modo que o próprio Direito possa evoluir e atender às necessidades de uma sociedade que é complexa e dinâmica.

Portanto, ao se analisar as diversas premissas e os múltiplos interesses que gravitam em torno da empresa, a manutenção de uma penhora pode colocar em risco valores mais nobres para o ordenamento jurídico, do que o benefício imediato que a penhora confere à execução fiscal para o ente fazendário, o que permite chegar a uma conclusão diversa do entendimento firmado pelo Superior Tribunal de Justiça.

3. Conclusão

A empresa se revela o núcleo da economia do sistema de mercado que, exercida por um sujeito de direitos, deve cumprir sua função social de modo a contribuir para o alcance dos objetivos constitucionais de construir uma sociedade livre, justa e solidária, guiando-se sempre pela proteção da vida e da sua existência com dignidade, pressupondo-se, assim, uma matriz de cunho biocentrista.

Diante da importância de que se reveste a empresa, esta deve ser preservada e concebida como um princípio jurídico norteador da atividade legislativa e orientador dos aplicadores do direito, seja em processos judiciais, ou mesmo em circunstâncias não judiciais.

O diálogo existente entre ao vários ramos do Direito permite a utilização de institutos de um em outros ramos. Tal metodologia permite aplicar o princípio da pre-

45. Paulo Bonavides, *Curso de Direito Constitucional*, 15ª ed., 2005, p. 257.

46. Assis, 2009, p. 1.067.

47. Marçal, in Galuppo, 2006, p. 114.

48. Marçal, in Galuppo, 2006, p. 115.

servação da empresa em casos nos quais se verifique a ameaça à atividade empresarial, tão cara à sociedade brasileira. O aludido princípio é pedra angular do processo falimentar, percebendo-se em vários dispositivos da Lei de Falência sua inegável presença.

A necessidade de se repensar os conteúdos conceituais das normas, ou mesmo das decisões judiciais demonstra a inevitável evolução do pensamento jurídico, que deve acompanhar as mudanças sociais. Sendo assim, entendimentos consolidados em nossos tribunais devem ser revistos e confrontados com novas realidades fáticas que podem conduzir a uma mudança nos conteúdos dos conceitos previamente estabelecidos.

O posicionamento do Superior Tribunal de Justiça equivalente à Súmula de n. 44, editada pelo extinto Tribunal Federal de Recursos, referente à penhora de bens do falido nas Varas de Execuções Fiscais antes da sentença de quebra, para o presente trabalho, consistiu no conteúdo submetido a uma nova análise das circunstâncias que o envolvem, sobretudo quanto à atividade empresarial, que se revestiu nos últimos anos de inegável relevância, a ponto de sua preservação ser erigida a princípio de direito.

Sendo assim, para prestigiar um valor reconhecido pela sociedade e pelo legislador, impõe-se, nos casos levados ao Poder Judiciário, a aplicação do princípio da preservação da empresa para afastar a penhora recaída sobre bens do falido, efetivada antes da sentença de falência, de modo a permitir que o adquirente do conjunto patrimonial no juízo falimentar possa destiná-los a continuação da mesma ou de atividade empresária correlata ao do falido, quando for indispensável a desoneração do bem para a aquisição por parte do arrematante.

Referências

ASSIS, Araken (2009). *Manual da Execução*. 12ª ed., rev., atual. e ampl. São Paulo, Ed. RT.

______ (2002). *Manual do Processo de Execução*. 8ª ed., rev., atual. e ampl. São Paulo, Ed. RT.

BAPTISTA DA SILVA, Ovídio Araújo (1976). *Doutrina e Prática do Arresto ou Embargo*. Rio de Janeiro, Forense.

BARROSO, Luís Roberto (2001). "Fundamentos teóricos e filosóficos do novo direito constitucional brasileiro (pós-modernidade, teoria crítica e pós-positivismo)", *Revista Diálogo Jurídico*, vol. I, n. 6. Salvador, CAJ – Centro de Atualização Jurídica, set.

BLANCO TARREGA, Maria Cristina Vidotte (2005). "Comentários aos artigos 70 ao 82", in DE LUCCA, Newton; E SIMÃO FILHO, Adalberto (coords.). *Comentários à Nova Lei de Recuperação de Empresas e Falências*. São Paulo, Quartier Latin.

BERNARDI, Ricardo (2007). In SOUZA JÚNIOR; PITOMBO (coords.). *Comentários à Lei de Recuperação de Empresas e Falência: Lei 11.101/2005 – Artigo por Artigo*. 2ª ed., rev., atual. e ampl. São Paulo, Ed. RT.

BEZERRA FILHO, Manoel Justino (2007). *Lei de Recuperação de Empresas e Falências Comentada: Lei 11.101/2005: Comentário Artigo por Artigo*. 4ª ed., rev., ampl. e atual. São Paulo, Ed. RT.

BONAVIDES, Paulo (2005). *Curso de Direito Constitucional*. 15ª ed., atual. São Paulo, Malheiros Editores.

CREMASCO, Suzana Santi (2006). "A classificação dos créditos na Lei n. 11.101/2005: breve estudo sobre as inovações relativas a ordem de pagamento dos créditos concursais trabalhistas, com garantia real e tributários", in *Revistas Magister de Direito Empresarial, Concorrencial e do Consumidor*, n. 1. Out.-nov.

GONTIJO, Vinicius José Marques (2007). "Da prescrição do crédito fazendário na falência do contribuinte", in *Revista Tributária e de Finanças Públicas* vol. 15, n. 74, pp. 202-208, São Paulo, maio-jun.

HARADA, Kiyoshi (2007). "A penhora como pré-requisito da execução fiscal", in *Revistas Magister de Direito Empresarial,*

Concorrencial e do Consumidor. 16ª ed. Ago.-set.

LIEBMAN, Enrico Tullio (1946). *Processo de Execução*. 4ª ed. São Paulo, Saraiva.

LOBATO FILHO, Moacyr de Campos (2007). *Falência e Recuperação*. Belo Horizonte, Del Rey.

LOPES, Bráulio Lisboa (2008). *Aspectos Tributários da Falência e Recuperação de Empresas*. São Paulo, Quartier Latin.

MARÇAL, Antônio Cota (2006). "O inferencialismo de Brandom e a argumentação jurídica", in GALUPPO, Marcelo Campos. *O Brasil que Queremos: Reflexões sobre o Estado Democrático de Direito*. Belo Horizonte, Editora PUC-Minas.

MENDES, Gilmar (2001). "O princípio da proporcionalidade na jurisprudência do Supremo Tribunal Federal: novas leituras". *Revista Diálogo Jurídico*, vol. 1, n. 5. Salvador, CAJ – Centro de Atualização Jurídica, ago.

NEGRÃO, Ricardo (2005). *Aspectos Objetivos da Lei de Recuperação de Empresas e Falências: Lei n. 11.101, de 9 de fevereiro de 2005*. São Paulo, Saraiva.

PACHECO, José da Silva (2007). *Processo de Recuperação Judicial, Extrajudicial e Falência: em Conformidade com a Lei n. 11.101/2005 e a Alteração da Lei n. 11.127/2005*. 2ª ed. Rio de Janeiro, Forense.

REQUIÃO, Rubens (1998). *Curso de Direito Falimentar. Falência*. vol. 1. 17ª ed., atual. São Paulo, Saraiva.

SALAMANCHA, José Eli (2005). "Débitos fiscais e a recuperação judicial de empresas", *Revista de Direito Mercantil*, vol. 140. Out.-dez.

THEODORO JÚNIOR, Humberto (2009). *Lei de Execução Fiscal*. 11ª ed. São Paulo, Saraiva.

Atualidades

BRAZIL'S SURVIVAL OF THE 2008 GLOBAL FINANCIAL CRISIS: WERE WE THAT GOOD?

HAROLDO MALHEIROS DUCLERC VERÇOSA[1]

First words. Introduction. Summary of the protective Factors of the Brazilian Financial System: 1. Centralization – The NFS structure; 2. Previous improvement of FNS and 3. Actual autonomy of BCB; 4. Institution of the Brazilian Payment System – BPS; 5. Focus on the battle against inflation. Effective monetary policy instruments; 6. Legal regime of exchange rates and foreign capital; 7. Prudential Measures. Adhesion to the Basel Agreements I and II (ICCMCS – International Convergence of Capital Measurement and Capital Standards). Anticipation of Basel III; 8. Emergency measures taken during the crisis. Conclusion.

FIRST WORDS

It's for me a great honor to be at this so important university, to discuss with you a subject that concerns to all the world these days. After all the great question is the *trillion dollar* one: our world how we know it, will survive the financial crises that started in 2008? Just because, as all of you here certainly know, as somebody said once, that all the things concern to the economy: "*it's the economy, stupid*", was the famous expression created by James Carville during the elections for president in United States in 1992. I just read this morning that he gave an advice to President Obama by CNN: "*be in panic, fire a lot of people of your staff!*".

I am very grateful to Professor Guy Hormans, for this opportunity, and, please be kind with my bad English.

1. Palestra proferida na Universidade Livre de Bruxelas em 21.9.2011.

INTRODUCTION

As it's widely known, in 2008 a financial crisis was deflagrated with its remote roots in the subprime mortgage market of the United States of America, and spilled over to all the financial system (including banks, capital market and the insurance market).

As it's also known, that major financial institutions in the United States and Europe went bankrupt, among which Lehman Brothers and AIG's cases are notorious. The central banks of several countries, their governments, and financial institutions had to take drastic measures in order to impede the crisis effects from going down on a catastrophic road. Even so, the losses reached billions and billions of dollars.

Brazil was affected by the crisis, up to a certain point. In that occasion, no banks broke, only few had some difficulties that were overcome with the aid from the Brazilian Central Bank measures. Some companies that had speculated in the derivatives market (for example, Aracruz Celulose and Sadia) suffered significant losses that sharply affected their survival in the market. Sadia (frozen food field) was the object of a reversal in an acquisition process by its competitor: Perdigão. It turned out that Perdigão acquired Sadia.

Some small-size and medium-size banks showed some problems of liquidity, which were overcome by resorting to the emergency measures issued by the Brazilian Central Bank.

At that time, the Brazilian President, Luiz Inácio Lula da Silva, boasted that the country would suffer only a "*marolinha*" (in our colloquial language, *marolinha* is a small wave that softly breaks on the beach). There was an overstatement of optimism, though. However, compared to what other nations were going through during the crisis, the Brazilian situation appeared to be quite favorable, having the financial operations carried out in an almost normal pace within a relatively short time.

The protection of the financial market in Brazil was a result of several historic factors, all of which were rooted in both old and more recent institutional reforms aiming at an effective action against inflation, connected to the creation of our National Financial System (NFS), with the uprising of the Brazilian Central Bank (BCB).

Summary of the Protective Factors of the Brazilian Financial System

1. Centralization – The NFS structure;

2. Previous improvement of NFS;

3. Actual autonomy of the BCB;

4. Institution of the Brazilian Payment System – BPS;

5. Focus on the battle against inflation. Effective monetary policy instruments;

6. Legal regime of exchange rates and foreign capital;

7. Prudential measures. Adhesion to Basel Agreements I and II (ICCMCS – International Convergence of Capital Measurement and Capital Standards). Anticipation of Basel III;

8. Emergency measures taken during the crisis.

1. Centralization – The NFS structure

Our centralized and systemic organization has its origin in the Superintendence of Currency and Credit – SUMOC (acronym in Portuguese) in 1945. It was the late beginning of a movement that happened in Latin America, result of the effects of the American recession in the 30's of last century. In this sense, a mission led by Edwin W. Kemmerer, professor of Economics and Finance at University of Princeton visited the region to promote the fundamental principles of central banks, which resulted the foundation of several institutions of this nature in our area, beginning with the Colombian Central Bank in 1923 until the Brazilian Central Bank in 1964, which experienced the previous creation of the SUMOC.

It has been affirmed that a centralized model as the Brazilian, endowed with a sole body in charge of both the financial and capital markets, might have been one of the reasons why Brazil was not sharply affected by the 2008 financial crisis. Acting as shield over all the institutions from both markets, its prudential regulation might have been able to hinder the irregularities in the subprime operations in the United States of America.

Let us look to the structure of our National Financial System – NFS as set forth by the Law 4.595 from December, 31st, 1964.

At the top, there is the National Monetary Board – NMB which has competence to regulate all the financial system (financial market formed by the banks) and capital market (stock exchange market, public limited companies and brokers partners to distributors that operate in the stock market and in the Over Trade Counter OTC[2]).

The National System of Private Insurances acts separately, being instituted by the National Private Insurances Board, as a regulatory body and by the Private Insurances Superintendence – SUSEP (acronym in Portuguese) as an executor body of the first-order policies and as a regulatory body of the second-order policies.

However, the NMB may also directly interfere with the insurance sector since it establishes the indexes of the technical reserves of insurance companies and the bonds, in which they must be mandatorily applied. In this sense, our insurance companies cannot operate speculatively in a regulatory and limitless hollow, as it happened in the United States of America (as it seems), which might have been one of the reasons for the bankruptcy of AIG.

Below the NMB is the Brazilian Central Bank – BCB and the Securities and Exchange Commission of Brazil (CVM), the former acts in the financial market, the latter in the capital market.

Conveniently enough, in our original regulatory structure, the BCB had functions in both markets: the financial and the capital markets. The lack of experience in the latter, besides other reasons, caused this market to crash in Brazil in the years of 1969 and 1970, which postponed significantly its consolidation in the country. Following the promulgation of the Law 6.385 from 1976, the competence of the BCB was segmented with the institution of the CVM in accordance with the model of the American Stock and Exchange Commission – SEC.

In doing so, all the Brazilian financial institutions depend on prior and mandatory consent by the BCB to work and since their formation, they are frequently inspected. There is no financial institution out of this system, not taking into account the existence of any marginal market that may be of any relevance.

2. Previous improvement of FNS and 3. Actual autonomy of BCB

As a result of an intense improvement work carried out by the BCB in the past decades, the market was very stable at the time of the crisis. This process comprehended the creation of two different programs, the first aimed at the public financial institutions (PROES), and the second at private financial institutions (PROER). For this reason, public resources were used by the BCB in the actions taken in order to save the insolvent banks, which were partially returned once the privatization of the institutions were saved.

Operating banks in Brazil had been for long controlled by State Governments. Practically, no one of them met the basic principles of good banking technique, having been widely used for political purposes by their State Governors, exchanging money for votes. It's known that a significant part of the resources of these banks was effectively and fraudulently embezzled. Every state bank was broken and was unduly supported by public resources that gnawed at local finances.

One of the main reasons for the abusive freedom of state banks was the fact that the legislation has never granted the BCB the full autonomy and independence in its function; as a result, there were major political disputes for inspection in state banks and for punishments for embezzlements. The power granted to the BCB to fight against such banks did not come from the law modification, but from an informal agreement with the central government due to the need of taking deep and restrictive measures, under penalty of systemic risk incident. Since Fernando Henrique's mandate and both Lula's mandates, the BCB has actually been granted its auto-

2. Over-the-counter.

nomy, which has been until now kept in Dilma Roussef's mandate. As a result, a policy of winding-up state banks that had not gone bankrupt yet was introduced with resources from the PROES.

Some people are afraid that Dilma Roussef will not maintain the status of independence that BCB had during the last mandates, according to what had recently happened about Brazilian basic economic rate (SELIC), that was strongly decreased in value by BCB (and it was a completely surprise for the market). That measure was interpreted as a real interference done by the federal government, that needed to adopted the preference for increasing the economy instead of take care about the inflation.

Coming back to our subject, there were two major bankruptcies in the public sector: the State Bank of Rio de Janeiro and the State Bank of São Paulo, which wasted hundreds of millions of dollars from PROES. After saved, both banks were sold to the private sector. Santander group acquired BANESPA, which made it penetrate the Brazilian market with a large number of agencies.

In the private banks side, the resources from PROER allowed them to save institutions with serious problems, winding them up or giving their control to other banks. A sorting out mechanism was used in order to sort the "*bad part*" out of the "*good part*". The PROER rescued the former and the latter was sold to other banks.

At the time, the left-side political parties were strongly against both programs, having made its implementation troublesome. After President Lula reached the power, he acknowledged – against his will and never openly declared – that such programs had effectively saved the Brazilian financial system from a deep systemic crisis.

4. Institution of the Brazilian Payment System – BPS

After having good results from the fight against inflation, the BCB carried out a reform in 2001 and 2002 in the payments system for the purpose of permitting the settlements of interbank funds transfers as soon as possible with irrevocable and unconditional terms.

These measures permitted the reduction of risks in the settlements of interbank operations, consequently reducing the systemic risk. The mechanism turned to impede the domino effect before the bankruptcy of any bank.

At the same time, from June 24th, 2002, after a transition period, any funds transfer between bank reserves accounts became subject to the existence of enough balance in the account of the participant drawer in the correspondent order. As a result, there was a significant reduction in the risk of credit incurred by the Brazilian Central Bank.

The real-time settlements, operation by operation, from April, 22nd , became to be used in operations with federal bonds run through the Special System for Settlement and Custody – SELIC (acronym in Portuguese), which was possible due to the interconnection between this system and the Reserve Transfer System – STR (acronym in Portuguese). The settlements of these operations follow the Delivery Versus Payment (DVP) requisite.

Besides that, all the multilateral clearing system deemed systematically important that the operator entity started to act as a central counterparty and assure the settlement of all operations.

Therefore, the financial institutions should find resources in the interbank market to meet their daily necessities, as needed. At difficult moments when accessing this market is not possible, they may request emergency loans to the BCB. However, if they cannot provide enough guaranties and their bank reserves accounts is on the verge of being over drafted, the BCB may immediately interfere and impede the problem from spreading.

There is a gap of opportunities for only a few hours when the BCB is not totally aware of the situation of turmoil in a financial institution, given that it is when the BPS shows a high rate of systemic security.

5. Focus on the battle against inflation. Effective monetary policy instruments

A fifth factor of the security of the National Financial System can be identified by the historical battle faced by successive Brazilian governments against inflation. This wound has made our nation struggle for decades affecting, mainly, low-income people and the small and medium size businesses that did not have structure to use the measures taken to soften the effects of inflation.

The institution of the monetary correction was one of the elements that contributed to create both survival conditions in the inflation and a malefic instrument for its endurance and oppression of the economically weaker people. It dealt mainly with the monetary correction of balances and financial operations. The monetary correction allowed the creditors to maintain their credits monetarily updated, which did not happen to the debtor, especially those without a bank account – the "bankless ones".

The perversity of the monetary correction climbed to a peak where it was applied on the balances from the night of one day to the morning of the other – the so-called "over-night operations". During José Sarney's government, when the inflation reached the plateau of 90% monthly, the "over-night" monetary correction provided great profit to the banks and depositors, going against the general interest of the economy.

Some plans against inflation were made in Brazil; all of them failed due to a lack of appropriate economic grounds. What left the worst memories was the Collor Regime. It started by confiscating all the financial opportunities in the banks, creating immeasurable distortions in the economy.

Finally the *Plano Real* (Real Plan) almost finished off the inflation (which still lingers partially due to political factors and economic structure). Precisely, for the fact that the BCB does not have full autonomy, its fight against inflation suffers resistance in some sectors of the government. There are left-side politicians supported by "*development*" economists who believe that some inflation might be healthy for the economy, whereas the orthodox-oriented economists defend that there's no such thing as "*a little inflation*" as there is no "*half pregnant*".

Since Plano Real, the Brazilian Central Bank has been working on an inflation-goal platform and its activities use monetary policy mechanisms to either irrigate or shrink the money market, according to the needs of the goals. One of the most widely used instruments is the mandatory collection of part of the bank balance from the Central Bank. The direct effect is the reduction of the operational leverage of banks, for being very excessive; it was precisely one of the causes of the bankruptcy of financial institutions in 2008, as we know, in USA and Europe.

During the crisis, the balance of compulsory deposits was at R$ 272 bn. Considering that in January, 2007 it was at R$ 170 bn. It means that the settlement rate in the market shrank. Note that the monetary base expanded very little, having increased from R$ 164 bn. to R$ 193 bn. in the same period. That is, while the compulsory deposits increased 62.5%, the monetary base increased only 17.68%.

6. Legal regime of exchange rates and foreign capital

As Brazil has historically been a weak-currency country and with problems resulting from a negative balance trade, a strict legislation on exchange rates and foreign capital was passed.

In the same exchange rate field, besides having had a very sensitive evolution in the plan of freedom in the international operations, the banks, for instance, are still forbidden to apply the internally raised resources overseas. This sanction impeded our financial institutions from operating in the subprime derivatives market, where the crisis emerged.

On the other side, the foreign capital, both loans and investments, depend on prior registration in the BCB, in order to return to its origin country with the profits it makes. The BCB refutes operations that come from and go to tax havens, which restricts the excessive flexibility in the financial institutions that operate internationally.

7. Prudential Measures. Adhesion to the Basel Agreements I and II (ICCMCS – International Convergence of Capital Measurement and Capital Standards). Anticipation of Basel III

The improvement made in the NFS by the PROER and PROES programs and the prevention against insolvency cases in financial institutions, demanded the implementation of the principles set forth by the Basel Agreement on its both versions: I and II, as well as the incorporation of principles of Basel III. As a result, Brazil was already on a more advanced level than those other signing countries of the Agreement.

Certainly you know very well this subject, but it's important to remember them now.

• *First Pillar: "Minimum Capital Requirement"*

The levels of minimum capital were established at very high degrees having mechanisms created in order to maintain its integrity.

A new methodology was adopted in order to measure, analyze and manage credit risk (the risk for the bank not receiving) and operational risk (risk of losses resulting from employees mistakes, computer failures or fraud).

The market risk remained unchanged.

• *Second Pillar: "Review of the Supervision Process"*

The Central Banks would be responsible for assessing the way banks estimate the adjustment of its capital needs in relation to the risks taken.

The banks managers should develop an efficient risk management and internal measurement of capitals in accordance with the risk and control profile of their institutions. In Brazil, progressive provisions were made to the mutual operations, rated by the risks classified as A – H. In the latter, the provision required is of 100% over the operation value.

The internal processes were submitted to BCB's approval, being subject to interferences if needed.

The interest rates test was established in bank records.

The BCB began to examine the internal interest rates risk measurement systems and control whether the institutions are keeping capital at the interest rates risk level.

The quality of bank supervisors in Brazil has been quite good, being a consensus that the employees of the BCB represented the finest of the public service in Brazil.

• *Third Pillar: "Market Discipline"*

A better discipline in the market has been stimulated, increasing the transparency in the banks regarding available information endowed of high control level.

As there is no such thing as a perfect system, some insignificant failures were spotted and readily resolved, such as the bankruptcy of Santos Bank and, more recently, Panamericano Bank, both involved in fraudulent operations. There was no significant systemic danger to the market.

8. Emergency Measures taken during the crisis

As soon as the crisis broke out, some emergency measures were taken by BCB in order to lessen the problems caused by the spread of the international financial crisis, targeting at the rediscount operations. In this case, some special criteria and conditions were established for the assessment and acceptance of assets received by the BCB in discount operations, either in national currency or as a loan guaranty in foreign currency. For a period of time, the requirements predicted in law were disregarded.

Two banks controlled by the federal government were authorized to form subsidiary partnerships for the purchase of shares of financial institutions headquartered in Brazil (Banco do Brasil and Caixa Econômica Federal). This mechanism allowed the fact of neutralizing the effects of banks that showed bankruptcy risks.

In financial aid operations, the chief officers of bankrupted financial institutions had to provide personal guaranties or through companies in their groups for permission. In the event of breach, the BCB has the power to sell the guaranties received through public offering.

The bank intervention and liquidation instruments were kept at the BCB's disposal.

A resolution by the National Monetary Board (n. 3.621 from October, 10th, 2008) permitted the formation of swap contracts between the BCB and FED from NY.

Conclusion

All in all, either because of the use of instruments that had already been constituted for prevention during the past years or because of the adoption of efficient emergency measures, it is possible to say that the Brazilian banks were not at a risky situation and that Brazil had effective instruments to face a systemic international financial crisis. There was no bank bankruptcy resulting from risk exposure, but only a few of them suffered some crisis effect without contaminating the market.

Note that Lula's government, conversely to what he has always affirmed, received from the two previous mandates, expressly from Fernando Henrique Cardoso's, a *blessed inheritance*.

As it has been concluded, the first exchange rates protective laws which are currently valid came from the first half of the last century. The foreign capital laws, the ones for the NFS and the ones for the capital market are from the 1960's. The laws for business corporations and for the Securities and Exchange Commission of Brazil (CVM) are from the 1970's. The *Plano Real* was edited when Fernando Henrique Cardoso was Ministry of the Treasury Department and was completely instituted when he became president.

President Lula played an important role in his government when he kept the game rules and granted full autonomy to Henrique Meirelles, President of the BCB at the time.

Two major companies and some small and medium size banks had to bear the price of their speculation in derivatives. The economy as a whole had its activities level reduced, with some areas being more affected than others.

However, it was possible to bring businesses back to normal, until the 2011 financial crisis broke out. But this is a different story. I may come back next year to tell you about.

Certainly this is not a financial crisis. It is much more than that, as all you know.

Thank you very much.

PROPRIEDADE TERRITORIAL URBANA – TRIBUTAÇÃO – VALORAÇÃO – ESTADO E MUNICÍPIO DE SÃO PAULO

José André Beretta Filho

I – Aspectos gerais sobre a propriedade territorial urbana. II – Valor da propriedade imobiliária urbana: II.1 – Imposto sobre Transmissão "Causa Mortis" e Doação – ITCMD; II.2 – Imposto Predial Territorial Urbano – IPTU; II.3 – Imposto sobre Transmissão "Inter Vivos" – ITBI; II.4 – Imposto sobre a Renda e proventos de qualquer natureza – IR. III – A primeira crítica – A unicidade do valor da propriedade. IV – A segunda crítica – O problema do IPTU. V – A terceira crítica – A incongruência do ITCMD. VI – A quarta crítica – A tecnicidade que impede o razoável entendimento do que se tributa. VII – A quinta crítica. VIII – Conclusão.

A tributação da propriedade territorial urbana no Brasil deveria ter por base o valor que essa propriedade tem, o que, em princípio, decorreria do valor atribuído à transação que a envolveu em sua geração inicial e em momentos subsequentes, quando de ações feitas que agregaram ou retiraram valor a ela (ex.: edificações, demolições etc.), ou quando de sua movimentação, em particular na transferência de sua titularidade proprietária.

No entanto, não é exatamente isso que ocorre, como se verá a seguir, uma vez que a tributação da propriedade territorial urbana é feita com base em vários conceitos, muitos dos quais apoiados em ficções jurídicas e elementos exógenos ao tributo e à propriedade. Assim por exemplo, no caso do Imposto Predial e Territorial Urbano – IPTU, o valor da propriedade, que é o que deveria ser tributado, não é em si um dado relevante, sendo que o imposto é calculado a partir de uma série de elementos que a legislação criou para cobrá-lo, desnaturando o tributo, algo que, dentro de um contexto de estrita legalidade, é de duvidosa validade.

Como consequência, o que este breve estudo pretende levantar é um debate quanto à efetividade da adoção desses critérios e de seus eventuais limites, tendo-os como elementos que buscam apenas permitir o aumento da arrecadação ao arrepio dos preceitos constitucionais e legais, isto como o resultado de múltiplas causas em interação, dentre elas: (*i*) a inexistência de uma política financeira estatal que estruture o estabelecimento de políticas arrecadatórias de longo prazo e que viabilizem o desenvolvimento de cada ente federativo – União, Estados e Municípios; (*ii*) a presunção de que se pode instituir normas tributárias que violem preceitos constitucionais e legais de modo impune, sobretudo quando baseadas no conceito de que, ainda que alguns contestem, como a maioria não o fará, a uma razoável garantia de que haverá sucesso no aumento da arrecadação; (*iii*) o nível de dificuldades que os jurisdicionados têm para se oporem às exigências indevidas (um complexo sistema processual, lento e de custo elevado para ser movimentado – custas, emolumentos, honorários etc.); (*iv*) a tibieza do Judiciário ao impor travas à ação normativa indevida, por vezes até mesmo pela falta de conhecimentos dos julgadores; e (*v*) a baixa mobilização popular para cobrar dos Poderes constituídos práticas razoáveis.

Essa deformação jurídica é difundida e defendida como necessária à consecução dos interesses sociais e como algo inevitável para viabilizar as ações estatais. Mas ela deve ser enfrentada, de modo que a atuação do Estado seja reposta em seu eixo dentro de um Estado de Direito, isto pela introdução, nos debates judiciais e doutrinários, essas falhas, de modo a que se declare que a forma adotada para tributar, em particular no caso do IPTU, não é constitucional.

Para fazer esse enfrentamento, são necessárias algumas observações sobre o tema, de modo a precisar alguns de seus aspectos mais relevantes.

I – Aspectos gerais sobre a propriedade territorial urbana

A propriedade imobiliária territorial urbana no Brasil é objeto do interesse tributário de parte de quatro impostos diferentes: o IPTU; o Imposto sobre Transmissão *Inter Vivos* – ITBI; o Imposto sobre Transmissão *Causa Mortis* e Doação – ITCMD; e o Imposto sobre a Renda e Proventos de Qualquer Natureza – IR. Compulsoriamente, cada um desses impostos é exigido e apurado sob bases diferentes. Não obstante, fatos geradores e bases de cálculos a parte, todos eles levam, ou deveriam levar, em consideração um valor atribuído a essa propriedade.

O IPTU tributa a propriedade em sua imobilidade. Já o ITBI, o ITCMD e o IR impõem a tributação em situações onde a propriedade está se deslocando, movendo-se de um ou mais proprietários para um ou mais novos proprietários.

O IPTU e o ITBI são impostos cuja competência tributária foi assinalada às Prefeituras, enquanto que o ITCMD aos Estados e o IR à União.

No Direito brasileiro, a propriedade imobiliária é obrigatoriamente sujeita a registros públicos e a transferência de sua propriedade sempre exige a atualização desses registros (exemplo: art. 1.245 do Código Civil – CC), sendo que a transação que dá origem ao processo de registro requer instrumento público (basicamente a escritura pública, art. 108 do CC, ou outro instrumento com tal valor, como um título judicial).

O processo de registro da propriedade e sua transferência, que é descrito pela Lei n. 6.018/1973 – Lei dos Registros Públicos – LRP, impõe inúmeras obrigações às partes envolvidas e ao Registro Público quanto à checagem da legalidade e da veracidade daquilo que se registra. Essas mesmas obrigações são impostas quando alterações são introduzidas ao imóvel (edificações, benfeitorias, desmembramentos etc.). Uma dessas regras, especialmente relevante nas transferências de propriedade, é a exigência do registro do valor da transação:

"Art. 176. O Livro n. 2 – Registro Geral – será destinado, à matrícula dos imóveis e ao registro ou averbação dos atos relacionados no art. 167 e não atribuídos ao Livro n. 3. (...)

"§ 1º. A escrituração do Livro n. 2 obedecerá às seguintes normas: (...)

"I – cada imóvel terá matrícula própria, que será aberta por ocasião do primeiro registro a ser feito na vigência desta Lei;

"II – são requisitos da matrícula: (...);

"III – são requisitos do registro no Livro n. 2: (...).

"5) *o valor do contrato, da coisa ou da dívida, prazo desta, condições e mais especificações, inclusive os juros, se houver*" (grifos meus)

Cabe apontar, ainda, que *cada imóvel deve ser objeto de registro (matrícula) individual*, pelo que a propriedade é sempre individualizada e personalizada (as demais regras da LRP deixam claro quais os outros elementos que devem descrever e individualizar cada imóvel: endereço, metragem, edificações ou não etc.).

Outro ponto a ser destacado é que praticamente tudo aquilo que diz respeito à integridade estrutural do imóvel deve ser objeto de formalizações perante os Poderes Públicos. Isso é claro na medida em que edificações, demolições e reformas (no seu sentido mais amplo) requerem a obtenção de autorizações junto à Prefeitura, pagamento de contribuições ao INSS, concessão de "habite-se", em muitos casos a aprovação pelo Corpo de Bombeiros e autoridades sanitárias etc. Em outras palavras, cada propriedade imobiliária urbana, seja qual for o Município, é mantida sob forte vigilância por parte do Poder Público, o que é um indicativo de que existe o exercício de um enorme poder de polícia sobre essas propriedades individualmente consideradas.

Destaca-se de tudo o quanto exposto acima que a propriedade imobiliária é individualizável em suas características físicas e valorativas e sujeita a um contínuo poder de polícia por parte do Poder Público. Esses aspectos serão importantes na sequência deste estudo uma vez que irão contradizer algumas práticas adotadas, até mesmo pelo Poder Judiciário, na apreciação da tributação sobre essa propriedade imobiliária.

II – Valor da propriedade imobiliária urbana

II.1 – Imposto sobre Transmissão "Causa Mortis" e Doação – ITCMD

Trata-se de imposto de competência estadual e que está descrito no art. 155, I, da Constituição Federal (CF) e que é exigível quando bens ou direitos são transmitidos entre pessoas.

No caso do Estado de São Paulo, esse imposto é regido pela Lei n. 10.705/2000 e suas alterações posteriores:

"Art. 9º. A base de cálculo do imposto é o valor venal do bem ou direito transmitido, expresso em moeda nacional ou em UFESPs (Unidades Fiscais do Estado de São Paulo).

"§ 1º. Para os fins de que trata esta lei, considera-se valor venal o valor de mercado do bem ou direito na data da abertura da sucessão ou da realização do ato ou contrato de doação. (...).

"§ 4º. Para a apuração da base de cálculo poderá ser exigida a apresentação de declaração, conforme dispuser o regulamento.

"Art. 10. O valor do bem ou direito na transmissão *causa mortis* é o atribuído na avaliação judicial e homologado pelo Juiz.

"§ 1º. Se não couber ou for prescindível a avaliação, o valor será o declarado pelo inventariante, desde que haja expressa anuência da Fazenda, observadas as disposições do artigo 9º, ou o proposto por esta e aceito pelos herdeiros, seguido, em ambos os casos, da homologação judicial.

"§ 2º. Na hipótese de avaliação judicial ou administrativa, será considerado o valor do bem ou direito na data da sua realização.

"§ 3º. As disposições deste artigo aplicam-se, no que couber, às demais partilhas ou divisões de bens sujeitas a processo judicial das quais resultem atos tributáveis.

"Art. 11. Não concordando a Fazenda com valor declarado ou atribuído a bem ou direito do espólio, instaurar-se-á o respectivo procedimento administrativo de arbitramento da base de cálculo, para fins de lançamento e notificação do contribuinte, que poderá impugná-lo.

"§ 1º. Fica assegurado ao interessado o direito de requerer avaliação judicial, incumbindo-lhe, neste caso, o pagamento das despesas.

"§ 2º. As disposições deste artigo aplicam-se, no que couber, às demais partilhas ou divisões de bens sujeitas a processo judicial das quais resultem atos tributáveis. (...).

"Art. 13. No caso de imóvel, o valor da base de cálculo não será inferior:

"I – em se tratando de imóvel urbano ou direito a ele relativo, ao fixado para o lançamento do Imposto sobre a Propriedade Predial e Territorial Urbana – IPTU; (...)."

Fica evidente, então, que para o ITCMD o valor tributável é o valor venal do imóvel e que *corresponde ao seu valor de mercado no momento do ato jurídico da doação ou da abertura do inventário*, o que pode exigir avaliação ou, no extremo, *o valor atribuído não será inferior àquele adotado para o lançamento do IPTU.*

II.2 – Imposto Predial Territorial Urbano – IPTU

Trata-se de imposto de competência municipal e que está descrito no art. 156, I, da CF e que é exigível sobre a propriedade de um imóvel, podendo ser progressivo em razão do valor do imóvel ou sujeito a alíquotas diferenciadas em virtude da localização ou uso do imóvel. É importante frisar que, de fato, o IPTU engloba duas tributações separadas: (*i*) uma sobre a propriedade territorial; e (*ii*) outra sobre a propriedade predial (daí porque haver referências – v. abaixo – a duas formas de cálculos e a critérios comuns à apuração desses impostos).

O Código Tributário Nacional – CTN, por seu lado, em seu art. 33 dispõe que a base de cálculo do imposto é o valor venal do imóvel, definição esta que acaba sendo relegada à legislação do Poder tributante competente, o Município.

No caso do Município de São Paulo o IPTU tem uma vasta gama de normas que o regulam, o que torna complicado entender o que de fato está valendo, passando pela Lei n. 6.989/1966 (e suas atualizações posteriores, em particular a conferida pela Lei n. 13.250/2001) que "*Dispõe sobre o sistema tributário do Município de São Paulo*" e que seria o "Código Tributário Municipal":

Lei n. 13.250/2001:

"Art. 1º. A Lei 6.989, de 29 de dezembro de 1966, passa a vigorar com as seguintes alterações:

"'Art. 7º. (Imposto Predial) O imposto calcula-se à razão de 1,0% sobre o valor venal do imóvel, para imóveis utilizados exclusiva ou predominantemente como residência.

"'Art. 7º-A. Ao valor do imposto, apurado na forma do artigo 7º, adiciona-se o desconto ou o acréscimo, calculados sobre a porção do valor venal do imóvel compreendida em cada uma das faixas de valor venal da tabela a seguir, sendo o total do desconto ou do acréscimo determinado pela soma dos valores apurados na conformidade deste artigo'.

"'Art. 8º. (Imposto Predial) O imposto calcula-se à razão de 1,5% sobre o valor venal do imóvel, para imóveis construídos com utilização diversa da referida no artigo 7º'.

"'Art. 27. (Imposto Territorial Urbano) O imposto calcula-se à razão de 1,5% sobre o valor venal do imóvel'.

"'Art. 28. (Imposto Territorial Urbano) Ao valor do imposto, apurado na forma do artigo 27, adiciona-se o desconto ou o acréscimo, calculados sobre a porção do valor venal do imóvel compreendida em cada uma das faixas de valor venal da tabela a seguir, sendo o total do desconto ou do acréscimo determinado pela soma dos valores apurados na conformidade deste artigo' (...)."

Lei n. 6.989/1966:

"Art. 16. (Imposto Predial) O valor venal dos imóveis construídos, para efeito de lançamento, apura-se:

"I – pela conjugação dos valores médios unitários de terrenos com os valores unitários de construção, constantes das 'Plantas Genéricas de Valores';

"II – em razão do metro quadrado de construção, que inclua o valor do terreno correspondente, nos casos de unidades:

"a) autônomas, de prédios em condomínio;

"b) distintas em edifícios destinados à habitação ou ao exercício de atividade comercial ou profissional, ou mistos;

"III – em função de quaisquer dos incisos do artigo 8º e respectivos parágrafos, quando superior ao resultante da aplicação do disposto nos incisos anteriores deste artigo.

"§ 1º. As 'Plantas Genéricas de Valores' serão publicadas pelo Executivo e vigorarão, a partir do exercício imediato àquele em que forem editadas, enquanto não forem substituídas ou modificadas por outras, no todo ou em parte.

"§ 2º. As 'Plantas Genéricas de Valores' descreverão os métodos de avaliação a serem utilizado sem caráter genérico ou específico."

"Art. 35. (Imposto Territorial Urbano) O valor venal dos terrenos, para efeito de lançamento, é o resultante da aplicação:

"I – dos valores médios unitários constantes das 'Plantas Genéricas de Valores', a que se refere o artigo 16;

"II – de quaisquer dos incisos do artigo 28 e dos respectivos parágrafos, se superior ao decorrente do inciso anterior deste artigo."

Lei n. 15.044/2003: "Atualiza os valores unitários de metro quadrado de construção e de terreno previstos na Lei n. 10.235, de 16 de dezembro de 1986; institui novos padrões de construção e dispõe sobre o Imposto Predial e Territorial Urbano", o que em outras palavras indica como é calculado o IPTU; pela Lei n. 15.234/2010, que "Institui, nos termos do art. 182, § 4º, da Constituição Federal, os instrumentos para o cumprimento da Função Social da Propriedade Urbana no Município de São Paulo e dá outras providências".

Há, também, os Decretos, dos quais valem ser apontados:

Decreto n. 51.357/2010: "Aprova a Consolidação da Legislação Tributária do Município de São Paulo" (atualmente em vigor) (Decreto consolidador da regulamentação do "Código Tributário Municipal");

Decreto n. 52.007/2010: "Atualiza, para o exercício de 2011, os valores unitários de metro quadrado de construção e de terreno constantes da Planta Genérica de Valores, as faixas de valor venal para incidência da progressividade em razão do valor venal, os valores estabelecidos para fins de concessão de isenção e de desconto do Imposto Predial e Territorial Urbano, o valor limite do metro quadrado de terreno dos imóveis residenciais verticais e os valores das multas relativas aos Impostos Predial e Territorial Urbano, bem como concede desconto para pagamento à vista do IPTU"; e

Decreto n. 42.396/2002: "Aprova a Consolidação das leis relativas aos Impostos sobre a Propriedade Predial e Territorial Urbana, sobre a Transmissão, *inter vivos*, a qualquer título, por ato oneroso, de bens imóveis, por natureza ou acessão física, e de direitos reais sobre imóveis, exceto os de garantia, bem como cessão de direitos à sua aquisição, sobre Serviços de Qualquer Natureza, bem como às Taxas de Fiscalização de Localização, Instalação e Funcionamento e de Fiscalização de Anúncios e, ainda, à Contribuição de Melhoria".

Do ***Decreto n. 42.396/2002*** devem ser destacados os seguintes itens:

• ***Imposto Predial***:

"Seção II – Cálculo do Imposto

"Art. 7º. O imposto calcula-se à razão de 1,0% sobre o valor venal do imóvel, para imóveis utilizados exclusiva ou predominantemente como residência (art. 7º da Lei n. 6.989, de 29 de dezembro de 1966, com a redação da Lei n. 13.250, de 27 de dezembro de 2001).

"Art. 8º. Ao valor do imposto, apurado na forma do artigo 7º adiciona-se o desconto ou o acréscimo, calculados sobre a porção do valor venal do imóvel, compreendida em cada uma das faixas de valor venal da tabela a seguir, sendo o total do desconto ou do acréscimo determinado pela soma dos valores apurados na conformidade deste artigo (art. 7º da Lei n. 6.989, de 29 de dezembro de 1966, com a redação da Lei n. 13.250, de 27 de dezembro de 2001). (...).

"Art. 9º. O imposto calcula-se à razão de 1,5% sobre o valor venal do imóvel, para imóveis construídos com utilização diversa da referida no artigo 7º (art. 8º da Lei n. 6.989, de 29 de dezembro de 1966, com a redação da Lei n. 13.250, de 27 de dezembro de 2001).

"Art. 10. Ao valor do imposto, apurado na forma do artigo 9º, adiciona-se o desconto ou o acréscimo, calculados sobre a porção do valor venal do imóvel compreendida em cada uma das faixas de valor venal da tabela a seguir, sendo o total do desconto ou do acréscimo determinado pela soma dos valores apurados na conformidade deste artigo (art. 8º da Lei n. 6.989, de 29 de dezembro de 1966, com a redação da Lei n. 13.250, de 27 de dezembro de 2001). (...)."

• ***Imposto Territorial Urbano***:

"Seção II – Cálculo do Imposto

"Art. 27. O imposto calcula-se à razão de 1,5% sobre o valor venal do imóvel (art. 27 da Lei n. 6.989, de 29 de dezembro de 1966, com a redação da Lei n. 13.250, de 27 de dezembro de 2001).

"Art. 28. Ao valor do imposto, apurado na forma do artigo 27, adiciona-se o desconto ou acréscimo, calculados sobre a porção do valor venal do imóvel compreendida em cada uma das faixas de valor venal da tabela a seguir, sendo o total do desconto ou do acréscimo determinado pela soma dos valores apurados na conformidade deste artigo (art. 28 da Lei n. 6.989, de 29 de dezembro de 1966, com a redação da Lei n. 13.250, de 27 de dezembro de 2001).(...)."

• ***Imposto Predial*** e ***Territorial Urbano***:

"Capítulo III – Disposições Comuns Relativas aos Impostos Predial e Territorial Urbano

"Seção I – Planta Genérica de Valores

"Art. 43. A apuração do valor venal, para fins de lançamento dos Impostos Predial e Territorial Urbano, será feita conforme as normas e métodos fixados nos artigos 44 a 64, desta Consolidação, e as Tabelas I a VI, que a integram (art. 1º da Lei n. 10.235, de 16 de dezembro de 1986). (...).

"Art. 44. Os valores unitários de metro quadrado de construção e de terreno serão determinados em função dos seguintes elementos, tomados em conjunto ou separadamente (art. 2º da Lei n. 10.235, de 16 de dezembro de 1986):

"I – preços correntes das transações e das ofertas à venda no mercado imobiliário;

"II – custos de reprodução;

"III – locações correntes;

"IV – características da região em que se situa o imóvel;

"V – outros dados informativos tecnicamente reconhecidos.

"Parágrafo único. Os valores unitários, definidos como valores médios para os locais e construções, serão atribuídos:

"I – a faces de quadras, a quadras ou quarteirões, a logradouros ou a regiões determinadas, relativamente aos terrenos;

"II – a cada um dos padrões previstos para os tipos de edificação indicados na Tabela V, relativamente às construções.

"Art. 45. Na determinação do valor venal não serão considera4dos (art. 3º da Lei n. 10.235, de 16 de dezembro de 1986):

"I – o valor dos bens móveis mantidos, em caráter permanente ou temporário, no imóvel, para efeito de sua utilização, exploração, aformoseamento ou comodidade;

"II – as vinculações restritivas do direito de propriedade e o estado de comunhão.

"Art. 46. O valor venal do terreno e do excesso de área, definido no inciso I do artigo 51, desta Consolidação, resultará da multiplicação de sua área total pelo correspondente valor unitário de metro quadrado de terreno, constante da Listagem de Valores, e pelos fatores de correção das Tabelas I, II e III, aplicáveis conforme as características do imóvel (art. 4º da Lei n. 10.235, de 16 de dezembro de 1986).

"Parágrafo único. Quando a área total do terreno for representada por número que contenha fração de metro quadrado, será feito o arredondamento para a unidade imediatamente superior.

"Art. 47. O valor unitário de metro quadrado de terreno corresponderá (art. 5º da Lei n. 10.235, de 16 de dezembro de 1986):

"I – ao da face de quadra da situação do imóvel;

"II – no caso de imóvel não construído, com duas ou mais esquinas ou de duas ou mais frentes, ao do logradouro relativo à frente indicada no título de propriedade ou, na falta deste, ao do logradouro de maior valor;

"III – no caso de imóvel construído em terreno com as características do inciso anterior, ao do logradouro relativo à sua frente efetiva ou, havendo mais de uma, à frente principal;

"IV – no caso de terreno interno, ao do logradouro que lhe dá acesso ou, havendo mais de um logradouro de acesso, ao do logradouro a que haja sido atribuído o maior valor;

"V – no caso de terreno encravado, ao do logradouro correspondente à servidão de passagem.

"Parágrafo único. Os logradouros ou trechos de logradouros, que não constarem da Listagem de Valores, terão seus valores unitários de metro quadrado de terreno fixados pelo órgão competente da Secretaria de Finanças e Desenvolvimento Econômico.

"Art. 48. A profundidade equivalente do terreno, para aplicação do fator de profundidade de que trata a Tabela I, é obtida mediante a divisão da área total pela testada ou, no caso de terrenos de duas ou mais frentes, pela soma das testadas, desprezando-se, no resultado, a fração de metro (art. 6º da Lei n. 10.235, de 16 de dezembro de 1986).

"§ 1º. No caso de terrenos com uma esquina, será adotada:

"I – a testada correspondente à frente efetiva ou principal do imóvel, quando construído;

"II – a testada correspondente à frente indicada no título de propriedade ou, na sua falta, a correspondente ao maior valor unitário de metro quadrado de terreno, quando não construído.

"§ 2º. Para os terrenos com duas ou mais esquinas, será aplicado o fator de profundidade igual a 1,0000.

"Art. 49. Na avaliação de terrenos de esquina, os fatores da Tabela II serão aplicados sobre a área máxima de (art. 7º da Lei n. 10.235, de 16 de dezembro de 1986):

"I – 900m² (novecentos metros quadrados), no caso de uma esquina;

"II – 1.800m² (um mil e oitocentos metros quadrados), no caso de duas esquinas;

"III – 2.700m² (dois mil e setecentos metros quadrados), no caso de três esquinas;

"IV – 3.600m² (três mil e seiscentos metros quadrados) nos demais casos.

"Art. 50. Na avaliação de terrenos encravados, terrenos de fundo, terrenos internos e terrenos nos quais existam prédios em condomínio enquadrados nos tipos 2 e

4, da Tabela V, serão aplicados os fatores de correção constantes da Tabela III (art. 8º da Lei n. 10.235, de 16 de dezembro de 1986, com a redação da Lei n. 11.152, de 30 de dezembro de 1991).

"Parágrafo único. Excetuados o fator condomínio e a fração ideal correspondente a cada unidade autônoma, os fatores terreno encravado e terreno de fundo serão aplicados com a exclusão dos demais fatores de correção previstos para a avaliação de terrenos.

"Art. 51. Para os efeitos do disposto nesta Consolidação, consideram-se (art. 9º da Lei n. 10.235, de 16 de dezembro de 1986):

"I – excesso de área ou área de terreno não incorporada, aquela que exceder a 3 (três) vezes a área ocupada pelas edificações, no caso de imóvel situado na primeira subdivisão da zona urbana; 5 (cinco) vezes, na segunda subdivisão da zona urbana, e 10 (dez) vezes, além do perímetro desta última;

"II – terreno de esquina, aquele em que os prolongamentos de seus alinhamentos, quando retos, ou das respectivas tangentes, quando curvos, determinam ângulos internos inferiores a 135° (cento e trinta e cinco graus) e superiores a 45° (quarenta e cinco graus);

"III – terreno de duas ou mais frentes, aquele que possui mais de uma testada para logradouros públicos, sem estar localizado na sua confluência;

"IV – terreno encravado, aquele que não se comunica com a via pública, exceto por servidão de passagem por outro imóvel;

"V – terreno de fundo, aquele que, situado no interior da quadra, se comunica com a via pública por um corredor de acesso com largura igual ou inferior a 4 (quatro) metros;

"VI – terreno interno, aquele localizado em vila, passagem, travessa ou local assemelhado, acessório da malha viária do Município ou de propriedade de particulares, não relacionados em Listagem de Valores.

"Art. 52. No cálculo do valor venal de terreno, no qual exista prédio em condomínio, além dos fatores de correção aplicáveis, será utilizada, como fator, a fração ideal correspondente a cada unidade autônoma (art. 10 da Lei n. 10.235, de 16 de dezembro de 1986).

"Art. 53. A construção será enquadrada em um dos tipos e padrões previstos na Tabela V, e seu valor venal resultará da multiplicação da área construída bruta pelo valor unitário de metro quadrado de construção, constante da Tabela VI, e pelo fator de obsolescência, constante da Tabela IV (art. 11 da Lei n. 10.235, de 16 de dezembro de 1986).

"Art. 54. A área construída bruta será obtida através da medição dos contornos externos das paredes ou pilares, computando-se também a superfície das sacadas, cobertas ou descobertas, de cada pavimento (art. 12 da Lei n. 10.235, de 16 de dezembro de 1986).

"§ 1º. No caso de coberturas de postos de serviços e assemelhadas, será considerada como área construída a sua projeção vertical sobre o terreno.

"§ 2º. No caso de piscina, a área construída será obtida através da medição dos contornos internos de suas paredes.

"§ 3º. Quando a área construída bruta for representada por número que contenha fração de metro quadrado, será feito o arredondamento para a unidade imediatamente superior.

"Art. 55. No cálculo da área construída bruta das unidades autônomas de prédios em condomínio, será acrescentada, à área privativa de cada unidade, a parte correspondente nas áreas comuns em função de sua quota-parte (art. 13 da Lei n. 10.235, de 16 de dezembro de 1986).

"Art. 56. Para os efeitos desta Consolidação, as obras paralisadas ou em andamento, as edificações condenadas ou em ruína, as construções de natureza temporária e as construções, de qualquer espécie, inadequadas à sua situação, dimensões, destino ou utilidade, não serão consideradas como área construída (art. 14 da Lei n. 10.235, de 16 de dezembro de 1986).

"Art. 57. O valor unitário de metro quadrado de construção será obtido pelo enquadramento da construção num dos tipos da Tabela V, em função da sua área predominante, e no padrão de construção cujas características mais se assemelhem às suas (art. 15 da Lei n. 10.235, de 16 de dezembro de 1986).

"§ 1º. Nos casos em que a área predominante não corresponder à destinação principal da edificação, ou conjunto de edificações, poderá ser adotado critério diverso, a juízo da Administração.

"§ 2º. Para fins de enquadramento de unidades autônomas de prédio em condomínio em um dos padrões de construção previstos na Tabela V, será considerada a área construída correspondente à área bruta da unidade autônoma acrescida da respectiva área da garagem, ainda que esta seja objeto de lançamento separado.

"§ 3º. A unidade autônoma poderá ser enquadrada em padrão diverso daquele atribuído ao conjunto a que pertença, desde que apresente benfeitorias que a distingam, de forma significativa, das demais unidades autônomas.

"Art. 58. A idade de cada prédio, para aplicação do fator de obsolescência de que trata a Tabela IV, corresponderá à diferença entre o exercício a que se refere o lançamento tributário e o ano do término da construção ou, quando anterior, o de sua efetiva ocupação (art. 16 da Lei n. 10.235, de 16 de dezembro de 1986).

"§ 1º. A idade de cada prédio será:

"I – reduzida de 20% (vinte por cento), nos casos de pequena reforma ou reforma parcial;

"II – contada a partir do ano da conclusão da reforma, quando esta for substancial.

"§ 2º. Será adotada a média das idades apuradas, ponderada de acordo com as respectivas áreas, nos casos:

"I – de ampliação da área construída;

"II – de reconstrução parcial;

"III – de lançamento tributário que abranja dois ou mais prédios, concluídos em exercícios diversos.

"§ 3º. No cálculo da média ponderada, a que se refere o parágrafo anterior, serão consideradas as eventuais alterações na idade dos prédios, resultantes da ocorrência de reformas, na forma do § 1º.

"§ 4º. Quando o acréscimo de área edificada em imóvel residencial resultar da construção de abrigo para veículos ou de piscina, não será alterada a idade do prédio.

"§ 5º. No resultado do cálculo da idade da edificação será desprezada a fração de ano.

"Art. 59. O valor venal de imóvel construído será apurado pela soma do valor do terreno com o valor da construção, calculados na forma desta Consolidação (art. 17 da Lei n. 10.235, de 16 de dezembro de 1986).

"Art. 60. Nos casos singulares de imóveis para os quais a aplicação dos procedimentos previstos nesta Consolidação possa conduzir a tributação manifestamente injusta ou inadequada, poderá ser adotado, a requerimento do interessado, processo de avaliação especial, sujeito à aprovação do órgão competente da Secretaria de Finanças e Desenvolvimento Econômico (art. 18 da Lei n. 10.235, de 16 de dezembro de 1986).

"Art. 61. Os valores unitários de metro quadrado de terreno e de metro quadrado de construção serão expressos em moeda corrente e, no processo de cálculo para obtenção do valor venal do imóvel, o valor do terreno e o da construção serão arredondados para a unidade monetária imediatamente superior (art. 19 da Lei n. 10.235, de 16 de dezembro de 1986, com a redação da Lei n. 10.805, de 27 de dezembro de 1989).

"Art. 62. O Executivo poderá atualizar, anualmente, os valores unitários de metro quadrado de construção e de terreno, desde que essa atualização não supere a inflação do período (§ 2º do art. 5º da Lei n. 11.152, de 30 de dezembro de 1991).

"Art. 63. As disposições constantes deste Capítulo são extensivas aos imóveis localizados nas áreas urbanizáveis e de expansão urbana, referidas no artigo 3º, desta Consolidação (art. 20 da Lei n. 10.235, de 16 de dezembro de 1986).

"Art. 64. Os valores unitários de metro quadrado de construção correspondentes aos tipos e padrões de construção descritos na Tabela V, a serem considerados para fins de lançamento dos Impostos Predial e Territorial Urbano, no exercício de 2002, são os integrantes da Tabela VI (art. 2º da Lei n. 13.250, de 27 de dezembro de 2001).

"Parágrafo único. Os valores unitários de metro quadrado de terreno, para o exercício de 2002, são os constantes do anexo II da Lei n. 13.250, de 27 de dezembro de 2001.

"Seção II – Inscrição Imobiliária

"Art. 65. Os Impostos Predial e Territorial Urbano serão lançados com base nos dados do Cadastro Imobiliário Fiscal (art. 1º da Lei n. 10.819, de 28 de dezembro de 1989, c/c a Lei n. 12.782, de 30 de dezembro de 1998).

"Art. 66. *Todos os imóveis, construídos ou não, situados na zona urbana do Município, inclusive os que gozem de imunidade ou isenção, devem ser inscritos no Cadastro Imobiliário Fiscal* (art. 2º da Lei n. 10.819, de 28 de dezembro de 1989).

"§ 1º. Da inscrição, feita em formulário próprio, além de outros dados que venham a ser exigidos, deverão constar:

"I – nome, qualificação e endereço do proprietário, do titular do domínio útil ou do possuidor a qualquer título;

"II – dados do título de aquisição da propriedade ou do domínio útil, ou qualidade em que a posse é exercida;

"III – localização do imóvel;

"IV – área do terreno;

"V – área construída;

"VI – endereço para entrega de notificações de lançamento, no caso de imóvel não construído.

"§ 2º. *Ocorrendo modificações de quaisquer dos dados constantes da inscrição, deverá ela ser atualizada, em formulário próprio, observadas as demais condições regulamentares.*

"Art. 67. A inscrição e respectivas atualizações serão promovidas pelo sujeito passivo, nas hipóteses de (art. 3º da Lei n. 10.819, de 28 de dezembro de 1989):

"I – ocorrência de circunstância que determine a inclusão do imóvel no Cadastro Imobiliário Fiscal, nos termos do artigo 66, dentro do prazo de 60 (sessenta) dias;

"II – convocação por edital, no prazo nele fixado;

"III – intimação, em função de ação fiscal, na forma e prazo regulamentares;

"IV – modificação de quaisquer dos dados constantes dos incisos I, II, IV e V do § 1º do artigo 66, dentro do prazo de 60 (sessenta) dias;

"V – modificação dos dados constantes do inciso VI do § 1º do artigo 66, dentro do prazo de 60 (sessenta) dias.

"Parágrafo único. A entrega do formulário de inscrição ou atualização não faz presumir a aceitação, pela Administração, dos dados nele declarados.

"Art. 68. Consideram-se sonegados à inscrição os imóveis cuja inscrição e respectivas atualizações não forem promovidas na forma desta Consolidação, e aqueles cujos formulários de inscrição apresentem falsidade, erro ou omissão quanto a qualquer elemento de declaração obrigatória, ou complementar, quando expressamente exigido (art. 4º da Lei n. 10.819, de 28 de dezembro de 1989).

"Parágrafo único. *Na hipótese prevista neste artigo, o lançamento dos tributos imobiliários será efetivado com base nos elementos de que dispõe a Administração* (...)" (grifos do autor).

Deflui de tudo que para efeitos do IPTU *o valor venal é um valor construído*[1] e que é apurado a partir de vários elementos, sendo que no caso de São Paulo foram adotados critérios que valorizam os imóveis considerando inclusive suas funções sociais.

1. In *http://www.prefeitura.sp.gov.br/cidade/secretarias/financas/servicos/iptu/index.php? p=2456.*

Imposto Predial e Territorial Urbano (IPTU)

Cálculo do Imposto – O IPTU a ser pago pelo contribuinte resulta da aplicação de alíquotas fixadas em lei sobre o valor venal do imóvel. Esse valor venal é apurado de acordo com normas técnicas de avaliação, aprovadas pela *Lei 10.235/1986* e pela *Lei 15.044/2009* e suas atualizações.

Para o cálculo do imposto referente ao exercício fiscal corrente foram aplicadas, sobre o valor venal do imóvel, alíquotas diferenciadas em função do uso e progressivas de acordo com esse valor. O imposto a ser pago resulta da somatória das faixas incidentes.

Alíquotas progressivas – Uso residencial – O imposto calcula-se à razão de 1,0% sobre o valor venal,* para imóveis utilizados exclusiva ou predominantemente como residência. Ao valor do imposto adiciona-se o desconto ou o acréscimo, calculados sobre a porção do valor venal do imóvel compreendida em cada uma das faixas da tabela a seguir, sendo o total do desconto ou do acréscimo determinado pela soma dos valores apurados (*Lei 13.698/2003* e suas alterações posteriores).

Faixas de valor venal	Desconto/ Acréscimo
até R$ 81.762,00	-0,2%
acima de R$ 81.762,00 até R$ 163.525,00	0,0%
acima de R$ 163.525,00 até R$ 327.050,00	+0,2%
acima de R$ 327.050,00 até R$ 654.100,00	+0,4%
acima de R$ 654.100,00	+0,6%

* Para os imóveis residenciais construídos, utilizados exclusiva ou predominantemente como residência, dos padrões A, B ou C dos tipos 1 ou 2 da Tabela V, anexa à Lei 10.235/1986, cujo valor venal correspondente, em 1º de janeiro de 2011, seja superior a R$ 97.587,00 e igual ou inferior a R$ 195.175,00, a Lei 13.698/2003 e suas alterações determinam que deve ser descontado o valor de R$ 39.035,00 no valor venal antes da aplicação da tabela acima.

Alíquotas progressivas – Uso não residencial e terrenos – O imposto calcula-se à razão de 1,5% sobre o valor venal, para imóveis construídos com utilização não residencial e para os terrenos. Ao valor do imposto adiciona-se o desconto ou o acréscimo, calculados sobre a porção do valor venal do imóvel compreendida em cada uma das faixas da tabela a seguir, sendo o total do desconto ou do acréscimo determinado pela soma dos valores apurados (Lei 13.698/2003 e suas alterações posteriores).

Faixas de valor venal	Desconto/ Acréscimo
até R$ 100.225,00	-0,3%
acima de R$ 100.225,00 até R$ 200.450,00	-0,1%
acima de R$ 200.450,00 até R$ 400.900,00	+0,1%
acima de R$ 400.900,00 até R$ 801.800,00	+0,3%
acima de R$ 801.800,00	+0,5%

Isenções

a) A partir do exercício de 2011 estão isentos do IPTU todos os imóveis construídos, cujo valor venal em 1º de janeiro de 2011, seja igual ou inferior a R$ 73.850,00, exceto as unidades autônomas de condomínio tributadas como garagem em edifícios de uso residencial, não residencial, misto ou em prédios de garagem e os estacionamentos comerciais (Lei 13.698/2003 e suas alterações posteriores).

Esta isenção é automaticamente calculada e concedida no lançamento, e não precisa ser requerida, para apenas um único imóvel por proprietário/compromissário/possuidor cadastrado (*Lei 14.089/2005*).

b) A partir do exercício de 2011 estão isentos do Imposto Predial os imóveis construídos, utilizados exclusiva ou predominantemente como residência, observados os demais requisitos de lei, cujo valor venal, em 1º de janeiro, seja igual ou superior a R$ 73.850,00 e menor ou igual a R$ 97.587,00 (Lei 13.698/2003 e suas alterações posteriores), para apenas um único imóvel por proprietário/compromissário/possuidor cadastrado (Lei 14.089/2005).

Descontos – Para os imóveis residenciais construídos utilizados exclusiva ou predominantemente como residência, dos padrões A, B ou C dos tipos 1 ou 2 da Tabela V, anexa à Lei 10.235/1986, cujo valor

II.3 – Imposto sobre Transmissão “Inter Vivos” – ITBI

Trata-se de outro imposto de competência municipal e que está descrito no art. 156, II, da CF e que é exigível em operações que envolvam a transmissão, a qualquer título, onerosa, de bens imóveis.

O CTN, por seu lado, dispõe em seu art. 38 que a base de cálculo do imposto é o valor venal do imóvel, definição esta que, novamente, acaba sendo relegada à legislação do Poder tributante competente, o Município.

Como já anotado para o IPTU, há uma vasta gama de normas que regulam as tributações municipais, passando pela Lei n. 6.989/1966 (e suas atualizações posteriores, em particular a conferida pela Lei n. 13.250/2001) que “*Dispõe sobre o sistema tributário do Município de São Paulo*” e que seria o “Código Tributário Municipal” e que assim dispõe sobre o ITBI:

“Art. 7º. A base de cálculo do Imposto é o valor venal dos bens ou direitos trans-

venal correspondente, em 1º de janeiro de 2011, seja superior a R$ 97.587,00 e igual ou inferior a R$ 195.175,00, a Lei 13.698/2003 e suas alterações posteriores concede um desconto de R$ 39.035,00 no valor venal lançado para o exercício de 2011. Este desconto é automaticamente calculado e concedido no lançamento, e não precisa ser requerido, para apenas um único imóvel por proprietário/compromissário/possuidor cadastrado (Lei 14.089/2005).

Tabelas práticas – Para facilitar o cálculo do imposto a pagar é possível utilizar a tabela prática abaixo, não sendo necessário calcular faixa a faixa. Basta utilizar a faixa correspondente ao valor total, multiplicar pelo número nela indicado e subtrair a parcela a deduzir do resultado.

Uso residencial – Para imóveis de padrão A, B ou C, dos tipos 1 ou 2 da Tabela V anexa à Lei 10.235/1986, com valor venal maior que R$ 97.587,00 e igual ou menor que R$ 195.175,00, deduzir R$ 39.035,00 antes da multiplicação.

Faixas de valor venal	Multiplicar por	Dedução
até R$ 81.762,00	0,008	R$ 0,00
acima de R$ 81.762,00 até R$ 163.525,00	0,010	R$ 163,52
acima de R$ 163.525,00 até R$ 327.050,00	0,012	R$ 490,57
acima de R$ 327.050,00 até R$ 654.100,00	0,014	R$ 1.144,67
acima de R$ 654.100,00	0,016	R$ 2.452,87

Uso não residencial e terrenos

Faixas de valor venal	Multiplicar por	Dedução
até R$ 100.225,00	0,012	R$ 0,00
acima de R$ 100.225,00 até R$ 200.450,00	0,014	R$ 200,45
acima de R$ 200.450,00 até R$ 400.900,00	0,016	R$ 601,35
acima de R$ 400.900,00 até R$ 801.800,00	0,018	R$ 1.403,15
acima de R$ 801.800,00	0,020	R$ 3.006,75

Observações:

1) Para o lançamento do IPTU do exercício de 2011, a diferença nominal entre o crédito tributário referente ao exercício de 2011 e o crédito tributário lançado no exercício de 2010 está limitada a:

I. 30% (trinta por cento) do crédito tributário lançado, referente ao fato gerador do exercício anterior, para o imposto predial, no caso de imóveis com utilização exclusiva ou predominantemente residencial;

II. 45% (quarenta e cinco por cento) do crédito tributário lançado, referente ao fato gerador do exercício anterior, para o imposto, para os demais casos.

2) Não serão consideradas, para fins de apuração do valor tomado para cálculo do crédito tributário, referente ao lançamento do exercício de 2010, para aplicação dos percentuais dos incisos I e II acima, as regras previstas nos artigos 1º e 2º da Lei 13.698/2003.

3) Caso haja alterações de dados cadastrais do imóvel, o valor tomado para apuração do crédito tributário, referente ao lançamento do exercício de 2010, será o valor que teria sido lançado, se fossem considerados os novos dados cadastrais.

4) Para o exercício de 2011, o valor unitário de metro quadrado de terreno aplicado para o cálculo do valor venal do terreno, nos termos da Lei 10.235/1986, fica limitado a R$ 5.064,00, para os imóveis construídos, utilizados exclusiva ou predominantemente como residência, de qualquer dos padrões do tipo 2 da Tabela V da mesma lei.

mitidos, assim considerado o valor pelo qual o bem ou direito seria negociado à vista, em condições normais de mercado.

"§ 1º. Na apuração do valor venal do bem transmitido ou do seu respectivo direito, considera-se o valor das benfeitorias e construções nele incorporadas.

"§ 2º. Não serão abatidas do valor venal quaisquer dívidas que onerem o imóvel transmitido.

"§ 3º. Nas cessões de direitos à aquisição, o valor ainda não pago pelo cedente será deduzido da base de cálculo.

"§ 4º. Não se considera na apuração da base de cálculo do Imposto o valor das benfeitorias e construções incorporadas ao bem imóvel pelo adquirente ou cessionário, desde que comprovada, à Administração Tributária, na forma e condições estabelecidas pela Secretaria Municipal de Finanças, que a incorporação foi efetivada por tais agentes.

"Art. 8º. A Secretaria Municipal de Finanças tornará públicos os valores venais atualizados dos imóveis inscritos no Cadastro Imobiliário Fiscal do Município de São Paulo.

"§ 1º. A Secretaria Municipal de Finanças deverá estabelecer a forma de publicação dos valores venais a que se refere o 'caput' deste artigo.

"§ 2º. Os valores venais dos imóveis serão atualizados periodicamente, de forma a assegurar sua compatibilização com os valores praticados no Município, através de pesquisa e coleta amostral permanente dos preços correntes das transações e das ofertas à venda do mercado imobiliário, inclusive com a participação da sociedade, representada no Conselho Municipal de Valores Imobiliários.

"§ 3º. Os valores venais dos imóveis a que se refere o 'caput' deste artigo têm presunção relativa e poderá ser afastada se:

"I – o valor da transação for superior;

"II – a Administração Tributária aferir base de cálculo diferente em procedimentos relativos, dentre outros, a avaliação especial, arbitramento e impugnação de lançamento;

"III – a Administração Tributária constatar erro, fraude ou omissão, por parte do sujeito passivo, ou terceiro, em benefício daquele, na declaração dos dados do imóvel inscrito no Cadastro Imobiliário Fiscal e utilizados no cálculo do valor venal divulgado.

"§ 4º. Na falta da divulgação do valor venal do imóvel até a data prevista para o pagamento do Imposto, o contribuinte deverá solicitar à unidade competente da Secretaria Municipal de Finanças a disponibilização do referido valor.

"Art. 9º. O valor da base de cálculo será reduzido:

"I – na instituição de usufruto e uso, para 1/3 (um terço);

"II – na transmissão de nua propriedade, para 2/3 (dois terços);

"III – na instituição de enfiteuse e de transmissão dos direitos do enfiteuta, para 80% (oitenta por cento);

"IV – na transmissão de domínio direto, para 20% (vinte por cento).

"Parágrafo único. Consolidada a propriedade plena na pessoa do proprietário, o Imposto será calculado sobre o valor do usufruto, uso ou enfiteuse.

"Art. 10. Caso não concorde com a base de cálculo do Imposto divulgada pela Secretaria Municipal de Finanças, na conformidade do artigo 8º deste regulamento, o contribuinte poderá requerer avaliação especial do imóvel, apresentando os dados da transação e os fundamentos do pedido, na forma estabelecida pela Secretaria Municipal de Finanças, que poderá, inclusive, viabilizar a formulação do pedido por meio eletrônico.

"Art. 11. Não concordando a Administração Tributária com o valor declarado do bem transmitido, ou com os esclarecimentos, declarações, documentos ou recolhimentos prestados, expedidos ou efetuados pelo sujeito passivo ou por terceiro legalmente obrigado, instaurar-se-á o respectivo procedimento administrativo de arbitramento da base de cálculo e aplicação das demais cominações legais.

"Parágrafo único. O contribuinte poderá oferecer avaliação contraditória ao valor arbitrado, na forma, condições e prazos regulamentares."

Pela definição legal, *o valor venal é o valor pelo qual o bem seria normalmente negociado, a vista, no mercado*, portanto, o valor estabelecido em um negócio e/ou ato jurídico.

II.4 – Imposto sobre a Renda e proventos de qualquer natureza – IR

No caso, este trabalho irá considerar apenas a apuração do valor dos bens imóveis para as pessoas físicas.

Trata-se de imposto de competência da União e que está descrito no art. 153, III, da CF.

O CTN, por seu lado, em seu art. 43, completa a formatação jurídica do tributo ao dispor que ele tem como fato gerador a aquisição da disponibilidade econômica ou jurídica, entendendo-se por renda o produto do capital, do trabalho ou da combinação de ambos; e por proventos de qualquer natureza, os acréscimos patrimoniais não compreendidos na definição anterior. Disciplina, ainda, que a incidência do imposto independe da denominação da receita ou do rendimento, da localização, condição jurídica ou nacionalidade da fonte, da origem e da forma de percepção.

O IR foi objeto de inúmeras modificações legais ao longo do tempo, sendo que sua estrutura está hoje estabelecida em nível regulamentar no Decreto n. 3.000/1999[2] – RIR.

Para os efeitos deste estudo, então, o que importa é entender que para o IR a transferência da propriedade imobiliária é uma das fontes geradoras de renda, o chamado ganho de capital,[3] e que se dá pelo confronto entre o valor que se obtém pela venda de um imóvel, o valor de alienação, comparado com o valor com o qual o mesmo passou a incorporar, anteriormente, o patrimônio do vendedor (art. 117 do RIR), o custo de aquisição.

O custo de aquisição é definido pelo art. 128 do RIR da seguinte forma:

"Subseção II – Bens ou Direitos Adquiridos no Período de 1º de janeiro de 1992 até 31 de dezembro de 1995

"Art. 128. O custo dos bens ou direitos adquiridos, a partir de 1º de janeiro de 1992 até 31 de dezembro de 1995, será o valor de aquisição (Lei n. 8.383, de 1991, art. 96, § 4º, e Lei n. 8.981, de 1995, art. 22, inciso I).

"§ 1º. No caso de bens ou direitos adquiridos em partes, considera-se custo de aquisição o somatório dos valores correspondentes a cada parte adquirida.

"§ 2º. Nas aquisições com pagamento parcelado, inclusive por intermédio de financiamento, considera-se custo de aquisição o valor efetivamente pago.

"§ 3º. No caso de imóvel e outros bens adquiridos por doação, herança ou legado, observar-se-á o disposto nos incisos I ou III do art. 129, conforme o caso.

"§ 4º. Nas operações de permuta com ou sem pagamento de torna, considera-se custo de aquisição o valor do bem dado em permuta acrescido da torna paga, se for o caso.

"§ 5º. Na alienação de bem adquirido por permuta com recebimento de torna,

2. Não é de boa técnica apoiar-se um estudo em norma infralegal, no caso um Decreto. No entanto, no caso a utilização do Decreto não prejudica o objetivo do trabalho uma vez que o que nele se contém é adequado ao escopo do trabalho.

3. RIR – "Art. 138. O ganho de capital será determinado pela diferença positiva, entre o valor de alienação e o custo de aquisição, apurado nos termos dos arts. 123 a 137" (Lei n. 7.713, de 1988, art. 3º, § 2º, Lei n. 8.383, de 1991, art. 2º, § 7º, e Lei n. 9.249, de 1995, art. 17).

considera-se custo de aquisição o valor do bem dado em permuta, diminuído do valor utilizado como custo na apuração do ganho de capital relativo à torna recebida ou a receber. (...).

"§ 7º. Podem integrar o custo de aquisição de imóveis, desde que comprovados com documentação hábil e idônea e discriminados na declaração de bens:

"I – os dispêndios com a construção, ampliação, reforma e pequenas obras, tais como pintura, reparos em azulejos, encanamentos;

"II – os dispêndios com a demolição de prédio existente no terreno, desde que seja condição para se efetivar a alienação;

"III – as despesas de corretagem referentes à aquisição do imóvel vendido, desde que suportado o ônus pelo contribuinte;

"IV – os dispêndios pagos pelo proprietário do imóvel com a realização de obras públicas, tais como colocação de meio-fio, sarjetas, pavimentação de vias, instalação de rede de esgoto e de eletricidade que tenham beneficiado o imóvel;

"V – o valor do imposto de transmissão pago pelo alienante;

"VI – o valor da contribuição de melhoria.

"§ 8º. Podem integrar o custo de aquisição dos demais bens ou direitos os dispêndios realizados com conservação, reparos, comissão ou corretagem, quando não transferido o ônus ao adquirente, desde que comprovados com documentação hábil e idônea e discriminados na declaração de bens.

"§ 9º. Para os bens ou direitos adquiridos até 31 de dezembro de 1995, o custo de aquisição poderá ser corrigido até essa data, observada a legislação aplicável no período, não se lhe aplicando qualquer correção após essa data (Lei n. 9.249, de 1995, arts. 17 e 30).

"Art. 129. Na ausência do valor pago, ressalvado o disposto no art. 120, o custo de aquisição dos bens ou direitos será, conforme o caso (Lei n. 7.713, de 1988, art. 16 e § 4º):

"I – o valor atribuído para efeito de pagamento do imposto de transmissão;

"II – o valor que tenha servido de base para o cálculo do imposto de importação acrescido do valor dos tributos e das despesas de desembaraço aduaneiro;

"III – o valor da avaliação no inventário ou arrolamento;

"IV – o valor de transmissão utilizado, na aquisição, para cálculo do ganho de capital do alienante;

"V – o seu valor corrente, na data da aquisição;

"VI – igual a zero, quando não possa ser determinado nos termos dos incisos anteriores. (...).

"Subseção III – Bens Adquiridos após 31 de dezembro de 1995

"Art. 131. Não será atribuída qualquer atualização monetária ao custo dos bens e direitos adquiridos após 31 de dezembro de 1995 (Lei n. 9.249, de 1995, art. 17, inciso II)."

Esse custo de aquisição, portanto, é aquele que se fixa numa transação imobiliária, a qual obrigatoriamente deve ser levada a registro público e que passará a ser objeto de informação periódica do contribuinte ao Fisco em sua declaração de renda.[4]

O custo de alienação, por seu lado, é o que está indicado pelo art. 123 do RIR:

"Seção III – Valor de Alienação

"Art. 123. Considera-se valor de alienação (Lei n. 7.713, de 1988, art. 19 e parágrafo único):

"I – o preço efetivo da operação, nos termos do § 4º do art. 117; (...).

"Arbitramento do Valor ou Preço

"Art. 124. A autoridade lançadora, mediante processo regular, arbitrará o valor ou preço, sempre que não mereça fé,

4. Considerar, para exercício de raciocínio, a situação de contribuinte obrigado a entregar declaração anual de ajuste na forma do modelo completo.

por notoriamente diferente do de mercado, o valor ou preço informado pelo contribuinte, ressalvada, em caso de contestação, avaliação contraditória, administrativa ou judicial (Lei n. 7.713, de 1988, art. 20)."

e que também diz respeito, basicamente, a um *valor obtido e declarado em um negócio e/ou ato jurídico*, que deve ser obrigatoriamente levado a registro (em certa medida, o custo de aquisição para o comprador equivale ao valor de alienação para o vendedor).

III – A primeira crítica – A unicidade do valor da propriedade

Do ponto de vista jurídico cada imposto está considerando, dentro de sua esfera impositiva, a propriedade a partir de um ângulo específico: o IR tributa *o ganho de capital* em operação *inter vivos*; o ITCMD a *doação "inter vivos"* ou a *transmissão "causa mortis" de propriedade; o ITBI a transmissão inter vivos da propriedade*; e o IPTU *o exercício em si da propriedade predial e/ou territorial*.

Nessa linha, não causa espécie que cada imposto tenha suas especificidades para efeito de definição de suas bases de cálculo e alíquotas e que leve a quatro valores distintos de impostos devidos a pagar.

No entanto, parece pouco razoável que a propriedade possa ter, para efeito de apuração do imposto devido a pagar, *e que se baseia num único elemento econômico – a propriedade – valoração quádrupla*. Em outras palavras, que uma única propriedade tenha quatro valores distintos.

A propriedade é, em si, um bem único, suscetível de uma única valoração para efeitos tributários (o que não corresponde dizer que não possa haver bases de cálculos diferentes para apuração do valor do imposto a pagar). E há base legal para tanto, a partir da CF, isto porque o § 1º do art. 145 da CF assim dispõe: "Sempre que possível, os impostos terão caráter pessoal e serão graduados segundo a capacidade econômica do contribuinte, facultado à administração tributária, especialmente para conferir efetividade a esses objetivos, identificar, respeitados os direitos individuais e nos termos da lei, o patrimônio, os rendimentos e as atividades econômicas do contribuinte".

Como visto anteriormente, a propriedade imobiliária urbana é, em sua essência, algo individualizável (onde até a copropriedade não contraria esse aspecto) e é um dos melhores institutos a permitir a aplicação dos princípios da pessoalidade e da capacidade econômica do contribuinte, isto como forma de gerar tributação justa.

Assim, cabe ao poder tributante, obrigatoriamente, individualizar o valor a ser atribuído a cada propriedade imobiliária urbana, pois esse valor existe *ex lege*[5] e deve ser conhecido, ou conhecível, pela autoridade tributária, mas como um único valor. Observo que, nesse particular, não é admissível seja admitido que a tributação da propriedade seja flexibilizada pela adoção de um princípio "administrativo" da praticabilidade,[6] isto porque ele negaria os princípios constitucionais referidos nos dois parágrafos anteriores, tornando-se insuscetível de incorporação ao sistema jurídico. Isso é tanto mais real na medida em que o Poder Público é dotado de meios e força para fazer essa individuação, ainda mais nos tempos atuais onde a informática permite velocidade quase que instantânea na obtenção de dados.

IV – A segunda crítica – O problema do IPTU

Ao se olhar a legislação municipal sobre o IPTU e o ITBI depara-se que a Prefei-

5. Se nas transações imobiliárias a qualquer título há falhas na valoração, seja por erro ou fraude, o poder tributante está munido de poderes suficientes para exercer seu poder de polícia e fiscalização e questionar o que foi declarado e, até mesmo, arbitrar valor.

6. V. Gerd Rothmann em manifestação feita na Mesa de Debates do IBDT de 6.10.2005 (in *http://www.ibdt.com.br/2005/integra_06102005.htm*).

tura crê que um mesmo imóvel sob sua jurisdição tenha um valor para o IPTU e outro para o ITBI: ao definir o valor da propriedade para o ITBI, a legislação municipal se apoia no valor de um negócio e/ou ato jurídico, enquanto que no caso do IPTU ela transforma o valor da propriedade num longo exercício de ficções e cálculos.

É certo que a Prefeitura de São Paulo está preocupada, como constitucionalmente deveria, em potencializar a pessoalidade e a aferição da capacidade contributiva de seus impostos, em particular do IPTU, seja pela busca da progressividade, quanto do agravamento da tributação em caso de utilização não social da propriedade. No entanto, o que ela acaba por estabelecer é uma tributação cuja base – o valor da propriedade – está desatrelada da essência do imposto, que é a propriedade e isto em prejuízo do contribuinte.

O prejuízo não está em que o imposto a pagar seja maior ou menor,[7] mas no fato de que a adoção dos conceitos de plantas genéricas de valores, e como elas são construídas, tornam a apuração do imposto algo subjetivo e manipulável. Explico-me.

Uma propriedade imobiliária é um bem de raiz porque como existe no solo, nele permanece tendencialmente para sempre. A propriedade, é claro, pode ser modificada, seja pela incorporação de coisas sobre ela (móveis ou imóveis) ou pela mutação da titularidade sobre ela. No caso da modificação por incorporação de outras coisas, a propriedade pode se valorizar na exata proporção dos bens que a ela foram incorporadas (e não a partir do valor que se estima o bem venha a ter, pela sua localização, número de banheiros etc.), o que é uma regra ditada pelas normas do IR (v. § 7º do art. 128 do RIR). A valorização (ou desvalorização) é, por excelência, econômica.

7. É possível que o IPTU pago, na maioria dos casos, seja inferior àquele que seria exigível caso adotado, em sua apuração, o valor do negócio e/ou ato jurídico que deu origem à propriedade.

Nessa esteira, enquanto bem estático, somente nesses casos o valor da propriedade mudaria. As eventuais melhorias desfrutadas pelo proprietário com obras públicas e/ou privadas, não são capazes de gerar valorização imediatamente apropriável ao bem. Esse tipo de apropriação é possível de ocorrer, ser registrável e tributada, somente quando esse bem tem sua titularidade modificada, isto porque, nesse instante, o negócio e/ou ato jurídico pelo qual tal transferência ocorre permitirá que se afira qual o valor, naquele momento, do bem – o que é o seu valor venal, o de mercado, isto é, o valor pelo qual o bem ou direito é negociado a vista, em condições normais de mercado (o preço pago pelo adquirente e/ou o valor atribuível a uma doação ou a um bem deixado em inventário).

Essa valorização na movimentação de propriedade é capturável pelo IR, pelo ITBI e pelo ITCMD, jamais pelo IPTU.

As considerações acima apontam que, para o IPTU, a modificação do valor da propriedade somente pode ocorrer desde que algo físico real a afete (construção, demolição etc.), fato esse que obrigatoriamente deve ser levado a registro, imobiliário, administrativo e/ou tributário. A valorização limita-se, portanto, àquilo que diga respeito à estrutura em si da propriedade imobiliária e não algo que lhe seja extrínseco na identidade (melhorias na região, nova forma de classificar imóveis etc.).

Se o Município adota, como forma de tributar a propriedade territorial urbana, plantas genéricas, se tais elementos incorporam elementos exógenos à estrutura em si do bem, levando a uma valorização das propriedades imobiliárias e, consequentemente o valor do IPTU, esse aumento é inconstitucional porque a propriedade que é objeto da tributação não pode ter seu valor alterado dessa forma. Vale dizer: se há uma edificação nova, o valor da propriedade pode ser ampliado e o imposto a pagar poderá ser maior, mas se a rua passa a ser asfaltada e contar com iluminação pública, melhorando a qualidade da vizinhança, tais elementos não podem ser transferidos ao valor da propriedade para efeitos de sua tributação pelo IPTU. Da mesma forma, se a Prefeitura entende que, a partir de agora, imóveis que têm quatro ou mais banheiros, quatro ou mais vagas de garagem devem ter sua tributação ampliada, isso é exógeno à propriedade já estabelecida.

Parece, portanto, que há um problema estrutural na forma como o IPTU está sendo cobrado, isto porque, em princípio, para uma dada propriedade adquirida/constituída num momento, o valor do negócio e/ou ato jurídico que deu nascimento a essa propriedade torna-se o valor básico sobre o qual toda a tributação deveria ser imposta, sob pena de, em algum momento, as plantas genéricas poderem vir a atribuir a um imóvel um valor superior àquele pelo qual ele foi adquirido.

Também é razoável dizer que, se o Município, ao longo dos anos, seja qual for o motivo – e que em geral terá caráter extrajurídico, estruturou sua legislação do IPTU em bases distorcidas, não é possível que ele, pela via da manipulação das plantas genéricas, recupere o espaço perdido ao longo do tempo, ao menos para as propriedades já registradas e tributadas, podendo instituir novas regras apenas para as novas propriedades que venham a ser objeto de transmissão e após essa transmissão ter sido registrada, criando um regime duplo: o aplicável às propriedades não transferidas e o direcionável às propriedades transferidas a partir da nova legislação. Sustenta-se, pois, que a tributação da propriedade estática não é passível de incremento enquanto ela assim permanecer, ressalvados os casos de acréscimos/decréscimos já abordados.

Na hipótese, a valorização realizada pelas revisões das plantas genéricas tem a mesma racionalidade que existiria na adoção de um critério de atualização monetária da base de cálculo da propriedade, o que já foi jurisprudencialmente definido como sendo inconstitucional. Em outras palavras, o que as novas plantas genéricas fazem é buscar recuperar um valor perdido no tempo para efeito de tributação, o que não é cabível na hipótese do IPTU.

V – A terceira crítica – A incongruência do ITCMD

Embora o ITCMD estabeleça a valoração da propriedade imobiliária a partir de um ato jurídico (o valor atribuído a um bem numa doação ou numa transmissão *mortis causa*), perde ele sua congruência ao dispor que o seu valor jamais poderá ter por base um valor inferior àquele lançado no IPTU, que levaria a uma base de cálculo mínima.

A crítica aqui é pelo fato de que a lei já determina que em não havendo como se ter o valor do ato jurídico, deve-se buscar a avaliação e o arbitramento, o que torna impossível o apoio no IPTU como elemento de fixação do tributo, até porque, como já indicado, o IPTU não segue os critérios de fixação de base de cálculo do ITCMD.

De outro prisma, a crítica também é válida porque se adotada, pelo ITCMD, a valoração do IPTU, o ITCMD perde sua individualidade tributária, tornando-se um novo IPTU, o que não é admissível.

VI – A quarta crítica – A tecnicidade que impede o razoável entendimento do que se tributa

Deve ser assumido que é um princípio a suportar a tributação a de que os contribuintes, em particular as pessoas físicas, possam conhecer a forma como são tributadas de modo simples, isto é, sem que sejam necessários inúmeros cálculos, entendimentos de conceitos técnicos. Isso corresponde ao um dos aspectos dos preceitos da segurança jurídica.

Quanto mais complexa e/ou técnica uma norma, maior será a capacidade de ela gerar interpretações múltiplas e desencontradas, dando azo a conflitos. O Estado, ao atuar sobre a sociedade, deve evitar ser ele uma fonte de conflitos, sobretudo que digam respeito às normas que edita, até porque, em princípio, gozam elas de fé pública presumida. Pode ser uma visão idealista, mas parece inadequado um sistema jurídico tributário em que haja um volume considerável de soluções de consultas de contribuintes e/ou um número elevado de demandas administrativas ou judiciais e que no bojo delas o ponto principal seja a correta interpretação de normas legais.

Defende-se, aqui, a necessidade de as normas tributárias serem de simples entendimento, mormente se o objeto econômico sobre o qual a tributação se faz tem características reais de fácil verificação, como a propriedade imobiliária urbana.

Assim, conceitos como os de "*características da região onde se localizam o imóvel*", ou de "*reformas substanciais*" "*de pequena ou grande monta*" ou de exercícios de cálculos matemáticos diversos (médias ponderadas etc.) subjetivam a norma tributária a tal ponto que tornam sua aplicação insegura ou à custa de muita interpretação, logo de conflitos. Cito, como exemplo, o que consta na Lei n. 3.057/2010 do Município de Carapicuíba, Estado de São Paulo, ao assim dispor na sua Lei instituidora da Planta Genérica de Valores:

"I – Da Avaliação dos Terrenos

"Art. 3º. O valor venal do terreno corresponderá ao resultado da multiplicação de sua área pelo valor unitário básico do metro quadrado conforme (Tabela 01) em anexo que faz parte integrante da presente lei, especificado em código por zona de valorização, conforme Planta Genérica de Valores referida no artigo primeiro, corrigido com a aplicação dos fatores de correção previstos nas Tabelas desta Lei, sendo elas: Tabelas 02, 03, 04, 05, 06 e 07, para os casos de glebas, todas que fazem parte integrantes desta lei.

"Parágrafo único. No caso de lotes de uma ou mais esquinas e de lotes com duas ou mais frentes, será adotado o valor unitário básico de metro quadrado de terreno nas seguintes conformidades:

"I – Quando se tratar de imóvel construído, o do logradouro relativo à sua frente principal.

"II – Quando se tratar de imóvel não construído, o do logradouro relativo à frente indicada no título de propriedade ou, na sua falta, o do logradouro de maior valor.

"Art. 4º. São expressos em reais, na Tabela 01 anexa a esta lei, os valores unitários de metro quadrado de terrenos correspondentes às zonas homogêneas e corredores comerciais e respectivos códigos de valores constantes da Planta Genérica de Valores de Terrenos.

"Art. 5º. O valor unitário de metro quadrado de terreno de que trata a Tabela 01 será valorizado em função dos equipamentos urbanos existentes no logradouro ou trecho de logradouro, aplicando-se, para tanto, o fator de valorização estabelecido pela Tabela 05, anexa a esta lei.

"Parágrafo único. O fator de valorização de que trata a Tabela 05 será obtido pela soma dos coeficientes atribuídos a cada um dos equipamentos urbanos relacionados na referida Tabela, adicionando-se ao resultado o coeficiente 1,00.

"Art. 6º. Todo terreno cuja profundidade equivalente for superior ou inferior à profundidade padrão adotada para o Município terá sua área corrigida conforme o disposto no parágrafo terceiro deste artigo.

"§ 1º. A profundidade equivalente do terreno para efeito deste artigo é obtida mediante a divisão da área total do terreno pela sua testada principal, considerando-se até a 2ª casa decimal.

"§ 2º. Fixa-se em 30 (trinta) metros lineares a profundidade padrão dos terrenos localizados no perímetro urbano e de expansão urbana do Município.

"§ 3º. A área do terreno de que trata este artigo será corrigida mediante aplicação do Fator Profundidade (Fp), obtido da raiz quadrada (√) do resultado da divisão da Profundidade Padrão (Pp) pela Profundidade Equivalente (Pe), ou seja:

$$Fp = \sqrt{\frac{Pp}{Pe}}$$

"§ 4º. Para valores de Pe superiores a 60,00 (sessenta) metros, o Fator Profundidade será igual a 0,707 e para valores de Pe inferiores a 30,00 (trinta) metros, o Fator Profundidade será igual a 1,00.

"Art. 7º. Todo terreno cuja Frente Efetiva for superior ou inferior à Testada Padrão adotada para o Município terá sua área corrigida conforme o disposto no parágrafo primeiro deste artigo.

"§ 1º. A área do terreno de que trata este artigo será corrigida mediante a aplicação do Fator Testada (Ft), que é o quociente obtido da divisão da Frente Efetiva do lote pela Testada Padrão do Município, elevado à potência 0,25, ou seja:

$$Ft = (Fe / 10)^{0,25}$$

"§ 2º. Fixa-se em 10,00 (dez) metros lineares a Testada Padrão dos terrenos localizados no perímetro urbano e de expansão urbana do Município.

"§ 3º. Para valores de Fe inferiores a 5,00 (cinco) metros, o Fator Testada será igual a 0,840, enquanto que para valores de Fe superiores a 20,00 (vinte) metros, o Fator Testada será igual a 1,189.

"§ 4º. A Frente Efetiva do Lote é a projeção da testada real sobre a perpendicular a uma das divisas quando ambas são oblíquas no mesmo sentido, ou à corda nos casos de frentes curvas.

"Art. 8º. Na apuração da profundidade equivalente de terrenos com uma esquina será adotada:

"I – A testada que corresponder à frente efetiva ou principal do imóvel, quando construído.

"II – A testada que corresponder à sua frente indicada no título de propriedade ou, na sua falta, à frente que corresponder ao maior valor de metro quadrado de terreno, quando não construído.

"Art. 9º. Considera-se de esquina os lotes em que o prolongamento de seus alinhamentos, quando retos, ou das respectivas tangentes, quando curvos, determinem ângulo interno inferior a 135º (cento e trinta e cinco graus) ou superior a 45º (quarenta e cinco graus).

"Art. 10. Nas avaliações de glebas brutas serão aplicados, singularmente, os fatores da Tabela 07, em anexo integrante desta Lei.

"Parágrafo único. Consideram-se glebas brutas os terrenos com área superior a 16.000m² (dezesseis mil metros quadrados).

"Art. 11. No cálculo do valor venal de lotes encravados e de lotes de fundos serão aplicados, singularmente, os fatores desvalorizantes correspondentes, conforme Tabela 02, em anexo, parte integrante desta lei.

"Parágrafo único. Para os fins deste artigo considera-se:

"I – Lote encravado aquele que não se comunica com via pública, exceto por servidão de passagem por outro imóvel.

"II – Lote de fundo aquele que, situado no interior da quadra, somente se comunica com a via pública por um corredor de acesso, com largura inferior a 4 (quatro) metros.

"Art. 12. Nos casos singulares de lotes particularmente desvalorizados, em virtude de estarem localizados em zonas de valorização com formação topográfica predominantemente desfavorável e sujeitas a inundações periódicas ou causas semelhantes, serão adotados, à juízo da Prefeitura, os fatores de desvalorização constantes das tabelas 03 e 04 (declividade e pedologia, respectivamente) em anexo, parte integrante desta lei.

"Art. 13. Os logradouros ou trechos de logradouros que não constarem da Planta Genérica de Valores de Terrenos que integra esta lei terão seus valores de metro quadrado de terreno fixados pela Comissão Permanente de Valores.

"Art. 14. Os imóveis cadastrados pela Prefeitura não localizáveis na Planta de Valores de Terrenos terão seus valores de metro quadrado de terreno fixados pela Comissão Permanente de Valores."

e que indica uma forma juridicamente indevida de se tributar. Os critérios não são precisos, apoiam-se em elementos de valoração subjetiva e que pode não existir, isto sem falar que a sua redação, que deveria ser facilmente compreensível por qualquer contribuinte, não o é, sendo que por maior que seja a publicidade que se tenha dado à norma, essa publicidade não importa numa transparência que deve existir numa norma tributária. No fundo, portanto, o que se faz é alcançar maior arrecadação ao custo da segurança jurídica e da própria natureza do tributo.

Isso se aplica, igualmente, ao IPTU de São Paulo.

VII – A quinta crítica

Não existe dúvida que ainda não se descobriu uma forma que permita ao Estado atuar na sociedade sem que ele seja financiado a partir de várias fontes, dentre as quais as tributárias e que essa necessidade cresce com a própria evolução social.

No entanto, se essa condição que impõe ao Estado uma obrigação *ex lege* que não pode deixar de exercer, cabe-lhe estabelecer mecanismos pelos quais a tributação não seja uma fonte de desincentivos e geração de disparidades econômico-sociais. Assim, é razoável que, embora a renda seja tributável, não seja toda ela taxada (daí o cabimento de deduções, abatimentos etc.). Da mesma forma, se a propriedade é um sinal de riqueza e capacidade contributiva, razoável é que essa propriedade, a partir de sua valoração, seja tributada. É a ideia da justa e equitativa tributação.

Nesse processo de mitigação tributária, que no fundo corresponde a uma realização de Justiça Social, o artificialismo e o subjetivismo na construção das normas tributárias não são bem-vindos, sobretudo quando feita com a adoção de instrumentos legais eivados de vícios formais de constitucionalidade e legalidade e que distorcem o próprio sentido da tributação, prática essa que se tornou corriqueira em todos os níveis das esferas estatais.

Essas distorções, em geral, são efetivadas mediante a utilização, para fins tributários, de conceitos e institutos de Direito geral aplicados de forma alterada, desrespeitando as definições, os conteúdos e os alcances desses conceitos e institutos a ponto de, no caso, levarem à noção de que uma única propriedade possa ter quatro valores econômicos (como se valor de propriedade imobiliária, que não é conceito tributário, possa ter múltiplas definições).

No caso, as regras infraconstitucionais, em particular as Municipais e Estaduais, fogem aos limites que a Constituição Federal e no CTN definiram para as suas competências tributárias, quando procuram tributar uma propriedade por um valor que não aquele que é aferido pelo valor do negócio jurídico de transmissão ou pelo valor intrínseco da propriedade pelo que nela se contém.[8]

8. Novamente deve ser apontado que os aspectos extrínsecos que levam a uma valorização ou desvalorização de um imóvel (melhora ou piora das condições urbana) não são agregáveis ao valor em si do imóvel, exceto enquanto percepção de valor, o que está fora do alcance da Lei. O valor real, portanto, passível de ser determinado e adotado para servir de base à tributação, é aquele que surge no momento em que ele for objeto de um negócio ou ato jurídico translativo específico (venda, permuta, doação, herança etc.), quando então aquela percepção de valor será transformada em preço ou valor de avaliação real do bem, incorporando os seus elementos intrínsecos e extrínsecos. Esse valor, por seu lado, solidifica-se para a tributação de um imóvel urbano enquanto elemento estático – propriedade –, somente podendo ser modificado se a ele for agregado ou desagregado algum elemento de valoração tangível (uma nova edificação, uma nova ampliação, uma demolição, e isso não pelo valor de percepção de mercado dessa modificação, mas pelo seu custo efetivo).

VIII – Conclusão

Este trabalho levanta a tese de que existem inúmeras incongruências na forma como a propriedade imobiliária territorial urbana é tributada no Município e Estado de São Paulo, e que, ainda que com a desculpa de gerarem tributação menor do que aquela que seria baseada em critérios mais realistas são na essência subversões à ordem constitucional.

Nesse sentido, o Estado, que já vem reagindo contra a inventividade dos contribuintes, negando-lhes o direito ao planejamento de suas ações, sobretudo quando lhe falte maior consistência econômica que não apenas a redução da carga tributária, dando, até mesmo com uma crescente validação judicial e doutrinária, maior força à interpretação econômica aos negócios e atos jurídicos, age de forma incompatível com um Estado de Direito, ao instituir normas com falhas legais em suas origens, mascarando o problema ao vendê-las como necessárias à consecução dos interesses sociais, e atuarialmente alavancadas, ou melhor dizendo, protegidas, pela certeza de que a não reação da maioria corresponderá à garantia de uma arrecadação maior.

No corpo, então, de toda a discussão sobre a tributação no Brasil, cabe incluir, também, este ponto: o debate sobre o mau (e doloso) processo legislativo, que permite a instituição de normas que já nascem eivadas de vícios, como se isso fosse um argumento sustentável em função de um interesse público, que superaria as violações aos direitos individuais de uma tributação justa e segura e sem reconhecer que haveria outras formas possíveis. Tem-se, pois, que o debate não é apenas quanto aos tipos de tributos, à carga tributária que precisa ser reduzida e aos procedimentos que precisam ser simplificados, mas também da maneira de se trabalhar a produção normativa em todos os níveis e que hoje permite um alto grau de irresponsabilidade legislativa em seu sentido amplo.

Como colocado ao início, uma forma desse debate ser estabelecido é a maior atenção doutrinária ao tema, mas também pela sua inserção maior nas discussões judiciais, ainda que os resultados modificadores possam levar tempo para serem alcançados.

DA INOCUIDADE DE UM NOVO CÓDIGO COMERCIAL

BRUNO MARQUES BENSAL

1. Linhas gerais. 2. Da análise crítica do suposto escopo do Projeto. 3. Do art. 17, I, do PL 1.572/2011 e sua impropriedade sistêmica. 4. Dos méritos do Direito Comparado na evolução do Direito Comercial. 5. Considerações finais. 6. Bibliografia.

1. Linhas gerais

Está em voga o debate acerca do "novo" Código Comercial, com embrião no Projeto de Lei 1.572/2011, de autoria do Exmo. Senhor Deputado Vicente Cândido. E vem já no ímpeto de desvencilhar em apartado nossa regulação compilada de direito de empresa, atualmente no Código Civil (arts. 966 a 1.195), tanto é que seu art. 2º praticamente repete o art. 966 do nosso Código Civil.

Mal concebido foi o nascituro, o debate tomou fôlego notável. Defende um de seus principais apoiadores, o Professor Fábio Ulhôa Coelho – Professor Titular de Direito Comercial da Pontifícia Universidade Católica – que a regulamentação nascente possuiria como principais méritos a desvinculação à ideologia italiana de Natalino Irti,[1] sobretudo se considerarmos que este redigiu doutrina aplicável ao direito de seu país, e sua atenção aos princípios de Direito Comercial.

Todavia, demonstrar-se-á nos itens subsequentes, não se pensa ser essa a melhor concepção sobre os microssistemas ou sobre os princípios dessa ciência jurídica; nem sequer se sustenta o posicionamento quanto ao Direito Comparado. Não nos parece necessário um novo Código, mas sim exercícios hermenêuticos mais intensos sobre os microssistemas com que devemos trabalhar. Destaca-se, nesse sentido, que a CF/1988 aborda o foco na consideração econômica, principalmente nos arts. 170 e 192, de sorte que se entende que o mercado é um patrimônio político-jurídico e deve ser protegido.

Mais eficiente nos parece uma interpretação dos problemas de Direito Mercantil à luz do caráter macroanalítico cujos subsídios são alumiados pelo Direito Econômico. Ambos os ramos – o Direito Econômico e o Direito Comercial – são frutos da história da própria funcionalização do Direito.

De outra sorte, se o problema dos princípios é o que visa resolver o projeto de novo Código Comercial, não parece crível que o problema seja advindo da crítica que foi feita pelos seus apoiadores à unificação do direito privado com o Código de Civil de 2002, sobretudo por certas esco-

1. Natalino Irti, *L'Età della Decodificazione*, 1979.

lhas adotadas pelo PL 1.572/2011, que se apontará – não à exaustão – adiante. Não parece, ademais, que o problema se resolve com a enumeração, ainda que exemplificativa, de tais máximas.

Demonstrar-se-á que a eficácia do Direito Comercial é questão concernente à melhor hermenêutica, exercício eterno do jurista. Diferentemente do negócio jurídico ineficaz, a promulgação de um novo Código não comporta a hipótese de *conversão substancial*,[2] embora similar efeito tenha ocorrido com a retaliação histórica que sofreram os diplomas que tentaram disciplinar de forma engessada o Direito Comercial.

Analisado o projeto de uma perspectiva psicológica da teoria do mercado, demonstrar-se-á que não é um diploma normativo que confere a satisfação às expectativas volitivas dos *players*. A crítica abordará, inevitavelmente, em todos os seus itens, a *ratio* do referido projeto, isto é, sua função econômico-social[3] e jurídica.

2. Da análise crítica do suposto escopo do Projeto

Intenta o referido projeto de lei uma base principiológica a servir de guia para o Direito de Empresa no ordenamento jurídico brasileiro. Teme-se que o dito novo Código, visando consolidar as matizes econômicas que tantas mudanças ensejaram no direito positivo empresarial pregresso,[4] acabe por se afogar em suas próprias expectativas, dado que quando se trata das regras que regem a empresa, e, portanto, de um direito fundado nos usos e costumes, sua intenção seja suplantada pela grande velocidade que atingiu a evolução dos processos econômicos. Nesse sentido, entende a Professora Rachel Sztajn:[5] "Mesmo que ao jurista não agrade o largo emprego da matemática de que se servem os economistas para modelarem os fenômenos por eles examinados; que à sua forma de pensamento oponham forte resistência; que *há valores comportamentais e princípios éticos, fundamentais para os juristas*, colocados por vezes, em plano secundário na visão dos economistas – os quais, alega-se, estão preocupados apenas com a eficiência na circulação da riqueza; tudo isto *não justifica a separação extremada entre estas duas áreas do conhecimento*".

Dois pontos são de fundamental importância no excerto de Sztajn: (i) o caráter principiológico com que o jurista tem interpretado um braço do direito movido pelos usos e costumes e (ii) a conexão umbilical entre economia e direito, sobretudo em área que vise o bom exercício da atividade empresarial e, portanto, o lucro. Ambos os pontos merecem explicação conjunta, até porque, parece-nos difícil desvencilhar-lhes.

O referido projeto de lei avoca em seus arts. 4º a 8º normas de caráter principiológico direto – além de em todo o Livro II, Título I, Capítulo I – sobretudo em seu art. 113,[6] intentando reforçar os pilares que movem a atividade empresarial jurídica e economicamente concebida. Outro não poderia ser o entendimento de Oscar Barreto

2. Sobre o conceito de conversão substancial, v. Antônio Junqueira de Azevedo, *Negócio Jurídico: Existência, Validade e Eficácia*, 4ª ed., 7ª tir., 2010.

3. Antônio Junqueira de Azevedo, ob. cit., p. 153.

4. Em termos de sociedades anônimas, a evolução se deu da seguinte forma: em 1860, tivemos nossa primeira lei das sociedades anônimas – Lei 1.083, de 22 de agosto de 1860; em 1940, tivemos o Decreto-lei 2.627/1940 e, ulteriormente, a atual Lei 6.404/1976.

5. Rachel Sztajn, "A incompletude do contrato de sociedade", *Revista da Faculdade de Direito da USP* 99/283-302. Grifos nossos.

6. "Art. 113. São princípios do direito comercial societário: I – liberdade de associação; II – autonomia patrimonial da sociedade empresária; III – subsidiariedade da responsabilidade dos sócios pelas obrigações sociais; IV – limitação da responsabilidade dos sócios pelas obrigações sociais como proteção do investimento; V – prevalência da vontade ou entendimento da maioria nas deliberações sociais; VI – proteção dos sócios minoritários".

Filho,[7] já à época de sua cátedra: "A nova colocação do direito comercial, que tem o fulcro na organização da atividade econômica, encontra sua ideia-força no conceito de empresa".

Mais ainda: o próprio art. 2º do referido Projeto de Lei[8] começa com a conceituação de empresa. Não se trata, obviamente, de um conceito acabado, mas sim do norte que o Código Civil já nos se afigura. De toda forma, tem-se translúcida a ideia que o conceito de empresa exerce poder irradiador sobre a forma com que se organiza e disciplina o Direito Comercial. Trata-se, portanto, de uma ciência de realidade, vez que seu núcleo advém de um conceito que o empirismo continuamente lapida.[9] Esse afã pela realidade tem sido perscrutado pela doutrina da *Common Law* também. Nesse sentido, Kraakman[10] *et alli*: "The corporate form has the same fundamental legal features around the world: legal personality, limited shareholder liability, transferable shares, centralized (and delegated) management and investor ownership. These features shape the agency problems that corporate law must address, and they create the domain in which a functional framework for comparative corporate law makes sense. We do not believe that all of corporate law is functional or 'efficient'".

A posição de Kraakman nos leva à indagação acerca da funcionalidade ou eficiência do citado novo Código Comercial. Não estaria ele sujeito às mesmas dilapidações que os sistemas pretéritos, haja vista, a velocidade com que as relações econômicas têm exercido crescente influência sobre as diversas necessidades se poderia vislumbrar como patente algoz? Ronald Coase já elucidava em seu *The Nature of the Firm*,[11] de 1939, "um economista pensa o sistema econômico como sendo coordenado pelos mecanismos de preço e a sociedade se torna não uma organização, mas um organismo. O sistema econômico 'trabalha sozinho'. Isso não significa que não haja planejamento pelos indivíduos. Estes exercitam a previsão *[das flutuações de mercado]* e escolhem entre alternativas. Isso é necessário, vez que se há de ordenar o sistema".

Ou seja, um economista, e, portanto, também um intérprete do direito de empresa trabalha com a redução dos custos de transação. Tenta-se modular a estrutura, *v.g.*, dos contratos empresariais, visando atender às novas formas de organização da empresa moderna.[12] Assim, o trabalho de ourives que tem sido feito pelo legislador ordinário, tem tido considerável sucesso, de sorte que conta nossa Lei das Socieda-

7. Oscar Barreto Filho, *Teoria do Estabelecimento Comercial*, p. 28.

8. Note-se que o conceito não vai muito além de uma generalização do que já concebia o Regulamento 737/1850, *in verbis*: "Art. 19. Considera-se mercancia: § 1º. A compra e venda ou troca de effeitos moveis, ou semoventes para os vender por grosso ou a retalho, na mesma espécie ou manufacturados, ou para alugar o seu uso; § 2º. As operações de cambio, banco e corretagem; § 3º. As emprezas de fabricas; de comissões; de depositos; de expedição, consignação e transporte de mercadorias; de espetáculos públicos; § 4º. Os seguros, fretamentos, risco e quaesquer contractos relativos ao commercio marítimo; § 5º. A armação e expedição de navios" (in Paula Andrea Forgioni, *A Evolução do Direito Comercial Brasileiro: da Mercancia ao Mercado*, p. 41).

9. Vivante já asseverava que: "È una slealtà scientifica, è un difetto di probità parlare di un istituto per fissarne la disciplina giuridica senza conoscerlo a fondo nella sua realtà" (Cesare Vivante, *Trattato di Diritto Commerciale*, vol. I, 5ª ed., 3ª reimpr., p. X).

10. John Armour, Henry Hansmann e Reinier Kraakman, *The Anatomy of Corporate Law: a Comparative and Functional Approach*, 2ª ed., pp. 305 e ss.

11. Ronald Coase, *The Nature of the Firm*, vol. 4, n. 16, p. 387 (tradução livre), texto disponível em *http://www.sonoma.edu/users/e/eyler/426/coase1.pdf*.

12. "The problems of a complex corporate system in the modern industrial age have outstripped traditional corporate law, shaped long ago under very different conditions" (Phillip I. Blumberg, "The corporate entity in an era of multinational corporations", *Delaware Journal of Corporate Law* 15/284, 1990, *apud* Eduardo Secchi Munhoz, *Empresa Contemporânea e Direito Societário*, p. 1).

des Anônimas, hoje, com 35 anos, assim como nossa Lei de Mercado de Capitais – Lei 6.385/1976.

Teme-se, portanto, que a codificação venha a ensejar um natimorto sistema a ser lapidado como nos conta a história; acresça-se, ainda mais rapidamente, com fulcro em teorias como a de Engrácia Antunes (1993), para quem "a reação das estruturas jurídicas *[face à evolução das estruturas econômicas]* ainda não viu a luz do dia". Vislumbra-se um novo inverno russo, grande vencedor de guerras. Um Código tende a engessar conceitos, o que, de fato, não se deseja.

Explica-se. O Projeto de Lei dedica um *capítulo* (Título II, Capítulo I) para *definir* empresário e outro *capítulo* (Título II, Capítulo II) para *definir* o empresário individual. Não obstante a já aludida malfadada solidificação de conceitos líquidos ao sabor da economia – dos usos e dos costumes, por óbvio e consequente –, veja-se que uma definição cimentada de empresário individual gera dúvida. Se tiver o escopo da segurança jurídica, para tanto, a Lei 12.441/2011 já criou semelhante figura, sem engessá-la, alterando o Código Civil, fazendo-se inserir o art. 980-A.[13]

Veja-se que Sylvio Marcondes Machado já lecionava que tal tipo societário é/era advindo da circunstância de que a lei havia sido ultrapassada pelos fatos, surgindo-se os ditos *testas de ferro*. Diz o saudoso Professor, após mencionar que o tipo se deu pelo ventre das condições em que se aperfeiçoa a vida econômica, em apontamentos à obra de Antônio de Arruda Ferrer Correia, com a propriedade que lhe é notória:[14] "A atitude do legislador *[suíço – que desenvolveu a ideia de sociedade de responsabilidade limitada – Gesselschaft mit beschränter Haftung – abreviando-se, G.m.b.H.]*, ao permitir a limitação da responsabilidade, quando haja relações de sociedade, deve-se notadamente ao fato de que a responsabilidade limitada é, tecnicamente falando, mais fácil de se realizar nas sociedades do que no comércio individual, pois aquelas oferecem sempre um substrato, apropriado à existência de uma pessoa jurídica, expressiva da situação econômica de responsabilidade limitada, o que não ocorre, ao menos na aparência, com a empresa singular. Essa correlação entre sociedade e responsabilidade limitada não constitui, porém, uma necessidade absoluta e se, de fato, o legislador restringe a aplicação do princípio da limitação dos riscos às sociedades comerciais com personalidade jurídica, é porque a evolução legislativa se opera sôbre a base de dados empíricos. (...) Admitido que a individualização do patrimônio social, tal como se acha realizada econômicamente na *G.m.b.H.*, é suficiente para fundar uma responsabilidade limitada, bastará que se configure uma situação semelhante na emprêsa individual, para que se lhe possa aplicar o princípio da limitação dos riscos".

É nítido que a obra do Professor Sylvio Marcondes Machado era à frente de seu tempo. Demorou-se mais de meio século para que o legislador viesse a positivar aquilo que o referido jurista assentara com propriedade, conquanto baseado no exercício exegético do Direito Comparado.

Ainda nessa esteira, veja-se que ao art. 17 do citado PL 1.572/2011, impede, em seu inciso I (explorado melhor no próximo ponto), que o empresário individual irregular – como se insuficiente fosse o entendimento acerca das sociedades irregulares – requeira a falência de outro empresário. Se por um lado o dispositivo visa evitar que existam empresários individuais[15] irregula-

13. "Art. 980-A. A empresa individual de responsabilidade limitada será constituída por uma única pessoa titular da totalidade do capital social, devidamente integralizado, que não será inferior a 100 (cem) vezes o maior salário-mínimo vigente no País."

14. Sylvio Marcondes Machado, *Limitação da Responsabilidade de Comerciante Individual*, pp. 53 e 54.

15. Vale apenas anotar que em matéria de transformação societária, aproximou-se a empresa

res, por outro, tende a violar a satisfação do crédito devido a esse empresário que, ainda que *società di comodo o fittizia*, exerceu negócio jurídico válido e eficaz na administração de seu patrimônio, apenas e tão somente sob a pena de responder ilimitadamente por eventuais débitos – e cuida-se aqui da situação oposta.

Por idêntica sustentação de viés econômico,[16] entende Sztajn o contrato de sociedade como contrato incompleto.[17] Indaga, nesse propósito, a Professora:[18] "Como conciliar a mutabilidade, o dinamismo dos mercados com a continuidade da empresa societária uma vez que se admita a imprevisibilidade dos mercados?".

Entende-se que a doutrina weberiana e, ulteriormente, os adeptos da Nova Economia Institucional (como Oliver Williamson) pugnam por um direito racional calculável, ainda que a racionalidade jurídica não se identifique com a racionalidade econômica.[19] Todavia, parece-nos inegável que a racionalidade de um reverbere[20] na racionalidade do outro. Na lição de Verçosa,[21] sobre o equilíbrio contratual (elemento que denota a inerente racionalidade sistêmica): "Em tese, os contratos devem ser economicamente equilibrados – um jogo de soma zero –, pois a prestação de uma das partes deve ser economicamente equivalente à outra, uma vez tendo sido a relação estabelecida em obediência aos princípios de boa-fé e de equidade, que se devem revestir (CC, art. 421). Trata-se de um julgamento da situação do ponto de vista de cada parte, no exercício de sua liberdade (...). Esta situação de equilíbrio no campo contratual é chamada, em economia, de 'ótimo de Pareto'".

É justamente no ótimo de Pareto das relações comerciais em sua topografia jurídica que reside o cerne das preocupações do comercialista. A doutrina[22] tem caminhado no sentido de reconhecer que a ciência jurídica a que se denomina Direito Comercial, seja qual for o assunto abordado, preocupa-se com realidade e eficácia, duas palavras que traduzem o espírito das duas formas de racionalidades hermenêuticas supracitadas.

Redigir e avaliar um novo Código Comercial é tarefa de alta responsabilidade, haja vista que a política adotada pelo Código – porque legislar é inexoravelmente fazer escolhas – reflete-se nas forças de mercado[23] e seus *Stakeholders*. Nesse sentido, louva-se no projeto a intenção de proteger o microempresário bem como o acionista minoritário; todavia, não nos parece intenção bastante que enseje a promulgação de novo Código. Ademais, o projeto conta com pontos de inovação nem sempre adequados (como se verá destaque a especial dispositivo no item subsequente).

3. Do art. 17, I, do PL 1.572/2011 e sua impropriedade sistêmica

Diz o art. 17, I, do PL 1.572/2011:

"Além de outros impedimentos e sanções derivados da falta da inscrição no Registro Público de Empresas, o empresário individual irregular não pode:

individual da sociedade unipessoal, com as alterações introduzidas no art. 1.033, parágrafo único, do Código Civil, pela Lei 12.441/2011.

16. Rachel Sztajn e Decio Zylbersztajn, "Análise econômica do direito e das organizações", in AAVV, *Direito e Economia: Análise Econômica do Direito e das Organizações*, 2005.

17. Ob. cit., pp. 301 e ss.

18. Idem, p. 297.

19. Paula Andrea Forgioni, ob. cit., p. 24.

20. Trata-se do conceito luhmanniano de ressonância. Nesse sentido, cf. Juan Antonio Garcia Amado, *La Filosofía del Derecho de Habermas y Luhmann*, 1ª ed., 1997.

21. Haroldo Malheiros Duclerc Verçosa, *Curso de Direito Comercial*, vol. 2, p. 40.

22. Nesse sentido: Maurice Hauriou, *Aux Sources du Droit – Le Pouvoir, l'Ordre et la Liberté*, 1933; Reinier Kraakman *et alli*, ob. cit.; Calixto Salomão Filho, *O Novo Direito Societário*, 3ª ed., 2006.

23. Cf. Reinier Kraakman *et alli*, ob. cit., cap. 10.

"I – requerer a falência de outro empresário."

O referido dispositivo, que, por si só mereceria um trabalho completo, por contrariar, como já dito, o ideal de satisfação das obrigações creditícias, viola – ou tende a violar – o espírito da legislação obrigacional em diversos pontos nevrálgicos de sua estrutura. Por exemplo, não se vislumbra como coadunar a existência do referido dispositivo com o art. 22, I, *a*; 51, III; 99 e 105, II, todos da Lei 11.1101/2005. É um contra senso pensar que um administrador judicial de uma sociedade em processo de recuperação judicial ou em falência deve avisar todos os credores, no bom exercício de sua função fiscalizadora e, ao mesmo tempo, não pode um desses credores – como ocorre no aludido projeto de lei – requerer a falência de outro empresário.

E mais: veja-se a alínea *f* do inciso I do referido art. 22 da Lei de Recuperação de Empresas e Falências (LREF, doravante). O administrador deve consolidar um quadro geral de credores. Ora, pergunta-se: com que equidade se pensa que há um procedimento para elaborar um rol de credores, informá-los da situação atual da empresa em recuperação (ou da massa falida) e não pode um dos credores requerer a falência por irregularidade formal? Disposição semelhante deturpa a própria lógica com que é construída a dialética do Direito Comercial.

Pensemos, semelhantemente, no art. 81, II da LREF. Um crédito com garantia real, a segunda espécie creditícia na ordem a ser satisfeita na falência e – pensássemos em termos de relação externa do falido com seus credores – o primeiro "crédito externo".[24] Ou seja, se pensarmos que um empresário individual irregular detenha hipoteca (art. 1419 do Código Civil), teremos um credor preferencial no processo de falência que *não pode requerer a falência de outro empresário*! Em síntese: o referido inciso viola o *pacta sund servanda*, princípio basilar da teoria geral dos contratos empresariais. Nesse propósito impende citar a lição de Forgioni,[25] anotando, a respeito dos efeitos desse princípio, que "compreende-se a importância sistêmica da força vinculante dos contratos, pois, na sua ausência, seria impossível a coibição do descumprimento da palavra empenhada, e, consequentemente, o desestímulo de comportamentos oportunistas prejudiciais ao tráfico. (...) o *pacta sund servanda* mostra-se necessário ao giro mercantil na medida em que freia o natural oportunismo dos agentes econômicos".

Considerando-se que objetiva o PL 1.572 ser diploma atento "à realidade das atividades econômicas",[26] parece caducar o inciso I do art. 17 desse diploma legal, que demonstra, portanto, ignorar a dimensão da realidade fática e formal, destacando-se o papel da primeira na evolução do sistema de mercancia. Nesse sentido, novamente valioso o entendimento de Forgioni,[27] destacando que: "o direito comercial é uma dimensão da realidade, na qual se imiscuem fatos, regras exógenas e endógenas, o comportamento dos agentes e outros aspectos ligados a essa mesma realidade".[28]

Trata-se, como se vê, de ciência construída a partir dos voláteis paradigmas de mercado e dos dogmas de eficiência econômica vigentes a cada tempo. E, há muito, que se consolidou que a satisfação do crédito – não a todo custo, obviamente[29] –

24. Já que o inciso I contempla os créditos trabalhistas, que derivam, portanto, de relações de emprego, portanto, um "crédito interno", vez que não há uma relação de mercado aqui, mas sim uma relação contratual afeta à própria atividade empresarial. O dispositivo serve para evitar a fraude *interna corporis*.

25. Paula Andrea Forgioni, *Teoria Geral dos Contratos Empresariais*, p. 81.

26. Conforme disposto no texto da justificativa do Projeto de Lei 1.572/2011.

27. Ob. cit., p. 16.

28. No mesmo sentido, cf. José Xavier Carvalho de Mendonça, *Tratado de Direito Commercial Brazileiro*, 1ª ed. São Paulo, vol. I, p. 17.

29. Visto que há créditos que têm preferência – o que implica dizer que se considera a possibilidade de "insolvência" de créditos a que se atribuiu legal-

é um dos pilares que dá liga às operações de mercados.

Resta claro, portanto, que o foco do sistema mercantil é a segurança da ordem jurídico-empresarial de mercado. Brasilio Machado[30] falava em *função orgânica* entre os efeitos dos atos dos agentes de mercado. Não se consegue vislumbrar, nesse sentido, como o citado dispositivo atende às necessidades dos *players* do sistema mercantil. Não se diz aqui que o direito comercial é um complexo de satisfação de crédito, mas viabilizar a insolvência de um empresário porquanto seu credor não está regularmente inscrito no Registro Público de Empresas parece-nos fugir ao escopo da ciência mercantil.

A permanência de dispositivo dessa natureza poderia ensejar soluções esdrúxulas, tendentes a deturpar a natureza da situação fática: uma operação mercantil que resultou em insolvência. E é claro para o atento comercialista que uma teoria de mercado ineficiente – como parece a escolha na adoção do aludido dispositivo – não atende ao escopo da ciência jurídica mercantil.

4. *Dos méritos do Direito Comparado na evolução do Direito Comercial*

Impende ter em mente, *ab initio*, que o direito brasileiro é soberano. Não se proporão aqui a incidência de normas de direito alienígena. Mas sim se buscará demonstrar como no Direito Comparado é relevante a percepção de que a realização dos princípios de Direito Comercial objetivada pelo Projeto de Novo Código Comercial não depende de sua positivação. Nem se quer aqui exercer juízo de desvalor acerca do direito nacional, mas tão somente explorar os caminhos perscrutados em outros ordenamentos, no ímpeto de demonstrar a proposta inicial, de que é mais necessário um debruçar sistêmico a cada *case* do que uma compilação de "microssistemas".

Já se fizeram aqui ponderações de doutrina estrangeira e nem por isso o artigo perdeu sua unidade. Isso demonstra que a dialética do Direito Comercial tem uma construção cada vez mais globalizada, dada a intensificação do fluxo de trocas. Mesmo no contexto da *Common Law* as divergências não desvirtuam a análise. Basta se lembrar que na Inglaterra se suprimiu uma jurisdição mercantil especial, o que conduziu a uma *fusão com o direito das obrigações*, mesmo o Código Comercial existindo em apartado.[31] Nesse país, vale lembrar, não se aplica o argumento da política de Estado adotada, tal como se fez a crítica ao sistema italiano para justificar eventual nova disciplina.

O mérito do Direito Comparado fica visível ainda na constituição e evolução dos princípios de Direito Comercial. Ascarelli[32] já lecionava no século passado, através de análise dos ordenamentos inglês e francês, que: "Seu uso *[da forma e privilégios de sociedade anônima]* e seus abusos se entrosam no desenvolvimento e nas crises da economia, no século XIX (...). Os dois princípios que podemos hoje considerar fundamentais, enquanto deles decorre a maior parte das normas da sociedade anônima, são o da responsabilidade limitada e o da divisão do capital em ações".

Pode-se comparar – como exemplo hodierno – a influência da questão das *poison pills*, cuja construção – visceralmente ligada ao debate do poder de controle nas sociedades anônimas[33] – tomou vulto

mente menor relevância. Considerando-se o sistema obrigacional como um todo, vê-se que são restritas as hipóteses de "secundarização" da satisfação de crédito, de sorte que só se vislumbra tal fenômeno quando há prevalência de elementos mais vitais como a ordem econômica e a segurança jurídica.

30. Brasilio Augusto Machado de Oliveira, Barão Brasilio Machado, *Código Comercial do Brasil: sua Formação Histórica*, 1910.

31. Nesse sentido, cf. Tullio Ascarelli, *Problemas das Sociedades Anônimas e Direito Comparado*, pp. 21 e ss.

32. Ob. cit., p. 341.

33. A transferência de poder acionário no direito brasileiro vem regulada no art. 254-A da Lei

no ordenamento norte-americano no início da década de 80 do século passado.[34] Tais questões têm sido debatidas no direito brasileiro por meio de instruções da CVM, inclusive havendo discussões quanto a conflitos entre a supressão ou alteração de cláusulas de proteção à dispersão acionária – através de cláusulas acessórias no estatuto social – e os arts. 115, 121, 122 e 129, § 1º, da Lei das Sociedades Anônimas. Apesar da discussão qualifica já proporcionada pelo referido órgão regulador, a matéria no direito nacional encontra-se em fase embrionária, o que sinaliza favoravelmente à possibilidade de influência das construções do Direito Comparado.

Demonstra-se com tais exemplos, de forma muito sintética que há essa mútua penetração intersistêmica – acompanhando "*o real alcance econômico e social do problema jurídico*"[35] e que nem sempre uma identidade de solução jurídica corresponde a uma identidade de resultados práticos.[36] E é de fácil observação que essa não identidade de resultados práticos deriva do que se crê seja o elemento realmente – e reiteradamente mencionado nesse artigo – substancial para a solução dos problemas do Direito Comercial contemporâneo a hermenêutica feita com a devida acuidade. Não é demais observar, por fim, o papel do Direito Comparado na evolução das técnicas exegéticas.

5. *Considerações finais*

O referido projeto objetivou como mérito o caráter principiológico que adota. Todavia, traz menos esclarecimentos do que se supõe deveria ter um Código Comercial que se pretenda eficiente. Indaga-se quanto ao art. 8º,[37] do referido PL 1.572/2011: como um código que se pretende principiológico contém um artigo para afastar a aplicação dos princípios de Direito Comercial?

Princípios são diretrizes para "*normas que obrigam que algo seja realizado na maior medida possível, de acordo com as possibilidades fáticas e jurídicas*".[38] Assim, trata-se de meio de captar o espírito das regras jurídicas. Um princípio não contém um comando binário "sim" ou "não". É um fio condutor da hermenêutica. Se na concepção do PL 1.572/2011 eventualmente se imaginara que o dispositivo se prestaria a coibir a aplicação fraudulenta de princípios, parece-nos desnecessário o esforço, nada obstante já tenha causado a, no mínimo, aparente colisão com o ideário de um novo código.[39] Eis outro ponto que por si já mereceria o debruçar da academia.

Ademais, há que força efetiva em enumerar, ainda que de forma não taxativa, os princípios de Direito Comercial? Não podem surgir novos princípios? Não foi assim que surgiram as atuais máximas exegéticas do sistema comercial? Não se trata da ciência jurídica cuja dialética foi

6.404/1976, com as alterações introduzidas pela Lei 10.303/2001; a aquisição do controle, por sua vez, é disciplinada no art. 257 da Lei das Sociedades Anônimas.

34. Nesse sentido, esclarece artigo de Jorge Vieira, Eliseu Martins e Luiz Paulo Lopes Fávero: "Na década de 80, nos EUA, conforme assevera Varian (1988), as operações de aquisição hostil contagiaram o mercado. Firmas especializadas, grandes bancos de investimento, 'vulture funds' (fundos abutres) começaram a perceber que as partes de uma companhia individualmente valiam mais do que o seu todo. Começaram, então, a serem engendradas estratégias visando à autodefesa da administração da companhia-alvo, as quais receberam a alcunha generalizada de *poison pills*" ("*Poison pills* no Brasil: um estudo exploratório", *Revista Contabilidade & Finanças*, vol. 20, n. 50, pp. 6-24, p. 10).

35. Tullio Ascarelli, ob. cit., p. 14.

36. Idem, p. 16.

37. "Art. 8º. Nenhum princípio, expresso ou implícito, pode ser invocado para afastar a aplicação de qualquer disposição deste Código ou da lei."

38. Luis Virgílio Afonso da Silva, "O proporcional e o razoável", *RT* 798/25.

39. Conforme texto do próprio Projeto de Lei 1.572/2011: "Em primeiro lugar, *[objetiva o Projeto de Lei]* reunir num único diploma legal, com sistematicidade e técnica, *os princípios e regras próprios do Direito Comercial*" (grifos nossos).

aperfeiçoada com os usos e costumes? Salutar, considerado esse caráter, anotar que o novo Código, se promulgado, corre o risco de padecer das mesmas infindáveis emendas que a história da evolução do Direito Comercial já nos mostrou até mesmo no que toca à bem intencionada citação de seus princípios norteadores.

Entende-se aqui que novos *mandamentos de otimização*[40] podem – e naturalmente devem – surgir da evolução das relações comerciais; ou, minimamente, novas perspectivas sobre os princípios que alicerçam a atividade empresarial, inclusive uma eventual revisitação do *pacta sunt servanda*, aparentemente olvidado pelo inciso I do art. 17 do PL 1.572/2011.

Não é um novo código – sobretudo em que se repetem tantos dispositivos de diplomas esparsos – que se constituirá em signo para um Direito Comercial eficiente. A resposta para a eficiência do Direito Comercial – em muito apertada síntese – está visceralmente ligada à embriogênese da ciência jurídico-mercantil: a hermenêutica das reais necessidades com lastro nos usos e costumes. O que o Direito Comercial reclama não é um novo código, mas o aperfeiçoamento constante da teoria jurídica do mercado.

6. Bibliografia

ALEXY, Robert. *Teoria dos Direitos Fundamentais*. Tradução de Virgílio Afonso da Silva. São Paulo, Malheiros Editores, 2008.

AMADO, Juan Antonio Garcia. *La Filosofía del Derecho de Habermas y Luhmann*. 1ª ed. Serie de Teoría Jurídica y Filosofía del Derecho n. 5. Série orientada por Luis Villar Borda. Bogotá, Universidad Externado de Colombia, 1997.

ANTUNES, Engrácia. *Os Grupos de Sociedades – Estrutura e Organização Jurídica da Empresa Plurissocietária*. Coimbra, Almedina, 1993.

40. Robert Alexy, *Teoria dos Direitos Fundamentais*, 2008.

ARMOUR, John, HANSMANN, Henry, e KRAAKMAN, Reinier. *The Anatomy of Corporate Law: a Comparative and Functional Approach*. 2ª ed. Nova York, Oxford, 2009.

ASCARELLI, Tullio. *Problemas das Sociedades Anônimas e Direito Comparado*. São Paulo, Saraiva, 1945.

AZEVEDO, Antônio Junqueira de. *Negócio Jurídico: Existência, Validade e Eficácia*. 4ª ed., 7ª tir. São Paulo, Saraiva, 2010.

BARRETO FILHO, Oscar. *Teoria do Estabelecimento Comercial*. São Paulo, Max Limonad, 1969.

BEZERRA FILHO, Manuel Justino. *Lei de Recuperação de Empresas e Falências Comentada*. 6ª ed. São Paulo. Ed. RT, 2009.

CARVALHO DE MENDONÇA, José Xavier. *Tratado de Direito Commercial Brazileiro*. vol. I. 1ª ed. São Paulo, Cardozo Filho, 1910.

COASE, Ronald. *The Nature of the Firm*. Economica, New Series, vol. 4, n. 16. (nov./1937), p. 387. Trad. livre. Texto disponível em *http://www.sonoma.edu/users/e/eyler/426/coase1.pdf*. Sítio consultado em 8.9.2011.

FORGIONI, Paula Andrea. *A Evolução do Direito Comercial Brasileiro: da Mercancia ao Mercado*. São Paulo, Ed. RT, 2009.

______. *Teoria Geral dos Contratos Empresariais*. São Paulo, Ed. RT, 2009.

HAURIOU, Maurice. *Aux Sources du Droit – Le Pouvoir, l'Ordre et la Liberté. Cahiers de la Nouvelle Journée*. Paris, Librairie Bloud & Gay, 1933.

IRTI, Natalino. *L'Età della Decodificazione*. Milão, Giuffrè, 1979.

LEI 12.441/2011. Texto disponível em *http://www.planalto.gov.br/ccivil_03/_Ato2011-2014/ 2011/Lei/L12441.htm*. Sítio consultado em 8.9.2011.

MACHADO, Sylvio Marcondes. *Limitação da Responsabilidade de Comerciante Individual*. Monografia para a Cátedra de Direito Comercial. São Paulo, 1956.

MUNHOZ, Eduardo Secchi. *Empresa Contemporânea e Direito Societário*. São Paulo, Juarez de Oliveira, 2002.

OLIVEIRA, Brasilio Augusto Machado de (Barão Brasilio Machado). *Código Comercial do Brasil: sua Formação Histórica*. São Paulo, Siqueira Salles, 1910.

PROJETO DE LEI 1.572/2011. Texto disponível em *http://www.camara.gov.br/proposicoesWeb/fichadetramitacao?idProposicao=508884&ord=1*. Sítio consultado em 10.9.2011.

SALOMÃO FILHO, Calixto. *O Novo Direito Societário*. 3ª ed., rev. e amp. São Paulo, Malheiros Editores, 2006.

SILVA, Luis Virgílio Afonso da. "O proporcional e o razoável", *RT* 798, 2002.

SZTAJN, Rachel. "A incompletude do contrato de sociedade", *Revista da Faculdade de Direito da Universidade de São Paulo* 99/283-302, São Paulo, 2004.

______, e ZYLBERSZTAJN, Decio. "Análise econômica do direito e das organizações", in AAVV, *Direito e Economia: Análise Econômica do Direito e das Organizações*. Rio de Janeiro, Elsevier, 2005.

VERÇOSA, Haroldo Malheiros Duclerc. *Curso de Direito Comercial*. vol. 2. São Paulo, Malheiros Editores, 2006.

VIEIRA, Jorge, MARTINS, Eliseu, e FÁVERO, Luiz Paulo Lopes. "*Poison pills* no Brasil: um estudo exploratório", *Revista Contabilidade & Finanças*, vol. 20, n. 50. São Paulo, USP, mai.-ago./2009, pp. 6-24.

VIVANTE, Cesare. *Trattato di Diritto Commerciale*. 5ª ed., 3ª reimpr. Milão, Vallardi, 1934.

A RECONSIDERAÇÃO DA PERSONALIDADE JURÍDICA NOS CONTRATOS MERCANTIS DE COLABORAÇÃO

Andréia Cristina Bezerra

Leonardo Netto Parentoni

Delimitação do tema. 2. Desconsideração da personalidade jurídica: breve notícia histórica. 3. Desconsideração da personalidade jurídica: principais teorias. 4. Contratos mercantis de colaboração: 4.1 Noções gerais; 4.2 Razões para agir colaborativamente e oportunisticamente: 4.2.1 Ativos especializados; 4.2.2 Contratos de longa duração; 4.3 A igualdade entre as partes e a incompletude dos contratos de colaboração. 5. Fatores econômicos de tensão nos contratos mercantis: 5.1 Peculiaridade dos contratos mercantis; 5.2 Instituições e custo de transação. 6. Influência da especialização de ativos nos contratos mercantis de colaboração. 7. Inadequação da "disregard doctrine" nos contratos mercantis de colaboração. 8. Conclusão. 9. Bibliografia.

1. Delimitação do tema

Este estudo tem por objeto demonstrar a inaplicabilidade da teoria da desconsideração da personalidade jurídica (*disregard doctrine, superamento della personalità, desestimación de la personalidad jurídica* ou *Durchgriff*) aos contratos mercantis de colaboração. Por meio da análise econômica, aplicada às características peculiares dessa espécie de negócio jurídico, buscar-se-á fundamentar as conclusões de que: (*i*) os contratos mercantis de colaboração regem-se por lógica própria, ligada a parâmetros fornecidos pelo mercado; (*ii*) há no sistema jurídico brasileiro alternativas ao uso da desconsideração da personalidade jurídica mais consentâneas com o sistema da *civil law* e com o funcionamento dos contratos mercantis de colaboração, o que torna a desconsideração incompatível com o regime peculiar dessa espécie contratual, por causar-lhes insegurança e produzir externalidades negativas; e (*iii*) a *disregard doctrine* já começa a ser abandonada na própria *common law*, berço do instituto, justamente em virtude de seus efeitos colaterais e de algumas contradições intrínsecas, como a não diferenciação entre credores voluntários e involuntários.

Ao longo desta análise, será também mencionada a jurisprudência afeta ao tema, como forma de exemplificar o raciocínio com questões práticas.

2. Desconsideração da personalidade jurídica: breve notícia histórica

As primeiras "pessoas jurídicas" (*universitas*) foram idealizadas no direito pós-clássico (*Justinianeu*), com as corporações e as associações, que não se extinguiam com a morte dos associados, desde que fossem substituídos. Os interesses de tais entes ultrapassam os limites da vida individual, perpetuando determinados valores e tradições. Nesta fase, teve início a teorização concernente à pessoa jurídica como um ente abstrato, sujeito de relações jurídicas, com responsabilidade distinta da de seus membros. Como consequência, houve a desvinculação dos débitos ou créditos da pessoa jurídica em relação aos particulares que a compunham (separação de patrimônios).

O Direito germânico reconhecia as associações, contudo, não as distinguia de seus membros. Assim, a contribuição germânica se deu na chamada Teoria da Ficção, através da introdução de alguns elementos, como o direito dos membros utilizarem os bens comuns, o direito à cota no caso de dissolução ou lícita retirada e da responsabilidade pelas obrigações da *universitas*.

Os glosadores foram os primeiros que deram substância à sistematização da formação da personalidade abstrata, distinta daquela de seus componentes, colocando em evidência o conceito de instituição que estava latente no Direito canônico.

Observam-se a seguir vários momentos evolutivos na formação da teoria relacionada aos atos praticados pelas pessoas jurídicas. Todavia, não é objeto deste texto discorrer sobre tais teorias, visto que esta tarefa já foi desenvolvida, com brilhantismo, por textos clássicos.[1]

Nas linhas seguintes, abordam-se apenas os antecedentes jurisprudenciais do instituto, reservando-se tópico específico para sua conceituação teórica.

Com efeito, *a teoria da desconsideração da personalidade jurídica é uma criação pretoriana*, posteriormente debatida e aprimorada pela doutrina. Costuma-se citar como antecedente remoto o caso *Bank of United States vs. Deveaux*,[2] de 1809. Trata-se de lide relacionada à definição de competência das Cortes Federais norte-americanas em questões envolvendo cidadãos domiciliados em diferentes Estados-membros. Na Europa, o *leading case* sobre o tema data de 1920, quando o Tribunal Supremo alemão decidiu responsabilizar o sócio de uma sociedade unipessoal por obrigações contraídas em nome desta.[3]

Todavia, o julgado que ganhou maior notoriedade tornando-se sinônimo da teoria da desconsideração foi *Salomon vs. Salomon & Co.*, ocorrido na Inglaterra, em 1897.[4] Desde então, a *disregard doctrine*, como é conhecida na *common law*,[5] se expandiu para os mais diversos países. No Brasil, o primeiro acórdão sobre o tema de que se tem notícia foi proferido pelo Tribunal de Alçada Civil de São Paulo, em 1955.[6] Trata-se de decisão corajosa e pioneira, uma vez que na época a doutrina pátria ainda não havia abordado o tema, o que somente viria a ocorrer cerca de quinze anos depois, com o estudo pioneiro de Rubens Requião.[7] Porém, antes de discorrer sobre este estudo, é preciso mencionar, em ordem cronológica, as principais correntes teóricas sobre a teoria da desconsideração. A isto se dedica o tópico seguinte.

3. *Desconsideração da personalidade jurídica: principais teorias*

No plano doutrinário, a obra de Wormser,[8] de 1927, é reconhecida como uma

1. Nesse sentido: José Castán Tobeñas, *Derecho Civil Español*, 8ª ed., p. 271 e Marquis De Vareilles-Sommières, *Les Personnes Morales*, pp. 26-27. Em doutrina nacional, obra de consulta obrigatória é o estudo de José Lamartine Corrêa de Oliveira, *A Dupla Crise da Pessoa Jurídica*.

2. Sobre o tema, consulte-se: Simone Lahorgue Nunes e Pedro Henrique Torres Bianqui, "A desconsideração da personalidade jurídica: considerações sobre a origem do princípio", in Erasmo Valladão de Azevedo e Novaes França (coord.), *Direito Societário Contemporâneo* I, pp. 300-303.

3. Antônio Menezes Cordeiro, *Tratado de Direito Civil Português: Parte Geral*, p. 620.

4. Para um melhor detalhamento das circunstâncias fáticas desse caso, recomenda-se consultar: Márcio Tadeu Guimarães Nunes, *Desconstruindo a Desconsideração da Personalidade Jurídica*, pp. 90-91.

5. Para uma referência histórica acerca dos sistemas jurídicos da *civil law* e *common law*, recomenda-se a consulta à seguinte obra clássica: Rene David, *Os Grandes Sistemas do Direito Contemporâneo*, 4ª ed.

6. TACSP, 2ª C., Rel. Juiz Edgard Bittencourt, Ap. 9.247, j. 11.4.1955.

7. Rubens Requião, "Abuso de direito e fraude através da personalidade jurídica", *RT* 410/12-24.

8. I. Maurice Wormser, *Disregard of the Corporate Fiction and Allied Corporation Problems*.

das primeiras a tratar cientificamente da desconsideração da personalidade jurídica. Não obstante, a sistematização técnica do instituto veio anos depois com o clássico estudo de Rolf Serick[9] e a contraposição de Müller-Freienfels.[10] Digna de nota, ainda, a obra de Piero Verrucoli,[11] de 1964. Estes podem ser considerados os autores clássicos (*mainstream*) sobre o tema no Direito Comparado.

Como a descrição de tais teorias não é o objetivo central deste estudo, deixa-se, propositadamente, de apontar as características da desconsideração na visão de cada um desses autores (teoria unitária, não unitária, subjetiva, objetiva, etc.).

No plano interno, coube a Rubens Requião o pioneirismo no trato da matéria, em artigo de 1969, fortemente influenciado pelas ideias de Serick. Conforme destaca o jurista paranaense, trata-se de um instituto que visa a impedir que a personalidade jurídica seja utilizada para acobertar a prática de fraudes.[12]

Trata-se, portanto, de um instrumento para afastar a separação patrimonial antes prevista expressamente no art. 20 do Código Civil de 1916,[13] e hoje mantida como um princípio. Perceba-se, ainda, que na formulação clássica da teoria a fraude era pressuposto para sua aplicação (desconsideração baseada no elemento subjetivo).[14]

Este entendimento começou a ser modificado a partir dos estudos de Fábio Konder Comparato, para quem a desconsideração possuiria também um componente objetivo, podendo decorrer de mera confusão patrimonial, sem que houvesse a intenção deliberada de utilizar a personalidade jurídica para a prática de fraudes.[15]

Por fim, Calixto Salomão Filho agrega um novo componente à análise do instituto. Referido autor afasta a concepção, por ele rotulada de liberal, que enxerga na personalidade jurídica uma regra e, consequentemente, considera a *disregard* uma exceção aplicável, exclusivamente, quando provados os pressupostos legais, como confusão patrimonial, fraude ou abuso de poder. Ao invés desta teoria, por ele rotulada de "liberal", o Professor Calixto defende que o fundamento da desconsideração da personalidade jurídica é *garantir a distribuição de riscos*, tal como desejada pelo legislador (o que o citado autor denomina de teoria intervencionista).[16] Dada sua importância e repercussão prática sobre os contratos mercantis, maiores considerações sobre este entendimento serão feitas adiante, em tópico específico. Por ora, basta sublinhar alguns outros aspectos da desconsideração.

Primeiro o de que a técnica de eliminação progressiva, pugnada pela doutrina, revela que um ato objeto de desconsideração não é atingido em sua existência e validade. *Esta teoria atua unicamente no plano da eficácia do negócio jurídico*, como já salientara Rubens Requião em seu pioneiro estudo.

"O mais curioso é que a *disregard doctrine* não visa a anular a personalidade jurídica, mas somente objetiva desconside-

9. Rolf Serick, *Forma e Realtà della Persona Giuridic*. Note-se que a primeira versão do texto, publicada em alemão, data de 1955.

10. Wolfram Müller-Freienfels, "Zur Lehre von sogenannten Durchgriff bei juristischen Personen im Privatrecht", *Archiv für civilistiche Praxis (AcP)* 156.

11. Piero Verrucoli, *Il Superamento della Personalità Giuridica delle Società di Capitali nella Common Law e nella Civil Law*.

12. Rubens Requião, "Abuso de direito e fraude através da personalidade jurídica", *RT* 410/14.

13. CC/1916 (Lei n. 3.071, de 1º 1.1916): "Art. 20. As pessoas jurídicas têm existência distinta da dos seus membros".

14. Cândido Rangel Dinamarco, *Fundamentos do Processo Civil Moderno*, 3ª ed., vol. 2, p. 1.183. "(...) sem fraude não se desconsidera a personalidade jurídica, sendo extraordinários na ordem jurídica os casos de desconsideração".

15. Fábio Konder Comparato, *O Poder de Controle na Sociedade Anônima*, 3ª ed., pp. 343-344.

16. Calixto Salomão Filho, *O Novo Direito Societário*, 3ª ed., pp. 243-247.

rar no caso concreto, dentro de seus limites, a pessoa jurídica, em relação às pessoas ou bens que atrás dela se escondem. É caso de declaração de ineficácia especial da personalidade jurídica para determinados efeitos, prosseguindo, todavia, a mesma incólume para seus outros fins legítimos."[17]

A passagem acima revela ainda outros dois atributos importantes da teoria em exame. Primeiro o de que sua aplicação recai sobre um *negócio jurídico específico, desde que relacionado à atividade empresarial*. Isso porque atos isolados, não inseridos na cadeia maior da atividade empresarial, demandam a aplicação de institutos diversos, como a fraude a credores, a teoria da aparência ou o negócio simulado, nunca, porém, a *disregard doctrine*.[18] A segunda característica é consequência da primeira e significa que a desconsideração *não aniquila a personalidade jurídica*, de maneira geral e abstrata, mas apenas a flexibiliza, assegurando o adimplemento de um crédito concreto, específico e delimitado. Determinada a desconsideração em favor de um credor, tal decisão não se estende automaticamente aos demais. Cada caso é um caso.[19]

Importante destacar, ainda, que o *desconsiderado incorre em responsabilidade pessoal e direta pelo débito*, atuando como devedor originário e não como mero responsável (*Schuld* e *Haftung* do Direito alemão). Destarte, o sócio contra o qual é aplicada esta teoria *não tem direito de regresso* contra a sociedade (o que ocorreria caso ele fosse considerado como mero responsável).

Ponto que deveria ser pacífico, mas que vem se mostrando polêmico, diz respeito à (des)necessidade de prévio requerimento judicial da parte interessada para que possa ser aplicada esta teoria. Há quem sustente que o poder de cautela do Juízo lhe permite aplicar *ex officio* a desconsideração. Outros entendem que características peculiares de determinados ramos do Direito tornam desnecessária até mesmo a utilização de um processo judicial.[20]

Apesar dos respeitáveis argumentos daqueles que defendem a desnecessidade de atuação do Judiciário no âmbito da matéria, o fato é que a desconsideração da personalidade jurídica, segundo doutrina majoritária, se insere na chamada cláusula de *reserva de jurisdição*. Ou seja, somente pode ser determinada por ordem[21] de magistrado público. Importante lembrar, ain-

17. Rubens Requião, "Abuso de direito e fraude através da personalidade jurídica", *RT* 410/14.

18. Fábio Konder Comparato e Calixto Salomão Filho, *O Poder de Controle na Sociedade Anônima*, 5ª ed., p. 479:

"Nota-se, portanto, que o elemento característico do método da desconsideração da personalidade jurídica está em buscar seu fundamento na atividade societária e não em um determinado ato. Assim, por exemplo, na confusão de esferas no abuso de forma ou no desvio de finalidade (todos termos consagrados na nova definição do art. 50 do Código Civil de 2002). Não se pode excluir, no entanto, que a lesividade da atividade caracterize-se através de um único ato de natureza societária. Nesse caso, será preciso que o ato exija participação da organização societária, servindo o próprio procedimento societário de aprovação do ato para deslocá-lo para o campo da desconsideração da personalidade jurídica.

"Apenas na ausência de participação da organização societária aplicar-se-iam os institutos civilísticos em detrimento da teoria da desconsideração. Exemplo típico é a teoria da aparência. Ali, trata-se de ato (ou sequência de atos) atinente às relações externas da sociedade, em que não há participação da organização societária."

19. Calixto Salomão Filho, *O Novo Direito Societário*, 3ª ed., p. 238 ("A desconsideração também não implica qualquer alteração nas esferas coenvolvidas. Assim, de um lado, permanece intacta a personalidade jurídica, valendo a desconsideração apenas para aquele caso específico").

20. Luciano Chaves de Farias, "Desconsideração da personalidade jurídica na esfera administrativa: aplicação da teoria", *Revista Magister de Direito Empresarial, Concorrencial e do Consumidor* 25/30-33.

21. Márcio Tadeu Guimarães Nunes, *Desconstruindo a Desconsideração da Personalidade Jurídica*, p. 166. "(...) é inconcebível a aplicação da teoria da desconsideração por livre iniciativa do juiz da causa, ou seja, sem requerimento das eventuais partes interessadas nessa modalidade de extensão dos efeitos da relação obrigacional primária (...)".

da, as múltiplas críticas que vem sendo levantadas contra algumas atuações de ofício dos magistrados, possivelmente comprometedoras da autonomia privada. Por exemplo, as mudanças no Código de Processo Civil que permitiram ao juiz declarar de ofício a prescrição foram sumariamente repreendidas pela doutrina.[22] Assim, o melhor entendimento é o de que *a desconsideração da personalidade jurídica somente pode ser decretada em processo judicial* (ainda que com a cumulação de outros pedidos[23]), *desde que previamente requerida pela parte interessada.*

Por fim, cumpre observar que *não existe uma teoria geral* sobre a desconsideração, aplicável de maneira uniforme nos mais diversos ramos do Direito. Ainda que se possa aludir ao art. 50 do Código Civil[24] como cláusula geral, a verdade é que há inúmeras aplicações segmentadas desse instituto, com base em pressupostos diversos. Um rápido passar de olhos no Direito positivo revela sua adoção, dentre outros, pelo microssistema do consumidor,[25] nos Direitos antitruste[26] e ambiental,[27] além da esfera trabalhista,[28] só para citar os principais exemplos.

O que se verifica de comum nesse ramo é o fato de que a superação da personalidade jurídica é utilizada como *forma especial de se tutelar determinados interesses*, atribuindo responsabilidade agravada a uma das partes da relação jurídica. Esse agravamento se justifica ou pela posição de inferioridade de uma delas, como nos embates consumidor/fornecedor e empregado/empregador, ou pela especial relevância social de certos bens, como no caso do meio ambiente e na tutela da concorrência.

Estes, em apertada síntese, os pontos básicos acerca da *disregard doctrine*, necessários ao desenvolvimento das considerações a seguir.

4. Contratos mercantis de colaboração

4.1 Noções gerais

Na visão de Jhering,[29] pode-se falar na existência basicamente de dois grandes grupos de contratos: (*i*) contratos de intercâmbio e (*ii*) contratos em que há solidariedade de interesses. Nos primeiros os interesses dos contratantes são diametralmente opostos, isto é, o vendedor sempre buscará vender o bem pelo maior preço e o

22. Humberto Theodoro Júnior, "Prescrição – Liberdade e dignidade da pessoa humana", *Revista Dialética de Direito Processual* 40/64-78. "Além de quebrar uma tradição milenar – pois desde Roma a prescrição sempre foi tratada como uma *exceção* de direito material cuja arguição é da livre disponibilidade do devedor –, a desastrosa inovação da lei processual institui medida formal inconciliável com o sistema do Código Civil, e de aplicação prática quase inviável, na maioria dos casos".

23. Calixto Salomão Filho, *O Novo Direito Societário*, 3ª ed., p. 238. "(...) a desconsideração é instrumento para a efetividade do processo executivo. Essa característica, aliada ao supracitado caráter substitutivo da desconsideração em relação à falência, tem uma consequência importantíssima. A desconsideração não precisa ser declarada ou obtida em processo autônomo".

24. Código Civil: "Art. 50. Em caso de abuso da personalidade jurídica, caracterizado pelo desvio de finalidade, ou pela confusão patrimonial, pode o juiz decidir, a requerimento da parte, ou do Ministério Público quando lhe couber intervir no processo, que os efeitos de certas e determinadas relações de obrigações sejam estendidos aos bens particulares dos administradores ou sócios da pessoa jurídica".

25. Lei n. 8.078/1990, art. 28.

26. Lei n. 8.884/1994, art. 18.

27. Lei n. 9.695/1998, art. 4º.

28. CLT, art. 2º, § 2º.

29. Rudolf von Jhering, *A Evolução do Direito*, p. 288. No mesmo sentido a lição do Prof. Fábio Konder Comparato, "As cláusulas de não concorrência nos *shopping centers*", *RDM* 97/25. "Uma certa doutrina germânica elaborou o conceito de contrato de organização (*Organisationsvertrag*), a partir da reflexão sobre o fenômeno jurídico societário ou associativo. A característica própria de tais contratos consiste, justamente, no fato de que eles não têm por objeto, tão só, prestações determinadas, devidas por cada parte, mas também e sobretudo a criação de uma organização instrumental ao exercício de certa atividade. As prestações devidas pelas partes – a contribuição de capital e a colaboração pessoal – são os meios indispensáveis à criação e ao funcionamento da organização."

comprador visará a sua obtenção pelo menor (*e.g.*, contrato de compra e venda). Nos segundos, as partes têm os mesmos interesses, já que perseguem o mesmo fim, isto é, a perda de um participante significa a diminuição de valor para os demais (*e.g.*, contrato de sociedade). Pode-se afirmar que nos contratos de associação o egoísmo não impera do modo como o faz nos contratos de troca.

Este tópico se dedica ao estudo de uma espécie contratual situada num *ponto intermediário* entre os contratos de intercâmbio e aqueles em que há solidariedade de interesses. Tal espécie denomina-se *contratos de colaboração.*

De fato, na cadeia de circulação de mercadorias encontram-se, inicialmente, aqueles que se dedicam a extrair bens oriundos da natureza, como o agricultor, o minerador, o pescador, e por último o consumidor, que os utiliza *in natura* ou industrializados, para o atendimento das suas necessidades.

A aproximação entre o produtor e o consumidor é feita por meio do comércio, por aqueles que exercem a atividade comercial, ou seja, a empresa agrícola e de pesca, o comerciante atacadista e varejista, entre outros. Isto se perfaz por sucessivos contratos mercantis. Assim, tendem a surgir contratos de colaboração mercantil quando um empresário assume a obrigação de ampliar ou formar mercado consumidor de produtos industrializados ou comercializados por outro. Isso porque há situações em que não basta às partes a celebração de um contrato de intercâmbio, pois a realização de diversas operações apartadas e em série (ex. realização de um contrato de compra e venda para cada negócio fechado) não atenderia a seus interesses. De outro lado, não lhes seria conveniente a constituição de sociedade, pois perderiam autonomia patrimonial e não poderiam mais celebrar contratos com terceiros, separadamente, por sua conta e risco. Assim, *os contratos de colaboração surgem como um meio termo, derivados da necessidade de se afastar inconvenientes que resultariam da celebração de extensa série de contratos de intercâmbio, sem recair na rigidez típica dos esquemas societários.*[30]

Destarte os contratos de colaboração situam-se entre as extremidades contratos de intercâmbio e contratos associativos. *Quanto mais próximos estiverem da extremidade contrato de intercâmbio, mais elevado será o grau de independência das partes e menor a colaboração entre elas. Por outro lado, quanto mais próximos dos contratos associativos, como os de sociedade, mais atado será o laço entre os contratantes, aumentando seu vínculo e colaboração.*[31]

Neste contexto, vislumbram-se basicamente as seguintes formas de colaboração empresarial para o escoamento de produtos:

(*i*) *Intermediação*, em que um determinado empresário (colaborador) adquire de outro (fornecedor) produtos por este industrializados ou comercializados, dentro de determinadas condições especiais, para revender ao consumidor. Neste modelo, os empresários ocupam elos distintos na cadeia de circulação da mercadoria. Exemplos são os contratos de concessão mercantil e de distribuição-intermediação. Esta forma de colaboração possui as seguintes características principais: (*a*) o colaborador distribuidor obtém lucro pela atividade de comercialização das mercadorias adquiridas do fornecedor (distribuído), assim como o colaborador concessionário obtém lucro pela exploração da atividade econômica que lhe é concedida; e (*b*) não há remuneração paga pelo distribuído ou concedente ao distribuidor ou concessionário, em retribuição à atividade desenvolvida por eles.

(*ii*) *Aproximação*: não há nesta modalidade de colaboração empresarial contrato de compra e venda mercantil, uma vez que

30. Paula Andrea Forgioni, *Teoria Geral dos Contratos Empresariais*, p. 174.

31. Idem, p. 175.

o empresário colaborador procura empresários que tenham interesse em adquirir a mercadoria industrializada ou comercializada pelo fornecedor. A contratação de compra e venda é efetuada diretamente entre o empresário que foi identificado pelo colaborador e o fornecedor. Nesta forma de colaboração somente este (mandante, representado ou comitente) participa da circulação do produto. Exemplos são os contratos de mandato, comissão mercantil, representação comercial autônoma, agência e distribuição-aproximação. Esta forma colaborativa possui as seguintes características principais: (*a*) o colaborador tem o direito de receber do fornecedor determinada soma ajustada entre eles, quando o fornecedor vende o seu produto ao comprador cujo negócio foi captado ou motivado pelo colaborador; (*b*) na maioria das vezes o valor que o colaborador tem direito a receber do fornecedor é proporcional ao preço dos produtos vendidos, ao que se denomina comissão. Desta forma, o comprador paga o preço da mercadoria adquirida diretamente ao fornecedor, sendo que este repassa uma parcela desse preço (comissão) ao colaborador.

Em ambos os modelos acima mencionados, percebe-se como característica dos contratos mercantis de colaboração a sua tendência de prolongamento no tempo, ou seja, as relações jurídicas deles decorrentes não se destinem ao exaurimento imediato ou a curto prazo, como geralmente ocorre nos contratos de intercâmbio. Logo, o usual é que os contratos de colaboração sejam celebrados por prazo indeterminado. Caso seja conferido prazo mínimo de duração, este deve ser suficiente para que o distribuidor possa obter o retorno esperado de seus investimentos.

Os contratos de colaboração ainda são conhecidos como consensuais, levando-se em conta que passam a surtir efeitos jurídicos a partir do consentimento manifestado pelas partes. Assim, desde o início, as partes têm conhecimento das vantagens e desvantagens que o pacto lhes trará. Por esta razão, as prestações contratuais são sempre recíprocas, independentemente de qualquer eventualidade.

Em síntese, é possível dizer que os contratos de colaboração são de natureza consensual, bilateral, onerosa, comutativa, informal, de trato sucessivo e de cooperação.

4.2 Razões para agir colaborativamente ou oportunisticamente

A ciência econômica esclarece que em certas situações as partes tendem a adotar comportamento colaborativo e em outras acabam por fazer prevalecer um comportamento oportunista. Nesse contexto, surge a indagação: em quais circunstâncias é possível fazer com que os agentes, por livre e espontânea vontade, cooperem uns com os outros?

4.2.1 *Ativos especializados*

Em alguns contratos há um elevado grau de dependência entre as partes. Neles, via de regra, o negócio demanda investimentos específicos, denominados pelos economistas de investimentos idiossincráticos.[32] Nesse tipo de relação um fornecedor pode adaptar ou criar uma linha de produção especial, voltada ao atendimento exclusivo de seu parceiro comercial, de-

32. Williamson propõe o conceito de investimento idiossincrático (ou ativo específico) para explicar a emergência da organização industrial no mundo, caracterizada pelas incertezas: "The crucial investment distinction is this: To what degree are transaction-specific (non-marketable) expenses incurred. Items that are un-specialized among users pose few hazards, since buyers in these circumstances can easily turn to alternative sources, and suppliers can sell output intended for one order to other buyers without difficulty. Non-marketability problems arise when the specific identity of the parties has important cost-bearing consequences. Transactions of this kind will be referred to as idiosyncratic" (Oliver E. Williamson, *The Economic Institutions of Capitalism: Firms, Markets, Relational Contracting*).

corrente de necessidade específica manifestada por este. Em situações assim, a parte que realizou os investimentos para o atendimento das necessidades do parceiro comercial tem sua dependência aumentada em relação a este, porque com o desfazimento do negócio há grandes chances de que sofra prejuízos expressivos. A sujeição de uma parte à outra será ainda mais intensa caso os investimentos não possam ser recuperados após o término da relação, caracterizando os chamados *sunk costs*[33] da literatura econômica.

Os *sunk costs* também podem significar comprometimento, o que assegura a seriedade das partes na contratação, sendo inibidas formas primárias de abandono do negócio. Nesta acepção, se por um lado os investimentos específicos e unilaterais frequentemente levam ao aumento da vulnerabilidade da parte, por outro, podem revelar a predisposição ao cumprimento do negócio, aprofundando a relação de confiança entre os contratantes, o que acaba por influenciar favoravelmente a expectativa do comportamento de uma parte em relação à outra. Assim, pode-se afirmar que *quanto maiores forem os investimentos e menores forem as possibilidades de posterior recuperação, mais receio possui a parte que os efetivou com relação ao término do contrato entabulado*.

No Direito brasileiro, a fim de proteger as partes, o Código Civil dispõe que a denúncia dos contratos de longa duração não produzirá efeitos antes de transcorrido prazo razoável à recuperação do que fora investido no negócio. Esta norma evita prejuízos decorrentes do término repentino do contrato. Aqui valem as considerações da Professora Paula Forgioni,[34] que chama a atenção para o fato de que "ao contrário do que pretendem muitos, esse dispositivo não atua contra a lógica de mercado, mas incentiva o tráfico na medida em que coíbe a exploração oportunista da dependência gerada pelo negócio, reduzindo inclusive o risco moral (*moral hazard*)".

Pode também ocorrer que as duas partes tenham realizado investimentos relevantes e, neste caso, o oportunismo imediatista cede lugar à atitude colaborativa das partes, porque o insucesso de uma acarretará, provavelmente, o insucesso da outra e do negócio como um todo.

Sobre a influência da especialização de ativos nos contratos mercantis de colaboração vide ainda o tópico próprio, situado mais adiante neste estudo.

4.2.2 *Contratos de longa duração*

Nos contratos de longa duração, as partes têm ciência de que um comportamento oportunista pode levar à quebra da confiança entre elas, o que poderá acarretar em perdas futuras. Assim, o temor do que poderá ocorrer no futuro costuma afastar o comportamento oportunista dos agentes. Destarte, *o respeito à cooperação deriva do fato de que cada parte compara o ganho imediato do comportamento oportunista, com as prováveis perdas que poderiam advir de uma conduta desleal*.

Outro dado importante está relacionado à disponibilidade de informações, ao tamanho do grupo, ao número de vezes em que as partes contratarão e a sua imagem no mercado. A quantidade e a qualidade de informações disponíveis para cada parte, a respeito da outra, tendem a incentivar um comportamento colaborativo. Também é possível notar comportamento desse tipo quando os indivíduos tiverem que agir repetidamente, ou seja, quando souberem

33. Gregory N. Mankiw, *Principles of Economics*, 5ª ed., p. 296 ("Sometimes, in your life you may have been told, 'don't cry over the spilt milk', or 'let bygones be bygones'. These adages hold a deep truth about rational decision making. Economists say that a cost is a sunk cost when it has already been committed and cannot be recovered. Because nothing can be done about sunk costs, you can ignore them when making decisions about various aspects of life, including business strategy").

34. Paula Andrea Forgioni, *Teoria Geral dos Contratos Empresariais*, p. 150.

que a relação não se limitará àquela existente no momento, havendo prováveis desdobramentos futuros. Isto é ainda mais frequente quando o grupo é composto por um número reduzido de agentes. Por fim, *em mercados nos quais a reputação constitui fator relevante, o comportamento colaborativo pode funcionar como estratégia para atrair ganhos futuros*.[35]

4.3 A igualdade entre as partes e a incompletude dos contratos de colaboração

No decorrer deste tópico procurou-se demonstrar que os contratos de colaboração possuem características peculiares, que os diferem sensivelmente de outras espécies contratuais. Em sendo assim, tais contratos não podem ser disciplinados como meros contratos de intercâmbio nem, tampouco, receber tratamento equivalente ao reservado às associações (*lato sensu*).

Dada sua característica diferida no tempo, os contratos de colaboração costumam não prever disciplina de todos os problemas que poderão ser vivenciados pelas partes ao longo de sua execução. Isso porque no momento da celebração do pacto, é impossível antever todas as situações e deter todas as informações relativas não apenas à negociação, mas à contraparte e às conjecturas do mercado.[36]

Nesse contexto, os contratos de colaboração, segundo Massimiliano Granieri,[37] sempre buscarão: "(*i*) *a possibilidade de adaptação eficiente às novas necessidades e às circunstâncias futuras*; (*ii*) *restringir as chances de inadimplemento; as partes sabem que o processo de execução contratual costuma ser lento e penoso, além de normalmente não garantir compensação adequada aos prejuízos causados pelo descumprimento da avença*; (*iii*) *gerir da melhor forma possível o risco do oportunismo contratual, especialmente na presença de investimentos idiossincráticos*; (*iv*) *acordar mecanismos de gestão de eventos extraordinários que afetem a economia contratual*".

Diversas são as soluções apontadas para a solução da incompletude. Uma primeira pode decorrer de acordo entre as partes, fundado no exercício da autonomia da vontade. Para tanto, nessas avenças, costumam ser inseridas cláusulas *hardship* e de renegociação.[38] Aquelas estabelecem que, diante de certos eventos que perturbam a ordem contratual, as partes possam requerer a sua modificação. Já as cláusulas de renegociação, por serem mais abrangentes, não possuem como pressuposto de incidência a modificação da equação econômico-financeira do contrato.

Outra possibilidade consiste na utilização dos *usos e costumes comerciais*

35. Exemplo é o mercado de diamantes, citado por Lisa Bernstein, onde a reputação do empresário é fator fundamental para o seu sucesso (Lisa Bernstein, "Opting out of the legal system: extralegal contractual relations in the diamond industry", *The Journal of Legal Studies*, vol. 21, n. 1, pp. 115-157).

36. Há quem sustente, até mesmo, que não é interesse das partes prever o máximo de regras, mas apenas fixar as balizas comportamentais básicas que deverão guiá-las ao longo do tempo, reservando a solução de problemas futuros para a época em que se manifestarem. Seria a chamada incompletude proposital: Robert E. Scott, "A theory of self-enforcing indefinite agreements", *Columbia Law Review*, vol. 103, n. 7, pp. 1.641-1.642.

37. Massimiliano Granieri, *Il Tempo e il Contrato: Itinerário Storico Comparativo sui Contratti di Durata*, pp. 233-234.

38. Orlando Gomes, *Contratos*, 18ª ed., pp. 4-5. "Uma cláusula que permite a revisão do contrato se sobrevierem circunstâncias que alterem substancialmente o equilíbrio primitivo das obrigações das partes. Não se trata de aplicação especial da teoria da imprevisão à qual alguns querem reconduzir a referida cláusula (...). Trata-se de nova técnica para encontrar uma adequada reação à superveniência de fatos que alterem a economia das partes, para manter... sob o controle das partes, uma série de controvérsias potenciais e para assegurar a continuação da relação em circunstâncias que, segundo os esquemas jurídicos tradicionais, poderiam levar à resolução do contrato".

como parâmetro para a solução de controvérsias.[39]

Discute-se, ainda, se a solução da incompletude pode advir de terceiros convocados para completar as disposições do negócio, nos casos em que não haja prática mercantil sedimentada acerca do ponto discutido. Exemplos são a arbitragem e o recurso ao Poder Judiciário. Contudo, cumpre refletir, nas linhas seguintes, se obrigar as empresas a aceitarem os termos contratuais impostos por terceiros seria favorável ao bom desempenho do tráfico mercantil.

Neste ponto, é importante ressaltar outra característica dos contratos mercantis de colaboração: o fato de que neles, em regra, *presumem-se os contratantes em condições de igualdade, não havendo que se falar em hipossuficiência* (ou vulnerabilidade, como prefere a doutrina especializada), tal qual ocorre em outros ramos do Direito, notadamente o consumerista[40] e o Direito do Trabalho. Nos contratos mercantis de colaboração, *ambos os contratantes são empresários*,[41] com conhecimento do mercado em que atuam e portadores, ao menos, das informações mínimas necessárias para se atuar naquele mercado.

Assim, é de se supor que valham do *contrato como instrumento para repartir os riscos*[42] *do empreendimento*, de forma consciente. Essa repartição de riscos voluntariamente convencionada repercute nas mais diversas obrigações contratuais, como preço, prazo, forma e condição de pagamento, qualidade do produto ou serviço, etc. Pode-se dizer até mesmo que todo o contrato é estruturado *a partir* dessa divisão, já que não existe empreendimento com risco zero.[43] Assim, a equação econômico-financeira desempenha papel de relevo nos contratos mercantis de colaboração, sendo o núcleo ao redor do qual gravitam as demais obrigações.[44] Logo se percebe, então, que ao interpretar o negócio jurídico é preciso ter em mente essa convenção, sob pena de o intérprete, a pretexto de tutelar uma das partes, no caso concreto, dar-lhe em verdade tratamento favorecido que não era sequer esperado por ela no momento da contratação. Isto porque a aposta feita pelo empresário durante a celebração do contrato pode se revelar equivocada e, nem por isso, deverá assegurar-lhe direito à reparação dos prejuízos sofridos. Tentativa e erro fazem parte do dia a dia dos agentes econômicos.

Ou seja, num cenário de concorrência regular, sem a prática de ilicitudes ou o uso de informações privilegiadas, cada empresário deve conviver com as consequências de suas escolhas, sejam elas lucrativas ou deficitárias. Não cabe ao intérprete redis-

39. Paula Andrea Forgioni, *Teoria Geral dos Contratos Empresariais*, p. 224. "(...) os usos e costumes, no direito comercial, não ocupam lugar apenas como fonte do direito (ou seja, como polo emanador de normas jurídicas vinculantes), mas também como pauta de interpretação dos contratos".

40. Para uma profunda análise acerca da relação jurídica consumerista, consulte-se Newton de Lucca, *Direito do Consumidor*, 2ª ed.

41. Note-se que há uma divergência na doutrina quanto à correta classificação das partes nos contratos mercantis. Há quem entenda que basta que uma delas seja empresária e a outra não seja consumidora, como entende Haroldo Verçosa, ao passo que Paula Forgioni restringe os contratos mercantis àqueles em que ambas as partes são empresárias, opinião que nos parece a mais correta. Sobre o assunto: Haroldo Malheiros Duclerc Verçosa, *Contratos Mercantis e a Teoria Geral dos Contratos: o Código Civil de 2002 e a Crise do Contrato*, pp. 24-25; Paula Andrea Forgioni, *Teoria Geral dos Contratos Empresariais*, p. 30.

42. Sobre o conceito de risco: Raquel Sztajn, "Regulação e o mercado de valores mobiliários", *RDM* 135/140.

43. Teresa Ancona Lopez, *Princípio da Precaução e Evolução da Responsabilidade Civil*, p. 31. "Almeja-se o risco zero, que não existe. Hoje, os maiores estudiosos da matéria mostram que o gerenciamento dos riscos é fundamental, mas que o risco *zero* é uma utopia, pois sempre haverá um risco residual, que ainda é risco, que deve ser suportado pela coletividade ou pelos indivíduos."

44. Paula Andrea Forgioni, *Teoria Geral dos Contratos Empresariais*, p. 136. "O contrato é um instrumento de alocação, entre as partes, dos riscos inerentes à atividade econômica."

tribuir os riscos convencionalmente contratados, a pretexto de tutelar uma das partes do negócio jurídico. Tal interferência repita-se, é reservada aos casos em que a legislação destaca proteção especial a uma das partes da relação jurídica, por considerá-la vulnerável. Nos contratos mercantis de colaboração, porém, tal vulnerabilidade, de regra, não existe. Do exposto, pode-se afirmar que havendo divergência quanto à interpretação desta espécie de negócio jurídico, devem as partes buscar a *autocomposição*, por serem elas as maiores conhecedoras da equação econômico-financeira do empreendimento. Não se chegando a um consenso, o passo seguinte é a instituição da *arbitragem*, pois se supõe que o árbitro, acostumado a disputas desse tipo, tenha melhor percepção acerca daquela equação econômico-financeira, de sorte a interpretar o contrato sem desnaturar a repartição de riscos convencionada entre as partes (cada um arca com suas escolhas). Apenas em último caso seria aconselhável o recurso ao Poder Judiciário, visto que o magistrado não necessariamente está familiarizado com aquele tipo de empreendimento e sua lógica própria, tendendo a interpretá-lo de acordo com o raciocínio vulnerável/não vulnerável, ao invés de se pautar pela equação econômico-financeira do contrato, as estratégias de cada empresário e a repartição de riscos entre eles convencionada.

Não se quer, porém, afastar a intervenção do Poder Judiciário.[45] Destaca-se, apenas, o fato de que nos contratos mercantis de colaboração, dados suas peculiares características, é *recomendável* que disputas dali oriundas sejam solucionadas por quem mais conhece a dinâmica do negócio e os riscos a ele inerentes. Pode-se resumir este aspecto da seguinte forma: *como os contratos mercantis de colaboração sustentam todo um arranjo de distribuição de riscos convencionada entre os contratantes, disputas oriundas desse tipo de negócio jurídico devem ser solucionadas, tanto quanto possível, pelos próprios interessados (autocomposição e respeito ao* pacta sunt servanda*) ou por arbitragem, sendo o recurso ao Poder Judiciário providência subsidiária, a ser adotada com bastante cautela.*

45. O que, aliás, seria inconstitucional.

5. Fatores econômicos de tensão nos contratos mercantis

5.1 Peculiaridade dos contratos mercantis

A expressão "contratos mercantis" vinha insculpida expressamente no Código Comercial de 1850, sob a rubrica "Dos Contratos e Obrigações Mercantis", estabelecida em seu Título IV. Os textos doutrinários que trataram do tema estavam habituados apenas a discorrer sobre cada um dos tipos contratuais indicados nos arts. 140 a 286 do referido Código, sem dedicar substancial esforço à demonstração do tratamento diferenciado que deveria ser dispensado aos contratos mercantis como categoria autônoma do espectro designado usualmente por "contratos".[46]

Essa postura doutrinária tinha como fundamento não apenas o advento do Código Civil, mas também a edição de regras que ofuscavam a dicotomia de jurisdições e as diferenças existentes nas matérias civil e comercial. Na realidade, a grande questão girava em torno das dificuldades para se classificar os negócios entre civis e comerciais, uma vez que tais distinções, na época, foram paulatinamente desaparecendo.[47]

Ocorre que *esse cenário foi sofrendo paulatinas alterações, o que culminou, nas últimas décadas, com um resgate da teoria geral dos contratos empresariais, destacando suas peculiaridades em relação ao Direito Civil.*

46. Nesse sentido: Paula Andrea Forgioni, *Teoria Geral dos Contratos Empresariais*, p. 37.

47. Nesse sentido: Waldirio Bulgarelli, *Contratos Mercantis*, 4ª ed., p. 38.

Com efeito, a obra clássica de Goldschmidt[48] já destacava, por volta do século XII, que o Direito Mercantil tornou-se sólido como ramo específico da ciência jurídica. Assim, todos os contratos que antes estavam sob o manto da disciplina civilista, berço do Direito romano, nesta fase começavam a desatar o laço até então existente, passando a assumir regras e jurisdição próprios. Nesses termos, precisamente pondera a Professora Paula Forgioni[49] que "o surgimento do direito comercial faz com que os negócios mercantis sejam divisados apartadamente dos demais. Tem-se um primeiro cisma, que faz nascer a clássica dicotomia do direito privado: direito civil e direito comercial".

Para seguir a terminologia de Paula Forgioni, a esse primeiro cisma do Direito Comercial seguiram-se outros dois, os quais realçaram ainda mais a importância dos contratos mercantis como tema autônomo. São eles: (*i*) a disciplina das relações empregatícias pela Consolidação das Leis do Trabalho – CLT; e (*ii*) a adoção de regime próprio e distinto para os contratos celebrados por consumidores. As linhas seguintes ilustram sucintamente esses eventos.

Inicialmente, as relações entre capital e trabalho no Brasil foram disciplinadas pelo Código Civil de 1916, como locação de serviços. A proteção trabalhista no país era incipiente e não havia o reconhecimento do contrato de trabalho. Notou-se, contudo, que a relação entre empresa e empregado deveria ser tratada de maneira especial, com regras e princípios próprios, diferentes do direito comum. *Surge, com isto, a CLT e a distinção dos contratos de trabalho em relação às demais espécies de contrato, inclusive em relação aos contratos mercantis*.[50]

Nesse passo, *cumpre também destacar a distinção de tratamento que deve ser conferida aos contratos comerciais e aos contratos consumeristas*. Trata-se de ramos distintos, regidos por preceitos específicos e inconfundíveis. A diferenciação se faz necessária para evitar a indevida aplicação de regras de um ramo em outro, o que, além de não ser técnico, pode comprometer o fluxo regular das relações econômicas. O Direito do Consumidor aparece como um microssistema do Direito Civil, possuindo princípios que lhe são peculiares, dada a sua lógica própria que se assenta em fatores como a vulnerabilidade do consumidor, os conceitos de equivalência patrimonial e direito de não ser explorado,[51] dentre outros.

Nos contratos comerciais nota-se o escopo de lucro por todas as partes envolvidas na contratação. Por outro lado, nos contratos de consumo, verifica-se que a busca pelo lucro (ao menos no sentido econômico do termo) recai sobre apenas uma delas, o fornecedor.

Assim, muito embora por um longo período encontraram-se dificuldades na separação daquilo que pertencia a cada ramo do Direito (civil – comercial – consumidor), *sempre houve a nítida certeza de que os contratos comerciais estão sujeitos a regramento diverso por conta de fatores como a busca constante pelo lucro, a celeridade e o dinamismo típicos do empresário*.

Tudo isso para dizer que os contratos comerciais possuem lógica própria e, por conseguinte, regras e preceitos autônomos, não se confundindo com aqueles aplicáveis ao Direito Civil, do Consumidor[52] e/

48. Levin Goldschmidt, *Storia Universale del Diritto Commerciale*, trad. para o italiano de Vittorio Pouchain e Antonio Scialoja, p. 60.

49. Paula Andrea Forgioni, *Teoria Geral dos Contratos Empresariais*, p. 48.

50. Ob. cit., p. 53.

51. Cf. lição de Waldirio Bulgarelli, *Contratos Mercantis*, 4ª ed., p. 44.

52. TJRJ, 13ª C.Cível, Rel. Desembargador Sirley Abreu Biondi, Ap. 2009.001.05070, j. 8.4.2009. Segue trecho do voto do Relator: "Vale mencionar, mais como remate, que não se pretende negar a existência de alguma relação contratual entre as partes. Entretanto, não se trata aqui de direito

ou Trabalhista. Essa diferenciação será importante principalmente no tópico em que são analisadas as regras de aplicabilidade da *disregard doctrine* aos contratos comerciais, notadamente aos contratos de colaboração. Ainda que haja doutrina justificando a adoção dessa teoria em outras espécies de contrato (com o que não se concorda, aliás), o fato é que nos contratos mercantis de colaboração ela é absolutamente descabida.

5.2 Instituições e custo de transação

Na concepção institucionalista das firmas (empresas) e dos mercados, relacionada à teoria dos custos de transação, preconizada por Williamson,[53] a partir dos trabalhos pioneiros de Ronald Coase,[54] a busca de maior eficiência produtiva é verificada nos padrões de conduta dos agentes e na forma pela qual as atividades econômicas são organizadas e coordenadas. Em última análise, essa abordagem postula que os formatos organizacionais, também chamados de estruturais ou de governança, tendo como principais representantes a firma, o mercado e as redes empresariais, constituem resultado da busca da minimização dos custos de transação por parte dos agentes econômicos.

A empresa contrata porque entende que o negócio trar-lhe-á mais vantagens do que desvantagens. As contratações são também resultados dos custos de suas escolhas; o agente econômico, para obter a satisfação de sua necessidade, opta por aquela que entende ser a melhor alternativa disponível, ponderando os custos que deverá incorrer para a contratação de terceiros.[55] Isto é, apenas será pactuado um negócio com terceiros se a alternativa de produzir internamente certo bem ou serviço não for mais vantajosa e eficiente para a empresa. Ambos os caminhos envolvem custos, assim, cabe ao empresário ponderar qual deles será o mais lucrativo.

Os custos de transação podem ser classificados basicamente como: (*i*) *ex ante*, (*ii*) *ex post*, (*iii*) *coordination costs*, e (*iv*) *motivation costs*.

De forma bastante objetiva, os custos de transação *ex ante* e *ex post* são aqueles incorridos antes e após a celebração dos contratos. Os *coordination costs* são aqueles relacionados à coordenação, direção e balizamento dos negócios celebrados nos contratos. Logo, são custos decorrentes de negociações, definição das condições do negócio (*e.g.*, preço, prazo, meio de pagamento, penalidades, formas de solução de conflitos e outros). Já os *motivation costs* são aqueles relacionados à assimetria e à falta de plenas informações, quando os agentes desconhecem todos os dados imprescindíveis sobre a outra parte e sobre o próprio negócio. Também pertencem a este segmento aqueles custos atrelados ao eventual prejuízo resultante do comportamento oportunista de um dos agentes.

Na prática empresarial, a confiança recíproca é um fator decisivo para a redução de custos de transação.[56]

do consumidor, tampouco de contrato de adesão, não podendo haver proteção de uma das partes em relação à outra. Negócios como os entabulados, que envolvem grande soma de dinheiro, devem ser bem alinhavados, sob pena de acontecer o que de fato aconteceu: gerar prejuízos. Esse é o risco da atividade empresarial. A atividade empresária requer talento, intuição, trabalho, boa assessoria jurídica e contábil. Não raro vemos desaguar no Judiciário demandas geradas por conflitos que poderiam ter sido prevenidos, se houvesse adequada orientação profissional anterior".

53. Principalmente os seguintes textos de Oliver E. Williamson, *The Economic Institutions of Capitalism: Firms, Markets, Relational Contracting*, "The logic of economic organization", *Oxford Journals*, vol. 4, n. 1, pp. 65-93, e "Transaction cost economics: the natural progression", *American Economic Review* 100/673-690.

54. Ronald H. Coase, *The Firm, the Market and the Law*. Esta obra reúne vários estudos do autor, como o clássico "The Nature of the Firm", de 1937.

55. Paula Andrea Forgioni, *Teoria Geral dos Contratos Empresariais*, pp. 60-64.

56. Idem, p. 95. "A disciplina dos contratos empresariais deve privilegiar a confiança, tutelar a

6. *Influência da especialização de ativos nos contratos mercantis de colaboração*

Nos tópicos anteriores, buscou-se realçar a importância dos contratos mercantis, destacando como essa categoria carece de maiores estudos, uma vez que o trato do tema, segundo a esmagadora maioria da doutrina, ainda se prende às noções clássicas de Direito Civil, reservando pouco ou nenhum espaço para a análise dos traços peculiares desses negócios, juntamente aqueles que justificam seu regime próprio e os diferenciam da civilística tradicional. Por exemplo, a função econômica dos contratos mercantis consistente em reduzir custos de transação, o oportunismo[57] característico dos empresários, a assimetria de informações e a importância do *pacta sunt servanda* nessa espécie de negócio jurídico, de maneira a respeitar a distribuição de riscos convencionada entre os contratantes.

Em suma, buscou-se demonstrar nos tópicos anteriores que as regras de Direito Civil não se aplicam de maneira automática e perfeita a tais contratos, sendo necessário adaptá-las, principalmente no que toca aos contratos mercantis de colaboração, dada sua natureza continuativa e a orientação segundo princípios próprios.

Neste tópico, buscar-se-á demonstrar que atividades empresariais envolvendo ativos altamente especializados normalmente são negociadas através de contratos mercantis de colaboração, implicando fornecimento continuado de bens ou serviços, ao invés de simples contratos de *spot*.[58]

Segundo a nova economia institucional, *ativos especializados* são os elementos utilizados em determinada atividade empresarial que revelam pouca ou nenhuma utilidade[59] se explorados em outro ramo de negócios ou se utilizados por outro empresário. Assim, ativos especializados seriam aqueles que teriam estreita e inafastável relação com determinado empresário ou determinada espécie de atividade empresarial, na qual possibilitariam *grau máximo de eficiência*, não obtido se deslocados para outro ramo qualquer. Exemplo típico são os trilhos ferroviários. Ainda que se possa vender separadamente o metal e a madeira de que se compõem esses trilhos, é fato que a utilidade desses materiais isoladamente considerados é muito inferior à que se obtêm quando destinados, em conjunto, à atividade ferroviária. Há diversos outros exemplos, como as aeronaves, as antenas de transmissão de sinais de telefonia celular, etc. Em todos esses casos, o traço comum reside no fato de que um ativo especializado possui *menor âmbito de comercialização* do que bens passíveis de serem aproveitados nos mais diversos negócios. Além disso, administrar um ativo especializado demanda *maiores custos e maior domínio técnico* do que o necessário para lidar com *commodities* tradicionais.

Por essas razões, *costuma ser restrito o número de empresários que domina determinado ativo especializado*, ao contrário do que ocorre com as *commodities* comuns, facilmente obtidas no mercado. Consequentemente, o empresário que lida com ativos altamente especializados se vê

legítima expectativa; quanto maior for o grau de confiança existente no mercado, menores os custos de transação e mais azeitado o fluxo de relações econômicas."

57. Oportunismo no sentido econômico da expressão, e não em seu sentido coloquial e pejorativo.

58. Contrato de *spot* é a terminologia que os economistas utilizam para se referir aos contratos de intercâmbio (ou contratos de escambo, como preferem alguns). Contrato de intercâmbio, por sua vez, é aquele no qual as partes possuem interesses contrapostos, normalmente de execução instantânea, cujo exemplo clássico é a compra e venda. A propósito, consulte-se Paula Andrea Forgioni, *Teoria Geral dos Contratos Empresariais*, pp. 155-156.

59. Fábio Nusdeo, *Curso de Economia: Introdução ao Direito Econômico*, 6ª ed., p. 31. "(...) utilidade vem a ser a capacidade de qualquer bem de suprir ou atender a uma necessidade, satisfazendo-a, no todo ou em parte."

impelido a adotar uma das seguintes posturas: (*i*) produzir ou adquirir ele mesmo o ativo, dominando toda a técnica necessária para administrá-lo; ou (*ii*) celebrar contratos de fornecimento, que permitem receber o bem de um terceiro, acompanhado de assistência técnica para sua utilização. O primeiro caso configura o sistema de produção hierarquizada (*hierarchy* na linguagem dos economistas), em que o empresário opta por concentrar em si todas as etapas de produção. A vantagem é conferir maior *flexibilidade* e *celeridade* a suas escolhas, visto que alterações no ativo especializado podem ser feitas unilateralmente e de forma menos burocrática. Porém, o *custo* de administração tende a ser mais alto. Assim ocorre com as empresas de transporte aéreo que gerenciam suas aeronaves, inclusive mantendo centros de manutenção próprios. Por outro lado, *a opção por não interiorizar o ativo especializado leva à celebração de contratos de colaboração* com o empresário que detém a respectiva tecnologia. Neste caso, há igualmente vantagens e desvantagens. A vantagem seria o *menor custo*, pois não seria necessário investir para desenvolver tecnologia própria, bastando contratá-la de quem a detém. Por outro lado, *perde-se em termos de autonomia e celeridade* na tomada de decisões, já que mudanças na rotina produtiva devem ser negociadas entre as partes, não mais dependendo da opção exclusiva de uma delas (como ocorre no sistema da *hierarchy*). Exemplo são as empresas que utilizam como parte central de seu negócio um *software* desenvolvido e comercializado por outro empresário. Neste contexto, qualquer alteração no programa dependerá de negociação entre as partes, nos termos do contrato firmado entre elas.

Nos contratos mercantis de colaboração, como já destacado, *tende a ser acentuada a interdependência entre os contratantes*, pois o destinatário do ativo, se insatisfeito, encontraria dificuldades em obter bem semelhante no mercado, ao passo que o fornecedor também contaria com um número limitado de interessados em seu produto, dado que útil apenas para quem atua num determinado segmento. Diferentemente, no caso de ativos padronizados, havendo divergência contratual, pode a parte insatisfeita denunciar o contrato e buscar com rapidez bem semelhante no mercado, com outro fornecedor, sem incorrer em grandes custos ou prejuízos a sua atividade. Exemplo desta última hipótese seria o contrato para fornecimento de material de escritório, ou de veículos populares, ambos altamente padronizados e facilmente obtidos no mercado.

Por outro lado, imagine-se uma indústria de peças para veículos automotores que se especializou em produzir peças para um modelo específico de veículo, de determinada marca. Caso a montadora decida por não mais comercializar aquele modelo, a fabricante da peça seria imediatamente atingida, pois não teria a quem vender seu produto, visto que feito sob medida para aquele modelo, não sendo aproveitável por outras empresas. Inversamente, caso fosse a fabricante da peça que deixasse de comercializá-la, a montadora veria sua linha de produção imediatamente paralisada, caso se tratasse de componente essencial do veículo e a antiga fabricante fosse a única detentora da tecnologia necessária para fabricá-lo. Neste exemplo, percebe-se como a especialização de ativos leva a uma maior interdependência entre os contratantes, tornando a extinção do contrato medida de *ultima ratio*.

Dito isto, pode-se resumir as ideias deste tópico da seguinte forma: *quanto mais especializado o ativo, maior a probabilidade de que o interessado em se utilizar dele opte por celebrar contratos mercantis de colaboração, com execução continuada e maior interdependência entre as partes, ao invés de celebrar contratos de* spot.

Dito isto, passa-se ao aspecto central deste estudo, consistente em demonstrar como a teoria da desconsideração da personalidade jurídica é incompatível com a lógica própria dos contratos mercantis de colaboração.

7. *Inadequação da "disregard doctrine" nos contratos mercantis de colaboração*

Tudo que foi dito anteriormente no texto serve de embasamento para as ideias a serem desenvolvidas neste tópico, a fim de demonstrar que a teoria da desconsideração da personalidade jurídica[60] não se aplica aos contratos mercantis de colaboração, por ser absolutamente incompatível com a lógica característica dessa categoria contratual. E isto por uma série de razões.

Em primeiro lugar, já foi dito que nos contratos de longa duração obtêm-se maior eficiência em termos econômicos quando o risco do negócio é alocado na parte que possui maiores informações sobre ele. Tal alocação tende a coibir o oportunismo do(s) outro(s) contratante(s), fazendo com que utilize(m) as informações disponíveis em prol do bom funcionamento do negócio, pois, do contrário, os prejuízos recairão preponderantemente sobre si mesmo(s). Ou seja, *a característica precípua dos contratos de longa duração – dentre os quais se inserem os contratos mercantis colaborativos – é promover uma alocação de riscos que permita a convivência harmônica e duradoura das partes*, prevendo não apenas obrigações concretas e delimitadas, que se exaurem no tempo, mas verdadeiros *padrões de conduta empresarial*.[61] Nestes contratos, desde que firmados num cenário de concorrência regular, sem a prática de ilicitudes ou o uso de informações privilegiadas, cada empresário deve conviver com as consequências de suas escolhas, sejam elas lucrativas ou deficitárias. Dito de forma diversa *presume-se que os negociantes atuem em condições de igualdade*, todos conhecedores do mercado e portadores, ao menos, das informações mínimas necessárias para se atuar naquele segmento. Consequentemente, a interpretação desses contratos deve ater-se à equação econômico-financeira tal como desenhada pelas partes, *respeitando os riscos calculados e assumidos por cada uma delas*. Deve-se ter em mente que tentativa e erro fazem parte do dia a dia empresarial, de modo que a perda de uma das partes do acordo não necessariamente decorre de ilicitude praticada pela outra, *podendo ser fruto exclusivo de uma estratégia equivocada* (por exemplo, nos contratos em que se faz uma "aposta" quanto à valorização/desvalorização cambial).

Nesse contexto, *a desconsideração da personalidade jurídica atua como fator de extrema insegurança, comprometendo a alocação de riscos consciente e voluntariamente acordada entre empresários*. A pretexto de tutelar uma das partes do negócio, a referida teoria pode conferir-lhe garantia patrimonial muito superior à que era esperada no momento da contratação. Imagine-se o exemplo de um contrato mercantil firmado entre duas subsidiárias, integrantes de grupos econômicos diversos, no qual não há menção a garantias concedidas pelas "sociedades mães" de cada grupo. Se aplicada a desconsideração para imputar à controladora obrigações contraídas pela controlada, em virtude de subcapitalização, por exemplo, ter-se-á um agravamento do risco do negócio, a um só tempo, antieficiente e ilícito. Antieficiente porque estimula o oportunismo, já que o empresário havia calculado uma taxa de risco (e cobrado a mais por isto) baseada no fato de que a garantia do negócio se limitava ao patrimônio da subsidiária. Em seguida, quando lhe é conveniente, despreza essa convenção e investe contra o patrimônio da controladora. Ilícita porque pretende impor à controla-

60. Em outros ordenamentos jurídicos também denominada *disregard doctrine*, *superamento della personalità*, *desestimación de la personalidad jurídica* ou *Durchgriff*.

61. Acerca dos padrões de conduta empresarial, sob o ponto de vista ético, consultem-se as lições de Newton de Lucca, *Da Ética Geral à Ética Empresarial*.

dora uma suposta solidariedade que não decorre da lei nem do contrato.[62]

Situação diversa existe quando uma das partes do acordo apresenta *vulnerabilidade*, como no Direito do Consumidor ou no Direito do Trabalho. Do ponto de vista econômico, os contratos celebrados em ambiente de vulnerabilidade tendem a apresentar menor grau de eficiência, uma vez que a parte que efetivamente gerencia o negócio (o fornecedor ou empregador, por exemplo), por dispor das informações cruciais sobre ele, vê-se estimulada a atuar com oportunismo, pois em caso de insucesso poderá transferir prejuízos ao outro contratante. Ou seja, os riscos do negócio tendem a ser alocados na parte vulnerável, ao contrário do que recomenda a análise econômica. Neste contexto – e apenas nele – poder-se-ia cogitar a aplicação da *disregard doctrine*.[63] Ocorre que *tal vulnerabilidade não se presume nos contratos mercantis*.[64] Nestes, ao contrário, todo o raciocínio parte do pressuposto de que se trata de empresários com presumido conhecimento do mercado em que atuam, capazes de calcular o risco de suas estratégias e investir de forma consciente.

Uma segunda razão pela qual se nega a incidência do *superamento* nos contratos mercantis de colaboração diz respeito à distinção entre credores voluntários e involuntários. Os primeiros têm a possibilidade de analisar e negociar os riscos do empreendimento, podendo cercar-se de garantias reais e fidejussórias. Diversamente, as vítimas de ato ilícito encontram-se desprovidas de garantia e, em regra, sequer mantinham relação jurídica prévia com o causador do dano. Tais vítimas não entabularam qualquer tipo de negociação, não adotaram uma estratégia empresarial. Neste contexto, é intuitivo que a *disregard doctrine* deva incidir com maior rigor para tutelar os credores vitimados por ato ilícito, sendo aplicada com parcimônia em relação aos credores voluntários. Mesmo porque os credores cumulativamente voluntários e *vulneráveis* (como os consumidores e empregados), já se beneficiam da chamada desconsideração atributiva, de sorte que a discussão aqui travada limita-se ao caso de credores contratuais em condições de igualdade. Para estes, não deveria incidir a desconsideração.

Na prática, porém, é o inverso que ocorre. Em extenso e interessante estudo empírico realizado a partir de julgados da *common law*, de 1985 a 1991 (totalizando aproximadamente 1.600 decisões), Robert Thompson concluiu que a teoria em exame incide exponencialmente mais a favor de credores voluntários do que de credores extracontratuais.[65] Ou seja, há uma incon-

62. Como é de conhecimento comum, a solidariedade não se presume, decorrendo exclusivamente da lei ou da vontade manifesta das partes, cf. art. 265 do Código Civil.

63. Calixto Salomão Filho, p. ex., defende a aplicação da *disregard doctrine* a relações jurídicas marcadas pela vulnerabilidade (a denominada desconsideração atributiva) (*O Novo Direito Societário*, 3ª ed., pp. 243-244).

64. Essa ausência de vulnerabilidade já foi constatada pelo TJSP, como fundamento para indeferir a inversão do ônus da prova, cf.: TJSP, 24ª C.Cível, Rel. Desembargador Romolo Russo, Ap. n. 991.01.004381-1, j. 8.11.2010. Segue trecho do voto do Relator: "Assim sendo, o *franchising* é um típico contrato de colaboração realizado entre empresários, no qual o franqueador concede ao franqueado o uso de sua marca, prestando-lhe assim diversas obrigações, as quais reflexamente lhe conferem significativo controle sob a atividade desenvolvida por este, em particular no que se refere a assistência técnica, instalação do estabelecimento, posicionamento no mercado, *marketing*, publicidade, entre outros. (...) Trata-se, portanto, de matéria que depende da análise da prova produzida no curso da fase instrutória do processo, cabendo primeiramente fixar que não há possibilidade para a inversão do *ônus probandi* com base no Código de Defesa do Consumidor, vez que inaplicável à espécie, consoante ver-se-á".

65. Robert B. Piercing Thompson, "The corporate veil: an empirical study", *Cornell Law Review* 76. "When the cases are broken down based upon whether they arose in a contract situation or a tort situation, the results show that courts pierce more often in the contract context than in tort context. This difference is statistically significant."

gruência ao aplicar o remédio mais forte para a moléstia mais simples.

Uma breve visita ao *site* de nossos Tribunais confirma que as conclusões do referido autor, firmadas a partir da *common law*, aplicam-se perfeitamente à realidade brasileira. Com efeito, obter uma decisão judicial que aplique a desconsideração da personalidade jurídica baseada exclusivamente em ato ilícito, sem qualquer componente contratual, equivale a buscar agulha no palheiro. Por outro lado, são pródigos os exemplos de aplicação dessa mesma teoria em contextos contratuais. Para ilustrar, uma pesquisa realizada *apenas* no Tribunal de Justiça de São Paulo, a partir do argumento "desconsideração da personalidade jurídica", revelou *15.102 acórdãos* em que o tema foi debatido.[66]

Esse aspecto não passou despercebido da doutrina nacional, que assim se posiciona: "*Um fato é certo: não se pode aplicar a teoria linearmente como se tivesse o mesmo alcance em relação a credores gerados por ato ilícito (em sentido extracontratual) e credores contratuais*. (...) *Seja como for, a utilização desenfreada da teoria pelos tribunais americanos (o que também sucede no Brasil) acabou desvirtuando, inteiramente, a sua essência e a* ratio decidendi *que tanto vincula o julgador no modelo do* common law, *sendo certo que uma das razões mais fortes que justificariam a sua aplicação (proteção às partes hipossuficientes em determinada relação jurídica não negocial) sequer está hoje claramente delineada pelos mesmos tribunais que a defendem. Não é à toa que a* disregard *é atualmente vista como uma verdadeira doença que causa insegurança, instabilidade e aumento dos riscos nas operações comerciais, trazendo no seu bojo efeitos nefastos para o desenvolvimento dos mercados organizados*".[67]

Percebe-se, como segunda razão para afastar a incidência da *disregard doctrine* a forma contraditória com que vem sendo utilizada, em prol de credores contratuais não vulneráveis quando, por uma equivalência entre meios e fins, deveria ser reservada apenas aos credores involuntários, àqueles que não puderam negociar os riscos do contrato ou, quando muito, aos credores contratuais vulneráveis, como empregados e consumidores.

Em terceiro lugar, tem-se na ordem jurídica brasileira instrumentos capazes de obter o mesmo resultado advindo da desconsideração, sem comprometimento da segurança jurídica e mais consentâneos com a sistemática da *civil law*. Devidamente aplicados, os institutos do abuso de direito, do negócio simulado, além da fraude à execução e fraude a credores podem solucionar a maior parte – senão a totalidade – dos problemas hoje submetidos ao método da desconsideração.

Quanto à utilização dos institutos da fraude contra credores e fraude à execução em lugar da *desestimación de la personalidad jurídica*, Paulo Fernando Campos Salles de Toledo[68] sustenta que a desconsideração baseada em confusão patrimonial pode ser apurada objetivamente e sua consequencia é ineficácia do negócio jurídico, não havendo, em regra, questionamento sobre a validade deste. Por isso pode ser arguida mediante simples petição, tal como ocorre na fraude à execução,[69] em que também se cuida de ineficácia. Por outro lado, a desconsideração baseada em fraude ou abuso da personalidade jurídica requer a verificação de elementos subjetivos, como

66. Consulta efetuada em 3.12.2010. O dado é apenas ilustrativo, uma vez que nem todos os acórdãos efetivamente aplicam a *disregard*, bem como porque em muitos deles está-se diante de contratos celebrados com vulneráveis, o que foge ao escopo do presente estudo.

67. Márcio Tadeu Guimarães Nunes, *Desconstruindo a Desconsideração da Personalidade Jurídica*, pp. 120-121.

68. Paulo Fernando Campos Salles de Toledo, "A desconsideração da personalidade jurídica na falência", *RDM* 134/228-232.

69. CPC, art. 593.

a intenção de prejudicar os credores. Sua consequência é a anulabilidade do negócio, à semelhança da fraude contra credores.[70] O julgamento, em ambos os casos, se dará por meio de decisão interlocutória. Um reparo que se faz ao pensamento do citado autor é no sentido de que a doutrina processual mais recente tem se empenhado em *incluir o elemento subjetivo também na fraude à execução*, a fim de evitar situações injustas. De todo modo, vale a referência ao pensamento desse autor para ilustrar que os próprios comercialistas já buscam, em outros ramos do Direito, como no Civil e no Processual, *alternativas* à desconsideração.

Hoje se pode perceber, inclusive, uma tendência mundial à *reconsideração da personalidade jurídica*, surgida justamente nos Estados Unidos e no Reino Unido, berço da citada teoria. Stephen Bainbridge, por exemplo, escreveu um artigo de fôlego apontando as incongruências dessa teoria e sugerindo sua completa abolição do sistema jurídico.[71] Ainda que não seja imune a críticas,[72] tal tendência vem ganhando fôlego.

No Brasil, a utilização expressa do termo "reconsideração" da personalidade jurídica, no sentido aqui adotado, se deveu pioneiramente a Haroldo Malheiros Duclerc Verçosa, nos seguintes termos: "*Da desconsideração generalizada da personalidade jurídica, tal como se tem verificado em diversas áreas do Direito, deve-se passar à sua 'reconsideração', com o fortalecimento da atividade empresarial*".[73]

Percebe-se, então, que estamos diante de um momento histórico de ajuste, semelhante ao movimento pendular, em que se reflete sobre a conveniência, utilidade e cientificidade de uma teoria antes adotada sem reservas, a fim de concluir que ela pode ser satisfatoriamente substituída por outros institutos jurídicos, com expressivos ganhos em termos de segurança jurídica.

Por essas razões, não faz sentido aplicar a desconsideração da personalidade jurídica aos contratos mercantis de colaboração. Curiosamente, ela começa a ser abolida justamente no ramo em que surgiu, ou seja, no Direito Comercial...

8. Conclusão

Conclui-se, tendo em vista as características peculiares dos contratos mercantis de colaboração, e a análise econômica sobre eles aplicada, que para essa categoria contratual *não se justifica a aplicação da disregard doctrine*, eis que não estão presentes os pressupostos para sua incidência, quer porque o Direito pátrio possui outros instrumentos mais consentâneos com a realidade nacional e mais eficazes na solução do problema decorrente de abuso da personalidade jurídica, da fraude ou da confusão patrimonial, quer porque não há nos autênticos contratos mercantis de colaboração a vulnerabilidade de um dos contratantes que lhe demande tutela diferenciada (inviabilidade da desconsideração atributiva).

Assim, em qualquer de suas vertentes, a desconsideração da personalidade jurídica é um instituto que deve ser abolido dos contratos mercantis de colaboração. Deve-se buscar, ao contrário, uma reconsideração da personalidade jurídica e um maior respeito às opções livres do empresário (as chamadas "jogadas empresariais"), com as consequências daí decorrentes em termos de ganho ou perda. Eventuais excessos devem ser dirimidos por institutos já constantes do Direito pátrio (e já tradicionais nos ordenamentos de *civil law*), como o abuso

70. CC, art. 171, II.

71. Stephen M. Bainbridge, "Abolishing LLC veil piercing", *Law & Economics Research Paper Series*, vol. 2005, n. 1, pp. 77-106.

72. Há na literatura estrangeira textos criticando especificamente o posicionamento de Bainbridge. Veja-se, por todos: Geoffrey Christopher Rapp, "Preserving LLC veil piercing: a response to Bainbridge", *The Journal of Corporation Law*.

73. Haroldo Malheiros Duclerc Verçosa, *Curso de Direito Comercial: Teoria Geral das Sociedades. As Sociedades em Espécie do Código Civil*, p. 105.

de direito, o negócio simulado, a fraude à execução e a fraude a credores. É tempo de reconsiderar.

9. Bibliografia

ALVES, José Carlos Moreira. *Direito Romano*. 5ª ed. Rio de Janeiro, Forense, 1966.

ASCARELLI, Tullio. *Corso di Diritto Commerciale: Introduzione e Teoria dell'Impresa*. 3ª ed. Milão, Giuffrè, 1962.

AYRES, Ian. "Valuing modern contract scholarship". *The Yale Law Journal*, vol. 112, n. 4, Yale, The Yale Law Journal, jan./2003, pp. 881-901,

AZEVEDO, Álvaro Villaça. *Teoria Geral dos Contratos Típicos e Atípicos*. São Paulo, Atlas, 2009.

BAINBRIDGE, Stephen M. "Abolishing LLC veil piercing". *Law & Economics Research Paper Series*. Los Angeles, University of California Press, vol. 2005, n. 1, 2001, pp. 77-106.

BAIRD, Douglas G., e RASMUSSEN, Robert K. "The end of bankruptcy". *Stanford Law Review* 55/751-788, 2002.

BARRETO FILHO, Oscar. *Teoria do Estabelecimento Comercial*. São Paulo, Max Limonad, 1969.

BERNSTEIN, Lisa. "Opting out of the legal system: extralegal contractual relations in the diamond industry". *The Journal of Legal Studies*, vol. 21, n. 1, jan./1992, pp. 115-157.

BESSA, Leonardo Roscoe. *Relação de Consumo e Aplicação do Código de Defesa do Consumidor*. 2ª ed. São Paulo, Ed. RT, 2009.

BULGARELLI, Waldirio. *Contratos Mercantis*. 4ª ed. São Paulo, Atlas, 1987.

COASE, Ronald H. *The Firm, the Market and the Law*. Chicago, The University of Chicago Press, 1988.

COELHO Fábio Ulhoa. "Lineamentos da teoria da desconsideração da pessoa jurídica". *Revista do Advogado* 36/38-44, São Paulo, Associação dos Advogados do Estado de São Paulo, mar./1992.

COMPARATO, Fábio Konder. "As cláusulas de não concorrência nos *shopping centers*". *Revista de Direito Mercantil, Industrial, Econômico e Financeiro* 97/23-28, São Paulo, Malheiros Editores, ano XXXIV, jan.-mar./1995.

______. *Novos Ensaios e Pareceres de Direito Empresarial*. Rio de Janeiro, Forense, 1981.

______. "O empresário". *Revista de Direito Mercantil, Industrial, Econômico e Financeiro* 109/83-189, São Paulo, Malheiros Editores, ano XXXVI, jan.-mar./1998.

______. *O Poder de Controle na Sociedade Anônima*. 3ª ed. Rio de Janeiro, Forense, 1983.

______, e SALOMÃO FILHO, Calixto. *O Poder de Controle na Sociedade Anônima*. 5ª ed. Rio de Janeiro, Forense, 2008.

CORDEIRO, Antônio Menezes. *Tratado de Direito Civil Português: Parte Geral*. Lisboa, Almedina, 2004.

CORRÊA-LIMA, Osmar Brina. "A teoria da desconsideração da personalidade jurídica descomplicada". *Revista da Faculdade de Direito Milton Campos*, vol. 6, Belo Horizonte, Del Rey, 1999.

CRASWELL, Richard. "In that case, what is the question? Economics and the demands of contract theory". *The Yale Law Journal*, vol. 112, n. 4, Yale, The Yale Law Journal, jan./2003, pp. 903-924.

DAVID, Rene. *Os Grandes Sistemas do Direito Contemporâneo*. 4ª ed. Rio de Janeiro, Martins Editora, 2002.

DIDIER JÚNIOR, Fredie. *Regras Processuais no Código Civil*. 3ª ed. São Paulo, Saraiva, 2008.

DINAMARCO, Cândido Rangel. *Fundamentos do Processo Civil Moderno*. 3ª ed., vol. 2. São Paulo, Malheiros Editores, 2000.

FARIAS, Luciano Chaves de. "Desconsideração da personalidade jurídica na esfera administrativa: aplicação da teoria". *Revista Magister de Direito Empresarial, Concorrencial e do Consumidor* 25/24-40, Porto Alegre, Magister, fev.-mar./2009.

FERRARESE, Maria Rosaria. *Le Istituzioni della Globalizzazione: Diritto e Diritti nella Società Transnazionale*. Bolonha, Il Mulino, 2000.

FERRAZ JÚNIOR, Tércio Sampaio. *Introdução ao Estudo do Direito: Técnica, Decisão, Dominação*. 2ª ed. São Paulo, Atlas, 1994.

FERREIRA, Waldemar. *Instituições de Direito Comercial*. vol. 3. Rio de Janeiro, Freitas Bastos, 1948.

FORGIONI, Paula Andrea. *Contrato de Distribuição*. São Paulo, Ed. RT, 2005.

______. *Teoria Geral dos Contratos Empresariais*. São Paulo, Ed. RT, 2009.

FRANCO, Gustavo. "O Judiciário e a economia". Revista *Veja* 35, ano 37, 1º.9.2004.

GAGARIN, Michael. *Early Greek Law*. California, University of California Press, 1989.

GOLDSCHMIDT, Levin. *Storia Universale del Diritto Commerciale*. Trad. para o italiano de Vittorio Pouchain e Antonio Scialoja. Turim, UTET, 1913.

GOMES, Orlando. *Contratos*. 18ª ed. Rio de Janeiro, Forense, 1998.

GONZÁLEZ, Alfredo Bullard. "Esquizofrenia jurídica: el impacto del análisis económico del derecho en el Perú". *Themis* 44, Lima, Themis, 2002.

GRANIERI, Massimiliano. *Il Tempo e il Contratto: Itinerário Storico Comparativo sui Contratti di Durata*. Milão, Giuffrè, 2007.

GRASSI, Robson Antonio. "Williamson e 'formas híbridas': uma proposta de redefinição do debate". *Revista Economia e Sociedade* 20, Campinas, Instituto de Economia da UNICAMP, jan./2002.

JHERING, Rudolf von. *A Evolução do Direito*. Salvador, Progresso, 1973.

JUNQUEIRA DE AZEVEDO, Antônio. *Negócio Jurídico: Existência, Validade e Eficácia*. 7ª ed. São Paulo, Saraiva, 2010.

KANITZ, Stephen. "Procuro um avalista". Revista *Veja* 20, ano 37, 12.5.2004, p. 73.

KOTOWITZ, Y. "Moral Hazard", in EATWELL, J., MURRAY, M., e NEWMAN, P. (coords.) *Allocation, Information and Markets*. Londres, W. W. Norton, 1987.

KREPS, D. *A Course in Microeconomics Theory*. Princeton, Princeton University Press, 1990.

LOPEZ, Teresa Ancona. *Princípio da Precaução e Evolução da Responsabilidade Civil*. São Paulo, Quartier Latin, 2010.

LUCCA, Newton de, e SIMÃO FILHO, Adalberto (coords.). *Direito e Internet: Aspectos Jurídicos Relevantes*. vol. 2. São Paulo, Quartier Latin, 2008.

______. *Da Ética Geral à Ética Empresarial*. São Paulo, Quartier Latin, 2009.

______. *Direito do Consumidor*. 2ª ed. São Paulo, Quartier Latin, 2008.

MACAULAY, Stewart. "Non-contractual relations in business: a preliminary study". *American Sociological Review* 28/55-67, 1963.

MANKIW, Gregory N. *Principles of Economics*. 5ª ed. Nova York, Lightning Source Inc., 2009.

MILGROM, Paul, e ROBERTS, John. *Economics, Organization and Management*. Nova Jersey, Prentice Hall, 1992.

MÜLLER-FREIENFELS, Wolfram. "Zur Lehre von sogenannten Durchgriff bei juristischen Personen im Privatrecht". *Archiv für civilistiche Praxis (AcP)* 156, Tübingen, 1957.

NUNES, Márcio Tadeu Guimarães. *Desconstruindo a Desconsideração da Personalidade Jurídica*. São Paulo, Quartier Latin, 2007.

NUNES, Simone Lahorgue, e BIANQUI, Pedro Henrique Torres. "A desconsideração da personalidade jurídica: considerações sobre a origem do princípio", in FRANÇA, Erasmo Valladão de Azevedo e Novaes (coord.). *Direito Societário Contemporâneo* I. São Paulo, Quartier Latin, 2009.

NUSDEO, Fábio. *Curso de Economia: Introdução ao Direito Econômico*. 6ª ed. São Paulo, Ed. RT, 2010.

OLIVEIRA, José Lamartine Corrêa de. *A Dupla Crise da Pessoa Jurídica*. São Paulo, Saraiva, 1979.

PARENTONI, Leonardo Netto, e GALIZZI, Gustavo Oliva. "É o fim da falência?", in CASTRO, Moema Augusta Soares de, e CARVALHO, William Eustáquio de (coords.). *Direito Falimentar Contemporâneo*. Porto Alegre, Sérgio Antônio Fabris, 2008.

POSNER, Eric A. "Economic analysis of contract law after three decades: success or failure?". *The Yale Law Journal*. Yale, The Yale Law Journal, vol. 112, n. 4, jan./2003.

RAPP, Geoffrey Christopher. "Preserving LLC veil piercing: a response to Bainbridge". *The Journal of Corporation Law*. Iowa, University of Iowa, 2006.

REQUIÃO, Rubens. "Abuso de direito e fraude através da personalidade jurídica". *RT* 410, São Paulo, Ed. RT, ano 58, dez./1969.

RIPERT, Georges. *Aspectos Jurídicos do Capitalismo Moderno*. Campinas, Red, 2002.

SALOMÃO FILHO, Calixto. *O Novo Direito Societário*. 3ª ed. São Paulo, Malheiros Editores, 2006.

SCOTT, Robert E. "A theory of self-enforcing indefinite agreements". *Columbia Law Review*, vol. 103, n. 7, nov./2003.

SERICK, Rolf. *Forma e Realtà della Persona Giuridica*. Milão, Giuffrè, 1966.

SIMON, Herbert Alexander. "Theories of decision making in economics and behavioral science". *American Economic Review*, Washington, vol. 49, National Academy Press, jun./1959.

SZTAJN, Raquel. "Externalidades e custos de transação: a redistribuição de direitos no novo Código Civil". *Revista de Direito Mercantil, Industrial, Econômico e Financeiro* 133/7-31, São Paulo, Malheiros Editores, ano XLIII, jan.-mar./2004.

______. "Regulação e o mercado de valores mobiliários". *Revista de Direito Mercantil, Industrial, Econômico e Financeiro* 135/136-147, São Paulo, Malheiros Editores, ano XLIII, jul.-set./2004.

______. *Teoria Jurídica da Empresa: Atividade Empresária e Mercados*. São Paulo, Atlas, 2004, p. 75.

THEODORO JÚNIOR, Humberto. "A fraude de execução e o regime de sua declaração em juízo". *Revista de Processo* 102/68-88, São Paulo, Ed. RT, ano 26, abr.-jun./2001.

______. "Prescrição – Liberdade e dignidade da pessoa humana". *Revista Dialética de Direito Processual* 40, São Paulo, Dialética, jul./2006.

THOMPSON, Robert B. Piercing. "The corporate veil: an empirical study". *Cornell Law Review* 76, jul./1991.

TOBEÑAS, José Castán. *Derecho Civil Español*. 8ª ed. Madri, Instituto Editorial Reus, 1952.

TOLEDO, Paulo Fernando Campos Salles de. "A desconsideração da personalidade jurídica na falência". *Revista de Direito Mercantil, Industrial, Econômico e Financeiro* 134/222-233, São Paulo, Malheiros Editores, ano XLIII, abr.-jun./2004.

VAREILLES-SOMMIÈRES, Marquis De. *Les Personnes Morales*. Paris, LGDJ, 1919.

VERÇOSA, Haroldo Malheiros Duclerc. *Contratos Mercantis e a Teoria Geral dos Contratos: o Código Civil de 2002 e a Crise do Contrato*. São Paulo, Quartier Latin, 2010.

______. *Curso de Direito Comercial: Teoria Geral das Sociedades. As Sociedades em Espécie do Código Civil*. São Paulo, Malheiros Editores, 2006.

VERRUCOLI, Piero. *Il Superamento della Personalità Giuridica delle Società di Capitali nella Common Law e nella Civil Law*. Milão, Giuffrè, 1964.

VIEGAS, Juliana L. B. "Aspectos legais de contratação na área da propriedade industrial", in SANTOS, Manoel J. Pereira dos, e JABUR, Wilson Pinheiro (coords.). *Contratos de Propriedade Intelectual e Novas Tecnologias*. São Paulo, Saraiva, 2007.

WARDE JÚNIOR, Walfrido Jorge. *A Crise da Limitação de Responsabilidade dos Sócios e a Teoria da Desconsideração da Personalidade Jurídica*. Tese de Doutorado, Pós-Graduação em Direito Comercial. São Paulo, USP, 2004.

WILLIAMSON, Oliver E. *The Economic Institutions of Capitalism: Firms, Markets, Relational Contracting*. Nova York, The Free Press, 1985, p. 76.

______. "The logic of economic organization". *Oxford Journals* vol. 4, n. 1, Oxford, Oxford University Press, primavera/1988.

______. "The new institutional economics: taking stock, looking ahead". *Journal of Economic Literature*, vol. 38, n. 3, American Economic Association, set./2000.

______. "Transaction cost economics: the natural progression". *American Economic Review* 100/673-690, jun./2000.

WORMSER, I. Maurice. *Disregard of the Corporate Fiction and Allied Corporation Problems*. Nova York, Baker, Voorhis and Company, 1927.

PERSPECTIVAS PARA A DISCIPLINA DA COMPANHIA ABERTA: PRINCIPAIS DESAFIOS DO DIREITO SOCIETÁRIO BRASILEIRO[1]

João Pedro Scalzilli
Laura Amaral Patella
Luís André N. de Moura Azevedo
Luis Felipe Spinelli
Rodrigo Tellechea

Introdução. 1. Sistemas de Direito Societário. Convergência e divergência. 2. Perspectivas e desafios para o Regime Jurídico das Companhias Abertas: o acionista não controlador: 2.1 Os acionistas não controladores e a tendência à dispersão da propriedade acionária – Ativismo "vs." absenteísmo. 3. Perspectivas e desafios para o Regime Jurídico das Companhias Abertas: o acionista controlador: 3.1 O Estado controlador, interferência política e responsabilidade; 3.2 Transferência do controle, "poison pills" e "tag along". 4. Perspectivas e desafios para o Regime Jurídico das Companhias Abertas: a administração: 4.1 O revigoramento do papel dos administradores? A tendência à profissionalização; 4.2. Profissionalização da gestão: 4.2.1 A substância sobre a forma. O dever de independência dos administradores "vs." os conselheiros independentes. 5. Perspectivas e desafios para o Regime Jurídico das Companhias Abertas: a regulação: 5.1 A Lei das S/A (e a Lei n. 6.385/1976) – Os novos problemas e a adequação legal à realidade brasileira; 5.2 Os papéis fiscalizador e disciplinador da CVM "vs." a estrutura reduzida e o crescimento dessas atribuições; 5.3 A solução da autorregulação: o papel do mercado; 5.4 Novo Código Comercial: necessidade ou fetichismo?. 6. Conclusão. 7. Referências bibliográficas.

Introdução

Em regra, quando se analisa o fenômeno da globalização, refere-se a um fato genérico, de natureza multidisciplinar, cujos significados e efeitos têm natureza diversa e, muitas vezes, difíceis de mensurar. Desse evento de âmbito global já se ocuparam e ainda se ocupam filósofos, sociólogos, economistas, juristas e pensadores de muitas outras ciências, cada qual na sua esfera própria de referência. Raras foram as oportunidades em que esse fenômeno foi examinado e sistematizado a partir

1. O presente artigo foi apresentado como parte da avaliação da disciplina DCO 5875-1 – Novo Direito Societário, cursada no primeiro semestre de 2011, no Programa de Pós-Graduação da Faculdade de Direito da Universidade de São Paulo, sob a regência dos Profs. Mauro Rodrigues Penteado, Paulo Salvador Frontini e Eduardo Secchi Munhoz.

de um enfoque jurídico,[2] particularmente sob as lentes do direito societário.

Nesse contexto, a realidade presente, vista sob as coordenadas do tempo e do espaço, parece ser oposta à que se tinha até então. Nos dias de hoje, o aspecto dinâmico da realidade está acelerado, sendo cada vez mais intensas as mutações no tempo e no espaço, enquanto outrora seus eventos eram praticamente imutáveis no tempo e cambiantes no espaço.[3]

Numa perspectiva jurídica, em outros momentos, a lei posta pelo Estado era tida como a única fonte jurídico-normativa, que se distinguia territorialmente de um país para outro, sendo, no entanto, capaz de garantir a estabilidade e a segurança jurídica às sociedades nacionais. Diante da internacionalização dos mercados, esse quadro foi alterado. A globalização refletiu na esfera jurídica uma nova forma de manifestação do direito, com alcance universal, na qual o Estado cede maior espaço à autonomia contratual no papel de regulador das transações econômicas realizadas no mercado.[4]

A partir dessas premissas multifacetárias, far-se-á o exame de algumas mudanças estruturais ocorridas no sistema normativo de direito societário e do mercado de capitais no Brasil, com enfoque especial nas sociedades anônimas abertas, reconhecido instrumento jurídico de captação da poupança popular e catalisador do desenvolvimento econômico e de operações mercantis.

No final do século XX, particularmente no início dos anos 1970, em um ciclo de conferências organizado para examinar os principais problemas jurídicos relacionados às sociedades anônimas,[5] o Prof. espanhol Joaquín Garrigues, ex-Catedrático da Universidade de Madri, manifestou opinião no sentido de que sobre esse tipo societário já se disse, para o bem ou para o mal, tudo o que se poderia dizer.[6]

A opinião do respeitado Catedrático espanhol evidencia um fato sobre as sociedades anônimas que pouco se discute no direito das sociedades: sua grandiosidade, higidez e pujança exerceram (e ainda exercem) tamanho fascínio sobre os juristas a tal ponto que muito se escreveu sobre elas, mas pouco se alterou na sua modelagem jurídica desde o surgimento da Companhia das Índias Orientais em 1602.[7]

Evidente que transformações ocorreram. Porém, os inúmeros retoques e refor-

2. Entre nós merece referência a Tese de Livre-Docência do Prof. Titular do Departamento de Filosofia e Teoria Geral do Direito, da Faculdade de Direito da USP, José Eduardo Campos de Oliveira Faria, intitulada *O Direito na Economia Globalizada* (4ª ed., São Paulo Malheiros Editores, 2007).

3. Francesco Galgano, *La Globalización en el Espejo de Derecho*, p. 14.

4. Idem, pp. 14-15.

5. Dentre os problemas postos para discussão pelo Prof. espanhol merecem destaque os que seguem: (***a***) Sociedade e o Estado: (*i*) fenômeno, em média ou larga medida, de estatização. Intromissão do Estado nas sociedades anônimas. O Estado como acionista de caráter peculiar; (*ii*) Imposição de limites à liberdade das empresas e ao abuso do poder econômico; (*iii*) Resolução dos problemas da empresa por meio do direito societário. Exemplo: criação de participação minoritária dos operários nos conselhos de administração. (***b***) Sociedade e os acionistas: (*i*) Estrutura legal da companhia; (*ii*) O desinteresse do pequeno acionista; (*iii*) Maioria *versus* minoria; (*iv*) Acionistas e administradores. (***c***) Sociedade e terceiros: (*i*) Personalidade jurídica e seu abuso; (*ii*) Responsabilidade limitada; (*iii*) Participações recíprocas. (***d***) Movimento de reforma das S/A: (*i*) Alterações pontuais, sem modificação da estrutura da S/A; (*ii*) Impossibilidade de transferir para a lei societária os problemas da empresa. É importante destacar que, decorridos aproximadamente 40 anos da exposição do Prof. espanhol, muitos desses problemas permanecem sem solução (Joaquín Garrigues, *Problemas Atuais das Sociedades Anônimas*, 1982).

6. Idem, p. 9.

7. Merece referência o breve e interessante estudo do Prof. Fábio Konder Comparato acerca da evolução história das empresas multinacionais ("Na proto-história das empresas multinacionais – O Banco Medici de Florença", *RDM* 54/105-111). Ótima análise sobre a evolução histórica das sociedades anônimas pode ser encontrado em Alfredo Lamy Filho e José Luiz Bulhões Pedreira, *A Lei das S/A (Pressupostos, Elaboração, Aplicação)*, pp. 19-103.

mas realizados desde então foram, na sua grande maioria, de caráter parcial, pontual, ortopédico, como se receosos estivessem os legisladores de alterar a maestria das suas fundações, buscando sempre modificar minimamente o estado da arte, com a finalidade de conseguir que o modelo jurídico da sociedade anônima funcione de forma perene, com a mesma engrenagem, cada dia de forma mais primorosa.[8]

Talvez em razão desse deslumbramento em torno do tema os estudiosos tenham demorado a perceber que a sociedade anônima tem natureza híbrida, isto é, é econômica na sua substância e jurídica na sua forma.[9] O balanceamento e o equilíbrio final dessa equação requerem atenção especial, pois suas variáveis são vastas e suas alterações, contínuas, de modo que uma pequena desconexão entre a forma jurídica e a substância econômica determina um distanciamento fatal, uma linha cinzenta com a qual o direito não sabe lidar de forma satisfatória.

Aproveitamo-nos das reflexões acima para resgatar a crise dogmática que perpassa os modelos jurídicos que sustentam o sistema societário. A doutrina especializada já apontou a inadequação do modelo societário clássico (alicerçado na sociedade empresária isolada, dotada de responsabilidade limitada e com um acionista controlador predefinido) como solução para os problemas demandados pelas formas contemporâneas de organização empresarial, caracterizadas, na grande maioria das vezes, por grupos de sociedades unificados pelo poder de controle de fato, alocado em diferentes graus de concentração e estabilidade aos sócios, administradores, credores, entre outros.[10]

Sabe-se, da mesma forma, que a titularidade do poder de controle, o poder atribuído às minorias, as operações em torno da sua transferência e a formação de grupos de sociedade emergem como fatores jurídicos centrais no exame da empresa contemporânea. A construção de uma adequada disciplina jurídica para esses pilares de sustentação da estrutura societária é uma tentativa de reduzir a crise do atual sistema societário, caracterizada e deflagrada a partir de uma enorme distância entre a ordem jurídica posta e a realidade econômica a ela subjacente.[11]

Ainda que em dimensão distinta, em razão do estágio tardio de desenvolvimento do seu mercado, o Brasil continua enfrentando os reflexos dessa crise. Numa perspectiva eminentemente histórica, somos caracterizados como um país cujo sistema de direito societário é caracterizado como concentrado, no qual um acionista controlador ou grupo de acionistas controladores (coligados, geralmente, por acor-

8. Joaquín Garrigues, ob. cit., p. 9.

9. Para Alfredo Lamy Filho e José Luiz Bulhões Pedreira, citando Ferri, talvez nenhum outro instituto jurídico tenha mergulhado suas raízes tão profundamente no "*humus*" da vida econômica quanto as sociedades anônimas e, pelas consequências que provocou, parece evidenciar que nem sempre é a organização econômica que gera o direito, mas, muitas vezes, a ordem jurídica condiciona e promove a vida econômica (Alfredo Lamy Filho e José Luiz Bulhões Pedreira, *A Lei das S/A (Pressupostos, Elaboração, Aplicação)*, vol. I, 3ª ed., p. 20).

10. Eduardo Secchi Munhoz, *Empresa Contemporânea e Direito Societário – Poder de Controle e Grupos de Sociedades*, p. VII. O jurista português José Engrácia Antunes, em sua clássica obra sobre a estrutura e a organização jurídica dos grupos de sociedades, elucida que o edifício jurídico-societário, construído para a sociedade individual e independente, parte da pressuposição de que esta sociedade será ente econômico e juridicamente autônomo, fechado sobre si mesmo e imune a qualquer interferência externa, explorando sua atividade econômica através de uma vontade e interesses sociais próprios, determinados pela assembleia geral. O surgimento dos grupos societários por meio do qual se operou a passagem da era atomística à era molecular do direito das sociedades acarretou uma crise sem precedentes nos quadros jurídico-societários tradicionais, posto que o modelo da sociedade isolada com personalidade jurídica não constituía mais o epicentro econômico que movimenta o direito das sociedades (José Engrácia Antunes, *Grupos de Sociedades – Estrutura e Organização Jurídica da Empresa Plurissocietária*, p. 16).

11. Eduardo Secchi Munhoz, ob. cit., p. VIII.

dos de voto) detém a titularidade do poder de controle.

Em sentido oposto do que ocorre nos Estados Unidos da América e na Inglaterra – onde os sistemas de direito societário são do tipo disperso, nos quais existe uma efetiva separação entre a propriedade das ações e o exercício do controle[12] –, no direito brasileiro a figura do acionista controlador é um dos vértices da estrutura da sociedade anônima e do funcionamento do mercado de capitais, senão o principal.

Nessa toada, vale lembrar que, durante muitos anos, no Brasil, a separação entre propriedade e controle, típica característica do sistema societário de controle disperso, ficou restrita aos meios acadêmicos,[13] não se verificando na realidade prática do mercado de capitais.[14] Esse cenário começou a mudar a partir de 2004, com o fortalecimento dos segmentos especiais de governança corporativa criados pela Bovespa (hoje BM&F Bovespa), nos quais as regras de governança, de proteção aos acionistas minoritários[15] e do público investidor são bem mais rigorosas do que aquelas previstas pelas Leis ns. 6.404/1976 e 6.385/1976.

A concepção do Novo Mercado, como solução contratual capaz de vencer as barreiras políticas, econômicas e culturais[16] que impediam o desenvolvimento de um mercado de capitais forte, se mostrou um caso de sucesso,[17] a ponto de, a partir da sua criação, raros serem os exemplos em que as aberturas de capital ocorrem em outro segmento que não este.[18]

Verdade seja dita: após alguns anos de inércia e apatia, o direito societário brasileiro vive um momento de ebulição. Depois de aproximadamente 35 anos da promulgação das Leis ns. 6.404/1976 e 6.385/1976 pode-se afirmar que a sociedade anônima aberta, historicamente reconhecida como estrutura jurídica projetada para empreendimentos de grande envergadura econômica, parece ter atingido seu ápice, justificando, numa perspectiva nacional, as alcunhas

12. Nesse sentido, referência é feita à obra de Adolf Berle e Gardiner Means, *The Modern Corporation and Private Property*, na qual os autores identificam através de pesquisa empírica, realizada na década de 1920, que a grande maioria das companhias abertas norte-americanas tinha o capital disperso e o controle exercido pelos administradores (gerencial).

13. Nesse sentido, referência é feita à obra do Prof. Fábio Konder Comparato, *O Poder de Controle nas Sociedades Anônimas* e do Prof. Eduardo Munhoz, *Empresa Contemporânea e Direito Societário – Poder de Controle e Grupos de Sociedade*.

14. Importante mencionar artigo de autoria de Nelson Eizirik – "O mito do controle gerencial" –, ainda na década de 1980, no qual restou comprovado a inexistência de controle gerencial no Brasil.

15. Estudos de autores norte-americanos, dentre os quais se destacam os de La Porta, Lopez-de-Silanes, Shleifer e Vishny ("Corporate ownership around the world", *Journal of Finance* 54/471-518), indicam a necessidade de a legislação societária proteger os direitos dos minoritários e a transparência para com o mercado (como condição indispensável ao desenvolvimento do mercado de capitais).

16. Vale destacar, nesse sentido, a resistência oposta pelos agentes econômicos já estabelecidos no poder nas grandes sociedades anônimas e a forte influência política que exercem nos canais legislativos, na medida em que a alteração das regras do jogo poderia lhes ser prejudicial. Cf. o Problema de Olson (*Olson's Problem*) em Ronald J. Gilson, Henry Hansmann e Mariana Pargendler, "Regulatory dualism as a development strategy: corporate reform in Brazil, in the US and the E.U.", *ECGI – Law Working Paper* 149/2010, disponível em *http//ssrn.com/abstract=1541226*; e em Mark J. Roe e Lucian Bebchuk, "A theory of path dependence in corporate ownership and governance", 52 *Stanford Law Review* 127.

17. O sucesso do Novo Mercado foi objeto de estudo de Ronald J. Gilson, Henry Hansmann e Mariana Pargendler, ob. cit.

18. Segundo informações da BM&F Bovespa, até 8.5.2011, o Brasil tinha 419 companhias abertas listadas na Bolsa de Valores. 119 delas listadas no Novo Mercado (representando 28% do total), 16 companhias listadas no Nível 2 (representando 4%), 39 companhias listadas no Nível 1 (representando 9% do total) e 245 companhias no segmento tradicional (totalizando 59%). Além disso, no ano de 2010, 11 companhias abriram seu capital, das quais 10 no Novo Mercado. Em 2011, até o momento, 7 companhias abriram seu capital, todas elas no Novo Mercado.

a ela atribuídas por doutrinadores estrangeiros, como, por exemplo, máquina jurídica e maravilhoso instrumento jurídico do capitalismo moderno.[19]

Nessa lógica, o mercado de capitais tem desempenhado um papel relevante no desenvolvimento econômico nacional, viabilizando o processo de capitalização das empresas, de captação da poupança popular e de alocação desses recursos no setor produtivo, impulsionando, ao fim e ao cabo, o crescimento econômico.

Não se pode ignorar, no entanto, que essa transformação do mercado e a sedimentação da sociedade anônima aberta como veículo jurídico destinado à exploração de grandes negócios expuseram muitas das fragilidades da nossa legislação societária. Em adição aos problemas já existentes (ainda não resolvidos de forma satisfatória), surgiram inúmeros outros, para os quais a legislação, as regras do Novo Mercado e os precedentes regulatórios e jurisprudenciais (administrativos e judiciais) parecem não endereçar soluções adequadas.

O objetivo primordial do presente ensaio é propor reflexões acerca dos novos desafios que perpassam o direito societário brasileiro. A ideia que circunscreve o estudo é propositiva e não conclusiva. Busca-se, com o trabalho, identificar os conflitos que permeiam o direito societário e o mercado de capitais nessa nova fase e, a partir disso, evidenciar que as regras hoje postas, assim como a doutrina e a jurisprudência de um modo geral, não nos parecem adequadas para enfrentar os problemas existentes.

19. Como demonstra o atual cenário brasileiro, cada vez mais o mercado de capitais vem desempenhando um papel relevante no desenvolvimento econômico nacional, pois viabiliza o processo de capitalização das empresas. Em outras palavras, serve de meio de ligação para que os poupadores possam investir suas economias em empresas que, por sua vez, necessitam captar recursos mais baratos do que os oferecidos pelas instituições financeiras, para continuar crescendo.

Diante da complexidade do desafio, é necessário estabelecer um corte metodológico para o estudo. Assim, os temas doravante abordados serão enfrentados sob a perspectiva do que se poderia chamar de "macrossistema das sociedades anônimas", a partir da identificação dos seus grandes alicerces, dentre os quais destacaremos a temática em torno dos acionistas controladores e não controladores, dos administradores e da formulação das regras vigentes, isto é, a regulação do mercado.

1. Sistemas de Direito Societário. Convergência e divergência

A questão das convergências e divergências nos sistemas de direito societário pode ser encarada sob múltiplos aspectos, dentre os quais merecem destaque: (*i*) a convergência quanto às principais características da sociedade anônima; (*ii*) a convergência quanto ao interesse social; (*iii*) a convergência quanto à propriedade acionária e, por fim, (*iv*) as diferentes formas de convergência.[20] Iniciemos pelo último item (as diferentes formas de convergência), eis que se trata de ponto de partida para a compreensão dos demais.

Sobre as formas de convergência, independentemente das características do modelo em mira, a busca pela convergência pode ocorrer de diversas maneiras.

Será do tipo funcional, por exemplo, quando as instituições do sistema forem flexíveis o suficiente para responder às demandas de mudança, sem a necessidade de alterar seus aspectos formais. Será do tipo formal, por sua vez, quando as mudanças demandadas dependerem de uma ação legislativa para alterar a estrutura básica das instituições. Por fim, será contratual (*security design* ou *stock exchange listing*) quan-

20. Henry Hansmann e Reinier Kraakman, "The end of history for corporate law", *Yale Law School Working Paper* 235, disponível em SSRN: *http://ssrn.com/abstract=204528* ou *doi:10.2139/ssrn.204528*.

do as instituições não forem suficientemente flexíveis e as barreiras políticas restringirem a capacidade de mudança legislativa,[21] cabendo aos agentes contratar soluções para contornar tais problemas.

Nesse particular, o enfoque do presente estudo será o da convergência em torno da propriedade acionaria, na medida em que é um tema de grande relevância para o atual estágio de desenvolvimento do nosso mercado. Existem, nesse sentido, dois principais sistemas relacionados à propriedade acionária: (*i*) o sistema de controle disperso e (*ii*) o sistema de controle concentrado.

Sabe-se que os sistemas que apresentam propriedade acionária dispersa caracterizam-se por não terem um controlador majoritário, mas, sim, o controle desconcentrado, com um mercado de capitais forte, regulado por uma agência estatal ativa e bem equipada, com padrões rigorosos de *disclosure* e transparência, bem como com um mercado de controle acionário bastante ativo que impõe metas de eficiência aos administradores.

Por outro lado, os sistemas de controle concentrado são caracterizados pela existência de controladores fortes, por um mercado de capitais fraco, menos institucionalizado, no qual o órgão regulador tem atuação restrita, onde os benefícios privados do controle são elevados e há um baixo padrão de *disclosure* e de transparência, assim como um mercado de controle fraco e pouco ativo.

Nos últimos anos, muito tem se discutido na doutrina societária, mormente nos países da *common law*, sobre a eficiência e a ineficiência dos sistemas de propriedade acionária dispersa e concentrada, respectivamente, a ponto de alguns estudiosos predizerem que a maturidade de um mercado de capitais (numa espécie de linha evolutiva) estaria na existência de dispersão acionária.[22] Apesar dos bons fundamentos que justificam essas teses, evidências empíricas demonstram que uma convergência definitiva em torno desse sistema ainda está longe de acontecer. O que se verifica é uma polarização global em torno dos sistemas acima descritos.[23]

Em razão das características distintas, é preciso compreender que os sistemas de controle disperso e concentrado enfrentam conflitos diferentes e, em virtu-

21. Ronald J. Gilson, "Globalizing, Corporate Governance: convergence of form or function", *Stanford Law and Economics Olin Working Paper* 192, disponível em SSRN: *http://ssrn.com/abstract =229517* ou *doi:10.2139/ssrn.229517.*

22. Rafael La Porta, Florencio Lopez-de-Silanes, Andrei Shleifer e Robert Vishny, "Corporate ownership around the world", *Journal of Finance* 54/471-518.

23. P. ex., EUA e UK são países cujos mercados financeiros estão fortemente baseados no mercado de ações como fonte de captação de recursos para investimento na atividade produtiva. Diferentemente, na Alemanha e no Japão, os mercados financeiros estão fundados na atuação de instituições financeiras, principais financiadores das empresas de grande porte (restando os bancos e as companhias seguradoras os maiores acionistas das principais empresas alemãs ao lado das famílias). Alguns ordenamentos são caracterizados pela presença de estruturas grupais, como o Japão, a Coreia, etc., enquanto outros apresentam famílias no controle dos grandes empreendimentos, como são os casos do Canadá, Itália e Alemanha. O poder alocado de forma mais contundente na administração aparece mais claramente nos EUA e na França (Ronald J. Gilson, "Controlling shareholders and corporate governance: complicating the comparative taxonomy", *Stanford Law and Economics Olin Working Paper* 309, disponível em SSRN: *http://ssrn.com/abstract =78474*). O Prof. da Universidade de Columbia John Coffee Jr. vê na *common law* um sistema jurídico mais fértil para a autorregulação privada ou semiprivada, fatores que, segundo o autor, foram determinantes para o fortalecimento do mercado de capitais norte-americano e para o surgimento da dispersão acionária. Os países do *civil law*, por sua vez, encontram maiores barreiras para o desenvolvimento do mercado disperso. No entanto, em favor da convergência, o referido Professor vê nos movimentos de autorregulação recentemente verificados na Europa e nas economias em desenvolvimento como possíveis indícios em direção à dispersão (John Coffee Jr. "The rise of dispersed ownership: the roles of law and the state in the separation of ownership and control", *Yale Law Journal* 111/88 e 91).

de disso, requerem tratamento legislativo diferente. Vejamos, ainda que de forma breve, qual o reflexo dessa conclusão nos desafios que a legislação de cada um deles deve enfrentar.

No sistema de controle concentrado, o conflito central a ser regulado é aquele que se estabelece entre o controlador e os não controladores, ao passo que no sistema de controle disperso é aquele que se forma entre a coletividade acionária e os administradores. Em apertado resumo, pode-se dizer que no primeiro sistema a questão central é evitar que o controlador extraia benefícios particulares muito elevados do controle, em detrimento dos demais acionistas. Já no segundo, os principais problemas dizem respeito ao monitoramento dos administradores pela coletividade de acionistas (*agency problems*) e à criação de incentivos para que eles atuem em conformidade com o interesse social[24] (e não de acordo com seu interesse particular).

Essas diferenças refletem no exame da eficiência/ineficiência dos sistemas, posto que em ambos é possível encontrar aspectos positivos e negativos que merecem destaque. Por exemplo, se no sistema de controle diluído o problema é o monitoramente dos administradores, deve-se buscar formas de assegurar que estes comandem a empresa no melhor interesse da coletividade dos acionistas (*agency problems*), em uma perspectiva de longo prazo. Ora, se isso é verdadeiro, pode-se afirmar que no sistema de controle concentrado esse aspecto específico é superior ao sistema de controle diluído, já que a presença de um controle forte e organizado pode reduzir drasticamente os problemas de monitoramente dos administradores.[25]

A partir dessa lógica, é razoável dizer que o sistema de controle concentrado pode ser vantajoso ou eficiente quando comparado ao sistema disperso, desde que os custos decorrentes da obtenção de benefícios particulares pelo controlador sejam menores que os custos que deixaram de ser incorridos pela companhia no monitoramente dos administradores.[26]

Em outras palavras, se a presença do controlador gerar custos menores (inexistência de excessivos benefícios particulares do controlador) do que os que seriam enfrentados numa estrutura de controle diluído (redução dos custos de monitoramento dos administradores), então, o primeiro sistema pode ser eficiente e eventualmente superior ao segundo.[27]

Da mesma forma, pode-se dizer que o sistema societário de controle disperso será mais vantajoso ou eficiente que o sistema concentrado, desde que os custos de monitoramento dos administradores (e a criação de incentivos para que eles atuem no interesse da companhia numa perspectiva de longo prazo) sejam inferiores aos custos decorrentes do estabelecimento de limites e/ou da efetiva obtenção de benefícios particulares pelo controlador.

Chega-se, assim, a uma conclusão importante para o caso brasileiro: a ênfase do direito societário em um sistema de controle concentrado, caracterizado pela existência de um controlador forte e ativo, deve ser a de procurar limitar em níveis adequados seu poder de extrair excessivos benefícios particulares da companhia.[28]

24. Eduardo Secchi Munhoz, "Desafios do direito societário brasileiro na disciplina da companhia aberta: avaliação dos sistemas de controle diluído e concentrado", in Rodrigo R. M. de Castro e Leandro S. de Aragão (coords.), *Direito Societário – Desafios Atuais*, pp. 119-155.

25. Eduardo Secchi Munhoz, ob. cit., pp. 137-139.

26. Idem, ibidem.

27. Ronald J. Gilson e Jeffrey N. Gordon, "Controlling controlling shareholders", *Columbia Law and Economics Working Paper* 228.

28. Nesse ponto é preciso identificar as principais formas de extração de tais benefícios pelo controlador. A esse respeito a divisão sugerida por Gilson e Gordon é interessante, na medida em que identifica três espécies de benefícios particulares: (*i*) aqueles obtidos no curso do comando da atividade empresarial; (*ii*) aqueles obtidos por operações de alienação do controle; (*iii*) aqueles obtidos em ope-

Em resumo, por meio da comparação entre os sistemas de controle concentrado e disperso, pode-se dizer que não se deve falar no "bom sistema de controle diluído" ou no "mau sistema de controle concentrado". Existem boas leis tanto em sistemas de controle diluído quanto em sistemas de controle concentrado. O importante é a legislação dar enfoque ao problema central de cada sistema, primando pela eficiência e buscando formas de reduzir suas consequências negativas.[29]

A partir dessas considerações iniciais, concordamos com a opinião do Professor da Universidade de São Paulo, Eduardo S. Munhoz, no sentido de que os focos de regulação no sistema de controle concentrado e no sistema de controle disperso são distintos, posto que os desafios enfrentados têm natureza evidentemente diversa. No caso do Brasil, qualificado como um sistema de controle concentrado, esse enfoque deve estar na redução dos benefícios privados extraídos pelo acionista controlador, seja no segmento tradicional de listagem ou nos especiais, incluindo o Novo Mercado.

Apesar disso, o que se verifica na prática, principalmente na experiência brasileira, é uma verdadeira importação dos remédios e previsões do modelo norte-americano, sem a devida reflexão sobre essas distinções fundamentais, o que resulta na adoção de regras inadequadas e desalinhadas com a realidade econômica que se pretende regular.[30]

A partir dessa contextualização do tema, passaremos a expor alguns dos problemas que precisam ser enfrentados pelos operadores do direito societário no atual estágio de desenvolvimento do mercado de capitais no Brasil. Não se pretende, no entanto, esgotar o tema ou propor soluções definitivas para tais questões, mas, sim, contribuir de forma propositiva para o debate de assuntos de tamanha importância para o direito societário pátrio nesta sua nova fase de desenvolvimento.

2. *Perspectivas e desafios para o Regime Jurídico das Companhias Abertas: o acionista não controlador*

É sabido que a conformação da maioria das estruturas societárias requer a conjugação de vontades de, no mínimo, dois sujeitos, orientadas a um escopo comum, com forte elemento cooperativo e com finalidade lucrativa. O acionista é o sujeito titular dessa vontade cuja conjugação com outros titulares dará forma à chamada vontade social. Contudo, essa titularidade, aparentemente clara, tem se mostrado cada vez mais complexa, sendo considerada um dos grandes enigmas do direito societário moderno, cuja solução ainda não foi plenamente explorada.

De pronto, é possível identificar uma aparente impropriedade técnica no tratamento unitário e indistinto conferido pela Lei n. 6.404/1976 aos acionistas das sociedades anônimas, sejam eles partes de uma macrocompanhia aberta, sejam de uma companhia fechada, de natureza familiar. A evolução desse tipo societário e de suas espécies – aberta e fechada – revelou características radicalmente distintas, sobretudo quanto ao perfil e interesses dos acionistas, o que não se refletiu, até o momento, no regime jurídico a eles endereçado.

A despeito das diferenciações feitas ao longo do diploma legal das companhias, relativamente às abertas e às fechadas, sendo-lhes conferido tratamento diferenciado em determinados assuntos, quanto a seus acionistas inexiste diferenciação expressa, sendo todos tratados de forma homogênea, o que cada vez mais se distancia da heterogeneidade da realidade subjacente.

rações que acarretem a diluição de minoritários (Ronald J. Gilson e Jeffrey N. Gordon, ob. cit.).

29. Eduardo Secchi Munhoz, ob. cit., p. 153.

30. Esse fenômeno é chamado pela doutrina de "*piggyback*". Em Eduardo Secchi Munhoz, ob. cit., p. 127, nota de rodapé 11.

Considerando o contexto hodierno das companhias abertas brasileiras, há que se ter clara a identificação dos grandes conflitos que envolvem os acionistas nas estruturas societárias e que servem de pano de fundo para a elaboração e aplicação das regras e princípios. Todavia, para se identificar corretamente esses conflitos é necessário, preliminarmente, a classificação dos sujeitos que compõem essas estruturas, classificação essa cada vez mais intricada, haja vista a engenhosidade das modernas arquiteturas societárias e da crescente multiplicidade dos sujeitos que as compõem.

Com o objetivo de traçar um perfil atual dos acionistas das companhias abertas brasileiras é possível vislumbrar, a partir de uma visão panorâmica, de um lado, a figura do controlador, que comporta variações como a do controlador isolado, do grupo de controle, do controle compartilhado, do controlador majoritário, do controlador minoritário, da sociedade controladora em estruturas piramidais, entre outras. E, de outro lado, os acionistas não controladores, que podem ser investidores institucionais nacionais ou estrangeiros;[31] pessoas jurídicas, públicas ou privadas, que adquirem e negociam participações acionárias no mercado de valores mobiliários; ou os chamados acionistas "minoritários"[32] ou investidores individuais, pessoas naturais com ou sem uma estrutura organizada.[33]

Um breve exame da classificação proposta acima permite concluir que há, evidentemente, distintos perfis e interesses por trás do que hoje a lei denomina, de forma genérica, como "o acionista das sociedades anônimas", sugerindo uma provável inadequação do tratamento unitário já antes mencionado.

Partindo dessa diferenciação, e no intuito de identificar os nós da disciplina jurídica do acionista, constata-se que o atual sistema conjuga (*i*) algumas regras de limitação e controle sobre os controladores e os administradores das companhias com (*ii*) garantias de direitos essenciais aos acionistas. Essas são as linhas-mestras da disciplina que rege as estruturas societárias no regime da Lei n. 6.404/1976 e que garante os "freios e contrapesos" necessários à manutenção da sua forma e ao desempenho de suas funções.

Como já referidos, os principais conflitos no interior dessas estruturas são, tendo como enfoque a figura do acionista, aqueles existentes entre controladores e não controladores, e aqueles entre não controladores e administradores.[34]

Mapeados os conflitos, surgem questionamentos sobre a adequação da disciplina jurídica atual dos acionistas, tal qual prevista na Lei n. 6.404/1976, baseada na garantia dos chamados direitos individuais

31. Fundos de investimentos, clubes de investimentos, entidades de previdência privada, instituições financeiras, sociedades corretoras de títulos e valores mobiliários e sociedades gestoras de patrimônio.

32. A evolução da propriedade acionária nas companhias abertas brasileiras, cuja dispersão das ações no mercado é crescente, e o advento, com significativa intensidade, de controladores minoritários e mesmo de companhias ditas "sem controlador", sinaliza uma impropriedade do termo "acionista minoritário", até então adequado à realidade de extrema concentração da propriedade das ações nas mãos do controlador, realidade essa já bastante alterada.

33. Considerando dados recentes (jun./2011), as negociações por *pessoas físicas* na BM&F Bovespa giraram em torno de 21% das operações no mercado de ações (sendo cerca de 20% por *investidores individuais* e o restante via clubes de investimento); 31% dos negócios foram realizados por *investidores institucionais*; 36% por *investidores estrangeiros*; 2,5% por *empresas privadas e públicas*; e 8% por *instituições financeiras* (fonte: BM&F Bovespa).

34. Os conflitos entre não controladores e administradores decorrem do movimento relativamente recente de dissociação entre a figura do controlador e a dos administradores das companhias, com a consequente profissionalização da administração, um dos reflexos da dispersão da propriedade acionária nos chamados conflitos de agência. A despeito dessa dissociação, a sintonia e o alinhamento de interesses entre controladores e administradores parece se manter, sendo estes, no mais das vezes mera extensão daqueles na condução dos negócios da sociedade.

ou essenciais dos acionistas,[35] direitos de minoria[36] e, paralelamente, uma ainda tímida disciplina orientada à proteção dos investidores.[37]

Ocorre que a análise dessa adequação não pode prescindir da exata identificação dos perfis dos acionistas não controladores e investidores e dos interesses cuja tutela deverá ser promovida pelos instrumentos legislativos, objetivando, ao fim, a eficiência do sistema e a sua fidelidade à realidade dos fatos.

Sinalizando uma possível alteração de paradigma frente à nova realidade, Calixto Salomão Filho propõe uma separação dos direitos dos minoritários na Lei n. 6.404/1976 em dois grandes grupos: os *direitos de informação* e os *direitos patrimoniais de saída*. O incentivo ao minoritário seria, segundo o autor, um *incentivo de liquidez no momento em que quiser se desfazer do investimento*.[38]

Todo e qualquer estudo sobre o tema até aqui esboçado deverá considerar a crescente dispersão da propriedade das ações nas companhias abertas brasileiras no mercado de capitais, realidade já germinada e em acelerada evolução. Vejamos, com especial atenção, uma das consequências da dispersão da propriedade acionária com relação à participação dos acionistas na formação da vontade social.

2.1 Os acionistas não controladores e a tendência à dispersão da propriedade acionária – Ativismo "vs." absenteísmo

O especial momento das companhias abertas nacionais e do mercado de capitais no país conduz à reflexão acerca dos direitos e mecanismos de proteção destinados aos acionistas não controladores, partindo do tradicional sistema de capital concentrado em direção a uma nova – apesar de incipiente – realidade de dispersão da propriedade do capital, tal qual identificada nos sistemas de direito societário anglo-saxões.

Uma vez esboçada a análise preliminar dos distintos perfis e interesses desses acionistas não controladores, há que se questionar o seu papel no sistema anteriormente consolidado, de extrema concentração da propriedade do capital nas estruturas societárias, e as modificações operadas pelo movimento de dispersão do capital verificado hoje no Brasil, com suas vicissitudes e características que o individualizam se comparado, por exemplo, com o sistema norte-americano.

Neste ponto surgem dúvidas como a necessidade ou a viabilidade de uma participação ativa desses não controladores nesse novo cenário, seja fiscalizando, seja exercendo seu direito de voto, ou a manutenção do foco à simples motivação para que mantenham seus investimentos e intensifiquem as negociações no mercado de

35. Art. 109 da Lei n. 6.404/1976: direitos de participação e direitos patrimoniais (lucro, acervo, reembolso), direitos de fiscalização, informação e verificação e direitos desvinculatórios (retirada e participação no acervo em caso de dissolução).

36. Direitos formais e materiais de minoria como, p. ex., o direito de convocar assembleias (art. 123, parágrafo único, *c* e *d*, da Lei n. 6.404/1976); o direito de requerer a exibição de livros sociais (art. 105); o direito de requerer a relação de endereços dos acionistas (art. 126, § 3º); o direito ao voto múltiplo em assembleias gerais (art. 141); o direito de requerer a instalação do Conselho Fiscal (art. 161, § 2º); o direito de eleger membros do Conselho de Administração (art. 141, § 4º, I e II) e do Conselho Fiscal (art. 161, § 4º, *a* e *b*); o direito de requerer informações ao Conselho Fiscal (art. 163, § 6º); o direito de ajuizar ação de responsabilidade (art. 159, § 4º); e ação de dissolução da companhia (art. 206, II, *b*).

37. A proteção ao investidor tem sua manifestação mais expressiva na atuação da Comissão de Valores Mobiliários por força da Lei n. 6.385/1976 e da própria Lei n. 6.404/1976, sobretudo com as modificações operadas pela Lei n. 10.303/2001. As bases da proteção ao investidor podem ser sintetizadas nos seguintes tópicos: (*i*) monitoramento do controlador/administradores; (*ii*) política de dividendos e investimentos; (*iii*) amplo e imediato acesso à informação e instrumentos de fiscalização; e (*iv*) garantias de liquidez.

38. *O Novo Direito Societário*, pp. 55 e ss.

capitais, de forma a expandir o mercado secundário e, com isso, promover um maior fluxo de capitais e um acesso mais massivo das companhias aos recursos disponíveis no mercado.

A passividade dos acionistas nas companhias abertas no Brasil é, hoje, ainda uma realidade, como já o era no estudo realizado pelo Professor Joaquín Garriges anteriormente referido. No entanto, o chamado *ativismo societário* é um movimento recente, liderado por investidores organizados (em estruturas institucionais) ou entidades de proteção aos acionistas (Amec, Anbima, etc.).[39] A questão central parece ser qual a participação ideal e eficiente de cada acionista – considerados os distintos perfis – nas relações internas e externas das sociedades, e quais os objetivos a serem atingidos pelas normas legais e regulatórias que o disciplinam.

A realidade das companhias abertas e do mercado de capitais permite supor que o controle e a fiscalização da gestão dessas sociedades, antes concentrados na figura do controlador, tendem a ser menos desempenhados pela massa de acionistas dispersos no mercado e mais pelo próprio mercado, por mecanismos como a *formação dos preços*, o *mercado de controle* (ainda em formação), o *"mercado" de profissionais da administração*, dentre outros.

Parece, também, haver cada vez maior espaço aos investidores institucionais, cuja participação não só tem importante papel na fiscalização e na proteção dos interesses dos não controladores, como é viabilizada pela estrutura e pela organização que lhes é própria, permitindo uma postura mais ativa e eficiente.

Ao fim e ao cabo, parece-nos que aos acionistas não controladores e investidores deve-se garantir direitos mínimos que incentivem uma participação quantitativa e qualitativamente mais expressiva. Para tanto, são essenciais as garantias de ampla, plena e imediata divulgação de informações, acessível a todos, e de efetividade na aplicação das normas que limitam e disciplinam os controladores, os administradores e o próprio funcionamento do mercado de capitais.

É importante destacar, todavia, que a efetiva proteção do acionista das companhias modernas dependerá da efetividade dos meios para proteção dos interesses dos investidores e do mercado, seja pelo *enforcement* das normas, seja pelo eficiente controle e aplicação de sanções. As iniciativas mais urgentes devem objetivar uma atuação precisa e imediata da Comissão de Valores Mobiliários (CVM), do Poder Judiciário e das Cortes Arbitrais, sobre a qual ainda são identificados graves obstáculos.[40]

39. A propósito do ativismo societário, cf. Luís André N. de Moura Azevedo, "Ativismo dos investidores institucionais e poder de controle nas companhias abertas de capital pulverizado brasileiras", in Rodrigo R. M. de Castro e Luís André N. de Moura Azevedo (coords.), *Poder de Controle e outros Temas de Direito Societário e Mercado de Capitais*, pp. 218-262.

40. Uma pesquisa realizada pela Fundação Getúlio Vargas entre os anos de 1998 e 2005 apurou que as questões societárias levadas a juízo demoram, em média, 4 anos e meio para serem processadas desde o seu ingresso em primeira instância até uma decisão definitiva no Tribunal de Justiça no Estado de São Paulo. Em matérias de mercado de capitais a demora chega a 7 anos. Se os temas são levados à apreciação do Superior Tribunal de Justiça, o tempo médio para uma decisão definitiva por essa Corte Superior é de 7 anos e meio, tanto em matérias societárias quanto de mercado de capitais. No âmbito da CVM os prazos tendem a ser mais abreviados, e há maior especialização técnica dos profissionais que analisam os processos. Contudo, no que concerne à proteção dos acionistas ainda são identificadas graves deficiências para a efetiva responsabilização dos controladores e administradores e a consequente indenização dos acionistas lesados (in Viviane Muller Prado e Vinicius Correa Buranelli, "Pesquisa de jurisprudência sobre o Direito Societário e Mercado de Capitais no Tribunal de Justiça de São Paulo", *Caderno Direito da Fundação Getúlio Vargas* 9, vol. 2, n. 1, São Paulo, jan./2006).

3. *Perspectivas e desafios para o Regime Jurídico das Companhias Abertas: o acionista controlador*

3.1 O Estado controlador, interferência política e responsabilidade

Recente pesquisa veiculada nos meios de comunicação dá ideia da magnitude de um fenômeno que há tempos vem chamando a atenção de muitos: a intervenção cada vez maior do Estado brasileiro na atividade econômica, seja controlando, participando ou simplesmente exercendo influência dominante sobre empresas de todos os setores, institucionalizando, silenciosamente, um verdadeiro "capitalismo de Estado".

Contrariando o próprio espírito da Lei n. 6.404/1976, sabidamente projetada para reverter um processo de estatização da economia, resultante da concentração das poupanças nacionais no patrimônio do Estado,[41] o Governo Federal, por intermédio do Tesouro Nacional, dos bancos estatais, das empresas estatais e dos fundos de pensão, participa ou influencia, direta ou indiretamente, 675 empresas, controlando 276, entre elas Petrobras, Eletrobras e Banco do Brasil.[42]

Somados os faturamentos das empresas não financeiras, são mais de um trilhão de Reais, aproximadamente 30% do Produto Interno Bruto (PIB); se consideradas tão somente as controladas, o faturamento é de quase meio trilhão. Na BM&F Bovespa são 99 empresas com participação ou influência do Estado, cujo valor de mercado chega a um trilhão e setecentos milhões de Reais, ou 71% do valor de mercado de todas as empresas cotadas.

Não se pode dizer que a participação do Estado nas companhias é fenômeno recente. Muito antes pelo contrário. É cediço que a história das companhias está umbilicalmente ligada à participação estatal, valendo lembrar que as primeiras sociedades anônimas eram de economia mista, nascidas da necessidade de congregar recursos públicos e privados para a exploração e colonização das terras de além-mar.[43]

No entanto, é de se indagar se essa participação cada vez mais intensa do Estado nas companhias não traz um novo desafio para um sistema que declaradamente foi modelado para a grande empresa de capital privado, não para a grande empresa estatal com controlador onipresente, como hoje se verifica de forma tão evidente.

Recentes escândalos ligados ao loteamento de cargos de primeiro, segundo e até terceiro escalões nas empresas contro-

41. A Lei n. 6.404/1976 objetivava a criação de um ambiente propício ao surgimento da grande empresa privada, como explicaram Alfredo Lamy Filho e José Luiz Bulhões Pedreira, conhecidos autores do anteprojeto (cf. Alfredo Lamy Filho e José Luiz Bulhões Pedreira, ob. cit., pp. 129, 135 e 141-143, entre outras).

42. Revista *Época*, edição 682, de 11.6.2011.

43. Alfredo Lamy Filho e José Luiz Bulhões Pedreira, ob. cit., p. 28. Era tamanha a ligação entre a sociedade anônima e o Estado, que, segundo Joaquín Garrigues, os comercialistas dos séculos XVII e XVIII sequer dela se ocuparam, pois a consideravam uma entidade de Direito Público e não de Direito Privado (em Joaquín Garrigues, ob. cit., p. 21). Assim, no que diz respeito à origem das Sociedades Anônimas, "(...) foi o Direito Público que veio socorrer o Direito Privado, embora em uma medida diversa nos vários países, como resulta comparando a História das companhias coloniais francesas, em que mais viva é a influência estatal, consoante a orientação mercantilista, e a história das companhias holandesas. Constituíram-se por lei especial as primeiras companhias coloniais, assentando, na lei especial que as reconhecia, a personalidade jurídica com a consequente separação dos patrimônios e a possibilidade de uma mudança de sócios, independentemente de uma alteração dos estatutos" (Tullio Ascarelli, *Panorama do Direito Comercial*, 1947, pp. 146-147). Algumas dessas companhias possuíam vastos monopólios comerciais e autoridade sob os cidadãos que habitavam as colônias. A Índia era governada pela britânica *East India Company*, assim como o Estado norte-americano da Virgínia o era, por certo tempo, pela Companhia de Londres (em Edward McNall Burns, *História da Civilização Ocidental*, vol. 2, 20ª ed., Porto Alegre, Globo, 1977, p. 496).

ladas pelo Estado, funções para as quais seriam necessários profissionais altamente especializados, põem em evidência a crise de um sistema que prevê ferramentas para lidar com esse tipo de problema,[44] mas se ressente de mecanismos de incentivo para que os minoritários as utilizem.

É possível verificar um Estado cada vez mais dominante, interferindo em importantes questões de "economia interna" das empresas, com o objetivo de promover a adoção de políticas ou a tomada de decisões que não têm por fim o interesse da companhia, mas, sim, interesses políticos – leia-se político-partidário, não o legítimo interesse público.

Nesse sentido, basta lembrar dois recentes casos relacionados ao tema: (*i*) a intervenção do Estado na tumultuada saída do presidente da Vale, a maior "empresa privada" nacional, sabidamente motivada pelo desagrado gerado dentro do governo com demissão de funcionários no auge da crise de 2008 e pela disputa referente ao pagamento de *royalties* pela exploração mineral, e (*ii*) o caso Copel, empresa controlada pelo Estado do Paraná, que sofreu perdas depois que o governador do Estado mandou não repassar ao consumidor um aumento de aproximadamente 13% nas tarifas de energia autorizado pela ANEEL, enfurecendo acionistas.

Os exemplos acima (e outros no mesmo sentido também poderiam ser listados) demonstram o exercício pelo Estado do controle societário ou não societário em visível dissonância com o interesse da companhia. Parece-nos que a vigente legislação societária não prevê mecanismos eficazes para resolver problemas dessa natureza, cuja falta de definição trazem insegurança jurídica tanto para o acionista quanto para o mercado.

O tema merece reflexões aprofundadas. A atuação do Estado como acionista controlador suscita novas questões jurídicas para as quais a lei acionária não apresenta soluções eficientes, dentre as quais merece referência a responsabilidade do Estado por atos praticados por abuso do poder de controle ou em desconformidade com o interesse social.

3.2 Transferência do controle, "poison pills" e "tag along"

Em consonância com a opinião de Eduardo Secchi Munhoz é provável que um dos maiores desafios do direito societário brasileiro esteja na adequada e equilibrada regulação das operações de transferência de controle acionário.[45] Dos temas relacionados a este assunto, é importante tecer alguns comentários sobre dois deles, quais sejam: (*i*) o das táticas tendentes à reserva do controle – *poison pills* e outras, e (*ii*) o da repartição do prêmio pago pelo controle – *tag along*.

Na realidade brasileira, em termos de organização do controle societário interno, pode-se dizer que os três principais mecanismos de proteção do controlador minoritário são: (i) os acordos de acionistas, (ii) as estruturas piramidais, e as (iii) *poison pills*.

Relativamente aos dois primeiros, provavelmente pouco mudará no curto prazo, na medida em que tanto os acordos de controle quanto as sociedades *holdings* continuarão sendo largamente utilizadas para a estruturação do controle da companhia.[46]

44. Art. 117 da Lei n. 6.404/1976: "O acionista controlador responde pelos danos causados por atos praticados com abuso de poder. § 1º. São modalidades de exercício abusivo de poder: (...); d) eleger administrador ou fiscal que sabe inapto, moral ou tecnicamente".

45. Eduardo Secchi Munhoz, "Transferência de controle nos sistemas de controle concentrado e de capital disperso: eficiências e ineficiências", in Marcelo Vieira von Adamek (org.), *Temas de Direito Societário e Empresarial Contemporâneos – Liber Amicorum Prof. Dr. Erasmo Valladão Azevedo e Novaes França*, 2011.

46. A despeito desses dois mecanismos facilitarem a extração de benefícios privados do controle pelo acionista controlador, as regras do Novo Mer-

Quanto às *poison pills*, no entanto, importante mudança parece estar se avizinhando depois da edição do Parecer de Orientação 36/2009 da CVM.[47] Isso porque o posicionamento do órgão regulador do mercado pode implicar no surgimento de outras técnicas de proteção do controle em substituição à técnica estatutária até então utilizado – ou, no mínimo, em seu reforço, sobretudo em decorrência da perda da sua efetividade depois da manifestação da autarquia no sentido da iniquidade das cláusulas pétreas.

As *poison pills* brasileiras – cláusulas estatutárias que obrigam aquele que atinge determinado percentual de participação societária a realizar oferta pública para a compra das ações dos demais acionistas, com o pagamento de elevados prêmios de controle –, chamadas de "mecanismo de manutenção da dispersão acionária",[48] quando combinadas com dispositivos que penalizam os acionistas que votam pelo seu desarme – as chamadas "cláusulas pétreas" – possuem um efeito bem menos nobre, qual seja, impedir transferências de controle e a formação de minorias qualificadas que possam importunar ao controlador.[49]

Apesar de tolerada pela CVM, a *poison pill* brasileira perdeu força frente à ilegalidade da cláusula pétrea que a protegia.[50] Diante disso e tendo em vista que o controlador brasileiro tende a querer manter o poder de controle mesmo diante a diluição de sua participação,[51] passa a ser objeto de indagação quais outros mecanismos ainda poderiam ser utilizados pelo controlador com esse mesmo desiderato.

Para responder a essa questão, cremos que uma análise mais detida dos mecanismos de defesa contra ofertas hostis utilizados nos Estados Unidos pode revelar outras técnicas passíveis de uso, sobretudo diante da virtual perda de efetividade das *poison pills* depois da derrubada das cláusulas pétreas.

cado (revisadas em 2010) nada regularam nesse sentido.

47. Trata de disposições estatutárias que impõem ônus a acionistas que votarem favoravelmente à supressão de cláusula de proteção à dispersão acionária. Publicado no *Diário Oficial da União* em 29.6.2009 e disponível no sítio *www.cvm.gov.br*.

48. Segundo pesquisa realizada no ano de 2011 junto aos estatutos sociais de companhias listadas no segmento do Novo Mercado da BM&F Bovespa pode-se afirmar que: (*i*) 65 companhias têm previsão estatutária de *poison pill* (representando 54,6%) e (*ii*) 54 companhias não têm essa previsão. Das 65 companhias que preveem algum tipo de *poison pill* somente em 3 delas o gatilho que aciona o mecanismo (e obriga ao adquirente da participação acionária a realizar a OPA) é superior ao percentual detido pelo controlador ou grupo controlador. *A contrario senso*, pode-se concluir que em 62 companhias o percentual mínimo para disparar a OPA é menor (muito) à participação dos maiores acionistas, inclusive aqueles que exercem o controle com participação minoritária. As três exceções são: (*i*) a Totvs S/A; (*ii*) a Valid Soluções e Serviços de Segurança em Meios de Pagamento e Identificação S/A; e (*iii*) a Estácio Participações S/A. No caso da Totvs S/A, o gatilho é de 20% e o controle é exercido com percentual de 17,04%. Na Valid Soluções e Serviços de Segurança em Meios de Pagamento e Identificação S/A, o gatilho é de 20% e o controle é exercido com percentual de 8,61%. Por fim, na Estácio Participações S/A o gatilho é de 20% e o controle é exercido com percentual de 19,01 (informações obtidas em seminário apresentado por Marcelo Cometti, Leandro Vilarino, Lucas Bernardes e Wilson Nakayama, durante a disciplina DCO 5875-1 – Novo Direito Societário, cursada no primeiro semestre de 2011, no Programa de Pós-Graduação da Faculdade de Direito da USP, sob a regência dos Profs. Mauro Rodrigues Penteado, Paulo Salvador Frontini e Eduardo Secchi Munhoz).

49. Nesse sentido: Carlos Klein Zanini, "A *poison pill* brasileira: desvirtuamento, antijuridicidade e ineficiência", in Marcelo Vieira von Adamek (org.), *Temas de Direito Societário e Empresarial Contemporâneos – Liber Amicorum Prof. Dr. Erasmo Valladão Azevedo e Novaes França*, pp. 264 e ss.

50. V. o Parecer de Orientação 36/2009 e o memorando da lavra dos diretores Marcos Barbosa Pinto e Otávio Yasbek.

51. Sobretudo pela possibilidade de extração de benefícios privados do controle. Sobre o tema, cf. Alexander Dyck e Luigi Zingales, "Private benefits of control: an international comparison", *The Journal of Finance*, vol. 59, n. 2, pp. 537-600, 2004; Tatiana Nenova, "The value of corporate votes and control benefits: a cross-country analysis", *Journal of Financial Economics* 68/325-351.

Nesse sentido, lembramos que um dos mecanismos mais utilizados na prática norte-americana consiste na emissão de títulos de dívida conversíveis em ações, com vencimento antecipado para o caso de alienação do controle (*e.g.*, o controlador pode emitir debêntures conversíveis em ações com esse desiderato).

Assim, em caso de alienação do controle, uma posição passiva da companhia pode se transformar em aumento de capital, com o ingresso de muitos acionistas que converteriam seus títulos de dívida em títulos de participação, cuja consequência principal seria a diluição da participação do ofertante, tornando o evento de aquisição do controle muito mais oneroso.

Uma variação possível dessa técnica é a emissão de dívida com vencimento atrelado ao evento de transferência do controle. Se utilizada em larga escala, pode inibir a aquisição do controle da companhia, posto que a operação pode gerar um efeito nefasto ao transformar uma grande parcela do passivo da companhia em imediatamente exigível, naquilo que os norte-americanos chamam "tática da terra arrasada".

No direito brasileiro, cabe mencionar que a Lei n. 12.432/2011, que converteu em lei, com emendas, a Medida Provisória n. 517, alterou a redação do art. 59 da Lei n. 6.404/1976, permitindo que o estatuto da companhia aberta autorize o conselho de administração a, dentro dos limites do capital autorizado, deliberar sobre a emissão de debêntures conversíveis em ações, desde que sejam especificados o limite do aumento de capital decorrente da conversão das debêntures, em valor do capital social ou em número de ações, e as espécies e classes das ações que poderão ser emitidas.

No regime anterior, a deliberação sobre essa matéria era de competência exclusiva da assembleia geral, de modo que a alteração tornou mais prática e menos burocrática a adoção de medidas como as que examinamos nos parágrafos acima.

Um olhar mais atento sobre as diversas técnicas de defesa contra ofertas hostis utilizadas nos Estados Unidos e a vasta interpretação jurisprudencial sobre a sua equidade (inclusive quanto à criação de modelos e testes para apreciar a legalidade das condutas nas mais diversas situações que se puserem diante dos tribunais de Delaware), podem ser uma fonte útil para a compreensão de uma matéria cuja experiência daquele país está, inegavelmente, mais de 30 anos a frente da nossa.

A despeito disso, não se pode presumir que as *poison pills* sejam a única questão relevante quando o tema é *transferência do controle*. Se mudarmos o foco das *aquisições* para as *alienações* de controle, é preciso lembrar o problema da lacuna regulatória em nosso ordenamento quanto às aquisições originárias de controle no caso das companhias com capital disperso e a inadequação da regra da oferta pública obrigatória – *tag along* (art. 254-A da Lei n. 6.404/1976) – para proteger o minoritário nesses casos.

Como lembra o Professor Eduardo Secchi Munhoz, como não há alienação de controle propriamente dita, não há como ativar o mecanismo societário do *tag along*, conclusão que pode deixar os acionistas minoritários desprotegidos e as portas abertas para eventuais transferências de controle ineficientes.[52]

Como as aquisições originárias do controle ocorrem apenas quando há uma companhia com capital disperso no mercado, realidade inexistente no Brasil até pouco tempo, não se legislou sobre o tema, tampouco surgiram regras decorrentes de autorregulação sobre o assunto, deixando espaço para a instalação de uma situação problemática para quando as companhias começaram a apresentar essa configuração

52. Eduardo Secchi Munhoz, ob. cit. Sobre o assunto, cf. também: Nelson Eizirik, "Aquisição de controle minoritário – Inexigibilidade de oferta pública", in ob. cit.

de capital. Esta é, sem sombra de dúvida, uma questão instigante e ainda pendente de solução.

Na verdade, os problemas relacionados às *poison pills* e às aquisições originárias de controle são apenas dois exemplos pontuais que põem em evidência uma questão bem mais ampla, que é a discussão acerca da (in)adequada regulação oferecida pelo arcabouço legal brasileiro diante dos novos desafios surgidos a partir das mudanças que vêm ocorrendo no panorama do controle das companhias listadas em bolsa desde 2004, com um sensível aumento no grau de dispersão do capital.

Em suma, examinados alguns problemas relacionados ao regime legal dos acionistas controladores e não controladores, da sua participação na formação da vontade da companhia, bem como de questões relevantes quanto à titularidade do controle e a sua transferência, passaremos a analisar alguns problemas referentes à administração das sociedades anônimas abertas, antes de expor alguns desafios que permeiam a regulação do nosso mercado de capitais.

4. Perspectivas e desafios para o Regime Jurídico das Companhias Abertas: a administração

4.1 O revigoramento do papel dos administradores? A tendência à profissionalização

O tema da administração das sociedades e da responsabilidade civil dos administradores são muito caros ao direito societário. A dificuldade na abordagem da matéria não é recente. O grande comercialista brasileiro da primeira metade do século XX, José Xavier Carvalho de Mendonça, já advertia sobre a complexidade do assunto na introdução do seu *Tratado de Direito Comercial Brasileiro*: "Entramos em um dos pontos mais delicados e debatidos no estudo das sociedades anônimas e, infelizmente, a lei não prima pela precisão".[53]

Desde então, o debate acerca do tema teve ampla evolução, mormente no assentamento dos chamados deveres fiduciários (*fiduciary duties*), como medida de atuação e padrão de conduta para os administradores. No regime das sociedades anônimas em que impera o controle concentrado, a primeira questão que vem à tona é: qual o efetivo papel dos administradores, considerando a proximidade da sua relação com os acionistas controladores? A pergunta pode ser respondida por diversos ângulos. Vejamos os principais.

Em primeiro lugar, se é relevante a apreciação da questão administrativa mesmo diante da realidade nacional, em que existe, via de regra, não apenas a concentração acionária, mas também a concentração de poderes (já que normalmente a administração se encontra nas mãos do controlador, ou seja, é no âmbito gerencial que os controladores expõem todo seu poder),[54] adquire o tema ainda mais destaque, na medida em que se verifica um processo de progressiva profissionalização nas companhias nos últimos anos.

Sem adentrar na análise das causas que conduzem à crescente tecnocracia (e aqui existem várias, inclusive a própria burocratização das sociedades anônimas), o fenômeno é facilmente constatado por meio da institucionalização da companhia, com a exigência de conselheiros independentes, diretores especializados e comitês técnicos para a análise e execução de áreas específicas de atuação (como, por exemplo, o Comitê Executivo e o Comitê de Auditoria).

Tudo isso conduz, fatalmente, à desvinculação da administração da figura dos

53. José Xavier Carvalho de Mendonça, *Tratado de Direito Comercial Brasileiro*, vol. 4, 5ª ed., n. 1.217, p. 76.

54. De Calixto Salomão Filho, "Diluição de controle" e "Organização interna: estrutura orgânica tríplice", ambos in *O Novo Direito Societário*, 3ª ed., pp. 71-72 e 83-84, respectivamente.

acionistas, fenômeno que tende a ocorrer não apenas nas grandes companhias de capital aberto – apesar de ser justamente nestas em que o movimento toma maior força – mas também nas fechadas, inclusive as de pequeno e as de médio porte.[55]

Vejamos, então, as consequências desse fenômeno no âmbito administrativo das companhias.

4.2 Profissionalização da gestão

4.2.1 A substância sobre a forma. O dever de independência dos administradores *vs.* os conselheiros independentes

Ao tratar do tema, o objetivo da lei foi estabelecer um dever de total independência aos administradores (Lei n. 6.404/1976, art. 154), fossem eles conselheiros independentes ou não. Há, no entanto, certa graduação entre a independência que deve acompanhar a atividade de todo e qualquer administrador da companhia (Lei n. 6.404/1976, art. 154, *caput* e § 1º) e a independência de alguns, chamados administradores independentes, cuja lógica é buscar a ausência de ligação próxima entre o administrador indicado e o acionista controlador, responsável pela sua indicação.[56]

A posição de independência varia se a companhia tem capital disperso ou concentrado. Cada caso traz alguma exigência específica, mas em ambos o dever do administrador serve como mecanismo para combater uma espécie de problema de agência: seja para proteger os acionistas dos administradores, seja para proteger os minoritários dos controladores.[57] Ou seja, nos dois cenários, as companhias se beneficiam com os administradores independentes, mesmo que se possa discutir a efetividade na regra no segundo caso.

É considerada uma boa prática de governança corporativa (e um dos temas mais debatidos no assunto[58]) a escolha de administradores independentes para compor o conselho de administração de uma companhia, sendo objeto de crescente valorização pelo mercado (apesar de ser discutível – e estudos divergem sobre isso – se companhias com conselheiros independentes apresentam, de fato, maior lucratividade).

Isso se reflete, por exemplo, na capacidade do administrador de avaliar de modo objetivo e isento o desempenho da companhia, não podendo a posição de conselheiro da companhia se confundir com a de diretor, sendo recomendada, nesse sentido, a eleição para o cargo de pessoas sem vínculos com o controlador ou com a administração (os chamados conselheiros independentes – apesar de inexistir uma acepção unitária, existem diversos conceitos, noções diferentes sobre isso[59]).

Verifica-se que a indicação de conselheiros independentes em companhias com controle concentrado está relacionada à elevação do valor de mercado da sociedade, especialmente em ambientes marcados por estrutura regulatória de fraca proteção

55. Alfredo Lamy Filho e José Luiz Bulhões Pedreira já constatavam tal fenômeno – claro que com base em análise de mercados mais desenvolvidos –, o que é particularmente relevante se lembrarmos a realidade econômica de nosso País até o final da década de 1990. Neste sentido, v. Alfredo Lamy Filho e José Luiz Bulhões Pedreira, *A Lei das S/A (Pressupostos, Elaboração, Aplicação)*, p. 204.

56. Erasmo Valladão Azevedo e Novaes França, "Dever de informar dos administradores de companhias abertas. Inexistência de submissão ao acionista controlador", in *Temas de Direito Societário, Falimentar e Teoria da Empresa*, pp. 365-371; Sheila Christina Neder Cerezetti, "Administradores independentes e independência dos administradores (regras societárias fundamentais ao estímulo do mercado de capitais brasileiro)", in Marcelo Vieira von Adamek (org.), *Temas de Direito Societário e Empresarial Contemporâneos – Liber Amicorum Prof. Dr. Erasmo Valladão Azevedo e Novaes França*, pp. 587 ss.

57. Sheila Christina Neder Cerezetti, "Administradores independentes e independência dos administradores (regras societárias fundamentais ao estímulo do mercado de capitais brasileiro)", in ob. cit., pp. 585-586.

58. Idem, pp. 575-576.

59. Idem, pp. 577 e ss.

aos acionistas minoritários – o que representa um verdadeiro *trade off* para o controlador, já que o valor da companhia tende a aumentar diante da tendência de diminuição da extração de benefícios particulares do controle (ou seja, para compensar, o controlador tende a querer vender sua participação ou aumentar o capital, por exemplo).[60]

Em suma, pode-se dizer que a eleição de conselheiros independentes para compor o conselho de administração funciona como um instrumento de proteção dos interesses dos acionistas minoritários[61] e uma indicação de que a companhia adota políticas de boa governança.

Nesse particular, é interessante examinar quais são as principais regras que instrumentalizam esse dever: por exemplo, (*i*) no Novo Mercado (e no Nível 1 e no Nível 2 de Governança Corporativa) o presidente do Conselho não mais pode ser diretor presidente; (*ii*) também no Novo Mercado (bem como no Nível 2) se exige um mínimo de 20% de conselheiros independentes (e a CVM recomenda o maior número possível de membros independentes; e o IBGC recomenda que os conselhos sejam compostos somente por conselheiros externos e independentes); (*iii*) vários institutos, como o IBGC, defendem a criação de Comitês especializados, como o de Auditoria; (*iv*) alterações legislativas têm prestigiado o aumento da importância do Conselho de Administração, dentre as quais se destacam: *a*) a Lei n. 12.432/2011, que altera o art. 146 da LSA, extinguindo a necessidade de que os conselheiros de administração sejam acionistas; *b*) a Lei n. 12.353/2010 que determina que os membros nomeados pelos empregados não podem se manifestar quando da deliberação de determinadas matérias nas empresas estatais; (*v*) o visível crescimento no rol de competências dos administradores quando, por exemplo: *a*) se impõe, no Nível 2 e no Novo Mercado, que os conselheiros manifestem-se sobre eventuais ofertas públicas de aquisição de ações emitidas pela companhia; *b*) na possibilidade do conselho de administração deliberar sobre a emissão de debêntures pela companhia (Lei n. 12.432/2011).

As regras acima referidas são, de fato, relevantes e mostram preocupação tanto do legislador quanto dos autorreguladores com a questão da competência e da independência dos administradores. O desafio que se põe é como mensurar que essas medidas não serão apenas *pro forma*? Ou, em outras palavras, como fazer com que a independência dos conselheiros – e a nomeação de conselheiros independentes – continuem ganhando espaço?

Inexistem respostas definitivas para esses questionamentos. No entanto, a prática do mercado e o comportamento das companhias podem ser boas bússolas (negativas ou positivas) para investigar o real comprometimento dos acionistas controladores com as práticas de governança corporativa.

Nesse sentido, parece-nos que a tentativa da BM&F Bovespa de reformar as regras do Novo Mercado colocou em prova a real intenção das companhias em favor das boas práticas de governança corporativa e o (relativo) comprometimento delas com a

60. Jay Dahya, Orlin Dimitrov e John J. McConnell, "Dominant shareholders, corporate boards, and corporate value: a cross-Country analysis", *ECGI – Finance Working Paper* 99/2005, disponível em *http://ssrn.com/abstract=887383*, acesso 11.6.2011; Sheila Christina Neder Cerezetti, "Administradores independentes e independência dos administradores (regras societárias fundamentais ao estímulo do mercado de capitais brasileiro)", in ob. cit., p. 583.

61. "Os benefícios de um órgão de administração assim composto refletem-se, portanto, na diminuição das preocupações com relação à vinculação aos interesses de determinados agentes dominantes, sejam eles, conforme o caso, os próprios diretores ou os acionistas controladores, e, consequentemente, na própria apreciação da companhia como organização confiável ao aporte de investimentos" (em Sheila Christina Neder Cerezetti, "Administradores independentes e independência dos administradores (regras societárias fundamentais ao estímulo do mercado de capitais brasileiro)", in ob. cit., p. 584).

independência dos administradores com relação aos acionistas controladores.

Vejamos exemplos específicos e que permitem visualizar a correção dessa linha argumentativa:[62] (*i*) a existência de regra do Novo Mercado que permite o arredondamento para baixo do número de independentes sempre que o cálculo da quantidade mínima resultar em número fracionário com fração inferior a cinco décimos;[63] (*ii*) o fato de não ter sido aprovado, na reforma do Regulamento do Novo Mercado, o aumento do número de conselheiros independentes para 30% e a instituição de Comitês independentes.[64]

Por exemplo, é comprovado que em companhias com capital mais concentrado existe menor proporção de conselheiros independentes do que em companhias com capital mais disperso (a taxa de independência dos membros do conselho de administração é inversamente proporcional à concentração do controle), de modo que os controladores tendem a participar mais dos órgãos de administração (o que facilita o surgimento de hipóteses de conflito de interesses e a expropriação dos acionistas minoritários).[65]

Outra dúvida que também se coloca é a de como dar efetividade ao dever de independência? Como criar incentivos para que os conselheiros não preencham as exigências apenas formalmente, mas também substancialmente? Ou, ainda, pode-se dizer que existe prazo de validade para o dever de independência, isto é, é razoável argumentar que com o passar do tempo a chance de o administrador ser capturado pelos interesses do controlador, de fato, aumentam?[66]

Parece-nos que a questão nevrálgica do tema está em como dar efetividade a essas regras em países com companhias com capital concentrado, como é o caso do Brasil. A uma, porque depende de consciência do controlador de que isso é bom para a companhia e para o mercado; a duas, porque o administrador deve, efetiva e materialmente, agir de modo independente.

62. Outros exemplos de modificações propostas ao Regulamento do Novo Mercado e rejeitadas pelas companhias são: (*i*) a obrigatoriedade de a companhia possuir um comitê de auditoria; (*ii*) a necessidade de realização de OPA por atingimento de participação acionária relevante (o percentual proposto foi de 30%) (informações obtidas em seminário apresentado por Leonardo Adriano Ribeiro Dias, Luiz Eduardo Malta Corradini, Sabrina Maria Fadel Becue, Marília de Cara, durante a disciplina DCO 5875-1 – Novo Direito Societário, cursada no primeiro semestre de 2011, no Programa de Pós-Graduação da Faculdade de Direito da USP, sob a regência dos Profs. Mauro Rodrigues Penteado, Paulo Salvador Frontini e Eduardo Secchi Munhoz).

63. E, com críticas a tal técnica, indicando companhias que dela se aproveitam, v. "Colher de chá – Regra do Novo Mercado permite que empresas tenham menos de 20% de independentes no conselho", *Revista Capital Aberto* 82/63, 2010.

64. De um total de 105 companhias, 93 se posicionaram favoráveis ou contrárias a proposta e 12 se abstiveram no processo de votação da mudança. Computados os votos, 39 votaram a favor da proposta (37,14%) e 54 votaram contra (51,43%). Os principais argumentos contrários à elevação do número de conselheiros independentes no Conselho de Administração foram: (*i*) a dificuldade para encontrar profissionais qualificados e disponíveis no mercado; (*ii*) o aumento dos custos; e (*iii*) a dificuldade para renegociar os termos dos acordos de acionistas vigentes (informações obtidas em seminário apresentado por Leonardo Adriano Ribeiro Dias, Luiz Eduardo Malta Corradini, Sabrina Maria Fadel Becue, Marília de Cara, durante a disciplina DCO 5875-1 – Novo Direito Societário, cursada no primeiro semestre de 2011, no Programa de Pós-Graduação da Faculdade de Direito da USP, sob a regência dos Profs. Mauro Rodrigues Penteado, Paulo Salvador Frontini e Eduardo Secchi Munhoz).

65. Eduardo Schiehll e Igor Oliveira dos Santos, "Ownership structure and composition of boards of directors: evidence on Brazilian publicly-traded companies", *R. Adm.*, vol. 39, n. 4, pp. 373-384, out.-dez./2004; Sheila Christina Neder Cerezetti, "Administradores independentes e independência dos administradores (regras societárias fundamentais ao estímulo do mercado de capitais brasileiro)", in ob. cit., p. 583.

66. Sheila Christina Neder Cerezetti, "Administradores independentes e independência dos administradores (regras societárias fundamentais ao estímulo do mercado de capitais brasileiro)", in ob. cit., p. 581.

A prática demonstra que o grau de eficácia dessas normas é muito baixo. Como já referimos, na recente reforma do regime do Novo Mercado, foi recusada a proposta de aumentar o percentual de conselheiros independentes de 20% para 30%, o que demonstra boa dose de resistência das companhias em abandonar a vinculação entre administradores e controladores.[67]

Outro fator que contribui para a ineficácia dessas normas é a inexistência de demandas judiciais (*litigation*) relacionadas ao tema. Em outras palavras, a falta de um Poder Judiciário (ou de Cortes Arbitrais) forte e ativo, institucionalizado como elemento de desenvolvimento do direito societário, com capacidade prática de delimitar, por meio de suas decisões, a conduta dos agentes econômicos.[68]

Entendemos que uma das razões que contribuem para isso é a total ineficiência do regime jurídico das ações de responsabilidade dos administradores adotado pelo Brasil,[69] cuja contribuição para a conformação das condutas de gerentes e conselheiros é praticamente nula.

Nesse sentido, entendemos que algumas medidas podem ser adotadas a fim de aprimorar o regime jurídico que regula a apuração da responsabilidade dos administradores nas sociedades anônimas, dentre as quais se destacam: (*i*) a eliminação do efeito extintivo do *quitus*[70] (Lei n. 6.404/

67. Essa é, também, a opinião da doutrina societária: "(...) o ambiente societário brasileiro carece de verdadeira independência na administração como um todo. Nesse sentido, pode-se dizer que a nova perspectiva do direito societário, influenciadora de um mercado de capitais que engatinha para a pujança e, para tanto, precisa contar com técnicas de efetiva proteção aos investidores, não pode mais admitir a subordinação por parte daqueles a quem cabe defender o interesse social. Em outras palavras, à estrutura societária cabe impedir movimentos de fortificação abusiva de centros de poder na companhia, permitindo, assim, a adequada proteção à ampla gama de interesses por ela abrangidos e a confiabilidade do mercado acionário brasileiro (...).Sob esta perspectiva, a mais recente decisão, tomada pela maioria das companhias listadas sob o Novo Mercado, de não aprovar a ampliação da porcentagem de conselheiros independentes caminha na contramão dos movimentos favoráveis a elevar a credibilidade do mercado de capitais" (Sheila Christina Neder Cerezetti, "Administradores independentes e independência dos administradores (regras societárias fundamentais ao estímulo do mercado de capitais brasileiro)", in ob. cit., pp. 575-593).

68. Paul Daves, Gerard Hertig e Klaus Hopt, "Beyond the anatomy", in Reinier Kraakman *et alli*, *The Anatomy of Corporate Law: a Comparative and Functional Approach*, p. 225.

69. Os autores da Lei n. 6.404/1976 afirmam, em exposição justificativa que acompanhou o envio do então Anteprojeto ao Congresso Nacional, que a disciplina dos deveres e das responsabilidades dos administradores é da maior importância, pois procura estabelecer padrões de comportamento, "(...) *cuja observância constitui a verdadeira defesa da minoria e torna efetiva a imprescindível responsabilidade social do empresário*" (Alfredo Lamy Filho e José Luiz Bulhões Pedreira, *A Lei das S/A (Pressupostos, Elaboração, Aplicação)*, p. 235).

70. Lembre-se que, no regime atual, a aprovação, sem reserva, das demonstrações financeiras e das contas, exonera de responsabilidade os administradores e fiscais, salvo nos casos de erro, dolo, fraude ou simulação. V., nesse sentido, julgamento do Tribunal de Justiça de São Paulo em caso de repercussão nacional, no qual a Sadia S/A (atual BR Foods) ingressou com ação de responsabilidade contra seu diretor financeiro em razão dos prejuízos acumulados pela sociedade em razão da assunção de riscos supostamente não autorizados por meio da realização de operações financeiras envolvendo derivativos. A ementa do acórdão identifica o argumento adotado pelos desembargadores no julgamento da ação. "Ação de responsabilidade de diretor financeiro que teria dado causa a prejuízos para a companhia em razão de operações (derivativos) de riscos não autorizados – Inadmissibilidade de se cogitar de competência da Justiça do Trabalho, de obrigatoriedade de criar litisconsórcio passivo, esticando a relação processual contra a vontade da autora – Todavia e porque uma segunda assembleia (ordinária) se realizou e aprovou as contas da administração, sem ressalvas, implica exoneração da responsabilidade de todos os administradores e diretores – Interpretação dos arts. 159 e 134, § 3º, da Lei n. 6.404/1976) – Provimento para extinguir a ação por ausência de pressuposto obrigatório para regular desenvolvimento (art. 267, IV, do CPC)" (TJSP, 4ª C. de Direito Privado, Rel. Desembargador Enio Zuliani, AI n. 0362587-73.2009.8.26.00, j. 26.8.2010). Importante destacar que no âmbito administrativo boa parte dos diretores e membros do conselho de administração da Sadia S/A (atual BR Foods) foi condenada pela

1976, art. 134, § 3º); (*ii*) o reconhecimento nas deliberações conexas do efeito de recusa à promoção da ação social para, com isso, legitimar a propositura pelo acionista de ação de responsabilidade (em sua modalidade *ut singuli*); (*iii*) a concessão de prêmio ao acionista que obtenha sucesso na ação *ut singuli* (à semelhança do art. 246, § 2º, da Lei n. 6.404/1976); (*iv*) a ampliação das hipóteses de legitimação extraordinária dos acionistas para a ação *ut singuli* (à semelhança do art. 246, § 1º, da Lei n. 6.404/1976); (*v*) o reforço dos instrumentos de tutela coletiva; (*vi*) o aprimoramento do direito à informação (sendo que o acesso à informação nem é contemplado, de forma direta, como direito essencial na Lei n. 6.404/1976), entre outras.[71]

O fortalecimento do Poder Judiciário e de Cortes Arbitrais no julgamento de casos complexos e relevantes e no estabelecimento de limites às condutas dos administradores é condição indispensável para a aderência das normas societárias à realidade prática e o crescimento sustentado do mercado de capitais no Brasil.

Por derradeiro, parece-nos que uma das lições que advém das reflexões acima expostas é a de que a estrutura da administração das sociedades anônimas e os deveres fiduciários inerentes às suas funções são temas que merecem ser continuamente revistos e estudados, seja no que se refere ao tamanho, composição, procedimento e funcionamento dos órgãos, quanto às frequentes pressões que estes sofrem de determinados grupos de controle[72] e à necessidade de se estabelecer um regime de responsabilidade dos administradores apto a impor limites às práticas abusivas utilizadas no mercado.

5. Perspectivas e desafios para o Regime Jurídico das Companhias Abertas: a regulação

5.1 A Lei das S/A (e a Lei n. 6.385/1976) – Os novos problemas e a adequação legal à realidade brasileira

Quando se examina o tema da regulação, o primeiro aspecto a ser salientado diz respeito às Leis ns. 6.404/1976 e 6.385/1976, especialmente no que se refere à sua adequação à realidade brasileira. Como se sabe, o regime de direito societário e do mercado de capitais no Brasil está fundamentado na prevalência da legislação federal, com limitada delegação de competência regulatória à Comissão de Valores Mobiliários.[73]

Por exemplo, em matéria de mercado de capitais, as normas legais e administrativas são complementadas por regras de autorregulação, sejam elas expedidas pela Bolsa de Valores, no que se convencionou denominar "autorregulação de base legal",[74] sejam elas expedidas por entidades representativas de agentes daquele mercado, no âmbito da "autorregulação de base voluntária".[75]

O papel preponderante desempenhado pela legislação federal na disciplina do direito societário e do mercado de capitais

Comissão de Valores Mobiliários (CVM), no processo administrativo sancionador de n. 0018/2008, sob o argumento de descumprimento do esperado dever de diligência numa companhia aberta.

71. Marcelo Vieira von Adamek, *Responsabilidade Civil dos Administradores de S/A (e as Ações Correlatas)*, pp. 507 ss.

72. Paul Daves, Gerard Hertig e Klaus Hopt, "Beyond the anatomy", in ob. cit., p. 224.

73. A exemplo do que ocorre em matéria de registro público de empresas, disciplinada pela Lei n. 8.934/1994 e, em caráter infralegal, pelos atos normativos expedidos pelo Departamento Nacional do Registro do Comércio – DNRC e pelas Juntas Comerciais dos Estados.

74. Uma vez que se encontra expressamente reconhecida pela Lei n. 6.385/1976 em seu art. 18, I, *d*.

75. De que são exemplos os Códigos de Melhores Práticas editados pelo Instituto Brasileiro de Governança Corporativa – IBGC e pela Associação Brasileira das Entidades dos Mercados Financeiro e de Capitais – ANBIMA.

em nosso país faz com que o debate sobre a realização de quaisquer reformas mais abrangentes passe pela discussão da atualidade ou não daquelas leis e, consequentemente, da necessidade de adequá-las à realidade superveniente.

Nesse contexto, o surgimento de companhias abertas com acentuada dispersão do capital, em contraposição à elevada concentração acionária que historicamente prevaleceu no Brasil, trouxe novos desafios, colocando em evidência a discussão em torno da adequação daqueles diplomas legais a essa nova estrutura de propriedade do capital.

Algumas das questões que se colocam são as seguintes: (*i*) as Leis ns. 6.404/1976 e 6.385/1976 contemplam uma adequada disciplina das companhias abertas com capital concentrado e disperso, considerando que nasceram, na longínqua década de 1970, para reavivar um mercado de capitais paralisado e permitir a criação de grandes companhias nacionais, cujo foco foi a figura do controlador (majoritário)?;[76] (*ii*) as referidas leis são meios eficientes de limitação das prerrogativas do controlador (não apenas majoritário, mas também minoritário e gerencial), de extrair os denominados benefícios privados do controle?; (*iii*) elas promovem, de modo eficiente, o alinhamento dos interesses dos administradores aos interesses dos acionistas, a fim de evitar o surgimento dos denominados "conflitos de agência"?

Tais perguntas ainda não foram adequadamente respondidas, assim como também não o foram outras questões fundamentais, há muito tempo presentes na agenda de reformas do direito societário pátrio. Parece-nos que cabe ao legislador e aos autorreguladores endereçarem soluções adequadas e capazes de resolver esses conflitos.

5.2 Os papéis fiscalizador e disciplinador da CVM "vs." a estrutura reduzida e o crescimento dessas atribuições

No âmbito da regulação estatal das companhias abertas, de competência da CVM, verifica-se uma tendência clara a uma maior delegação de atribuições à autorregulação, inclusive àquela de base estritamente voluntária, de que é exemplo a Instrução CVM n. 471/2008, que outorga à ANBIMA relevantes atribuições em procedimentos de registro de ofertas públicas de valores mobiliários.

Do ponto de vista regulatório essa transferência gradativa de atribuições da CVM a entidades autorreguladoras visa permitir que aquela Autarquia enfrente o significativo aumento da demanda por regulação e fiscalização decorrente do recente período de desenvolvimento do mercado de capitais no Brasil.

Outra iniciativa relevante da CVM, voltada ao mesmo objetivo, consiste no

76. "Na base do sistema legal das sociedades anônimas, vigia a ideia de formação da grande empresa privada nacional, destinada a funcionar como companhia aberta no mercado interno de valores mobiliários. O modelo se fundava na segregação de ações votantes, de um lado, e de ações preferenciais não votantes, de outro, que haveriam de permitir a consolidação da dicotomia controle da empresa/capital não votante difuso. O controle seria assegurado mediante parcelas relativamente modestas do capital total em mãos do acionista controlador, individual ou plúrimo, ao passo que a capitalização em massa adviria da participação de investidores de mercado, com o que se estruturava a companhia com base, precisamente, numa engenharia de soluções equilibradas. Sob esse último ângulo, o pressuposto seria demonstrado a partir de uma afirmação: a poupança interna seria suficiente (ou cresceria de modo suficiente) para cumprir essa missão certamente ambiciosa, faltando-lhe apenas os mecanismos adequados de captação e gerenciamento, inclusive sob o poder regulamentar e disciplinas da Comissão de Valores Mobiliários. O problema era, segundo então se dizia, não de volume, mas de coesão da renda poupada e de seu adequado direcionamento" (em José Alexandre Tavares Guerreiro, "Sociedade anônima: dos sistemas e modelos ao pragmatismo", in Rodrigo R. M. de Castro e Luís André N. de Moura Azevedo (coords.), *Poder de Controle e outros Temas de Direito Societário e Mercado de Capitais*, p. 21).

emprego cada vez mais intensivo de instrumentos de informática no exercício de suas atividades, notadamente na fiscalização de condutas potencialmente danosas no mercado e aos investidores, tais como o *insider trading* e a manipulação dos valores de cotações de ações e outros valores mobiliários.

As tentativas de "desafogar" a pauta de julgamentos da CVM também se refletem na mudança de políticas regulatórias tradicionalmente adotadas,[77] substituindo-se uma maior intervenção no campo da autonomia da vontade, que levava, até mesmo, à proibição pura e simples de determinadas operações, por uma estratégia de legitimação de tais condutas.

Exemplo marcante dessa busca de legitimação a operações controversas é o Parecer de Orientação CVM n. 35/2008, por meio do qual aquela Autarquia dispõe sobre "deveres fiduciários dos administradores nas operações de fusão, incorporação e incorporação de ações envolvendo a sociedade controladora e suas controladas ou sociedades sob controle comum".

De mais a mais, outro Parecer de Orientação CVM, o de n. 34/2006, apesar de substancialmente distinto em seu conteúdo, também sinaliza o entendimento da CVM no sentido de que a realização de operações de reorganização societária entre sociedades sob controle comum, envolvendo relações de troca diferentes sem uma razão objetiva a justificá-las, depende da aprovação da maioria dos acionistas potencialmente prejudicados.

A edição de tais Pareceres, os quais, evidentemente, não têm caráter vinculante perante os agentes de mercado, reflete a iniciativa da CVM de sedimentar entendimentos *ex ante* sobre questões mais controversas e relevantes, de modo a trazer maior previsibilidade e segurança jurídica no que concerne à sua atuação fiscalizatória e punitiva.

A esse propósito, uma questão que se coloca, e que ainda não foi adequadamente respondida, diz respeito à efetiva vinculação dos integrantes da CVM aos Pareceres de Orientação. Em nosso entender, tal vinculação deve ser absoluta enquanto o enunciado em questão não vier a ser revogado ou substituído, o que, de fato, não vem ocorrendo, uma vez que antigos Pareceres de Orientação da CVM, ainda em vigor, vêm sendo sumariamente desconsiderados pela área técnica e pelos Diretores daquela Autarquia.

Essa postura do órgão regulador traz insegurança jurídica ao mercado e aos administradores das companhias, ao invés de garantir a previsibilidade das regras, objetivo inicialmente buscado por essa iniciativa.

Outro ponto de reflexão ainda em aberto diz respeito à exigência de alguma formação em Direito de um número mínimo, ou, quem sabe, da maioria dos integrantes do Colegiado, a fim de, mais uma vez, traga-se maior previsibilidade e coerência jurídica aos julgados da CVM.

Fato é que, não obstante essas diversas iniciativas, a regulação estatal das companhias abertas, por meio de lei ou de normas regulamentares editadas pela CVM, vem perdendo relevância no Brasil em comparação com as normas de autorregulação, cujos contornos serão analisados a seguir.

5.3 A solução da autorregulação: o papel do mercado

As normas de autorregulação do mercado de capitais em nosso País têm como premissa fundamental a faculdade dos agentes de mercado em adotá-las. Não se trata de *soft law*, mas de regras obrigatórias e vinculantes, a partir do momento em que o agente opta por a elas se submeter.

77. Cf. voto do ex-Diretor da CVM, Pedro Marcilio, no julgamento dos Processos CVM ns. RJ 2006/7204 e RJ 2006/7213.

Pode-se até ir mais longe, a ponto de se afirmar que tal facultatividade é hoje vista pelos interessados como um pré-requisito para a existência de normas de autorregulação exitosas no Brasil. Tanto assim que o projeto de criação do "Comitê de Aquisições e Fusões – CAF", órgão de acompanhamento e regulação de ofertas públicas de aquisição de ações e operações de fusão, incorporação de sociedades e incorporação de ações, à semelhança do *Take-Over Panel* britânico, prevê a vinculação facultativa dos agentes de mercado.

No que se refere especificamente aos denominados Níveis de Governança Corporativa da Bolsa de Valores (Nível I, Nível II e Novo Mercado), que consistem em segmentos especiais de negociação de ações de companhias abertas comprometidas com a observância de normas adicionais de proteção a acionistas minoritários, a adesão das companhias abertas se dá mediante a assinatura de instrumentos contratuais.

Esse aspecto marcadamente contratual, somado à percepção de que as normas de autorregulação, para que sejam efetivas, devem ser aceitas pelos agentes de mercado a elas submetidos, têm revestido esses conjuntos de regras de significativa rigidez. Essa característica, no entanto, se mostra incompatível com o necessário dinamismo e flexibilidade das normas de autorregulação, as quais, em tese, se comparadas com os textos legais, poderiam ser mais facilmente adaptadas às novas circunstâncias.

Exemplo disso é a recente tentativa da Bolsa de Valores de implementar diversas modificações relevantes nas regras do Novo Mercado, as quais, em sua maioria, foram obstadas pelo veto de mais de um terço das companhias abertas participantes.

Daí decorrem questões a respeito da forma de alteração das próprias regras dos Níveis de Governança Corporativa que devem ser postas para a discussão. A exigência de aprovação por mais de dois terços das companhias abertas participantes não outorgaria a elas um poder excessivo? Não estar-se-ia institucionalizando a possibilidade de entrincheiramento do controlador? Ao fim e ao cabo, quem seria responsável pela edição de tais regras: as próprias companhias participantes ou a Bolsa de Valores, responsável pela criação daqueles segmentos especiais de negociação?

A autonomia e o poder conferidos aos participantes para editar as próprias normas a que se encontram submetidos são da essência da autorregulação, ou seria mais conveniente a instituição de um órgão independente, responsável pela edição de códigos de conduta e pelas reformas normativas que considerar necessárias (*e.g.*, CAF)?

Nesse último caso, os objetivos da autorregulação parecem ser melhor atendidos por meio da garantia da flexibilidade normativa necessária, somada à previsibilidade decorrente da adoção de regras baseadas em precedentes construídos a partir da análise de casos concretos.

No Brasil, os recentes movimentos em prol de uma maior autorregulação das companhias abertas visam, em última análise, substituir a regulação estatal, que se manifesta pela via legislativa, em razão das conhecidas ineficiências de nosso processo legislativo (*e.g.*, *Olson's Problem*, *Path Dependence*).

Diante da prevalência da legislação federal em matéria de direito societário e mercado de capitais, e considerando o reconhecimento, pela Lei n. 6.385/1976, da prerrogativa da CVM de alterar regras editadas pela Bolsa de Valores,[78] uma possível solução (e também desafio) que se coloca é a possibilidade de aquela Autarquia modificar a regra de alteração das regras do Novo Mercado e dos demais Níveis de Governança Corporativa, a qual também carece de respostas adequadas.

78. Cf. arts. 17, *caput* e § 1º; 18, I, *d*; e 21, § 4º, da Lei n. 6.385/1976.

Examinados os principais desafios relacionados à regulação das companhias abertas e do mercado, parece-nos relevante e oportuno, diante da atualidade do tema, examinar, ainda que de forma breve, alguns aspectos substanciais da discussão acerca da necessidade ou não de se promulgar um novo Código Comercial para o Brasil, o que faremos no item que segue.

5.4 Novo Código Comercial: necessidade ou fetichismo?

As recentes discussões indicam que a busca de soluções para os novíssimos e para os não tão novos desafios à disciplina jurídica das companhias abertas passa, necessariamente, pelo debate em torno da edição de um novo Código Comercial, que, a exemplo do texto normativo original de 1850, regularia todos os aspectos relevantes do Direito Comercial.

Não obstante se trate de um debate recente, algumas propostas vêm chamando maior a atenção dos operadores jurídicos, especialmente aquelas que propugnam a edição de um Código suficientemente abrangente, a ponto de incorporar também a disciplina jurídica das sociedades anônimas fechadas e abertas, substituindo a vigente Lei n. 6.404/1976.[79]

A vingar tal iniciativa, a pretexto de sistematizar os princípios aplicáveis ao Direito Comercial,[80] os quais não se encontram expressamente previstos no vigente Código Civil, parece-nos que se estará abdicando da flexibilidade necessária à disciplina jurídica das sociedades anônimas. Nesse particular, é de se lembrar que o movimento em prol das codificações de textos legais desde há muito se encontra em franca decadência, diante da rigidez de tais diplomas e das dificuldades ainda maiores em mantê-los aptos a satisfazer necessidades regulatórias sempre cambiantes.[81]

79. Sabemos que a Lei n. 6.404/1976 é um dos melhores textos legais de nossa história, tanto pela sua funcionalidade quanto pelos seus instrumentos e mecanismos. "Mas, é bom lembrar, a Lei de Sociedades Anônimas, inclusive pela sua idade, está longe de poder ser considerada uma lei da conjuntura, capaz de sofrer os influxos constantes da modernidade variável, que alegadamente exigiriam mudanças de intensa periodicidade. Ao contrário, a lei continua em vigor, estruturalmente a mesma, há mais de três décadas. E à margem dos Códigos. Nem mesmo a internacionalização da economia veio a trazer problemas insuperáveis à disciplina das sociedades anônimas, tal como basicamente estabelecida pela Lei de 1976. (...) pode-se dizer, com absoluta certeza, que o modelo da companhia aberta brasileira é, hoje, diverso daquele que vigorava à época da promulgação da Lei. E isso se se quiser conceder que, de fato, há um 'novo' modelo, ou alguns novos 'modelos' nesse campo. Basta que se preste atenção, por exemplo, aos fenômenos do controle compartilhado ou aos esquemas de composição de capital das sociedades que atuam no chamado Novo Mercado (...). O desenho primitivo, a que a Lei dedicara, aparentemente, toda a sua energia, apaga-se progressivamente, substituindo-se por outras fórmulas articuladas. Mas, é preciso reconhecer, a vitalidade de hoje também se defronta com problemas, quando se considera que a preocupação com a proteção das ações preferenciais, que empolgou não poucos debates no passado, perde muito de seu ímpeto e transfere muitas de suas postulações para as ações ordinárias votantes, mas não integrantes do bloco controlador. Insinuam-se, por aí, certas brechas por onde pode penetrar a crítica ao 'modelo' de 1976, mas o 'sistema', mesmo desfigurado, não retira da Lei seu enorme potencial de servir às necessidades reais da economia e do mercado" (José Alexandre Tavares Guerreiro, "Sociedade anônima: dos sistemas e modelos ao pragmatismo", in ob. cit., pp. 23-23).

80. Dentre os quais merecem destaque a boa-fé típica das relações comerciais e os usos e costumes como fonte do Direito, anteriormente previstos no art. 131, "1" e "4", do Código Comercial de 1850.

81. "Podemos dizer que existia – e, talvez, continue a existir – uma obsessão pela adoção de sistemas, capazes de racionalizar a realidade social e econômica, categorizando-a e subordinando-a a critérios de compreensão geral. E, ao lado, tem-se que existia – ou ainda assim permaneça – a concepção dos chamados modelos, igualmente dotados da mesma formulação apriorística de categorias de razão, sempre capazes de traduzir realidades e interpretar obscuridades ou eliminar dúvidas quando da implementação de soluções legislativas" (José Alexandre Tavares Guerreiro, "Sociedade anônima: dos sistemas e modelos ao pragmatismo", in ob. cit., p. 20). Todavia, enquanto a noção de sistemas e modelos ganhou força no que tange às S/A, a noção de codificação perdeu forma no direito comercial: tanto aqui quanto fora do país caiu em descrédito já nas primeiras décadas do século XX.

Por outro lado, as fronteiras entre o Direito Civil e o Direito Comercial são cada vez menos claras, sendo de se reconhecer que uma unificação apenas em matéria obrigacional – como aquela promovida pelo vigente Código Civil – tende a ser mais adequada do que uma unificação total ou separação absoluta.

Não obstante, é de se lembrar que uma das reações possíveis diante de crises regulatórias, sejam elas causadas pela ausência de regulação suficiente ou pelo excesso de normas, é a defesa de transformações radicais, supostamente capazes de rapidamente transformar o estado das coisas.

Daí poder-se afirmar que dois dos fatores que estão na origem da recente proposta de edição de um novo Código Comercial são: (*i*) a necessidade de expressar em um texto legislativo os princípios jurídicos que norteiam a lógica de funcionamento do direito empresarial, de forma a garantir a segurança jurídica e estabilidade às operações relacionadas ao tráfico mercantil; (*ii*) a disciplina inadequada das sociedades empresárias pelo vigente diploma civil, no âmbito da unificação parcial do Direito Privado promovida.

Estamos de acordo com as preocupações acima referidas e com a relevância delas para o aprimoramento do regime jurídico que regula os empresários e sociedades empresárias no Brasil. Não obstante, parece-nos que a solução de tais questões não passa, necessariamente, pela edição de um novo Código Comercial que abranja toda a matéria mercantil, alternativa que, se implementada de forma abrupta e imediatista, pode gerar mais insegurança que segurança ao mercado.

Particularmente no que se refere ao atual regramento dado pelo Código Civil às sociedades empresárias firmamos opinião no sentido de que se trata de uma reação desmesurada (a despeito dos notórios equívocos cometidos no que se refere à sociedade limitada – e não a todo o sistema societário): assim, entendemos que, a pretexto de solucionar um problema, criar-se-ão inúmeros outros.

6. Conclusão

Estamos diante de um estudo peculiar, no qual a conclusão não apresenta respostas, mas sim questionamentos adicionais. Isso decorre, em parte, da complexidade dos desafios enfrentados pelo direito societário pátrio, mas também da falta de adequada reflexão sobre a realidade econômica que subjaz as normas jurídicas a ele aplicadas.

Parece-nos que muitos dos fatores que levaram ao sucesso dos Níveis Diferenciados de Governança Corporativa criados e regulados pela Bolsa de Valores, bem como suas repercussões no desenvolvimento do direito societário brasileiro, não foram adequadamente compreendidos pelos agentes do mercado e pelos estudiosos do direito, constituindo, certamente, um desafio prévio à reforma da disciplina jurídica das companhias abertas.

Sem conhecer o inimigo, não há como abatê-lo. Expor e compreender essa realidade foram os pressupostos de partida do presente estudo, sem os quais não seria possível iniciar o debate. Contudo, entender o contexto de transformação da realidade jurídica do País não significa ser capaz de endereçar soluções adequadas aos problemas que se apresentam.

A despeito das inúmeras questões postas para reflexão (e sobre as quais inexistem respostas imediatas e definitivas), parece-nos que a contribuição do artigo para a discussão dos problemas de estrutura do sistema de direito societário brasileiro gira em torno de um questionamento mais abrangente, para o qual, ao final, esboçaremos uma solução.

A pergunta que se põe é a seguinte: o novo contexto do mercado de capitais brasileiro demanda a criação de um novo arcabouço de regras jurídicas, capazes de regular a realidade de controle disperso que se evidencia, ou essa solução não é apropriada, sendo possível adaptar as regras legais já existentes a esse novo contexto, não havendo necessidade de uma solução de reforma no sistema jurídico posto.

Antes de esboçar uma resposta, é preciso trazer à baila uma questão de ordem, muitas vezes esquecida em situações como esta: o surgimento de um novo contexto econômico-jurídico para as normas societárias não significa *per se* que os problemas jurídicos anteriormente existentes dispensem reflexões, ou melhor, soluções adequadas.

Antes de tudo é preciso perceber que a discussão em torno dos desafios que ora se apresentam não afasta a necessidade de debater antigos problemas da disciplina jurídica das companhias abertas ainda não equacionados pela legislação vigente, pelos tribunais ou pela doutrina, e que se renovam a cada dia. De nada adianta dar um passo a frente no debate de questões novas, sem solucionar muitos dos gargalos que impediram nosso mercado de chegar a este estágio de desenvolvimento de forma mais amadurecida.[82]

Feita essa ressalva, somos contrários a uma solução de continuidade. Reformas de estrutura, todavia, se mostram indispensáveis. Entendemos que a Lei de S/A, isoladamente considerada, incorpora um modelo de controle concentrado razoavelmente eficiente, que acaba por permitir a coexistência de sociedades de capital concentrado com outras de capital disperso, como se passou a verificar recentemente.

A segurança jurídica de um sistema não comporta quebras abruptas de paradigmas. De outra banda, soluções flexíveis estão na raiz das necessidades mercantis que enfrentamos, e a nossa atual legislação parece, nesse particular, suficientemente hábil a satisfazer grande parte dessas demandas. Nas palavras do Professor José Alexandre Tavares Guerreiro, esse é (e vem sendo pelos séculos afora), o pragmatismo essencial do direito comercial: adaptar a fórmula jurídica à realidade que se põe.[83]

De uma maneira geral, acreditamos que o ordenamento jurídico brasileiro vem oferecendo soluções razoáveis para os problemas que se apresentam, realizando, ainda que com a morosidade que acompanha nosso sistema legislativo, mudanças pontuais e certeiras nas Leis ns. 6.404/1976 e 6.385/1976.

Não nos referimos, é claro, às mudanças oportunistas e de ocasião, mas sim àquelas alterações legislativas que objetivam combater o efeito do tempo na Lei, bem como adaptá-la a uma nova realidade; neste particular, nos referimos, por exemplo, às alterações realizadas pela Lei n. 12.431/2011.

Nesse sentido, defendemos a opinião de que nosso maior problema não está na letra da lei, mas sim na postura e no com-

82. Dentre essas questões merecem referência: (*i*) a suficiência ou não do regime de proteção de acionistas minoritários de companhias abertas sob controle comum, envolvidas em operações de reorganização societária (art. 264 da Lei de S/A e Pareceres de Orientações CVM ns. 34 e 35, respectivamente, de 2006 e 2008); (*ii*) as diversas modalidades de abuso de poder de controle em operações de transferência de ativos (*e.g.*, "constituição falsa" de subsidiária integral, esvaziamento de companhia aberta brasileira com transferência de operações, muitas vezes ao exterior e aproveitamento de oportunidades empresariais por administradores e sociedades sob controle comum); (*iii*) a interpretação das normas da Lei de S/A que garantem aos minoritários de companhias abertas a prerrogativa de eleger em separado membros do Conselho de Administração, a partir do precedente estabelecido pela CVM no julgamento do Processo CVM n. RJ 2005/5664 (art. 141, § 4º, da Lei de S/A); (*iv*) a conceituação do conflito de interesses (material ou formal), especialmente tendo em vista a recente decisão do Colegiado daquela Autarquia no julgamento do Processo CVM n. RJ 2009/13179 (art. 115 da Lei de S/A); (*v*) os limites da competência de conselheiros fiscais de *holdings* de grupos de sociedades de fato (art. 163 da Lei de S/A e Processo CVM n. RJ 2005/2734); dentre outras.

83. José Alexandre Tavares Guerreiro, "Sociedade anônima: dos sistemas e modelos ao pragmatismo", in ob. cit., p. 28.

portamento de nossas instituições. Assim, uma proposta ampla e abrangente de apreender a realidade econômica, subjacente às normas jurídicas, em um novo Código Comercial não é a solução adequada,[84] posto que busca outorgar rigidez a fatos naturalmente cambiantes e mutáveis.

Entendemos que nosso maior desafio em termos regulatórios é de adaptação e não de mudança abrupta. Precisamos alinhar e ajustar instrumentos e normas disponíveis no nosso atual ordenamento jurídico para que eles sejam capazes de regular duas realidades distintas, quais sejam: a das companhias com capital concentrado (decorrente da nossa tradição) e com propriedade de capital dispersa[85] (resultante do desenvolvimento do mercado de capitais), alterando a Lei de S/A topicamente, sempre que estritamente necessário.

Alguns exemplos de alterações na Lei de S/A e na regulação do mercado de capitais, necessárias para melhor disciplinar as companhias abertas com elevada dispersão acionária, dentre outras, consistem: (*i*) na edição de norma pela CVM reduzindo o *quorum* de deliberação das matérias previstas no art. 136 em terceira convocação, substituindo a análise atualmente empreendida caso a caso; (*ii*) na redução da participação necessária ao exercício de alguns direitos de minoritários, previstos no art. 291; (*iii*) a concessão de prêmio ao acionista que obtenha sucesso na ação de responsabilidade do administrador *ut singuli* (à semelhança do art. 246, § 2º, da Lei n. 6.404/1976); (*iv*) a ampliação das hipóteses de legitimação extraordinária dos acionistas para a ação *ut singuli* (à semelhança do art. 246, § 1º, da Lei n. 6.404/1976).

Outras tantas dependem de uma postura mais responsável e ativa do órgão regulador do mercado. Além disso, levando-se em consideração os elementos integrantes do sistema de direito societário brasileiro, pode-se concluir, também, que as normas de autorregulação (principalmente aquelas editadas pela BM&F Bovespa) cumprem um papel importante ao suprir lacunas legislativas, praticamente intransponíveis pela via das reformas legais, em razão da notória morosidade e ineficiência do processo legislativo brasileiro.

No que concerne à autorregulação, o maior desafio é estabelecer limites claros de escopo e, principalmente, outorgar a terceiros não interessados ou a órgãos reguladores independentes e bem equipados

84. Lembramos, mais uma vez, da percuciente reflexão do Prof. José Alexandre Tavares Guerreiro: "O fenômeno da decodificação, no plano mercantil, manifestava-se já na incapacidade de o Código disciplinar as principais sociedades (as sociedades anônimas e as sociedades então conhecidas como sociedades por quotas de responsabilidade limitada), remetidas à província das 'leis extravagantes', os títulos de crédito, a falência e as então existentes concordatas, a propriedade industrial e um sem número de contratos e obrigações, subtraídas à decadente força centrípeta do velho Código Imperial de 1850. O que acabou acontecendo foi exatamente a perda da centralidade do Código Comercial, equivalente à sua cada vez mais evidente irrelevância, ao lado da proliferação dos outros diplomas legais nas mais diversas áreas da atividade empresarial que, com muito favor, poderiam, no máximo, ser chamados de 'subsistemas'. O fato, porém, que ninguém discute, é que essa qualificação de subsistemas jamais entrou nos hábitos dos juristas do campo e tampouco em sua linguagem." "A existência e a proliferação dos chamados subsistemas serve para demonstrar o declínio não apenas da ideia de um 'centro' da ordem jurídico-privada, como, igualmente, da ideia de Código. Chamar de 'periféricas' as províncias legisladas que tratavam da grande maioria dos temas relevantes do direito comercial, inclusive de seus mais importantes contratos, certamente não faria o menor sentido. A noção de periferia é relativa, vale dizer, somente se compreende como posição contrastante com outra: a posição central. Quando esta última se mostra praticamente esgotada ou esvaziada de conteúdos apreciáveis, a relação se desfaz e o conceito de centralidade perde sua substância. Fato é que o Código Comercial acabou se tornando inútil, inclusive porque as questões vigentes do Direito Comercial fugiam completamente à pretensão de uma redução sistemática à instituição de uma entidade codificada" (José Alexandre Tavares Guerreiro, ob. cit., pp. 21 e 22).

85. Eduardo Secchi Munhoz, "Transferência de controle nos sistemas de controle concentrado e de capital disperso: eficiências e ineficiências", in ob. cit., p. 298.

a prerrogativa de alterar as normas formuladas, sempre que a proteção do mercado e do investidor assim exigir.

Essas reflexões misturam-se a inúmeras outras que inquietam e encorajam aqueles que se ocupam do estudo do direito societário, não só pelo prazer da adoração dos dogmas, mas pelo desafio da busca constante e necessária pelo seu aperfeiçoamento e renovação.

7. Referências bibliográficas

ADAMEK, Marcelo Vieira von. *Responsabilidade Civil dos Administradores de S/A (e as Ações Correlatas)*. São Paulo, Saraiva, 2009.

AKERLOF, George. *The Market for Lemons*. Disponível em *www.iei.liu.se/nek/730g75/artiklar/1.254507/AkerlofMarketforLemons.pdf*, acesso 12.6.2011.

ANTUNES, José Engrácia. *Grupos de Sociedades – Estrutura e Organização Jurídica da Empresa Plurissocietária*. Coimbra, Almedina, 1993.

ASCARELLI, Tullio. *Problemas das Sociedades Anônimas e Direito Comparado*. São Paulo, Saraiva, 1945.

BLACK, Bernard S., CARVALHO, Antonio G. de, e GORGA, Érica. "The corporate governance of privately controlled Brazilian firms", *Revista Brasileira de Finanças* 7/385-428, 2009.

BONELLI, Franco. *Gli Amministratori di S.P.A. dopo la Riforma delle Società*. Milano, Giuffrè, 2004.

BULGARELLI, Waldirio. "Apontamentos sobre a responsabilidade dos administradores das companhias", *Revista de Direito Mercantil, Industrial, Econômico e Financeiro* 50/75-105, São Paulo, ano 22, abr.-jun./1983.

CARVALHO DE MENDONÇA, José Xavier. *Tratado de Direito Comercial Brasileiro*. vol. 4, 5ª ed. Rio de Janeiro, Freitas Bastos, 1954.

CEREZETTI, Sheila Christina Neder. "Administradores independentes e independência dos administradores (regras societárias fundamentais ao estímulo do mercado de capitais brasileiro)". In ADAMEK, Marcelo Vieira von (coord.). *Temas de Direito Societário e Empresarial Contemporâneos – Liber Amicorum Prof. Dr. Erasmo Valladão Azevedo e Novaes França*. São Paulo, Malheiros Editores, 2011, pp. 575-593.

CHOI, Stephen. *Regulating Investors Not Issuers: a Market-Based Proposal*. Disponível em *http://papers.ssrn.com/paper.taf?abstract_id=202049*, acesso 10.6.2011.

COELHO, Fábio Ulhoa. *O Futuro do Direito Comercial*. São Paulo, Saraiva, 2011.

COFFEE, John Jr. "The rise of dispersed ownership: the roles of Law and the state in the separation of ownership and control", *Yale Law Journal* 111/1, 2001.

COMPARATO, Fábio Konder. "Na proto-história das empresas multinacionais – O Banco Medici de Florença", *Revista de Direito Mercantil, Industrial, Econômico e Financeiro* 54/105-111, 1984.

______, e SALOMÃO FILHO, Calixto. *O Poder de Controle na Sociedade Anônima*. 4ª ed. Rio de Janeiro, Forense, 2005.

CUNHA, Rodrigo F. P. da. "O exercício de voto na sociedade anônima". In CASTRO, Rodrigo R. M. de, e ARAGÃO, Leandro S. de (coords.). *Direito Societário – Desafios Atuais*. São Paulo, Quartier Latin, 2009, pp. 241-278.

DAHYA, Jay, DIMITROV, Orlin, e MCCONNELL, John J. "Dominant shareholders, corporate boards, and corporate value: a cross-country analysis", *ECGI – Finance Working Paper* 99/2005. Fev./2006. Disponível em *http://ssrn.com/abstract=887383*, acesso 11.6.2011.

DAVES, Paul, HERTIG, Gerard, e HOPT, Klaus. "Beyond the anatomy". In KRAAKMAN, Reinier *et alli*. *The Anatomy of Corporate Law: a Comparative and Funcctional Approach*. Nova York, Oxford University Press, 2007, pp. 215-226.

DOOLEY, Michael P. *Fundamentals of Corporation Law*. Westburry, Nova York, The Foundation Press, 1995.

DYCK, Alexander, e ZINGALES, Luigi. "Private benefits of control: an international. Comparison", *The Journal of Finance*, vol. 59, n. 2, pp. 537-600, 2004.

EIZIRIK, Nelson. "Aquisição de controle minoritário – Inexigibilidade de oferta pública". In CASTRO, Rodrigo R. M. de, e AZEVEDO, Luís André N. de Moura (coords.). *Poder de Controle e outros Temas de Direito Societário e Mercado de Capitais*. São Paulo, Quartier Latin, 2010.

FRANÇA, Erasmo Valladão Azevedo e. "Dever de informar dos administradores de companhias abertas. Inexistência de submissão ao acionista controlador". In *Temas de Direito Societário, Falimentar e Teoria da Empresa*. São Paulo, Malheiros Editores, 2009, pp. 365-371.

FRONTINI, Paulo Salvador. "Responsabilidade dos administradores em face da nova lei das sociedades por ações", *Revista de Direito Mercantil, Industrial, Econômico e Financeiro* 26/35-49, São Paulo, ano 16, 1977.

GALGANO, Francesco. *La Globalización en el Espejo del Derecho*. Trad. Horacio Roitman y María de la Colina. Buenos Aires, Rubinzal-Culzoni Editores, 2005.

GARRIGUES, Joaquín. *Problemas Atuais das Sociedades Anônimas*. Trad., prefácio e notas Prof. Norberto da Costa Caruso MacDonald. Porto Alegre, Fabris, 1982.

GILSON, Ronald J. "Globalizing, Corporate Governance: convergence of form or function" (may 2000), *Stanford Law and Economics Olin Working Paper* 192, disponível em SSRN: *http://ssrn.com/abstract=229517* ou *doi:10.2139/ssrn.229517*.

______. "Controlling shareholders and Corporate Governance: complicating the comparative taxonomy (august 2005)", *Stanford Law and Economics Olin Working Paper* 309, disponível em SSRN: *http://ssrn.com/abstract=784744*.

______, e GORDON, Jeffrey, N. "Controlling controlling shareholders" (june 2003), *Columbia Law and Economics Working Paper* 228, disponível em SSRN: *http://ssrn.com/abstract=417181* ou *doi: 10.2139/ssrn. 417181*.

______, HANSMANN, Henry, e PARGENDLER, Mariana. "Regulatory dualism as a development strategy: corporate reform in Brazil, in the US and the E.U.", *ECGI – Law Working Paper* 149/2010, disponível em *http//ssrn.com/abstract=1541226*.

GORGA, Érica. "Changing the paradigm of stock ownership from concentrated towards dispersed ownership? Evidence from Brazil and consequences for emerging countries", *Cornell Law Faculty Working Papers* 42, 2008, disponível em SSRN: *http//ssrn.com/abstract=1120137*.

GUERREIRO, José Alexandre Tavares. "Sociedade anônima: dos sistemas e modelos ao pragmatismo". In CASTRO, Rodrigo R. Monteiro de, e AZEVEDO, Luís André N. de Moura (coords.). *O Poder de Controle e outros Temas de Direito Societário e Mercado de Capitais*. São Paulo, Quartier Latin, 2010, pp. 19-28.

HANSMANN, Henry, e KRAAKMAN, Reinier. "The end of history for corporate law" (january 2000), *Yale Law School Working Paper* 235, disponível em SSRN: *http://ssrn.com/abstract=204528* ou *doi:10.2139/ssrn.204528*.

KRAAKMAN, Reinier, *et alli*. *The Anatomy of Corporate Law – A Comparative and Functional Approach*. 2ª ed. Nova York, Oxford University Press, 2009.

LA PORTA, Rafael, LOPEZ-DE-SILANES, Florencio, SHLEIFER, Andrei, e VISHNY, Robert. "Legal determinants of external finance", *Journal of Finance* 52(3)/1.131-1.150, American Finance Association, jul./1997.

______. "Corporate ownership around the world", *Journal of Finance* 54/471-518, 1999.

LAMY FILHO, Alfredo, e PEDREIRA, José Luiz Bulhões. *A Lei das S/A (Pressupostos, Elaboração, Aplicação)*. Rio de Janeiro, Renovar, 1992.

LEITE, Leonardo Barém. "A Lei das Sociedades Anônimas, 30 anos depois! Uma breve análise da evolução da legislação e da realidade do mercado brasileiro, chegando-se ao momento atual – Em tempos de Governança Corporativa, 'IPOs' e 'Sarbanes-Oxley Act'". In CASTRO, Rodrigo R. Monteiro de, e ARAGÃO, Leandro Santos (coorda.). *Sociedade Anônima – 30 Anos da Lei 6.404/1976*. São Paulo, Quartier Latin, 2007, pp. 511-539.

MOURA AZEVEDO, Luís André N. de. "Ativismo dos investidores institucionais e poder de controle nas companhias abertas de capital pulverizado brasileiras". In CASTRO, Rodrigo R. Monteiro de, e AZEVEDO, Luís André N. de Moura (coords.). *O Poder de Controle e outros Temas de Direito Societário e Mercado de Capitais*. São Paulo, Quartier Latin, 2010, pp. 218-262.

MUNHOZ, Eduardo Secchi. "Transferência de controle nos sistemas de controle concentrado e de capital disperso: eficiências e ineficiências". In ADAMEK, Marcelo Vieira von (coord.). *Temas de Direito Societário e Empresarial Contemporâneos – Liber Amicorum Prof. Dr. Erasmo Valladão Azevedo e Novaes França*. São Paulo, Malheiros Editores, 2011, pp. 298-315.

________. "Desafios do direito societário brasileiro na disciplina da companhia aberta: avaliação dos sistemas de controle diluído e concentrado". In CASTRO, Rodrigo R. M. de, e ARAGÃO, Leandro S. de (coords.). *Direito Societário – Desafios Atuais*. São Paulo, Quartier Latin, 2009, pp. 119-155.

________. "Transferência de controle nas companhias sem controlador majoritário". In CASTRO, Rodrigo R. Monteiro de, e AZEVEDO, Luís André N. de Moura (coords.). *O Poder de Controle e outros Temas de Direito Societário e Mercado de Capitais*. São Paulo, Quartier Latin, 2010, pp. 286-324.

NENOVA, Tatiana. "The value of corporate votes and control benefits: a cross-country analysis", *Journal of Financial Economics* 68/325-351, 2001.

PENTEADO, Mauro Rodrigues. "20 anos da promulgação da Lei das S/As: anteprojetos e projeto visando sua reforma", *Revista de Direito Mercantil, Industrial, Econômico e Financeiro* 105/84.

PRADO, Viviane Muller, e BURANELLI, Vinicius Correa. "Pesquisa de jurisprudência sobre o direito societário e mercado de capitais no Tribunal de Justiça de São Paulo". *Caderno Direito da Fundação Getúlio Vargas* 9, vol. 2, n. 1, São Paulo, jan./2006.

ROE, Mark J. *Political Determinants of Corporate Governance*. Oxford University Press, 2003.

______, e BEBCHUK, Lucian. "A theory of path dependence in corporate ownership and governance", 52 *Stanford Law Review* 127, 1999.

SADDI, Jairo. "Qual é o melhor sistema jurídico para o mercado de capitais". In CASTRO, Rodrigo R. M. de, e ARAGÃO, Leandro S. de (coords.). *Direito Societário – Desafios Atuais*. São Paulo, Quartier Latin, 2009, pp. 207-223.

SALOMÃO FILHO, Calixto. "Diluição de controle". In *O Novo Direito Societário*. 3ª ed., rev. e ampl. São Paulo, Malheiros Editores, 2006, pp. 63-74.

SCHIEHLL, Eduardo, e SANTOS, Igor Oliveira dos. "Ownership structure and composition of boards of directors: evidence on Brazilian publicly-traded companies", *R. Adm.* vol. 39, n. 4, São Paulo, out.-dez./2004, pp. 373-384.

YAZBEK, Otavio. *Regulação do Mercado Financeiro e de Capitais*. Rio de Janeiro, Elsevier, 2007.

Jurisprudência Comentada

RESPONSABILIDADE DAS SOCIEDADES CORRETORAS EM PREJUÍZOS NO MERCADO SECUNDÁRIO DE VALORES MOBILIÁRIOS

LUIZ EDUARDO MARTINS FERREIRA

LUCIANA SIMÕES REBELLO HORTA

FABIANO DE MELO FERREIRA

TJSP, 6ª Câmara de Direito Privado, ACi 9095755-83.2009.8.26.0000

Rel. Desembargador Paulo Alcides. Voto n. 11.217

Comarca de São Paulo

Apelante: Wagner Evangelista Mourão

Apelados: BM&F Bovespa S/A – Bolsa de Valores, Mercadorias e Futuros e Walpires S/A CCTVM

Juiz da Origem: Núncio Theophilo Neto

Ementa: *Responsabilidade civil. Indenização. Ação declaratória de inexigibilidade de débito c.c. indenização por danos morais. Operações em Bolsa de Valores. Autor questiona determinadas transações que redundaram em prejuízos, alegando que não as autorizou. Falta de verossimilhança da versão apresentada. Irregularidades imputadas às rés não demonstradas. Ordens à corretora que eram transmitidas verbalmente. Mantida a sentença de improcedência do pedido. Recurso desprovido.*

ACÓRDÃO

Vistos, relatados e discutidos estes autos de Apelação 9095755-83.2009.9.26.0000, da Comarca de São Paulo, em que é apelante Wagner Evangelista Mourão sendo apelados BM&F Bovespa S/A Bolsa de Valores e Walpires S/A Corretora de Câmbio, Títulos e Valores Mobiliários.

Acordam, em 6ª Câmara de Direito Privado do Tribunal de Justiça de São Paulo, proferir a seguinte decisão: “Negaram provimento ao recurso. V.u.”, de conformidade com o voto do(a) Relator(a), que integra este acórdão.

O julgamento teve a participação dos Desembargadores Paulo Alcides (Presidente), Roberto Solimene e Percival Nogueira.

São Paulo, 14 de julho de 2011.

RELATÓRIO

Trata-se de recurso de apelação interposto por Wagner Evangelista Mourão contra a r. sentença (fls. 455/458), cujo relatório é adotado, que julgou improcedente a ação de inexigibilidade de débito cumulada com pedido indenizatório proposta contra Walpires S/A e BM&F Brasil.

Insiste o apelante na tese esposada na inicial, de que não autorizou as operações em bolsa de valores que originaram o débito [*a*] ele imputado. Ressalta que nenhum tipo de comunicação foi realizado, esclarecendo ainda a impossibilidade de ter operado na data específica, pois estava em viagem ao interior do estado.

Processado o recurso em seus regulares efeitos, foram apresentadas contrarrazões.

É o breve relatório.

VOTO

O apelo não comporta provimento.

Pretende o autor, ora recorrente, a declaração de inexigibilidade do débito de R$ 30.989,41, e, ainda indenização por danos morais, alegando que não autorizou as operações no mercado de ações realizadas nos dias 2 e 3 de agosto, que deram azo ao débito contestado.

Após regular processamento do feito e colheita de prova testemunhal, sobreveio a r. sentença de improcedência do pedido formulado.

E o *decisum* não merece quaisquer reparos, visto que deu correta solução à lide, diante das frágeis provas apresentadas e falta de verossimilhança da versão exposta pelo autor.

Como acertadamente concluiu o MM. Juiz *a quo*,

"Note-se que na ficha cadastral de cliente (fls. 209) está expresso que são consideradas válidas as ordens transmitidas verbalmente. E, efetivamente, a agilidade necessária para o funcionamento do sistema de operações em bolsa exige que assim o seja.

"É importante destacar que o requerente já vinha operando na BM&F desde junho de 2007, assim o fazendo pelo telefone, vez que somente recebeu senha e *login* para utilização da Internet em 6 de agosto, conforme ele mesmo comprovou.

"Assim, não é crível que exatamente aquelas operações que redundaram em prejuízos, naturais quando se opera em bolsa, não tenham sido autorizadas pelo autor.

"Destaca-se, por oportuno, que nenhuma das requeridas, e em especial a corretora, teriam motivos para realizar operações sem autorização do autor.

"Por outro lado, ainda que o autor estivesse viajando no dia em que as operações foram realizadas, conforme comprovou, nada impedia que desse ordens para a realização dos negócios por telefone.

"A informação da testemunha do autor, de que durante toda a viagem esteve ao seu lado, podendo assim afirmar que ele não utilizou o telefone nem o computador, não é crível.

"Assim, não se entende que as requeridas tenham agido de forma ilícita, o que é elemento necessário para se lhes imponha dever de indenizar."

Cumpre apenas frisar que o autor não se desincumbiu do ônus demonstrar que não autorizou a realização das específicas operações ora impugnadas.

Assim, não há se falar em ato ilícito praticado pelas rés, logo, em dever de indenizar.

Ressalte-se que as determinações à corretora eram habitualmente feitas na forma verbal, por telefone, conforme prova testemunhal (fl. 452) e previsão no contrato celebrado para atuação no mercado de valores mobiliários.

Por fim, interessante, para dizer o mínimo, que o autor apenas alega falta de autorização relativamente àquelas operações que redundaram em prejuízo, dentre inúmeras outras realizadas.

Ante o exposto, nega-se provimento ao recurso.

PAULO ALCIDES AMARAL SALLES

Comentários dos Autores

1. Considerações iniciais

Mais uma vez o TJSP deu importante balizamento a todos aqueles que pretendem obter, quer pela via administrativa, quer pela judicial, o ressarcimento de prejuízos sofridos em operações realizadas no mercado secundário de valores mobiliários.

Tal mercado caracteriza-se como investimento tipicamente de risco, sujeito à variação absolutamente incerta, ora em alta, ora em baixa. A cada ciclo de alta, vem um de baixa, ou vice-versa.

Quando o mercado de ações apresenta um período de alta, ocorre o que podemos chamar de "círculo da felicidade perfeita": todos ganham. Quem comprou uma ação a, por exemplo, R$ 10,00, pode vendê-la no mesmo dia ou em dia posterior a preço maior. Também ganhou quem vendeu esta ação a R$ 10,00, pois, seguramente, a comprou por preço menor.

Diante desse contexto, os investidores ignoram que o mercado de ações, por ser de um investimento de risco, e em razão da sua volatilidade intrínseca, tanto pode apresentar ganho como prejuízo, sendo que o prejuízo pode ser a perda total ou parcial do capital investido no caso de compra e venda de ações à vista, podendo ser ainda maior, caso o investidor opere nos chamados mercados derivativos (termo, futuro e opções), cujo risco é ainda mais elevado.

Esse risco, por sua vez, é mitigado por um rol de informações disponibilizadas ao investidor.

Nesse sentido, antes de iniciar suas operações com uma corretora o investidor preenche e assina, além do contrato, uma ficha cadastral, onde declara conhecer o investimento em ações e os riscos inerentes ao mesmo, além de diversas outras informações essenciais à sua atuação no mercado secundário, conforme exige o art. 11 da Instrução 387/2003, da Comissão de Valores Mobiliários (CVM):

"Art. 11. Do cadastro a que se refere o *caput* do art. 9º, ou de documento a ele acostado, deve constar declaração, datada e assinada pelo cliente ou, se for o caso, por procurador devidamente constituído, de que:

"I – são verdadeiras as informações fornecidas para o preenchimento do cadastro;

"II – se compromete a informar, no prazo de 10 (dez) dias, quaisquer alterações que vierem a ocorrer nos seus dados cadastrais;

"III – opera por conta própria, e se autoriza ou não a transmissão de ordens por representante ou procurador, devidamente identificado;

"IV – opera por conta de terceiros, no caso dos administradores de fundos de investimento e de carteiras administradas;

"V – é, ou não, pessoa vinculada à corretora, nos termos do art. 15 desta Instrução;

"VI – não está impedido de operar no mercado de valores mobiliários;

"VII – por expressa opção, se for o caso, suas ordens serão transmitidas exclusivamente por escrito;

"VIII – tem conhecimento do disposto nesta Instrução, e das regras e parâmetros de atuação da corretora;

"IX – tem conhecimento das normas referentes ao fundo de garantia, e das normas operacionais editadas pelas bolsas e pela câmara de compensação e de liquidação, as quais deverão estar disponíveis nas páginas das respectivas instituições na rede mundial de computadores; e

"X – autoriza as corretoras, caso existam débitos pendentes em seu nome, a liquidar, em bolsa ou em câmara de compensação e de liquidação, os contratos, direitos e ativos, adquiridos por sua conta e ordem, bem como a executar bens e direitos dados em garantia de suas operações, ou que estejam em poder da corretora, aplicando o produto da venda no pagamento dos débitos pendentes, independentemente de notificação judicial ou extrajudicial.

"Parágrafo único. Na negociação em mercado secundário de cotas de fundo de investimento, será ainda obrigatório que conste do cadastro autorização prévia, mediante instrumento próprio, incluindo declaração de ciência dos riscos envolvidos e, da possibilidade de ocorrência de patrimônio líquido negativo do fundo, com a consequente responsabilidade por aportes adicionais de recursos."

2. O posicionamento da CVM e da BSM

Adicionalmente, com relação aos riscos a que está sujeito o investidor, bem como aos cuidados que deve tomar no investimento em ações, as páginas da CVM[1] e da BM&F Bovespa Supervisão de Mercados (BSM)[2] na rede mundial de computadores contém uma série de recomendações a respeito. Tais recomendações deveriam ser lidas com todo o cuidado e atenção, mas, infelizmente, na maioria das vezes não é assim que ocorre.

Por isso, quando o mercado de ações entra em um ciclo de baixa, surgindo, daí, os prejuízos, muitos investidores procuram obter o ressarcimento dos prejuízos que tiveram alegando que as ordens de compra e venda que geraram prejuízos não foram por eles autorizadas. Logo, a corretora teria agido à revelia deles e, por consequência, deve repor o prejuízo sofrido. O curioso é que ninguém reclama das operações que deram lucro, ainda que tenham sido realizadas à revelia...

Esta tentativa de reposição é feita geralmente na via administrativa, reclamando o investidor ao Mecanismo de Ressarcimento de Prejuízos administrado pela BSM, ou diretamente à CVM.

Ocorre que esses dois órgãos especializados vêm rechaçando tentativas que não se apresentam razoáveis, ou seja, sempre que fica provado que o investidor tinha conhecimento das operações realizadas em seu nome, e não as questionou de imediato.

Afinal, o investidor sempre tem esta informação, pois periodicamente recebe, no endereço por ele mesmo indicado no momento de seu cadastro junto à corretora:

1. as *notas de corretagem*, que indicam em detalhes as operações realizadas em nome do investidor em determinada data. Tais informativos são encaminhados pela própria corretora ao investidor, seja pelos Correios, seja por *email*, logo após a data das respectivas operações. É através da nota de corretagem que o cliente sabe o que irá receber ou pagar à corretora, com base nas operações que realizou;

2. os *ANA's* (*Aviso de Negociação de Ações*), encaminhados quinzenalmente pela BM&F Bovespa, onde são relatadas as operações que realizou em cada corretora na última quinzena. Se operou por duas corretoras diferentes, por exemplo, receberá dois ANA's;

3. os *Extratos Mensais de Custódia*, enviados também pela BM&F Bovespa, onde são discriminadas todas as movimentações realizadas em nome do investidor no mês anterior.

Além desses, o investidor tem a possibilidade de acompanhar as operações realizadas em seu nome pela internet, seja pelo *home broker* da sua corretora, seja pelo Canal Eletrônico do Investidor (CEI), um serviço disponibilizado pela BM&F Bovespa.[3]

1. *www.cvm.gov.br*.
2. *www.bsm-autorregulação.com.br*.
3. Mais informações em *www.bmfbovespa.com.br*.

Ou seja, as informações colocadas à disposição do investidor possibilitam total e imediato conhecimento das operações realizadas em seu nome na Bolsa, ainda que eventualmente realizadas sem o seu consentimento. Diante desse quadro, a CVM e a BSM vêm manifestando em seus julgados que o fato de o investidor ter acessado as referidas informações, sem questionar de imediato as operações supostamente não autorizadas, é um claro elemento tendente a concluir que o investidor as autorizou. É o que demonstram os seguintes precedentes:

"(...).

"A principal finalidade do ANA é informar o investidor sobre movimentações ocorridas em suas posições acionárias, possibilitando sua reação imediata caso verifique alterações não autorizadas. *O acompanhamento e a leitura do ANA pelos investidores é uma das bases do sistema de negociação de valores mobiliários.* A regulação parte do pressuposto de que os investidores, de maneira análoga aos correntistas com seus extratos bancários, identificarão e contestarão operações irregulares ou não autorizadas ao receberem o ANA.

"Embora os ANAs lhes fossem enviados quinzenalmente, os Recorrentes não os consultaram por, pelo menos, mais de sete meses de 16.9.2003 a 30.4.2004, período em que ocorreram as operações alegadamente não autorizadas. Ou seja, mesmo tendo tido condições de saber que sua conta na corretora estava sendo movimentada, alegadamente sem o seu consentimento, os Recorrentes só foram contestar as operações depois da ocorrência de prejuízos. Também não houve impugnação a operações no mercado a termo realizadas antes daquele período, lucrativas aos Recorrentes, embora, supostamente, não autorizadas. A justificativa dos Recorrentes para a ausência de impugnação foi de que não tinham conhecimento das operações, tanto que nem sacaram de suas contas os lucros resultantes. Este argumento, no entanto, tem o mesmo defeito do anterior: os Recorrentes receberam os ANAs e, desta forma, tinham condições de fiscalizar a movimentação indevida de suas contas, mas escolheram não o fazer" (Processo CVM SP-2005-238, Relator Marcelo Trindade, j. 3.5.2006).

"Os próprios Reclamantes acostaram aos autos inúmeras notas de corretagens e extratos de conta corrente extraídos da página virtual da Reclamada na rede mundial de computadores. Anexaram, também, inúmeros *ANAs e Extratos da CBLC expedidos durante o período em que se relacionaram com a Reclamada.* Como os Reclamantes acompanhavam as movimentações realizadas em seus nomes, poderiam, a qualquer momento, manifestar interesse em interrompê-las. Ao contrário disso, os Reclamantes optaram por permanecer negociando.

"(...)

"Assim, a alegação dos Reclamantes de que não autorizaram as operações no mercado a termo, é insubsistente, porquanto afigura-se claro que os Reclamantes tinham conhecimento e acompanhavam as operações realizadas em seus nomes pelo Sr. Bruno no referido mercado. Dessa forma, as operações executadas com o *consentimento dos Reclamantes* devem ser consideradas válidas e os eventuais prejuízos delas advindos caracterizam o risco do mercado, insuscetível de ressarcimento pelo MRP" (Processo MRP 40/08, Parecer da Gerência Jurídica da BSM, fls. 279 e 281).

"Quanto ao mérito da reclamação, pelas evidências constantes dos autos, concluo que o Reclamante: autorizou o Sr. Bruno a operar em seu nome (deu 'carta branca'), bem como tinha elementos para tomar ciência das operações realizadas em seu nome (e recebia informes da Bovespa, da CBLC e notas de corretagem, além de consultar o *home broker*) e, mesmo quando recebeu esclarecimentos acerca de referidas operações por telefone (...), não as refutou tão logo delas tomou conhecimento (...). Face ao exposto e *em linha com a decisão externada no Parecer da Gerência Jurídica da BSM, voto pela improcedência* da reclamação ao MRP" (Processo MRP 40/08, voto da Conselheira Relatora Maria Cecília Rossi, j. 30.3.2009, fls. 290/291).

"6. Por todo o exposto, não prosperam as alegações com as quais o Reclamante pretendeu imputar à Reclamada as perdas sofridas por condições de mercado desfavoráveis à estratégia estabelecida para suas operações, aliadas a sua própria falta de diligência no trato com seus negócios, materializada na concessão de mandato informal e pleno a Time/Diego para gerir sua carteira, na aceitação das informações prestadas por Time/Diego sem o cuidado de confrontá-las aquelas provenientes da SLW e da BM&F Bovespa.

"7. Nesse sentido, concordo integralmente com a conclusão do Parecer da Gerência Jurídica e voto, portanto, pela improcedência da Reclamação.

"8. Por fim, registro que casos como o analisado neste processo, espero, constituam mais um alerta, em especial às pessoas físicas, no sentido da importância de conferir regularmente seus extratos e documentos comprobatórios de suas operações, além de apenas delegar gestão de carteira a administradores credenciados para tal perante a CMV e especificando em contrato próprio os limites de tal mandato" (Processo de MRP 72/08, Relatora Conselheira Maria Cecília Rossi, j. 24.2.2010).

"46. De toda forma, apenas para reforçar alguns aspectos que me parecem importantes para o pleno entendimento dos fatos, e a devida conclusão de minha opinião, parece-me importante considerar:

"(...).

"e) Que, sem qualquer 'sombra de dúvida', o Reclamante recebeu todos os avisos, extratos, notas de corretagens e assemelhados, em seu endereço (conforme sobejamente demonstrado nos autos, *passim*);

"f) Que, sem qualquer margem à discussão – posto que pacífico entendimento, da própria CVM – tais documentos constituem-se em inegável forma de informação correta e abrangente, para qualquer investidor não negligente, quanto a todas as operações que realiza na Bolsa, e às posições de suas carteiras, em determinados e pontuais momentos;

"g) Que o Reclamante foi bastante negligente quanto à 'checagem' de suas posições de investimentos...;

"h) Que, como tenho repetido e repetido em vários outros votos em processos de MRP onde também atuei na relatoria, o Direito não socorre, nem deve socorrer nunca, aos que sobre seus direitos dormem (*dormientibus non sucurrit jus*)" (Processo de MRP 60/08, Relator Conselheiro Luiz de Figueiredo Forbes, j. 17.3.2010).

3. Conclusão

Diante desse quadro, qualquer entendimento contrário configuraria um absoluto desprestígio do sistema de informações em vigor (ou seja, a disponibilização das informações mencionadas acima careceria de sentido), além de premiar a eventual negligência de investidores com o seu próprio patrimônio, ante a displicência no acompanhamento das operações realizadas em seu nome.

Esse entendimento se torna ainda mais evidente na hipótese de investidor que, habitualmente, transmite ordens pelo telefone, como foi o caso da jurisprudência ora comentada. Isso porque, inexistindo as gravações dos diálogos em que foram transmitidas as ordens à corretora, e inexistindo questionamento imediato do investidor com relação às operações supostamente não autorizadas, não há como considerar que o investidor as autorizou.

Do contrário, se o investidor apenas as questiona após tomar conhecimento do seu resultado, e mais, só questiona as operações que resultaram em prejuízo, é evidente que nenhum julgador se verá convencido de sua alegação.

Assim, vemos que a decisão do TJSP adotou a mesma posição da CVM e da BSM, contribuindo, portanto, para a segurança e a credibilidade do mercado.

Pareceres

DEVER DE LEALDADE DO ACIONISTA CONTROLADOR POR OCASIÃO DA ALIENAÇÃO DO CONTROLE – DEVER DE MAXIMIZAÇÃO DO VALOR DAS AÇÕES DOS ACIONISTAS NÃO CONTROLADORES – INTERPRETAÇÃO DE ESTATUTO DE COMPANHIA ABERTA – POSSIBILIDADE DE CUMULAÇÃO DE OPAS

ERASMO VALLADÃO FRANÇA

I – A Consulta e os quesitos. II – O Parecer: II.1 – O dever de lealdade do acionista controlador; II.2 – A interpretação do Estatuto de companhia aberta; II.3 – O caso concreto. III – Respostas aos quesitos.

I – A Consulta e os quesitos

O ilustre advogado Rodrigo Millar de Castro Guerra, do prestigioso escritório Lobo & de Rizzo Advogados, apresenta-nos a Consulta abaixo, formulando, ao final, seis quesitos:

A pedido de nossos clientes, os fundos de investimento adiante nomeados (...), e na forma de nossos entendimentos anteriores, vimos solicitar seu Parecer sobre as questões adiante expostas.

1. Transação

1.1 A COMPANHIA X é companhia aberta listada no Novo Mercado da Bovespa cujo controle é exercido essencialmente por meio da companhia XPar, uma holding *pura.*

1.2 Em 19.11.2009, a SOCIEDADE Z Ltda. (SOCIEDADE Z) adquiriu (i) 100% das ações de emissão da XPar, a qual é titular de 34.525.001 ações de emissão da COMPANHIA X, representativas de 49,5049% do seu capital social total e votante, e (ii) 1.695.004 ações de emissão da COMPANHIA X, representativas de 2,4296% do seu capital social total ("Transação").

1.3 Segundo consta em Fatos Relevantes divulgados em 19.11.2009 pela companhia ZPAR (controladora da SOCIEDADE Z) e pela COMPANHIA X, seguindo à conclusão da Transação (que estava sujeita a certas condições suspensivas) seria requerido, na CVM, o registro de uma OPA por alienação de controle. Tal oferta objetivaria a aquisição da totalidade das ações de emissão da COMPANHIA X, em igualdade de condições, inclusive preço, daquelas acordadas com os acionistas antigos controladores da COMPANHIA X.

1.4 Também nestes Fatos Relevantes, informou-se que a SOCIEDADE Z tinha a intenção de apresentar à CVM pedido de registro de OPA para promover o cancelamento de registro de companhia aberta da COMPANHIA X e a sua saída do Novo Mercado.

1.5 Em 1º.12.2009, ocorreram duas reuniões do Conselho de Administração da COMPANHIA X para, dentre outros assuntos, aprovar a convocação de assembleia geral extraordinária para deliberar, primordialmente, sobre (i) a saída da companhia do Novo Mercado, (ii) o cancelamento de registro de companhia aberta, e (iii) a indicação da instituição especializada para preparação do laudo de avaliação da companhia necessário em razão da pretensão de se cancelar o registro de companhia aberta da COMPANHIA X.

1.6 Em 2.12.2009, divulgou-se que as condições suspensivas da Transação haviam sido cumpridas. Também nesta ocasião, apontou-se que a SOCIEDADE Z iria submeter, até 18.12.2009, pedido de registro de OPA unificada referente à OPA por alienação de controle e à OPA de cancelamento de registro.

1.7 Ato contínuo, a ZPAR e a COMPANHIA X divulgaram que, em 9.12.2009, "foi iniciada a realização da OPA, (...) uma vez que foi protocolado, na Comissão de Valores Mobiliários – CVM, pedido de registro de oferta pública de aquisição de ações da COMPANHIA X por conta da transferência do controle da COMPANHIA X (...), cumulada com a saída do Novo Mercado e com o cancelamento do registro de companhia aberta da COMPANHIA X (...)".[1]

1.8 Houve então súbita e inesperada mudança no rumo das condutas da SOCIEDADE Z. Na assembleia geral extraordinária de acionistas da COMPANHIA X, realizada em 18.12.2009, a SOCIEDADE Z comunicou "que somente realizar[ia] oferta pública de aquisição de ações em decorrência da alienação de controle da Companhia",[2] *propondo e aprovando a retirada de pauta das deliberações relativas (i) ao fechamento de capital da sociedade, bem como (ii) à saída da COMPANHIA X do Novo Mercado.*

1.9 Seguiu-se que, em 24.12.2009, tanto a CVM quanto a BM&F Bovespa S.A. – Bolsa de Valores, Mercadorias e Futuros concederam registro para a realização de OPA por alienação de controle. Na edição de 28.12.2009 do Jornal Valor Econômico, *publicou-se edital da referida OPA, onde constaram as seguintes informações:*

(i) que o Banco B havia preparado laudo de avaliação da COMPANHIA X nos termos da Instrução CVM n. 361, de 5 de março de 2002;

(ii) que a SOCIEDADE Z "esclarece que o Preço da Oferta Pública aqui realizada já incorpora o prêmio previsto no artigo 34 do Estatuto social da COMPANHIA X, visto que (i) não houve aumento de capital mediante oferta pública da COMPANHIA X nos 24 meses que antecederam a alienação de controle da COMPANHIA X; (ii) o Preço da Oferta Pública é superior a 125% da cotação média dos últimos 90 pregões [sic] *anteriores ao protocolo para realização desta Oferta Pública junto a CVM e o pregão do dia 22 de dezembro de 2009; e (iii) o Preço da Oferta Pública é*

1. Estes são os termos dos Fatos Relevantes que a ZPAR e a COMPANHIA X publicaram em 9.12.2009. Sobre este assunto, vale destacar que, em reportagem publicada na edição de 28.12.2009 do Jornal *Valor Econômico*, consta que a seguinte afirmação: "a pílula de veneno da COMPANHIA X te[ria] problemas de redação (...). A redação fala em prêmio sobre a média de 90 pregões *[sic]* anteriores à oferta. O texto abr[iria] dúvidas sobre quando este momento se inicia. (...) Não por acaso, a SOCIEDADE Z adotou um comportamento novo [e] (...) declarou publicamente o início da oferta por ter protocolado na CVM pedido de registro da oferta aos minoritários pela compra do controle".

2. Estes são os termos da ata da assembleia geral extraordinária disponibilizada no *website* da CVM via sistema IPE em 18.12.2009. Também informando a desistência com relação ao cancelamento do registro de companhia aberta, a ZPAR e a COMPANHIA X divulgaram Fatos Relevantes em 21.12.2009.

superior a 125% do valor econômico da COMPANHIA X apurado no Laudo de Avaliação elaborado para atendimento a Instrução CVM n. 361"; e

(iii) "que, pelo motivo exposto acima a CVM não entrou no mérito sobre a aplicabilidade do artigo 34 do Estatuto social da COMPANHIA X".

***2. Quesitos.** Tendo em vista que:*

(a) o Estatuto social da COMPANHIA X contém, em seu artigo 34, a chamada cláusula de poison pill*, a qual prevê a obrigatoriedade de se realizar oferta pública para aquisição de ações da companhia por um determinado preço sempre que uma pessoa ou um grupo de pessoas, acionistas ou não, vier a adquirir ou se tornar titular, por qualquer motivo, de ações de emissão da companhia ou de outros direitos sobre tais ações, em quantidade igual ou superior a 20% do seu capital social;*

(b) a Transação se deu também por meio da aquisição de participação indireta da COMPANHIA X, já que a SOCIEDADE Z adquiriu não só ações de emissão da COMPANHIA X, mas, também, da XPAR, holding *pura titular de ações de emissão da COMPANHIA X;*

(c) a SOCIEDADE Z defende que o artigo 34 do Estatuto social da COMPANHIA X prescreve norma restritiva de direito. Nesse sentido, alega que a poison pill *restringiria o direito de os acionistas da COMPANHIA X disporem de suas ações, pois que restringia o direito que qualquer pessoa tem de adquirir ações de emissão da COMPANHIA X;*

(d) a SOCIEDADE Z sustenta que a cláusula de poison pill *constante no Estatuto social da COMPANHIA X tutela tão somente a dispersão acionária, e que, por este motivo, a Transação não faria incidir a cláusula em questão; e*

(e) a SOCIEDADE Z procedeu com o registro na CVM de OPA por alienação de controle, tendo publicado seu edital em 28.12.2009, onde constou a declaração de que o preço da OPA em questão já incorporaria o prêmio previsto no artigo 34 do Estatuto social da COMPANHIA X,

pergunta-se:

*1) A Transação faria incidir o artigo 34 do Estatuto social da COMPANHIA X (*i.e.*, a cláusula de* poison pill*)?*

2) O fato de a Transação ter-se dado também por meio da aquisição de participação societária da XPAR afastaria a incidência do referido artigo 34? Além disso, pode-se dizer que tal artigo estabelece norma restritiva de direitos e que, por esta razão, não incide à Transação?

3) O fato de a Transação ter ensejado uma OPA por alienação de controle afastaria a incidência do referido artigo 34? Caso a resposta seja negativa, como se compatibilizariam os critérios de preço de cada uma dessas OPAs?

4) Os acionistas controladores de sociedades anônimas estão sujeitos ao dever de maximizar o valor da venda das ações dos demais acionistas? Caso a resposta seja positiva, a aplicação da cláusula de poison pill *a operações como a Transação garantiria aos acionistas minoritários um mecanismo de proteção contra os prejuízos que podem sofrer em razão do descumprimento, por parte dos antigos acionistas controladores, do dever de maximizar o valor da venda das ações dos demais acionistas?*

5) Pode a SOCIEDADE Z declarar que a OPA objeto do edital publicado em 28.12.2009 já incorpora o prêmio previsto no artigo 34 do Estatuto social da COMPANHIA X, ainda que não tenha respeitado o procedimento descrito nos parágrafos do referido artigo 34?

6) Caso se decida pela incidência da cláusula de poison pill *à Transação, pode a SOCIEDADE Z autonomamente determinar o momento em que se considera realizada a oferta pública de aquisição de ações? Caso a resposta seja negativa, qual seria o momento em que se deveria considerar realizada a OPA para fins do cálculo da cotação unitária média referente aos 90 dias anteriores à realização da oferta?*

II – O Parecer

II.1 – O dever de lealdade do acionista controlador

1. O eminente mestre Herbert Wiedemann, ao estudar, no seu magistral *Direito Societário I – Fundamentos*,[3] os princípios valorativos desse ramo do direito privado,[4] questiona qual a razão de ser da proteção à minoria no direito societário, semelhantemente ao que se dá no direito público, se todos os membros da coletividade, diversamente do que ocorre no direito público, perseguem o mesmo fim, se a sujeição à vontade da maioria é antecipadamente acordada e se existe, ainda, a previsão de direito de recesso.[5]

Tal questionamento seria correto, diz o prestigiado ex-reitor da Universidade de Colônia, se nas organizações societárias uma maioria sempre alternada decidisse as questões e uma fundamental homogeneidade de interesses prevalecesse, o que não ocorre em grande parte dos casos.

Nas associações ideais, os associados não raramente cindem-se em grupos e nas associações de massa (*Massenverbände*) o poder acaba sendo exercido por seus funcionários, dados os mecanismos burocráticos de instituição de cargos e o absenteísmo dos associados nas assembleias.[6]

Nas sociedades empresárias, por seu turno, a formação da vontade não ocorre por cabeça, mas pela participação no capital; desde que a maioria dos votos esteja em mãos de um só sócio ou de um grupo estável, o procedimento deliberativo perde o seu sentido.

2. É que a vinculação da minoria à maioria, como lembra Wiedemann, tem por base a ideia de uma composição de interesses, tal como ocorre em uma negociação contratual; quando há uma maioria estável, todavia, o resultado da deliberação assemelha-se ao de um negócio consigo mesmo (*Insichgeschäft*)... A maioria não delibera, ordena.

Nesses casos, somente aparece a *forma* de uma deliberação ou de um contrato: o *conteúdo* é de um ato unilateral de vontade...[7]

Assim, na medida em que em uma sociedade empresária as decisões são tomadas pela maioria, esta última tem o poder de dispor da empresa como um todo e, portanto, de dispor mediatamente sobre o patrimônio investido pela minoria.

Exatamente por isso, o ilustre mestre Fábio Konder Comparato, em sua obra jurídica fundamental, observa que, em relação aos acionistas não controladores, "(...) o controle não se manifesta como comando hierárquico, exigindo obediência e cominando sanções, *mas como o poder de decidir por outrem, produzindo efeitos na esfera patrimonial desses não controladores*".[8]

3. São justamente essas ideias que estiveram na base do paulatino desenvolvimento jurisprudencial da proteção à mi-

3. *Gesellschaftsrecht I – Grundlagen*, Beck, Munique, 1980.

4. Os princípios valorativos do direito societário compreendem, para o autor, a proteção aos direitos individuais dos sócios, aos direitos da minoria, aos direitos dos investidores, bem como aos interesses dos credores e dos trabalhadores.

5. Ob. cit., pp. 405-406.

6. É o assim chamado "governo dos eleitos sobre os eleitores", de que cedo nos advertiu o sociólogo Robert Michels, na obra *Zur Soziologie des Parteiwesens in der modernen Demokratie*, Leipzig, 1911, *apud* Wiedemann, ob. cit., p. 112.

7. "In der genannten Fällen liegen nur der Form nach Beschlüsse oder Verträge vor, dem Inhalt nach einseitige Willensakte", ob. cit., p. 406.

8. Cf. *O Poder de Controle na Sociedade Anônima*, 5ª ed., com notas de texto de Calixto Salomão Filho, Forense, 2008, p. 136.

noria no direito societário, tanto no direito anglo-saxão (como lembra Comparato alhures, muito mais aderente à realidade), quanto nos direitos da família romano-germânica.

Da constatação de que uma maioria estável impõe a sua vontade à minoria, que por sua vez se acha em uma situação jurídica de *sujeição*,[9] surgiu a ideia, correlata, de que aquela tem um *dever de lealdade* para com esta.

Assim, já em 1900, no caso *Allen v. The Gold Reefs of West Africa, Ltd.* (1 Ch. 656), o notável juiz Lindley[10] assim se manifestou: "O poder assim conferido às companhias para alterar as regras contidas em seus dispositivos estatutários é limitado apenas pelas provisões prescritas pela lei como uma condição contida no estatuto das companhias. Ampla, todavia, como a linguagem da seção 50 *[da lei]* é, *o poder por ela conferido deve, como todos os outros poderes, ser exercido de acordo com aqueles princípios gerais de direito e equidade que são aplicáveis a todos os poderes conferidos às maiorias, capacitando-as a vincular as minorias. Ele precisa ser exercido, não apenas da maneira exigida pelo direito, mas também de boa-fé [*bona fide*] para o benefício da companhia como um todo, e não deve ser excedido*. Essas condições são sempre implícitas e raramente, se alguma vez o são, explícitas".[11]

Na jurisprudência alemã, o posteriormente famoso julgado Victoria (*Victoria Urteil*), proferido pelo Tribunal do Reich (pré-nazismo), em 1931, assim dispôs: "*Da autorização de se deliberar também para a minoria por via da deliberação majoritária*, e, dessa forma, dispor mediatamente sobre os seus direitos patrimoniais ligados à sociedade, resulta, sem ressalvas, *o dever societário da maioria de proteger também os legítimos interesses da minoria e de não restringir indevidamente os seus direitos no quadro do interesse comum*".[12]

9. Cf. o § 5º, do art. 1.072, do Código Civil: "As deliberações tomadas de conformidade com a lei e o contrato *vinculam todos os sócios, ainda que ausentes ou dissidentes*". A Lei 6.404/76 (LSA) não contém preceito idêntico, mas o mesmo princípio se dessume da circunstância de que as deliberações são tomadas pela maioria (da maioria presente à assembleia, nos termos do art. 129, ou de mais da metade do capital votante, nos termos do art. 136).

10. O juiz Nathaniel Lindley, como se sabe, foi o autor inicial da mais prestigiada obra inglesa até os dias de hoje sobre sociedades de pessoas, *On Partnerships*, cuja primeira edição data de 1860 e vem sendo atualizada desde então. A última – 18ª edição – é de 2002 (já com dois suplementos, o primeiro de 2005 e o segundo de 2008), denominando-se agora *Lindley and Banks On Partnership*, publicada pela editora Sweet and Maxwell, Londres. O conspícuo magistrado também elaborou conhecida obra sobre as sociedades anônimas, *On Companies*.

11. Tradução livre do original: "The power thus conferred on companies to alter the regulations contained in their articles is limited only by the provisions contained in the statute as a condition contained in the companies memorandum of association. Wide, however, as the language of s. 50 is, the power conferred by it must, like all other powers, be exercised subject to those general principles of law and equity which are applicable to all powers conferred on majorities and enabling them to bind minorities. It must be exercised, not only in the manner required by law, but also bona fide for the benefit of the company as a whole, and it must not be exceeded. These conditions are always implied, and are seldom, if ever, expressed" (cf. *Casebook on Company Law*, J. R. Bisacre, Pitman Publishing, 1992, Londres, pp. 79-80).

12. Tradução livre do original: "Aus der Befugnis, im Wege des Mehrheitsbeschlusses zugleich auch für die Minderheit zu beschliessen und damit mittelbar über deren in der Gesellschaft gebundene Vermögensrechte zu verfügen, ergibt sich ohne weiteres die gesellschaftliche Pflicht der Mehrheit, im Rahmen des Gesamtinteresses auch den berechtigten Belangen der Minderheit Berücksichtigung angedeihen zu lassen und deren Rechte nicht über Gebühr zu verkürzen" (RGZ 132, p. 149 = JW 1931, p. 2.951). Sobre tal julgado, Wiedemann disse, em recente artigo (*Treuebindungen und Sachlichkeitsgebot*, publicado na Zeitschrift für Wirthschafts – und Bankrecht n. 1, de 2009, pp. 1-9, e cuja tradução integra a obra coletiva *Temas de Direito Societário e Empresarial Contemporâneos*, organizada por Marcelo Vieira von Adamek, Malheiros Editores, 2011, pp. 143-168), ter o Tribunal do Reich escrito a história do direito alemão ("hat das Reichsgericht deutsche Rechtsgeschichte geschrieben").

4. Não é preciso nenhum esforço de imaginação para confirmar que essa mesma ordem de ideias inspirou a elaboração do parágrafo único, do art. 116, da Lei 6.404/76 (LSA), pelos nossos preclaros societaristas José Luiz Bulhões Pedreira e Alfredo Lamy Filho:

"Art. 116. (...).

"Parágrafo único. O acionista controlador deve usar o poder com o fim de fazer a companhia realizar o seu objeto e cumprir sua função social, *e tem deveres e responsabilidades para com os demais acionistas da empresa*, os que nela trabalham e para com a comunidade em que atua, *cujos direitos e interesses deve lealmente respeitar e atender*."[13]

O acionista controlador – *extrai-se de nosso direito positivo, não apenas de nossa jurisprudência* – tem *deveres de lealdade* para com a minoria ("cujos direitos e interesses deve *lealmente* respeitar e atender", diz o preceito legal[14]).

E esse dever de lealdade é amplo, tendo por objeto não somente *direitos*, mas também *interesses*.[15]

Tal dever, como demonstrado, funda-se no acréscimo de poder que o controlador detém, e que lhe permite, tanto na assembleia geral, quanto no âmbito da administração, dispor sobre o patrimônio próprio e alheio.

Afinal, acionista controlador é aquele que, além de titular de direitos de sócio que lhe asseguram, de modo permanente, a maioria dos votos nas deliberações da assembleia geral e o poder de eleger a maioria dos administradores da companhia, usa efetivamente o seu poder para dirigir as atividades sociais e orientar o funcionamento dos órgãos da companhia (art. 116, *caput*, alíneas "a" e "b", da LSA).

Administrar lealmente o patrimônio alheio, segundo lembra ainda Wiedemann, é uma concretização do princípio geral segundo o qual *influência* (*Einfluss*) e *responsabilidade* (*Verantwortung*) devem corresponder-se; o dever de consideração (*Rücksichtspflicht*) do controlador para com os demais acionistas limita, pois, não apenas o exercício de seus direitos, mas *conforma intrinsecamente* o seu poder jurídico.[16]

5. Em sendo assim, é por demais óbvio que, na alienação de controle de uma companhia – operação que tantas alterações pode trazer à sociedade e à empresa, com significativos reflexos para os acionistas não controladores – os direitos e interesses destes devam ser considerados e atendidos – *ex vi legis* entre nós, segundo se demonstrou.

A jurisprudência norte-americana, por exemplo, várias vezes responsabilizou o acionista alienante do controle que não tomou as diligências necessárias para verificar a idoneidade do adquirente, cujo propósito era o de saquear ativos da com-

13. Além desse dispositivo, vários outros também com ele se correlacionam, sobretudo os que consideram abuso de poder de controle as operações em detrimento dos minoritários (v. § 1º, do art. 117, da LSA).

14. Sobre a existência de tal dever, a CVM assim se pronunciou, pela voz do então diretor Pedro Oliva Marcilio de Sousa: "o disposto na segunda parte do § único tem importantes consequências jurídicas. Ele fala em 'deveres e responsabilidades para com os demais acionistas da empresa, os que nela trabalham e para com a comunidade em que atua, cujos direitos e interesses deve lealmente respeitar e atender'. Ou seja, estabelece a necessidade de o acionista controlador ser leal para com acionistas, trabalhadores e comunidade. Além disso, determina que a atuação do acionista controlador respeite e atenda direitos dessas pessoas" (cf. proc. CVM RJ 2005/1443, j. 21.3.2006).

15. Muito embora o conceito jurídico de interesse seja controvertido, é ele geralmente entendido como uma relação de fato existente entre um sujeito, que possui uma necessidade, e um bem apto a satisfazê-la (cf. Pier Giusto Jaeger, *L'Interesse Sociale*, Giuffrè, Milão, 1964, p. 3; cf., outrossim, Agostino Gambino, "La disciplina del conflitto di interessi del socio", *Rivista del Diritto Commerciale*, 1969, vol. I, pp. 385-386 e nota 67).

16. *Gesellschaftsrecht*... cit., p. 432.

panhia, como lembra o notável societarista Robert Charles Clark.[17]

O mesmo deve ocorrer na hipótese de cessão do controle para um concorrente, interessado em terminar com a empresa ou mudar o ramo de atividade, ou ainda no caso de alienação para representantes do crime organizado.

A cessão de controle, nunca é demais lembrar, não é um negócio "privado", realizado no exclusivo interesse do controlador, mas algo que se reflete na sociedade e na empresa: "A cessão de controle não se apresenta como 'privada', independente da organização societária, mas, conforme os exemplos mostram, como uma providência relacionada à sociedade e à empresa".[18]

Segundo melhor esclarece Calixto Salomão Filho, que invoca expressamente a lição supracitada, de Wiedemann, "(...) o negócio de alienação de controle, *exatamente por não envolver apenas o bem 'ações'*, mas o verdadeiro controle sobre a organização empresarial e consequentemente o controle de patrimônios e até destinos alheios, não pode ser considerado um negócio privado".[19]

6. Não pode haver, portanto, nenhuma dúvida plausível de que o acionista controlador tem o dever de maximizar o valor das ações dos acionistas não controladores, precipuamente, aliás, na hipótese de cessão do controle.

É, de resto, o que legitimamente se espera do leal comportamento daquele que tem o poder de determinar os destinos da empresa e a quem entregamos, a fundo perdido, o nosso dinheiro...

17. Cf. *Corporate Law*, New York, Aspen Law & Business, 1986, pp. 478-479 (*§ 11.4.1 Sale to looters*).

18. Tradução livre do original: "Die Übertragung der Mehrheitherrschaft stellt sich nicht als 'private', von dem Verband unabhängige, sondern, wie die Beispiele zeigen, als eine gesellschafts- und unternehmensbezogene Massnahme dar" (Wiedemann, *Gesellschaftsrecht*... cit., p. 451).

19. Calixto Salomão Filho, *O Novo Direito Societário*, 3ª ed., 2006, Malheiros Editores, p. 131.

Acrescente-se ainda que, por motivos que dispensam explicação, é indisputavelmente *do interesse dos acionistas não controladores* – interesse ao qual o acionista controlador acha-se legalmente adstrito a atender, como demonstrado – a maximização do valor de suas ações.

II.2 – A interpretação do Estatuto de companhia aberta

7. Do que se expôs resulta, como consequência, que a interpretação do estatuto, mormente de uma companhia aberta – e ainda mais ligada ao Novo Mercado –, deve ser feita, no caso de uma cessão de controle, no sentido que melhor atenda aos direitos e interesses dos não controladores, já que estes poderão, de uma forma ou de outra, ser profundamente afetados.

É uma das hipóteses em que, no contexto do direito brasileiro, o acionista controlador pode acarretar dano aos não controladores – e que não é remediada pela oferta pública compulsória prevista no art. 254-A da LSA – dá-se quando, por variados motivos (incúria, premência de obtenção de dinheiro, etc.), a negociação é feita em parâmetros não condizentes com o real valor da empresa.

8. E, em matéria de interpretação de estatuto, há que distinguir, antes mais nada, se a companhia é aberta ou fechada.

Em artigo sobre a reforma da lei societária, Lamy Filho já observara que entre a companhia aberta e a fechada, a distinção não é de tamanho, mas de *natureza*: "Com efeito, entre a S/A fechada – mera técnica de estruturar um negócio, que poderia eventualmente revestir qualquer outra forma societária – e a S/A aberta – cujos títulos alimentam o mercado de capitais, que apela para o público em busca do capital de risco de que necessita (...) – a diferença não é apenas de tamanho ou de grau, é de natureza".[20]

20. Cf. Alfredo Lamy Filho, "A reforma da lei das sociedades anônimas", *RDM* n. 7, p. 125.

Nessa mesma linha, afirma Comparato, no primeiro tipo (*i.e*, na companhia aberta) "(...) predomina o caráter institucional, marcado por disposições de ordem pública, não derrogáveis por deliberação dos acionistas, porque tendentes a proteger o interesse coletivo de investidores no mercado de capitais. No outro, prevalece o aspecto contratual, conferindo-se ampla liberdade de estipulação às partes para regular o funcionamento do mecanismo societário, de acordo com os seus interesses particulares".[21]

Exatamente por essa razão, como pondera o ilustre mestre das Arcadas, os estatutos de uma companhia aberta não são assemelháveis aos das fechadas: "Assim é que, nas companhias abertas, os estatutos se apresentam, incontestavelmente, como um *ato-regra* (para retomarmos a expressão consagrada dos institucionalistas franceses), ***com as características de um direito objetivo ou* ius positum *no âmbito corporativo***. Já nas companhias fechadas, dificilmente poder-se-ão desligar as regras estatutárias do acordo de vontades entre os acionistas, que lhes serviu de fundamento e inspiração. Por isso mesmo, enquanto na companhia aberta a latitude de criação normativa dos estatutos é estreitamente limitada, preponderando sempre o ditado legal, nas companhias fechadas a fronteira entre estatutos e acordo de acionistas se esbate consideravelmente. O acordo estatutário aparece, aqui, muito mais como negócio jurídico privado, entre partes determinadas, do que como regulamento objetivo e impessoal".[22]

Como consequência, a *interpretação* dos estatutos de um ou outro tipo não se pode fazer do mesmo modo.

9. Há que ressaltar, outrossim, como lembra ainda Comparato, a necessária distinção que se deve fazer, em matéria de sociedades por ações, "(...) entre o negócio constitutivo e o regulamento interno da vida social; enquanto aquele é pessoal e mesmo individualizado, *este é objetivo e impessoal*".[23]

Lá prepondera o princípio da emissão volitiva das partes, aqui o ditado objetivo das cláusulas e sua conformidade com as normas legais. "Em matéria estatutária, como no plano legal", conclui o mestre, "a interpretação histórica nunca é decisiva".[24]

Cuidando-se de uma companhia aberta, como é o caso da Consulta, a interpretação das cláusulas estatutárias, portanto, deve ser feita objetivamente, como se se tratasse de normas jurídicas, eis que tais cláusulas se destinam a reger as relações entre a sociedade e uma generalidade de pessoas que ingressam e se retiram a todo o momento do quadro societário.[25] Nesse contexto, evidentemente, não se justifica a interpretação subjetiva.[26]

De qualquer forma, a doutrina procura diferençar entre as cláusulas estatutárias destinadas aos próprios acionistas

21. Cf. *Novos Ensaios e Pareceres de Direito Empresarial*, Forense, 1981, p. 119.

22. Ob. ult. cit., p. 121, itálicos do original, negritos nossos.

23. *O Poder* cit., p. 177, destaques nossos.

24. Ob. ult. cit., p. 179.

25. O eminente mestre Vasco da Gama Lobo Xavier lembra que, na interpretação de estatutos, "a nada haverá que recorrer senão a eles próprios. Nesta orientação, que é corrente na doutrina germânica (cfr., por ex., Robert Fischer, in *Grosskom. AktG, I*, § 16, nota 19, Godin-Wilhelmi, I, § 23, nota 17, Würdinger, p. 35, Baumbach-Hueck, *AktG*, § 23, nota 3; e, para os estatutos das associações, Coing, § 133, nota 54, Enneccerus-Nipperdey, I, § 108, nota II, Larenz, lug. ult. cit., Schultze-V. Lasaulx, in Soergel-Siebert, § 25, nota II, e Hefermehl, lug. ult. cit. ...), escreve Vaz Serra, in *RJL*, 103º, p. 523: 'Os estatutos contêm normas objectivas aplicáveis a uma generalidade de pessoas, não podendo, portanto, a sua interpretação fazer-se, senão com o auxílio de circunstâncias que eles próprios revelam, e devendo tender ela à determinação de um sentido quanto possível, unitário, *tal como se tratasse de uma lei*'" (cf. *Anulação de Deliberação Social e Deliberações Conexas*, Atlântida Editora, Coimbra, Portugal, 1976, p. 565, destaques nossos).

26. Cf. Wiedemann, *Gesellschaftsrecht...* cit., p. 168.

fundadores – às quais se emprestaria uma interpretação subjetiva, indagando acerca da vontade das partes contratantes –, e aquelas aplicáveis a terceiros, que não participaram do seu processo criativo – e que, portanto, demandariam uma interpretação objetiva.[27]

II.3 – O caso concreto

10. No caso submetido ao nosso Parecer, os Consulentes, antes de mais nada, ingressaram na companhia – a COMPANHIA X – mais de seis meses após o seu ingresso no Novo Mercado.

Não tiveram qualquer participação, assim, na elaboração e votação de seu Estatuto.

11. O Estatuto da companhia contém uma cláusula relativa à oferta pública obrigatória, na hipótese de alienação do controle acionário, do seguinte teor:

"Artigo 27. Na hipótese de alienação do controle acionário da Companhia, tanto por meio de uma única operação, como por meio de operações sucessivas, essa alienação deverá ser contratada sob condição, suspensiva ou resolutiva, de que o adquirente do controle se obrigue a efetivar oferta pública de aquisição das ações dos demais acionistas, observando as condições e os prazos previstos na legislação vigente e no Regulamento de Listagem do Novo Mercado, de forma a lhes assegurar tratamento igualitário àquele dado ao acionista controlador alienante".

Tal cláusula acha-se inserida no Capítulo V do Estatuto, que se intitula: "Da Alienação do Controle Acionário, do Cancelamento do Registro de Companhia Aberta e da Saída do Novo Mercado".

12. Mas o Estatuto contêm também uma outra cláusula, incluindo uma *poison pill* na hipótese de aquisição de ações representativas de 20% ou mais do capital, que assim dispõe:

"Artigo 34. Qualquer pessoa ou grupo de pessoas, acionistas ou não (incluindo sem limitação, qualquer pessoa natural ou jurídica, fundo de investimento, condomínio, carteira de títulos, universalidade de direitos, ou outra forma de organização) residente ou com sede no Brasil ou no exterior, que venha a adquirir ou se torne titular, por qualquer motivo, de ações de emissão da Companhia; ou de outros direitos, inclusive usufruto ou fideicomisso, sobre ações de emissão da Companhia em quantidade igual ou superior a 20% (vinte por cento) do seu capital social ('Acionista Adquirente'), deverá efetivar uma oferta pública de aquisição de ações específica para a hipótese prevista neste artigo 34 ('OPA'), para aquisição da totalidade das ações de emissão da Companhia, observando-se o disposto na regulamentação aplicável da CVM, os regulamentos da Bovespa e os termos deste Artigo".

Referida cláusula se encontra inserta no Capítulo VI do Estatuto, cujo título é: "Da Aquisição de Participação Relevante e da Dispersão Acionária".

13. Argui-se, portanto, que como as mencionadas cláusulas estatutárias se destinariam a hipóteses diversas, como se acha demonstrado pelos títulos dos capítulos em que estão incluídas, elas não poderiam ser aplicáveis simultaneamente. Uma necessariamente excluiria a outra.

É de se afastar desde logo, entretanto, a preponderância que se pretende dar aos títulos dos capítulos, na interpretação do Estatuto da COMPANHIA X.

Como bem lembra o inexcedível Carlos Maximiliano, em lição aplicável, *mutatis mutandis*, à interpretação de estatutos,

"Os títulos, as epígrafes e as rubricas da lei em conjunto, ou de capítulo ou parágrafo, não fazem parte, propriamente, da

27. Cf. Carlo Angelici e Giovanni B. Ferri, *Studi sull'autonomia dei privati*, Utet, Turim, 1997, pp. 338-340. Cf. outrossim, a dissertação de mestrado de Marco La Rosa de Almeida, aprovada com distinção, denominada *A Interpretação dos Estatutos das Sociedades por Ações* (Faculdade de Direito da Universidade de São Paulo, 2008, pp. 90 e ss.).

norma escrita, não foram discutidos nem votados, não contêm uma regra explícita. Entretanto, foram presentes aos legisladores e aceitos como acessórios da lei, destinados a indicar a ordem e a correlação entre as suas partes.

"Deve-se presumir ser a epígrafe oportuna, expressiva, regular; na falta de argumento sólido em contrário, admite-se que apenas compreende o objeto exato da norma, e, portanto, serve para deduzir o sentido e o alcance desta.

"Entretanto, a lei não se equipara a um manual teórico; a disposição de suas matérias não é feita com o rigor escolar. Muitas vezes o título figurou no Projeto e é mantido apesar de o Congresso haver dilatado, ou restringido os termos das disposições primitivas; daí resulta a necessidade de atribuir ao texto um alcance mais amplo, ou mais estreito, do que a epígrafe parece indicar.

"Pelas razões expostas, o título ajuda a deduzir os *motivos* e o objeto da norma; presta, em alguns casos, relevante serviço à exegese; auxilia muito a memória, é fácil de reter, e por ele se chega à lembrança das regras a que se refere; *porém, oferece um critério inseguro; o argumento* ***a rubrica*** *é de ordem* ***subsidiária****; vale menos do que os outros elementos de Hermenêutica,* ***os quais se aplicam diretamente ao texto em sua íntegra.***"[28]

14. Mas ainda que assim não se entendesse, o Estatuto da COMPANHIA X contém outra norma que desautoriza a restrição que se pretende inferir a partir dos títulos dos seus capítulos.

Assim é que, no próprio Capítulo VI, cujo título, relembre-se, é "Da Aquisição de Participação Relevante e da Dispersão Acionária", o artigo 35 assim dispõe:

"Artigo 35. É facultada a efetivação de uma única oferta pública de aquisição de ações, ***visando a mais de uma das finalidades previstas nos Capítulos V e VI deste Estatuto***, no Regulamento de Listagem no Novo Mercado ou na regulamentação emitida pela CVM, desde que seja possível compatibilizar os procedimentos de todas as modalidades de oferta pública de aquisição de ações e não haja prejuízo para os destinatários da oferta e seja obtida a autorização da CVM quando exigida pela legislação aplicável" (itálicos em negrito nossos).

Ora, o Capítulo V do Estatuto, como se ressaltou, intitula-se "Da Alienação do Controle Acionário, do Cancelamento do Registro de Companhia Aberta e da Saída do Novo Mercado".

Isso demonstra cristalinamente, portanto, que *não são excludentes* as ofertas públicas nas hipóteses de alienação do controle (Capítulo V) e de aquisição de participação relevante e dispersão acionária (Capítulo VI). Ao contrário, seria possível a realização de uma única oferta contemplando tanto os critérios da OPA do artigo 27, quanto os critérios da OPA de *poison pill*, desde que *não houvesse prejuízo para os destinatários da oferta*, nos termos do supracitado artigo 35. Ou seja, *na hipótese de alienação de controle, o preço ofertado aos minoritários deveria ser, necessariamente, o maior preço encontrado de acordo com os critérios do artigo 27 e do artigo 34*.

Definitivamente não se sustenta, assim, o argumento baseado nos títulos dos capítulos do Estatuto da COMPANHIA X.

15. Objeta-se, ainda, com base no texto do artigo 34, que ele teria por finalidade exclusiva dificultar a aquisição de participação relevante para, assim, manter a dispersão acionária e que, no caso, esta foi mantida exatamente como se achava antes da alienação do controle. Por tal razão o aludido dispositivo estatutário seria inaplicável ao caso vertente.

Mas não é a exegese que se extrai do próprio artigo 34 que, em seu parágrafo 12, assim dispõe:

28. *Hermenêutica e Aplicação do Direito*, Forense, 19ª ed., 2009, p. 217; itálicos do autor, demais destaques nossos.

"Parágrafo 12. O disposto neste artigo não se aplica na hipótese de uma pessoa se tornar titular de ações de emissão da Companhia em quantidade superior a 20% (vinte por cento) do total das ações de sua emissão em decorrência (i) de sucessão legal, sob a condição de que o acionista aliene o excesso de ações em até 30 (trinta) dias contados do evento relevante; (ii) da incorporação de uma outra sociedade pela Companhia, (iii) da incorporação de ações de uma outra sociedade pela Companhia; ou (iv) da subscrição de ações da Companhia, realizada em uma única emissão primária, que tenha sido aprovada em Assembleia Geral da Companhia, e cuja proposta de aumento de capital tenha determinado a fixação do preço de emissão das ações com base em valor econômico obtido a partir de laudo de avaliação elaborado nos termos do artigo 32 deste Estatuto".

Entre as exceções expressamente estipuladas no supracitado parágrafo, portanto, *não se acha a alienação do controle.*

A conclusão que se extrai daí, portanto, é a de que a *poison pill* prevista no art. 34 tem inteira aplicação também nessa hipótese. Ela não se destina exclusivamente a manter a dispersão acionária, *mas também a proteger os acionistas minoritários* por ocasião da cessão do controle acionário.

Se a interpretação dos Estatutos sociais de companhias abertas deve ser objetiva e não há nenhuma exceção expressa no Estatuto para dizer que a OPA do artigo 27 deve se sobrepor à OPA de *poison pill* em caso de alienação de controle, o artigo 34 há de ser necessariamente aplicado ao caso concreto, já que houve alienação de mais de 20% do capital social da COMPANHIA X (situação que completa o suporte fático do artigo 34, portanto).

16. Essa exegese não só é a que se extrai *objetiva* e *diretamente* do Estatuto da COMPANHIA X, como também é a que mais se coaduna com uma interpretação mais favorável à minoria.

Isto porque, como se salientou, a oferta pública prevista no artigo 27 (à semelhança da do art. 254-A da LSA) não protege adequadamente os acionistas minoritários no caso de o controle ser alienado açodadamente (como parece, inclusive, ter ocorrido aqui) ou, de qualquer outra forma, por um valor que prejudique os seus interesses.

E o art. 34 explicitamente protege tais interesses, como deflui, entre outros, dos seus parágrafos 3º a 5º, autoexplicativos:

"Parágrafo 3º. O preço a ser ofertado pelas ações de emissão da Companhia na OPA deverá ser, pelo menos, igual ao maior entre (i) o valor econômico apurado em laudo de avaliação nos termos do parágrafo 4º deste artigo 34, acrescido de um prêmio de 25% (vinte e cinco por cento); (ii) 125% (cento e vinte e cinco por cento) do preço de emissão das ações em aumento de capital mediante distribuição pública ocorrido nos 24 (vinte e quatro) meses anteriores à data em que se tornar obrigatória a realização da OPA nos termos deste artigo 34, devidamente atualizado pelo IPC (Índice de Preços ao Consumidor da Fundação Getúlio Vargas) até a data do pagamento; e (iii) 125% (cento e vinte e cinco por cento) da cotação unitária média das ações da Companhia, na bolsa de valores em que houver o maior volume de negociações das ações de emissão da Companhia, durante os 90 (noventa) dias anteriores à realização da OPA.

"Parágrafo 4º. O valor econômico das ações de emissão da Companhia será apurado em laudo de avaliação elaborado na forma do artigo 32 deste Estatuto, com base nos critérios, adotados de forma isolada ou combinada, de patrimônio líquido contábil, de patrimônio líquido avaliado a preço de mercado, de fluxo de caixa descontado, de comparação por múltiplos, de cotação das ações no mercado de valores mobiliários ou com base em outro critério aceito pela CVM, assegurada a revisão do valor da oferta na forma do parágrafo 5º deste artigo.

"Parágrafo 5º. Os acionistas titulares de, no mínimo, 10% (dez por cento) das Ações em Circulação (conforme definido no parágrafo 2º do Artigo 32 acima) no mercado, poderão requerer aos administradores da companhia que convoquem assembleia especial dos acionistas titulares das Ações em Circulação no mercado para deliberar sobre a realização de nova avaliação da Companhia para fins de revisão do preço da OPA, cujo laudo deverá ser preparado nos mesmos moldes do laudo de avaliação referido no parágrafo 4º deste artigo, de acordo com os procedimentos previstos no artigo 4º-A da Lei n. 6.404/76 e com observância ao disposto na regulamentação aplicável da CVM, nos regulamentos da Bovespa e nos termos deste artigo."

Na hipótese de alienação de controle, portanto, os minoritários da COMPANHIA X, por força do artigo 34, não ficam amarrados ao preço estipulado pelo seu acionista controlador!

17. Por outro lado, o argumento de que a aplicação simultânea das OPAs estabelecidas nos artigos 27 e 34 teria de ser expressamente prevista no Estatuto da COMPANHIA X, é, diante do que se expôs nos itens I e II deste Parecer, completamente improcedente, com a devida vênia.

Justa e precisamente o contrário: para que não houvesse essa aplicação simultânea seria necessária expressa *exclusão* a respeito no Estatuto – o que, como visto no item 15 acima, não ocorreu!

Quando há cessão do controle, os minoritários estão sujeitos a diversos riscos, razão pela qual a exegese do Estatuto deve ser feita da forma mais favorável ao atendimento dos seus interesses.

18. De resto, a *poison pill* estipulada no artigo 34 do Estatuto da COMPANHIA X, como as de tantas outras empresas integrantes do Novo Mercado, não se destina apenas a assegurar a dispersão acionária, como se alega, mas também a proteger o controle.

Com uma cláusula dessas, o acionista majoritário pode se desfazer de parte de suas ações e ainda manter o controle.

Nesse sentido, lembra Roberta Nioac Prado que "(...) tais cláusulas poderiam ser vistas como parte de um processo de transição, como um 'primeiro passo' rumo à democratização do capital social, atuando como um instrumento facilitador da adaptação dos controladores à nova realidade de uma companhia aberta com maior dispersão acionária".[29]

19. De qualquer forma, o artigo 34 do Estatuto indisputavelmente assegura e protege a minoria acionária na hipótese de cessão do controle, como se demonstrou, desvinculando-a do preço arbitrariamente estipulado pelo acionista controlador.

Deve ser vista, assim, como uma cláusula ampliativa – e não restritiva – de direitos.

20. Argumenta-se, ainda, com base no artigo 40 do Estatuto, que a SOCIEDADE Z seria sucessora dos acionistas controladores e, portanto, não estaria sujeita à cláusula de *poison pill.*

O aludido artigo tem a seguinte redação:

"Art. 40. O disposto no artigo 34 deste Estatuto Social não se aplica aos atuais acionistas da Companhia e seus sucessores na data da Assembleia Geral Extraordinária realizada em 28 de junho de 2006, bem como às suas respectivas controladas e coligadas, aplicando-se exclusivamente àqueles investidores que adquirirem ações e se tornarem acionistas da Companhia após tal Assembleia Geral".

Tal dispositivo – de caráter nitidamente transitório, como decorre claramente do

29. "Desconcentração do Poder de Controle e *Poison Pills*: Evolução no Mercado de Capitais Brasileiro", em *Poder de Controle e outros Temas de Direito Societário e Mercado de Capitais*, Quartier Latin, 2010, obra coletiva coordenada por Rodrigo R. Monteiro de Castro e Luís André N. de Moura Azevedo, p. 400.

seu texto e não somente do capítulo em que se insere – teve por finalidade evitar a aplicação da *poison pill* prevista no artigo 34 à operação de organização do poder de controle da COMPANHIA X.

21. A AGE de 28.6.06, a que se refere o artigo 40, teve por objeto o pedido de registro de companhia aberta perante a CVM, e a alteração estatutária da COMPANHIA X a fim de adaptar o Estatuto à abertura de capital.

Dessa forma, como excelentemente argumentam as Consulentes, em sua réplica (itens 45 a 58), logo após a assembleia, mas dentro desse mesmo contexto, os acionistas pessoas físicas, que eram titulares da totalidade das ações representativas do capital social da COMPANHIA X, celebraram um acordo de acionistas da XPAR, visando assegurar, na abertura do capital da companhia, que o controle desta fosse exercido por meio da XPAR, uma *holding* pura.

O acordo mencionado prevê que os acionistas pessoas físicas transfeririam para a XPAR ações da COMPANHIA X em número suficiente para tanto, mas como a quantidade de ações necessária para garantir o controle somente poderia ser definida após a determinação do número das que seriam subscritas publicamente, inseriu-se o artigo 40 a fim de afastar a incidência da *poison pill* por ocasião da realização da referida transferência – eis que já estava em vigência o artigo 34 do Estatuto.

Como disseram as Consulentes em sua réplica, se foi necessário criar uma exceção para o artigo 34 não incidir em operações como a descrita acima, é porque desde a elaboração do Estatuto da COMPANHIA X tinha-se em mente que a OPA de *poison pill* seria aplicável a toda e qualquer transferência de controle. Até por isso o artigo 40 foi inserido no Capítulo VIII (Disposições Finais *e Transitórias*), e não no Capítulo VI do Estatuto, que trata da *poison pill* e de suas exceções. O objetivo do referido artigo 40 era excluir a XPAR, na condição de *controlada* dos acionistas pessoas físicas, da obrigação do artigo 34.

22. Não faz nenhum sentido, evidentemente, entender-se que uma *isenção transitória* aplicar-se-ia a todas as futuras transferências de ações da COMPANHIA X, *a título singular*, sobretudo pelo fato de haver outro dispositivo no próprio Estatuto da COMPANHIA X que estabelece as exceções à aplicação do artigo 34, conforme se depreende do parágrafo 12 do referido artigo 34, que aqui se repete:

"Parágrafo 12. O disposto neste artigo não se aplica na hipótese de uma pessoa se tornar titular de ações de emissão da Companhia em quantidade superior a 20% (vinte por cento) do total das ações de sua emissão em decorrência (i) de sucessão legal, sob a condição de que o acionista aliene o excesso de ações em até 30 (trinta) dias contados do evento relevante; (ii) da incorporação de uma outra sociedade pela Companhia; (iii) da incorporação de ações de uma outra sociedade pela Companhia; ou (iv) da subscrição de ações da Companhia, realizada em uma única emissão primária, que tenha sido aprovada em Assembleia Geral da Companhia, e cuja proposta de aumento de capital tenha determinado a fixação do preço de emissão das ações com base em valor econômico obtido a partir de laudo de avaliação elaborado nos termos do artigo 32 deste Estatuto".

Ademais, se a exceção transitória do artigo 40 fosse permanente, qualquer adquirente das ações antes pertencentes às pessoas físicas que inicialmente controlavam a COMPANHIA X estaria imune à incidência da *poison pill.* Assim, tais ações confeririam mais direitos do que as demais ações da COMPANHIA X, ou seja, ter-se-ia criado, pelo artigo 40, uma classe diferente de ações ordinárias em uma companhia que aderiu às regras do Novo Mercado.

23. Também nos parece totalmente inconsistente o argumento de que o artigo 34 do Estatuto da COMPANHIA X não se aplicaria à hipótese de alienação indireta de controle, por se referir a "ações de emissão da Companhia".

O Fato Relevante, publicado em 2.12.09, revela que, desde o início da operação, a SOCIEDADE Z já tencionava incorporar a XPAR, passando, com isso, a deter *diretamente* 51,9345% do capital social da COMPANHIA X.

Seria totalmente incongruente, assim, admitir que a aquisição direta das ações da COMPANHIA X faria incidir a *poison pill*, mas a aquisição indireta, imediatamente seguida de incorporação (que acarreta a participação direta), pudesse escapar à sua incidência.

A fraude às disposições estatutárias restaria franqueada, não sendo demasiado lembrar que a essa altura da vida jurídica nacional, com a difusa e generalizada utilização da teoria da desconsideração da personalidade jurídica pela doutrina, jurisprudência e pelos textos legais,[30] seria "chover no molhado", com o perdão da expressão, afirmar-se que a pessoa jurídica pode ser utilizada abusivamente, com o intuito de fraudar a lei ou os contratos.

No tocante a estes últimos, relembra J. Lamartine Corrêa de Oliveira[31] que Rolf Serick, na sua obra seminal sobre a desconsideração da pessoa jurídica,[32] ao sintetizar os resultados de sua pesquisa, tentou codificá-los em quatro grandes princípios, o primeiro dos quais é assim enunciado: "Em caso de abuso da forma da pessoa jurídica, pode o juiz, para impedir que seja atingido o objetivo ilícito visado, deixar de respeitar tal forma, afastando-se portanto do princípio da nítida distinção entre sócio e pessoa jurídica. Existe abuso quando, através do instrumento de pessoa jurídica se procura fugir à incidência de uma lei *ou à de obrigações contratuais*, ou causar fraudulentamente danos a terceiros. (...)".[33]

24. Por final, carece ainda de qualquer substância e até de lógica, com a devida vênia, a alegação de que uma oferta pública de aquisição de ações se considera realizada na data do pedido de seu registro na CVM.

Tal alegação foi feita em face do disposto no artigo 34, parágrafo 3º, item iii, do Estatuto da COMPANHIA X, que assim dispõe:

"Parágrafo 3º. O preço a ser ofertado pelas ações de emissão da Companhia na OPA deverá ser, pelo menos, igual ao maior entre (...) (iii) 125% (cento e vinte e cinco por cento) da cotação unitária média das ações da Companhia, na bolsa de valores em que houver o maior volume de negociações das ações de emissão da Companhia, durante os 90 (noventa) dias anteriores à realização da OPA".

O dispositivo nos parece meridianamente claro: noventa dias anteriores à *realização* da OPA – não fala em "pedido de registro", nem em "publicação" da OPA, mas sim em *realização*.

Quando se realiza a OPA?

Parece intuitivo que a realização só ocorre na data do leilão, já que é nesse momento que a cadeia de atos que integra o procedimento da OPA se encerra. De todo modo, ainda que tal argumento não fosse suficiente, pelas próprias normas da CVM[34] é possível notar que a efetivação da OPA somente ocorre com o leilão. Apenas

30. Arts. 28 da Lei 8.078/90 (CDC), 18 da Lei 8.884/94 (CADE), 50 do Código Civil.

31. *A Dupla Crise da Pessoa Jurídica*, Saraiva, 1979.

32. *Rechtsform und Realität juristischer Person – Ein rechtsvergleichender Beitrag zur Frage des Durchgriffst auf die Personen oder Gegenstände hinter der juristischen Person* ("Forma jurídica e realidade das pessoas jurídicas – Contribuição de Direito Comparado à questão da penetração destinada a atingir pessoas ou objetos situados atrás da pessoa jurídica", na tradução de J. Lamartine Corrêa de Oliveira, ob. cit., p. 296).

33. Ob. cit., pp. 327-328, destaques nossos.

34. Vide Instrução CVM n. 361, de 5 de março de 2002, e Instrução CVM n. 487, de 25 de novembro de 2010.

como exemplo, tome-se o artigo 4º, inciso VII, da Instrução CVM n. 361/2002 (cujo texto, abaixo transcrito, foi mantido na Instrução CVM n. 487/2010):

"Art. 4º. Na realização de uma OPA deverão ser observados os seguintes princípios: (....) VII – a OPA será efetivada em leilão em bolsa de valores ou entidade de mercado de balcão organizado (...)".

Ora, *efetivação* da OPA é sinônimo de *realização* da OPA. Veja-se a definição jurídica de *realização*, constante do *Dicionário Houaiss da Língua Portuguesa*: "Realização. (...) 6. JUR. execução de uma obrigação de caráter financeiro; *efetivação*; cumprimento".[35]

Assim, antes da realização do leilão, não há como se considerar a OPA efetivada/realizada. Tanto é verdade que, antes disso, a OPA poderia inclusive vir a ser revogada ou alterada pelo ofertante, nos termos legais. É no momento da realização do leilão, portanto, que a oferta pública se concretiza e não em qualquer outro.

III – Respostas aos quesitos

25. Passamos, assim, a responder aos quesitos formulados.

1) *A Transação faria incidir o artigo 34 do Estatuto social da COMPANHIA X (*i.e.*, a cláusula de* poison pill*)?*

R: Sem qualquer dúvida. O artigo 34 do Estatuto da COMPANHIA X constitui norma de proteção aos acionistas minoritários, inclusive na hipótese de cessão de controle, cessão esta que, ademais, não é excetuada no parágrafo 12 do mencionado artigo.

2) *O fato de a Transação ter-se dado também por meio da aquisição de participação societária da XPar afastaria a incidência do referido artigo 34? Além disso, pode-se dizer que tal artigo estabelece norma restritiva de direitos e que, por esta razão, não incide à Transação?*

R: Evidentemente, não. Desde o início da operação, a SOCIEDADE Z já tencionava incorporar a XPAR, passando, com isso, a deter *diretamente* 51,9345% do capital social da COMPANHIA X. Seria totalmente incongruente admitir que a aquisição direta das ações da COMPANHIA X faria incidir a *poison pill*, mas a aquisição indireta, imediatamente seguida de incorporação (que acarreta a participação direta), pudesse escapar à sua incidência. De outra parte, o artigo 34 do Estatuto da COMPANHIA X constitui norma ampliativa dos direitos dos minoritários, e não restritiva.

3) *O fato de a Transação ter ensejado uma OPA por alienação de controle afastaria a incidência do referido artigo 34? Caso a resposta seja negativa, como se compatibilizariam os critérios de preço de cada uma dessas OPAs?*

R: O fato de a Transação ter ensejado uma OPA por alienação de controle não afasta a incidência da OPA do artigo 34, eis que isso só poderia ocorrer por disposição expressa do Estatuto da COMPANHIA X. O artigo 40, disposição transitória, é justamente confirmatório dessa incidência. Apurados os preços em ambas as OPAs, os acionistas minoritários da COMPANHIA X farão jus ao que for maior, em linha com o que dispõe o artigo 35 do Estatuto da COMPANHIA X.

4) *Os acionistas controladores de sociedades anônimas estão sujeitos ao dever de maximizar o valor da venda das ações dos demais acionistas? Caso a resposta seja positiva, a aplicação da cláusula de* poison pill *a operações como a Transação garantiria aos acionistas minoritários um mecanismo de proteção contra os prejuízos que podem sofrer em razão do descumprimento, por parte dos antigos acionistas controladores, do dever de maximizar o valor da venda das ações dos demais acionistas?*

35. *Dicionário Houaiss da Língua Portuguesa*, 1ª ed., Rio de Janeiro, 2009.

R: Diante do disposto no parágrafo único, do art. 116, da LSA, não pode haver dúvida plausível de que os acionistas controladores das sociedades anônimas estão sujeitos ao dever de maximizar o valor da venda das ações dos demais acionistas. A aplicação da *poison pill* prevista no artigo 34 do Estatuto da COMPANHIA X, como deflui de seus parágrafos 3º a 5º, constitui incontestavelmente um mecanismo de proteção contra o descumprimento desse dever.

5) *Pode a SOCIEDADE Z declarar que a OPA objeto do edital publicado em 28.12.2009 já incorpora o prêmio previsto no artigo 34 do Estatuto social da COMPANHIA X, ainda que não tenha respeitado o procedimento descrito nos parágrafos do referido artigo 34?*

R: Claramente, não, pois é preciso que o prêmio seja apurado de acordo com os três critérios ali referidos para efeito de comparação com o valor ofertado pela SOCIEDADE Z aos acionistas minoritários, de acordo com o artigo 27 do Estatuto.

6) *Caso se decida pela incidência da cláusula de* poison pill *à Transação, pode a SOCIEDADE Z autonomamente determinar o momento em que se considera realizada a oferta pública de aquisição de ações? Caso a resposta seja negativa, qual seria o momento em que se deveria considerar realizada a OPA para fins do cálculo da cotação unitária média referente aos 90 dias anteriores à realização da oferta?*

R: É evidente que a SOCIEDADE Z não pode autonomamente determinar o momento em que se considera realizada a oferta pública, eis que tal momento só pode ser determinado a partir da interpretação das disposições legais, administrativas e estatutárias. Mas parece meridianamente óbvio que uma oferta pública só se considera realizada por ocasião do leilão. A apuração do preço da oferta de *poison pill*, conforme o critério de cotação unitária média dos noventa dias anteriores à oferta (art. 34, parágrafo 3º, item iii, do Estatuto da COMPANHIA X) depende, portanto, da definição da data do leilão, que é a data de realização da oferta.

É o Parecer, s.m.j.

São Paulo, 17 de dezembro de 2010.

Pareceres

CONTABILIZAÇÃO DE DEBÊNTURES PERPÉTUAS COM PARTICIPAÇÃO NOS LUCROS. O "CASO TEC TOY"

ELISEU MARTINS
ALEXSANDRO BROEDEL LOPES

A CONSULTA. RESUMO DO PARECER. A ANÁLISE E O PARECER: I. Introdução; II. Caracterização do título emitido pela Consulente – Debênture perpétua com participação nos lucro; III. As normas contábeis nacionais e internacionais relacionadas ao caso específico da Consulente. IV. Conclusão.

A CONSULTA

Indaga a Consulente quanto à contabilização de suas debêntures perpétuas com participação nos lucros emitida por companhia aberta.

Essas debêntures têm a característica de não serem passíveis de liquidação por deliberação dos credores na continuidade da empresa e têm direito, como única remuneração, a determinada participação nos lucros.

São, pois, debêntures com condições atípicas.

RESUMO DO PARECER

Nosso Parecer é que debêntures perpétuas com remuneração baseada unicamente na participação dos lucros da emissora não deve ser contabilizada no grupo de exigibilidades. Inicialmente, entendemos que esse tipo de instrumento financeiro não possui a característica essencial para a classificação como passivo, que é sua exigibilidade em data futura. Exigibilidade do principal ou dos juros. No caso específico da Consulente temos um título atípico no mercado financeiro que é a debênture perpétua que remunera seus detentores única e exclusivamente com participação nos resultados da emissora. O principal do referido título somente será exigido no caso de insolvência da emissora. No entanto, pelo postulado contábil da continuidade, os procedimentos contábeis na empresa devem ser realizados dentro da premissa de que a empresa continuará suas operações normalmente. Ou seja, dentro da continuidade normal da empresa, o principal das referidas debêntures não é exigível – assim, não pode ser contabilizado como passivo.

Baseamos nossas conclusões na análise da literatura contábil nacional e internacional. Analisamos as normas contábeis brasileiras por intermédio da Resolução n. 750 do Conselho Federal de Contabilidade, a Estrutura Conceitual Básica da Contabilidade emitida pelo IPECAFI e referendada pelo Ibracon e Deliberação CVM n. 29/86, bem como pela legislação societária pátria. Analisamos, ainda, as normas do *International Accounting Standards Board* (IASB) e do *Financial Accounting Standards Board* (FASB).

Concluímos assim que as referidas debêntures devem ser classificadas dentro do grupo do patrimônio líquido uma vez que esses títulos somente revestem o detentor de direitos residuais sobre os lucros da empresa, não permitindo outro tipo de direito ou demanda sobre seus ativos. As debêntures não têm prazo de vencimento (são perpétuas), não ensejam nenhum tipo de pagamento periódico e somente poderão ser resgatadas a critério da emissora. O debenturista não possui qualquer outro direito sobre ativos ou fluxo de caixa da empresa emissora. A emissora somente pagará participação no resultado aos debenturistas quando houver lucro. Ou seja, o principal não é exigível em condições normais. A única hipótese para pagamento do principal é a insolvência da emissora. Ocorre que a contabilidade é realizada dentro da presunção de continuidade. Ou seja, todo o processo contábil é realizado assumindo que a empresa continuará em operação por tempo indeterminado. Os ativos, por exemplo, são contabilizados pelo custo histórico e não pelo valor de realização – o que seria o caso se a empresa fosse avaliada em condições de liquidação. Assim, não faz sentido reconhecer um passivo que somente será exigido em caso de descontinuidade para a empresa. Muitas ações preferenciais têm preferência de recebimento no valor residual na extinção da sociedade, e nem por isso são classificadas como passivo exigível. No Brasil, mesmo as ações preferenciais resgatáveis são assim reconhecidas. O direito dos debenturistas é nitidamente residual uma vez que para que seja apurado resultado – base para a remuneração eventual – são deduzidas as participações dos outros interessados (como as despesas de juros referentes aos credores da empresa).

Dentro das Normas Internacionais de Contabilidade – direção para a qual a contabilidade brasileira caminha inexoravelmente – as demonstrações contábeis devem representar a realidade econômica subjacente às transações e não sua forma jurídica. O caso em questão ilustra bem esse ponto. A transação realizada pela Consulente não é trivial e, portanto, merece um entendimento cuidadoso. A forma do título é o de um instrumento de dívida – debênture. No entanto, suas características econômicas fazem com que se assemelhe muito mais a um instrumento de capital. Assim, entendemos que essa deverá ser sua contabilização. A contabilização do referido título como instrumento de dívida irá distorcer de forma significativa a realidade econômica da empresa representada por suas demonstrações contábeis. Seu balanço patrimonial irá representar uma dívida que de fato não existe, comprometendo assim todas as análises subsequentes realizadas com base em suas demonstrações.

Entendemos, assim, que a maneira mais adequada de contabilizar esses títulos emitidos pela Consulente é dentro do patrimônio líquido e não como elemento componente de suas exigibilidades.

A Análise e o Parecer

I. Introdução

A Consulente informa que emitiu debêntures perpétuas dentro de três séries com as seguintes características:[1]

1. De acordo com as informações e documentos apresentados pela Consulente, as características descritas na tabela abaixo foram estabelecidas pelas deliberações tomadas: (a) na Assembleia Geral de Debenturistas da 2ª Emissão de Debêntures da Tec Toy S/A – 1ª e 2ª Séries, realizada em 23, 29 e 31.10.2003, na qual foi aprovada proposta da administração anexa à respectiva ata (de ora em diante referida por "Primeira Repactuação"); e (b) na Assembleia Geral de Debenturistas da 1ª Emissão de Debêntures da Tec Toy S/A, realizada em 8.12.2003 ("Segunda Repactuação"). Ainda de acordo com as informações prestadas pela Consulente, e conforme consta das respectivas demonstrações financeiras, as debêntures objeto da 3ª Emissão foram integralmente resgatadas ou convertidas em ações de emissão da Tec Toy S/A. Tais documentos acham-se dis-

Emissão	1ª	2ª	2ª	3ª
Série emitida	1ª	1ª	2ª	U
Data da emissão	1.7.1996	1.10.1998	1.1.2000	1.10.2003
Data do vencimento	Perpétua	Perpétua	Perpétua	Perpétua
Tipo de emissão	Simples	Simples	Simples	Simples
Natureza da emissão	Pública	Particular	Particular	Particular
Espécie	Subordinada	Subordinada	Subordinada	Subordinada
Remuneração	Participação nos lucros	Participação nos lucros	Participação nos lucros	Participação nos lucros
Valor nominal	$ 362,7300	$ 193,47661	$ 193,48790	$ 193,47661
Quantidade em circulação	6.000	117.281	19.205	–

Indaga a Consulente a respeito de qual o adequado tratamento contábil para as referidas debêntures. Especificamente, a Consulente questiona se os referidos títulos devem ser classificados dentro do grupo de exigibilidades no passivo ou como parte integrante do patrimônio líquido. Neste Parecer analisaremos essa questão detalhadamente.

Na próxima seção discorreremos a respeito das características essenciais do título emitido e suas particularidades. Essa seção se faz necessária devido às características ímpares do título emitido pela Consulente que demanda análise cuidadosa para que sua essência possa ser determinada.

Na terceira seção discorreremos acerca do tratamento dos referidos títulos dentro das normas contábeis brasileiras e internacionais.

Na quarta e última seção concluímos o Parecer.

II. Caracterização do título emitido pela Consulente – Debênture perpétua com participação nos lucros

O caso específico envolve transações com instrumentos financeiros que possuem características de capital e de dívida concomitantemente. Consideramos que esse tipo de transação pode envolver relativa complexidade conceitual, o que demanda detalhamento cuidadoso de suas características operacionais para que uma compreensão equivocada de sua essência econômica não gere uma interpretação errônea quanto à sua natureza contábil. Como entendemos que o objetivo de toda análise contábil é respeitar a lógica dos fatos, entendemos que alguns esclarecimentos sejam necessários.

Nesse sentido concorda o Professor Dr. Heleno Taveira Tôrres[2] quando discute a complexidade técnica das operações realizadas no mercado financeiro:

"Todo esse conjunto de instrumentos financeiros, de negócios bursáteis e de operações com as entidades de previdência privada complementar, na natural complexidade que os envolvem, quando relacionados com a aplicação da legislação tributária, vê ampliadas suas problemáticas, em virtude dos conflitos entre os *critérios de qualificação e inovação dos contratos atípicos*. Difícil conflito de valores, cujo equilíbrio exige evidente esforço de *qualificação técnica*,[3] pois, de um lado, a garantia constitucional de autonomia privada reclama liberdade contratual e segurança jurídica, pelo respeito à força normativa dos contratos; e de outro, o exercício de uma tribu-

poníveis ao público no sítio da Comissão de Valores Mobiliários na *internet* (*www.cvm.gov.br*).

2. Heleno T. Torres (coord.), *Tributação nos Mercados Financeiros e de Capitais e na Previdência Privada*, Quartier Latin, 2005, pp. 23 e 24.

3. Grifo nosso.

tação fundada nos princípios da legalidade estrita e de excessiva formalidade, a cobrar identificação objetiva dos distintos efeitos de cada um dos negócios jurídicos e sujeitos envolvidos" (grifos acrescentados).

Apesar de referir-se ao direito tributário, entendemos que os comentários do ilustre jurista se aplicam a todos os ramos do direito que envolvem operações complexas com contratos atípicos. Nesse mesmo sentido, o Professor Heleno continua nos ensinando como o conhecimento limitado da essência econômico-financeira dos negócios realizados no mercado financeiro pode levar a entendimentos equivocados sobre sua real natureza:

"Somente uma precisa caracterização dos conteúdos de tais negócios pode assinalar o reconhecimento da prevalência ou não dos conceitos e formas do direito privado no âmbito da tipificação tributária, definindo assim, os limites de equiparações ou terminologias sobremodo genéricas usadas com frequência pela legislação *quando não de desconsiderações de atos ou negócios jurídicos fundados exclusivamente na desconfiança ou no simples desconhecimento dos critérios ou formas de diversas possibilidades de operações*.[4] Estamos, portanto, no estudo dos limites entre a autonomia privada e o exercício de competências tributárias.

"Identifica-se, assim, o principal desafio posto aos estudiosos dessas searas, pelas exigências de coincidir os valores da legalidade em matéria tributária ante aquela natural vocação inovadora da autonomia privada, haja vista a *grande quantidade de negócios atípicos e a presença de negócios fiduciários ou indiretos por razões eminentemente lícitas e mercadológicas, estimulados pela necessária criatividade dos seus agentes, com a finalidade de inovar a carteira dos produtos*, acomodar-se às mudanças e oferecer aos respectivos clientes maior confiança e rentabilidade...

4. Grifo nosso.

"Ao fim e ao cabo, o que se tem, em matéria tributária, são grandes incertezas e considerável insegurança jurídica para os operadores e usuários dos diversos contratos e atos promovidos nesses segmentos. E o melhor exemplo disso revela-se na *dificuldade enfrentada pelos diversos julgadores, em processos administrativos ou judiciais, quanto à adequada compreensão das peculiaridades encontradas e especialidades da matéria*" (grifos acrescentados).

Dentro desse conceito, entendemos essencial clarificar tecnicamente a operação em questão para se entender claramente seus aspectos econômicos, contábeis e legais. Faremos isso nas próximas linhas.

O título emitido pela Consulente pode ser caracterizado como um instrumento *atípico*. Isto porque ele possui a forma de uma debênture – que é um típico instrumento de dívida.

No entanto, o título não possui vencimento, ou seja, é um título perpétuo.[5] Ou seja, o detentor do referido instrumento não possui direito de receber o principal em nenhuma data futura. Esse instrumento é conhecido como debênture perpétua ou *open ended* como nos ensina Modesto Carvalhosa:[6]

"Debênture 'open ended'

"Esse direito certo de crédito, no entanto, não se aplica inteiramente às debêntures *open ended* (art. 55, § 3º), em que o pagamento do principal somente se tornará exigível nos casos de inadimplemento da obrigação de pagar juros ou ocorrendo dissolução da companhia ou, ainda, outras condições previstas na escritura e em suas averbações."

Essa característica da debênture perpétua não é comum aos instrumentos de

5. De acordo com os itens 5 da Primeira Repactuação e 1 da Segunda Repactuação: "*As debêntures serão perpétuas não havendo prazo previsto para seu vencimento*".

6. Modesto Carvalhosa, *Comentários à Lei das Sociedades Anônimas*, 1º vol., arts. 1º a 74, 5ª ed. revista e atualizada, Saraiva, 2007, pp. 603-604.

dívida. Essa característica quanto ao pagamento do principal é típica de instrumentos de capital, como ações preferenciais.

No entanto, essa não é a particularidade mais significativa do título emitido pela Consulente. *A característica mais distintiva do título em questão é que ela se trata de uma debênture perpétua que enseja a seus detentores participação nos lucros; e somente essa é a remuneração delas.*[7] As debêntures perpétuas normalmente produzem juros que serão pagos aos seus detentores. Por outro lado, as debêntures com participação nos lucros normalmente não são perpétuas. Sobre isso nos ensina Modesto Carvalhosa:[8]

"*Debêntures com participação nos lucros*

"As debêntures que asseguram aos seus detentores participação nos lucros (art. 56) *não são 'open ended'*, mas de resgate, havendo, portanto, certeza quanto a este último e fundamental direito. Não obstante, os frutos não são previstos em juros, mas em participação nos resultados. Nesse caso, poder-se-ia dizer que o título, na parte dos benefícios, não atribui por si só a titularidade incontroversa do direito, sendo, por isso mesmo, à semelhança das debêntures *open ended* (art. 55, § 3º), um título de crédito de natureza parcialmente eventual. Pergunta-se, então, se teria a natureza mista de título de crédito e de participação nos lucros da companhia. Não seria, nesta parte, o titular credor, porque somente obteria rendimentos se a sociedade distribuísse lucros?"

Assim, podemos observar que as debêntures emitidas pela Consulente não se enquadram à perfeição e pureza como debêntures perpétuas tradicionais (que pagam juros) nem como debêntures com participação nos lucros (que tradicionalmente estão subordinadas ao resgate). Neste caso específico estamos falando de um título novo com características próprias. As características de perpetuidade e participação dos lucros combinadas não são típicas desse tipo de instrumento.

Dessa forma, a análise do instrumento específico emitido pela Consulente deve ser feita levando-se em consideração as características idiossincráticas do título. Ou seja, o título em questão exige uma análise particular e própria.

O papel em questão possui as características de perpetuidade e participação nos lucros. Essas duas características combinadas transformam a debênture, que originalmente é um título de dívida, em um instrumento diferente com características próprias. Essas características fazem com que o título assuma as feições econômicas de um instrumento de capital (*equity*). Isso se dá por duas razões.

Inicialmente, porque o título não possui a principal característica de um título de dívida que é a exigibilidade em uma data futura. Ou seja, dadas as características do título emitido pela Consulente, este não confere ao detentor o direito de receber o principal em uma data futura – como ocorre com um título típico de dívida.

O título emitido pela Consulente não possui essa característica de exigibilidade do principal e também não possui exigibilidade de rendimentos periódicos – juros. Assim, o detentor do título não possui direito irrevogável de receber nenhum provento advindo da empresa. Não possui sequer o direito de exercer a opção de exigir o resgate se ocorrer determinado evento

7. Nos termos do item 3 da Segunda Repactuação ("Remuneração"):

"*As debêntures terão remuneração anual correspondente a 3.49% (três pontos percentuais e quarenta e nove centésimos) do resultado da EMISSORA*, (...)" (sem destaques no original). Nos termos do item 4 da Primeira Repactuação ("Remuneração"): "*6. As debêntures terão remuneração anual correspondente a 41,51% (Quarenta e um pontos percentuais e cinquenta e um centésimos) do resultado da EMISSORA* (...)".

8. Modesto Carvalhosa, *Comentários à Lei das Sociedades Anônimas*, 1º vol., arts. 1º a 74, 5ª ed. cit., p. 604.

dentro da continuidade normal da sociedade. Possui apenas uma preferência na insolvência das empresas frente aos detentores de ações preferenciais, e estes podem deter preferência frente aos detentores de ações ordinárias. Mas essa sequência só ocorre na hipótese da perda da condição de continuidade da sociedade.

Além disso, o detentor dos títulos somente percebe proventos quando a empresa tiver auferido lucros.[9] Ou seja, o titular do instrumento somente possui direitos residuais que serão pagos após remunerados os credores. Para a apuração do lucro líquido – base para cálculo da remuneração dos debenturistas – deve-se subtrair todas as outras despesas, inclusive a remuneração aos credores.

Assim, os titulares desses instrumentos emitidos pela Consulente somente possuem direitos residuais sobre os lucros da empresa.

Essa característica dos títulos emitidos pela Consulente faz com que eles se tornem ímpares dentro da estrutura de emissões presente no mercado nacional. Economicamente, os títulos possuem características mais próximas de uma ação preferencial, por exemplo, do que de uma debênture típica.

Entendemos que essa caracterização dos títulos emitidos pela Consulente seja essencial para que possamos proceder de forma segura para a análise das normas contábeis internacionais referentes ao assunto.

9. Cf. item 6 da Segunda Repactuação: "Remuneração das Debêntures: As debêntures terão participação nos lucros da EMISSORA apurados no encerramento de cada exercício social nos termos e condições previstos nesta Escritura para cada série de debêntures a ser emitida. Além da participação nos lucros de que trata este item, não será devida qualquer remuneração adicional aos debenturistas"; cf. item 6 da Primeira Repactuação, acima transcrito, os debenturistas são remunerados apenas se e quando a companhia emissora auferir resultados.

III. As normas contábeis nacionais e internacionais relacionadas ao caso específico da Consulente

Antes de passarmos para a análise da contabilização específica dos títulos emitidos pela Consulente, é importante situar essa questão dentro do estudo da Ciência Contábil. A Contabilidade, mais que uma técnica de mensuração estanque, pode ser mais bem caracterizada como um processo: o processo contábil. Esse processo é caracterizado por três fases: reconhecimento, mensuração e evidenciação. Sobre o tema explicam os professores Alexsandro Broedel Lopes e Eliseu Martins:[10]

"O processo contábil é composto pelas etapas de reconhecimento, mensuração e evidenciação das atividades econômicas, sendo resultado de um amplo conjunto de forças econômicas, sociais, institucionais e políticas. Essas forças delineiam as principais características do processo contábil tendo em vista o grau de influência dos agentes interessados em sua evolução."

Mais especificamente, os Professores Lopes e Martins[11] definem as etapas do processo contábil:

• "*Reconhecimento*: envolve o processo de classificação da ação de natureza econômica. Por exemplo, uma empresa sacrifica recursos investindo-os em pesquisa e desenvolvimento de novos produtos. Temos nesse caso um problema inicial de classificação. Trata-se de um ativo ou de uma despesa? Se for classificado como ativo, a qual grupo deve pertencer? Dessa forma, temos o processo de definição qualitativa da natureza do item sendo estudado. Em muitos casos, essa classificação é relativamente simples. Quando um supermercado adquire produtos para revenda, não há dúvida de que estamos falando de um ativo, mais especificamente do esto-

10. Alexsandro Broedel Lopes e Eliseu Martins, *Teoria da Contabilidade: uma Nova Abordagem*, São Paulo, Atlas, 2005, p. 52.

11. Idem, pp. 51-52.

que. Podemos ver que para que essa etapa possa ser realizada é necessário que tenhamos um conjunto de definições acerca da natureza das transações econômicas representadas pela contabilidade. O que é ativo? Receita? Temos nessa etapa um processo de classificação.

• "*Mensuração*: uma vez definida a natureza da ação econômica, é necessário definir qual a sua base de mensuração. Por exemplo, para o caso dos ativos fixos de uma empresa, eles devem ser mensurados pelo custo histórico ou pelo custo histórico corrigido? Qual a base para o cálculo da depreciação? O mesmo vale para o reconhecimento da receita. Supondo o reconhecimento da receita na construção civil, como essa receita deve ser mensurada e, naturalmente, reconhecida? Ao longo da execução da obra? Somente no momento da venda? Podemos ver que em muitas situações o reconhecimento e mensuração são discutidos conjuntamente. A separação apresentada no texto tem finalidade didática e para facilitar a análise subsequente.

• "*Evidenciação*: a evidenciação envolve a ação de demonstrar para os usuários externos à organização o processo de reconhecimento e mensuração realizado. Muitas vezes, a empresa realiza a evidenciação de itens que não estão formalmente reconhecidos nas demonstrações financeiras. Em outras situações, a evidenciação é complementar ao reconhecimento e mensuração. Em outras situações temos itens que são reconhecidos e mensurados, mas não evidenciados, como ocorre com as contas de compensação. Veremos que esse é um dos temas mais polêmicos no estudo da teoria da contabilidade: o dilema entre reconhecimento e mensuração ou somente evidenciação. Alguns autores argumentam que, uma vez que a informação foi divulgada para o público, o seu reconhecimento formal perde relevância."

Neste Parecer estamos discutindo a questão do reconhecimento e da evidenciação. Não estamos tratando da mensuração dos títulos emitidos pela Consulente e sim da sua classificação. Estamos discutindo a melhor forma de reconhecer e posteriormente evidenciar os títulos emitidos pela Consulente. Para a discussão do caso específico da Consulente iremos analisar a questão dentro das normas contábeis internacionais, pois, como veremos adiante, inexistem as nacionais específicas a esse respeito. Todavia, algumas normas nacionais serão mencionadas por servirem de suporte a alguns raciocínios a serem expostos.

A análise da contabilidade internacional é devida ao fato de que nos últimos anos podemos observar um crescente movimento no sentido da harmonização (ou convergência) das normas contábeis internacionais. Os argumentos favoráveis a um conjunto de normas unificado internacionalmente são muitos:

(i) facilidade de comparação de empresas sediadas em diferentes países;

(ii) redução do custo de capitação nos mercados financeiros;

(iii) maior transparência das atividades empresariais, entre outros.

O *International Accounting Standards Board* (IASB) tem como função emitir normas internacionais de contabilidade – os IFRS, *International Financial Reporting Standards* – e influenciar que essas sejam o mais fielmente implementadas ao redor do mundo.

Alguns eventos recentes destacam a tendência no sentido da convergência internacional das normas contábeis no âmbito internacional e especialmente no Brasil.

Inicialmente, as empresas europeias com ações listadas em Bolsas de Valores já estão (desde 2005) obrigadas a apresentar suas demonstrações contábeis consolidadas de acordo com as normas do IASB. Em segundo lugar, o IASB e o FASB (*Financial Accounting Standards Board* – órgão responsável pela emissão de normas contábeis nos Estados Unidos) aprovaram um plano estabelecendo prazo limite para harmonização entre seus conjuntos de normas. Finalmente, a SEC (*Securities and Exchange Commission* – Comissão de Valores Mobiliários norte-americana) já aceita as normas internacionais para as empresas estrangeiras listadas nas bolsas americanas e também estuda permitir que as empresas norte-americanas possam adotar as normas contábeis internacionais em suas demonstrações contábeis domésticas. Esses últimos fatores são extremamente importantes devido à relevância do mercado de capitais norte-americano para as empresas estrangeiras e os elevados custos de conversão das normas locais para as normas internacionais.

O Brasil está acompanhando esse movimento internacional. Em 10 de março de 2006 o Banco Central do Brasil por intermédio do Comunicado 14.259 estabeleceu a data limite de 31 de dezembro de 2010 para que as instituições por ele reguladas passem a seguir as normas contábeis internacionais nas demonstrações contábeis consolidadas. A Comissão de Valores Mobiliários, pela Instrução n. 457, de 13 de julho de 2007, também estabeleceu que as companhias abertas brasileiras deverão, a partir do exercício findo em 2010, apresentar as suas demonstrações financeiras consolidadas adotando as normas contábeis internacionais.

Esses regulamentos estão em linha com as alterações introduzidas pela Lei n. 11.638/2007, que exigem que as novas normas emitidas pela CVM sejam em direção às internacionais, e a criação do Comitê de Pronunciamentos Contábeis (CPC). Dessa forma, cremos que a adoção das normas contábeis internacionais no Brasil é um processo inexorável que caminha rumo à adoção pelas empresas brasileiras de atos normativos contábeis dentro do mais alto padrão internacional. No que tange ao assunto (instrumentos financeiros) indagado pela Consulente, a alteração imposta pela Lei n. 11.638/2007 já impõe às companhias abertas brasileiras o tratamento dos instrumentos financeiros segundo as normas internacionais.

Pelas razões expostas acima entendemos que a análise do caso específico da Consulente deve levar em consideração o disposto nas normas contábeis internacionais. Esse aspecto é ainda mais relevante uma vez que as normas contábeis brasileiras não tratam especificamente da contabilização do título emitido pela Consulente. Ou seja, não existe pronunciamento contábil específico no Brasil acerca de debêntures perpétuas com remuneração exclusivamente baseada nos lucros da emissora.

Assim, iniciaremos a análise das normas contábeis internacionais pelo estudo das normas do IASB. O pronunciamento IAS (*International Accounting Standards*) n. 32 estabelece que:

"The substance of a financial instrument, rather than its legal form, governs its classification on the entity's balance sheet. Substance and legal form are commonly consistent, but not always. Some financial instruments take the legal form of equity but are liabilities in substance and other may combine features associated with equity instruments and features associated with financial liabilities".[12]

Dois aspectos merecem ser ressaltados no parágrafo acima. Inicialmente temos a questão da essência sobre a forma. Ou seja, a classificação do instrumento financeiro deve levar em consideração sua essência econômica e não sua forma jurídica. Em segundo lugar, a norma internacional admite que a essência econômica e a forma jurídica possam ser ou não consistentes.

12. Tradução livre dos autores: "A substância de um instrumento financeiro, ao invés de sua forma legal determina sua classificação no balanço patrimonial. Substância e forma jurídica são normalmente consistentes, mas nem sempre. Alguns instrumentos financeiros tem a forma de capital, mas são passivos em sua substância e outros combinam características associadas concomitantemente com instrumentos de dívida e capital".

No caso específico da Consulente temos um caso típico no qual a essência e a forma não são consistentes. O essencial do exposto na norma é a compreensão de que todos os esforços devem ser realizados para entender qual a essência e natureza do título em questão. Somente essa compreensão irá garantir que o tratamento contábil adequado possa ser vislumbrado.

Especificamente sobre a classificação dos instrumentos como patrimônio ou dívida, o pronunciamento n. 32 do IASB estabelece:

"A critical feature in differentiating a financial liability from an equity instrument is the existence of a contractual obligation of one party to the financial instrument (the issuer) either to deliver cash or another financial asset to the other party (the holder) or to exchange financial assets or financial liabilities with the holder under conditions that are potentially unfavorable to the issuer. Although the holder of an equity instrument may be entitled to receive a pro rata share of any dividends or other distribution of equity, the issuer does not have a contractual obligation to make such distributions because it cannot be required do deliver cash or another financial asset to another party".[13]

O texto acima permite a conclusão de que a característica sine quae non *para a contabilização como dívida de um instrumento financeiro é a existência contratual de uma obrigação de uma parte entregar caixa ou outro ativo em condições desfavoráveis a outra. No caso da Consulente podemos ver que essa obrigação não existe.*

A única possibilidade que prevê que o emissor tenha que realizar o pagamento do principal ao detentor é a insolvência da empresa. Ou seja, o principal da debênture somente será pago no caso da empresa não continuar suas operações.[14] No entanto, é característica essencial da contabilidade a premissa de que a empresa está em continuidade. Nesse sentido o *Framework for the Preparation and Presentation of Financial Statements* emitido pelo IASB estabelece:

"The financial statements are normally prepared on the assumption that an entity is a going concern and will continue in operation for the foreseeable future. Hence, its assumed that the entity has neither the intention nor the need to liquidate or curtail materially the scale of its operations; if such an intention or need exists, the financial statements may have to prepared on a different basis and, if so, the basis used is disclosed".[15]

13. Tradução livre dos autores: "Uma característica crítica para se diferenciar instrumentos de dívida e capital é a existência de uma obrigação contratual de uma parte do instrumento financeiro (o emissor) para entregar caixa ou outro ativo financeiro à outra parte (o detentor) ou trocar ativos financeiros ou passivos financeiros com o detentor em condições que são potencialmente desfavoráveis para o emissor. Apesar do fato de que o detentor de um instrumento de capital pode ter o direito de receber uma parcela dos dividendos ou outra distribuição de capital, o emissor não possui uma obrigação contratual de fazer essas distribuições porque não pode ser exigido que ele entregue caixa ou outro ativo financeiro para terceiros".

14. Nos termos do item 1 da Primeira Repactuação:

"*A EMISSORA terá obrigação de remunerar os debenturistas nos termos estabelecidos no item '6. Remuneração' desta cláusula IV até que ocorra sua dissolução e liquidação judicial ou extrajudicial ou seja realizado o resgate antecipado das debêntures na* forma prevista nesta escritura".

Cláusula idêntica consta do item 5 da Segunda Repactuação. O referido resgate antecipado constitui direito da Companhia, não sendo exigível pelos debenturistas.

15. Tradução livre dos autores: "As demonstrações financeiras são normalmente preparadas dentro da premissa de que a entidade está em continuidade e continuará em operação no futuro próximo. Assim, assume-se que a entidade não possui nem a intenção nem a necessidade de liquidar ou reduzir suas operações materialmente. Se essa intenção ou necessidade existe, as demonstrações financeiras devem ser pre-

Exatamente essa a conceituação sendo introduzida no Brasil pelo CPC – Comitê de Pronunciamentos Contábeis, ao adotar esse mesmo pronunciamento do IASB em seu Pronunciamento Técnico Estrutura Conceitual para a Elaboração e Apresentação das Demonstrações Contábeis, aprovado inclusive pela própria CVM por sua Deliberação n. 539/2008.

O mesmo entendimento pode ser visto dentro das normas nacionais desde a emissão das citadas debêntures, como estabelecido na Estrutura Conceitual Básica da Contabilidade desenvolvida pelo IPECAFI e adotado pelo IBRACON e referendado pela Comissão de Valores Mobiliários (CVM) por sua Deliberação n. 29/1986, bem como na Resolução 750 de 29 de dezembro de 1983 do Conselho Federal de Contabilidade.

Os Professores Alexsandro Broedel Lopes e Eliseu Martins comentam sobre o tema:[16]

"A continuidade das entidades

"Este postulado considera a empresa como um organismo vivo que deverá operar em suas atividades por tempo indeterminado até o momento em que surjam evidências contrárias a essa constatação. Essa premissa coloca o empreendimento consubstanciado na empresa de forma absolutamente diferente das empreitadas comerciais dos séculos XVI, XVII e XVII, relacionadas com buscas de especiarias em lugares distantes, que tinham prazo de duração definido. Esta premissa está de acordo com o novo cenário da contabilidade."

Ou seja, a análise da literatura e das normais internacionais e nacionais demonstra que a contabilidade deve ser feita dentro da premissa de que a empresa irá continuar suas atividades. No caso específico da Consulente, o principal da dívida somente será exigido em caso de insolvência – o que viola claramente o postulado da continuidade.

Assim, entendemos que o principal das debêntures emitidas pela Consulente – que somente será exigido no caso de insolvência da empresa – não pode ser apresentado como passivo da empresa emissora uma vez que somente será exigido no caso de descontinuidade das operações. Assim, entendemos que a obrigação contratual – necessária para caracterizar o passivo – não existe no caso de continuidade das operações da empresa.

Podemos verificar que um entendimento similar é apresentado pelo *Financial Accounting Standards Board* (FASB – órgão responsável pela emissão de normas contábeis nos Estados Unidos). O *Statement of Financial Accounting Standards* n. 150 – *Accounting for Certain Financial Instruments with Characteristics of both Liabilities and Equity* estabelece:

"This statement requires an issuer to classify the following instruments as liabilities (or assets in some circumstances):

"• A financial instrument issued in the form of shares that is mandatory redeemable – that embodies an unconditional obligation requiring the issuer to redeem it by transferring its assets at a specified or determinable date (or dates) or upon and event that is certain to occur;

"• A financial instrument, other than outstanding share, that, at inception, embodies an obligation to repurchase the issuer's equity shares, or is indexed to such an obligation, and that requires or may require the issuer to settle the obligation by transferring assets (for example, a forward purchase contract or written put option on the issuer's equity shares that is to be physically settled or net cash settled);

paras em uma base diferente e se esse for o caso, a preparação deve ser evidenciada".

16. Alexsandro Broedel Lopes e Eliseu Martins, *Teoria da Contabilidade: uma Nova Abordagem*, cit., p. 128.

"• A financial instrument that embodies an unconditional obligation, or a financial instrument other and outstanding share that embodies a conditional obligation, that the issuer must or may settle by issuing a variable number of its equity shares, if, at inception, the monetary value of the obligation is based solely or predominantly on any of the following:

"– A fixed monetary amount known at inception, for example, a payable settleable with a variable number of the issuer's equity shares

"– Variations in something other than the fair value of the issuer's equity shares, for example, a financial instrument indexed to the S&P 500 and settleable with a variable number of the issuer's equity shares

"– Variations inversely related to changes in the fair value of the issuer's equity shares, for example, a written put option that could be net share settled."[17]

A análise dos tópicos descritos nesse pronunciamento do FASB estabelece claramente que para que seja classificado como passivo o instrumento deve ser convertido em caixa ou outro ativo em uma data especificada. Esse claramente não é o caso da Consulente. No caso da Consulente não existe provisão nenhuma de pagamento. O pagamento somente será realizado em caso de descontinuidade da empresa.

Sabemos, no entanto, que a contabilidade deve ser realizada dentro da premissa de continuidade.

Entendemos ainda que a contabilização do título emitido pela emissora como passivo não é adequada pela própria definição do mesmo elemento patrimonial. O *Framework for the Preparation and Presentation of Financial Statements* emitido pelo IASB estabelece: "An essential characteristic of a liability is that the entity has a present obligation".[18]

E a mesma definição está contida na citada Deliberação CVM n. 539/2008:

"Passivos

"60. Uma característica essencial para a existência de um passivo é que a entidade tenha uma obrigação presente."

Analisando-se com cuidado o caso da Consulente podemos perceber que ela não

17. Tradução livre dos autores:

"• Esta norma requer que a entidade classifique os seguintes instrumentos como passivos (ou ativos em algumas circunstâncias).

"• Um instrumento financeiro emitido na forma de ações que deve ser repactuado (pago) – que embute uma obrigação contratual incondicional demandando que o emissor a repactue (pague) por intermédio da transferência de ativos em uma (ou mais) data especificada ou condicional a um evento futuro.

"• Um instrumento financeiro que não ações que possua na emissão uma cláusula que obrigue a recompra de suas próprias ações ou de um instrumento baseado em suas ações e que requer que o emissor liquide a operação pela transferência de ativos (um contrato a termo de compra ou opção lançada de venda sobre as próprias ações da empresa que deve ser liquidada fisicamente ou mediante pagamento em dinheiro.

"• Um instrumento financeiro de embute uma obrigação incondicional ou instrumento financeiro que não uma ação que embute uma obrigação condicional que o emissor pode liquidar com a emissão de suas próprias ações se no momento da emissão o valor da obrigação é baseado principalmente ou somente em uma das seguintes variáveis:

"– Um montante monetário fixo conhecido na emissão, por exemplo, um montante liquidável com base na emissão de suas próprias ações.

"– Variações em alguma variável que não o valor justo das ações do emissor, por exemplo, um instrumento financeiro baseado no índice S&P 500 e pagável com um número variável das próprias ações da emissora.

"– Variações inversamente relacionadas com o valor justo das ações da emissora, por exemplo como uma opção de venda sobre as ações da própria empresa que possa ser liquidada pela diferença".

18. Tradução livre dos autores: "Uma característica essencial dos passivos é que a entidade possua uma obrigação presente".

possui a referida obrigação que caracteriza o passivo.

Pode-se perguntar então qual o benefício que os debenturistas que adquiriram o referido título de fato possuem. Por que eles adquiriram um título nessas condições. O direito que os debenturistas possuem é o contingencial relativo à existência de lucro líquido na empresa emissora. Ou seja, na hipótese de ocorrência de lucro líquido (evento futuro e incerto) os debenturistas terão direito a receber um percentual deste. É apenas isso o que esses debenturistas possuem então. Só que, se não possuem mais direitos, isso pode ser explicado por transações outras passadas que simplesmente não modificam a situação atual.

Eles possuem uma opção embutida no título principal (debênture). Ou seja, eles possuem um direito contingencial que depende do comportamento de uma variável subjacente (lucro da empresa). Se o resultado da empresa ficar acima de um patamar (zero neste caso) eles terão direito ao recebimento de um percentual previamente estabelecido. Os debenturistas somente terão direito ao recebimento dos títulos no caso de ocorrência desse evento contingencial.

Poder-se-ia argumentar, então, que como se trata de uma opção embutida dentro de um título de dívida temos um derivativo embutido que deverá ser contabilizado separadamente pela empresa emissora. Apesar de lógico esse raciocínio, não se aplica ao caso da Consulente porque o referido derivativo embutido possui como variável subjacente (*underlying*) o comportamento do lucro da empresa emissora e para fins contábeis não são caracterizados como derivativos os instrumentos financeiros contingentes ao comportamento do lucro da emissora. Assim estabelece o pronunciamento n. 39 do IASB:

"Definition of derivative:

"A derivative is a financial instrument or other contract within the scope of this Standard with all of the following characteristics:

"a) its value changes in response to the change in a specified interest rate, financial instrument price, commodity price, foreign exchange rate, index of prices or rates, credit ratings or credit index, or other variable, provided in the case of a non-financial variable *that the variable is not specific to a party to the contract* (sometimes called the underlying);"[19]

Ou seja, no caso da Consulente, o lucro líquido que é base para o pagamento dos debenturistas é determinado pela emissora que é uma parte no contrato. Assim, tais compromissos não podem ser tratados como instrumentos financeiros derivativos embutidos. Ou seja, esses instrumentos não devem ser bifurcados e contabilizados separadamente.

IV. Conclusão

Entendemos que os títulos emitidos pela Consulente não devem ser contabilizados como integrantes das exigibilidades da emissora e sim dentro do patrimônio líquido. Nosso entendimento é que esses títulos não possuem a característica essencial dos passivos que é sua exigibilidade contratual em data futura. O valor das de-

19. Tradução livre dos autores: "Definição de um derivativo: Um derivativo é um instrumento financeiro ou outro contrato dentro do escopo deste pronunciamento as seguintes características: a) seu valor muda em resposta a mudanças em uma taxa de juros especificada, preço de um instrumento financeiro, preço de uma *commodity*, cotação de uma moeda estrangeira, índice de preços ou taxas, *ratings* de crédito ou índice de crédito ou outra variável dado que, no caso de uma variável não financeira, que essa variável não seja específica a uma dada parte do contrato (normalmente chamada de ativo subjacente)".

bêntures não é exigível em condições normais de operação da empresa. Sua exigência somente ocorrerá no caso de insolvência da emissora.

No entanto, a contabilidade deve ser feita dentro do postulado da continuidade e, considerando essa premissa, esses títulos não podem ser considerados como exigibilidades, ou seja, integrantes do passivo. Os referidos títulos representam somente direitos residuais sobre os lucros da empresa e dessa forma se assemelham mais a elementos de patrimônio do que de dívida.

Assim, entendemos que a correta contabilização desses elementos deve ser feita dentro do grupo composto pelo patrimônio líquido.

É o Parecer.

São Paulo, 18 de junho de 2008.

GRÁFICA PAYM
Tel. (011) 4392-3344
paym@terra.com.br

RDM 158

DOUTRINA: EARNINGS MANAGEMENT AND CORPORATE GOVERNANCE: LEGAL AND REGULATORY IMPLICATIONS – Alexsandro Broedel Lopes • ***ATUALIDADES***: OS COSTUMES MERCANTIS E O SEU ASSENTAMENTO PELA JUCESP – Márcio Ferro Catapani • A RESPONSABILIDADE LIMITADA DO QUOTISTA ÚNICO: UMA ANÁLISE CRÍTICA DA LEI DE N. 12.441/2011 – Gustavo Henrique de Almeida • A QUESTÃO DAS RESERVAS ESTATUTÁRIAS E AS IDIOSSINCRASIAS DO MERCADO DE AÇÕES BRASILEIRO - Bruno Robert • ANOTAÇÕES SOBRE A EXCLUSÃO DE SÓCIOS POR FALTA GRAVE NO REGIME DO CÓDIGO CIVIL – Marcelo Vieira von Adamek • A PRESERVAÇÃO DA EMPRESA COMO PRESSUPOSTO PARA DESCONSTITUIÇÃO DA PENHORA EM EXECUÇÃO FISCAL CONTRA O FALIDO – Gustavo Henrique de Almeida • BRAZIL'S SURVIVAL OF THE 2008 GLOBAL FINANCIAL CRISIS: WERE WE THAT GOOD? – Haroldo Malheiros Duclerc Verçosa • PROPRIEDADE TERRITORIAL URBANA – TRIBUTAÇÃO – VALORAÇÃO – ESTADO E MUNICÍPIO DE SÃO PAULO – José André Beretta Filho • ***ESPAÇO DISCENTE***: DA INOCUIDADE DE UM NOVO CÓDIGO COMERCIAL – Bruno Marques Bensal • A RECONSIDERAÇÃO DA PERSONALIDADE JURÍDICA NOS CONTRATOS MERCANTIS DE COLABORAÇÃO – Andréia Cristina Bezerra e Leonardo Netto Parentoni • PERSPECTIVAS PARA A DISCIPLINA DA COMPANHIA ABERTA: PRINCIPAIS DESAFIOS NO DIREITO SOCIETÁRIO BRASILEIRO – João Pedro Scalzilli, Laura Amaral Patella, Luís André N. de Moura Azevedo, Luis Felipe Spinelli e Rodrigo Tellechea • ***JURISPRUDÊNCIA COMENTADA***: RESPONSABILIDADE DAS SOCIEDADES CORRETORAS EM PREJUÍZOS NO MERCADO SECUNDÁRIO DE VALORES MOBILIÁRIOS – Luiz Eduardo Martins Ferreira, Luciana Simões Rebello Horta e Fabiano de Melo Ferreira • ***PARECERES***: DEVER DE LEALDADE DO ACIONISTA CONTROLADOR POR OCASIÃO DA ALIENAÇÃO DO CONTROLE – DEVER DE MAXIMIZAÇÃO DO VALOR DAS AÇÕES DOS ACIONISTAS NÃO CONTROLADORES – INTERPRETAÇÃO DE ESTATUTO DE COMPANHIA ABERTA – POSSIBILIDADE DE CUMULAÇÃO DE OPAs – Erasmo Valladão França • CONTABILIZAÇÃO DE DEBÊNTURES PERPÉTUAS COM PARTICIPAÇÃO NOS LUCROS. O "CASO TEC TOY" – Eliseu Martins e Alexsandro Broedel Lopes

MALHEIROS EDITORES

Revista de Direito Mercantil

industrial, econômico e financeiro

vol.
157
[ja]n./mar. 2011